Walter Hollstein

Potent werden

Das Handbuch für Männer

Liebe, Arbeit, Freundschaft und der Sinn
des Lebens

Verlag Hans Huber
Bern · Göttingen · Toronto · Seattle

Adresse des Autors:
Prof. Dr. Walter Hollstein
Alsterweg 57 a
D-14167 Berlin

Die Deutsche Bibliothek – CIP-Einheitsaufnahme

Hollstein, Walter:
Potent werden : das Handbuch für Männer ; Liebe, Arbeit, Freundschaft und der
Sinn des Lebens / Walter Hollstein. – 1. Aufl.. – Bern ; Göttingen ; Toronto ;
Seattle : Huber, 2001
ISBN 3-456-83534-5

1. Auflage 2001
© 2001 by Verlag Hans Huber, Bern

Anregungen und Zuschriften bitte an:
Verlag Hans Huber
Länggass-Strasse 76
CH-3000 Bern 9
Tel: 0041 (0)31 300 45 00
Fax: 0041 (0)31 300 45 93
E-Mail: verlag@hanshuber.com

Lektorat: Dr. P. Stehlin
Herstellung: Peter E. Wüthrich
Umschlag: Atelier Mühlberg, Basel
Satz: Sbicca & Raach sagl, Lugano
Druck: Druckhaus Beltz, Hemsbach
Printed in Germany

Inhaltsverzeichnis

Vorwort

Männer wurden lange als Wesen ohne Probleme wahrgenommen. Sie beherrschten die Welt, verfügten über Macht, verdienten das meiste Geld und konnten sich die schönsten Dinge kaufen. Männer galten als potent rundherum – sozial, politisch, sexuell, gesundheitlich und beruflich. Daran, dass sie das starke Geschlecht verkörperten, zweifelte niemand.

Inzwischen ist dieses öffentliche und innere Bild von Männlichkeit erschüttert. Es gilt zwar immer noch, und die meisten Männer halten sich auch noch daran. Anstrengende Maximen wie das Wort vom Indianer, der keinen Schmerz kennt, sorgen weiterhin dafür, dass viele Männer in einem Käfig traditioneller Männlichkeit gefangen bleiben. Gleichzeitig wird aber doch vermehrt bekannt, dass diese Männlichkeit durchaus nicht ohne Probleme ist. Seit geraumer Zeit wissen wir, dass das angeblich «starke Geschlecht» in den Industrienationen ca. sieben Jahre früher stirbt als das vermeintlich «schwache» Geschlecht. Je mehr die Gesundheitsforschung den Mann zum Gegenstand ihrer wissenschaftlichen Arbeit macht, desto deutlicher wird, wie krank Männer sind und wie krankmachend die gesellschaftlichen Bedingungen, unter denen Männlichkeit gelebt und exerziert werden muss.

Auch in anderen Bereichen wird zunehmend am Lack der traditionellen Männlichkeit gekratzt. Immer mehr Meldungen über erfolglose Manager, gescheiterte Fusionen und falsche Unternehmenspolitik zeigen die Unfähigkeit vieler innerhalb der ökonomischen Führungselite. Das gilt mutatis mutandis auch für die Politikerkaste, in der sich in den vergangenen Jahren die Skandale von Fehlentscheidungen, Vetternwirtschaft und Korruption nachgerade dramatisch angehäuft haben.

Noch schlechter als im öffentlichen Bereich präsentiert sich die männliche Bilanz im privaten. Liebeskonflikte, Gewalt, Trennungen und Scheidungen entstehen in ihrer Vorgeschichte überwiegend aufgrund einer männlichen Beziehungsunfähigkeit. Die zunehmende sexuelle Impotenz von Männern ist zumeist nur ein Ausdruck davon.

Noch immer werden solche Tatbestände, wiewohl sie sich häufen, weithin verdrängt. Vielfach werden sie auch als Nestbeschmutzung diffamiert. Das gilt selbst für männerbewegte Kreise, die sich weigern, die desaströse Bilanz traditioneller Männlichkeit zur Kenntnis zu nehmen. Ohne eine klare Anerkennung der Wirklichkeit, wird sich Männlichkeit aber weder im individuellen Fall noch kollektiv verändern lassen. Von daher wird in diesem Buch zunächst einmal aufgezeigt, wo Defizite, Missstände und Fehlleistungen von Männern ihre Wurzeln haben. Erst dann kann nach Lösungen und nach Veränderung gesucht werden. So ist auch der Weg in diesem Buch.

Nach der Diagnose wird beschrieben, was Männer für sich tun können, um ein besseres, gesünderes und glücklicheres Leben zu gestalten – mit Gewinn für sich *und* für andere. Anhand wissenschaftlicher Untersuchungen und Erfahrungsberichten aus Männergruppen, Männerzentren u. a. wird deutlich, was Männer in Beziehungen, in ihrem Arbeitsleben, in der Familie, in der Freizeit, mit ihren Kindern, in ihrer Lebensführung, in der Sexualität, im Alltag, mit anderen Männern ändern müssen, um den Fallen vom frühen Tod, Krankheit, Sucht, Entlassung, Trennung, Gewalt und Flucht zu entgehen.

Konkrete Hinweise auf Übungen, Hilfe, Rat, Bücher, Therapie, Treffpunkte für Männer, Adressen u.a. lassen die Änderungs- und Verbesserungsvorschläge konkret werden. Jedes Kapitel ist damit ergänzt.

Zielsetzung ist, Männer wieder potent werden zu lassen. Potenz wird dabei verstanden als Potential von Fähigkeiten, Möglichkeiten, Wünschen, Sehnsüchten und Energien, die wir in die Welt mitbringen und die wir verwirklichen können, wenn uns nicht Blockaden, Unfähigkeiten und Fehlleistungen hindern.

Männlichkeit ist nicht identisch mit Krieg, Naturzerstörung, Gewalt, Missbrauch, Alkoholismus und Rowdytum; als solche wird sie allerdings vermehrt wahrgenommen, weil sie häufig auch so in Erscheinung tritt.

Dabei gerät vielfach in Vergessenheit, was Männlichkeit im tiefsten darstellt: Leidenschaft, Pioniergeist, Entdeckertum, Verantwortung, Schutz der Gemeinschaft, Mut, Grenzüberschreitung, Ehrlichkeit, Gedankentiefe, Innovation, Aktivität und Menschlichkeit – um nur einige Qualitäten zu nennen.

Diese Eigenschaften gilt es zu leben, nicht zu verstecken, stolz auf sie zu sein, und Mann-Sein dementsprechend als positiv und freudvoll zu genießen. Dazu möchte dieses Buch – bei aller Kritik – vor allem beitragen.

Unzweifelhaft ist auf diesem Weg zum potenten Mann in den vergangenen Jahren bereits einiges bewegt worden. Auch davon wird in diesem Buch Zeugnis abgelegt.

Männlichkeit, wie sie von der bestehenden Gesellschaft jeweils verstanden wird, gilt für alle Männer ungeachtet ihrer sexuellen Vorlieben. Sie gilt für heterosexuelle Männer ebenso wie für homosexuelle, pädophile oder zölibatäre. Von daher wird in diesem Buch Männlichkeit nicht in sexuelle Kategorien unterteilt. Besonderheiten, die in bestimmten Lebenswelten wie Sexualität oder Gesundheit bestehen, werden z. B. in der reichhaltigen Schwulenliteratur beschrieben.

Wichtige Literaturhinweise, die die einzelnen Themenbereiche betreffen, finden sich am Ende eines jeden Kapitels. Alle erwähnten und zitierten Quellen sind in der Bibliographie am Ende des Buches enthalten.

W. H. Berlin und Basel, Herbst 2000

Einführung

Impotent sein – potent werden

Männliche Impotenz nimmt zu. Das ist ein allgemeiner und unbestrittener Befund aus allen Industrienationen. Ärzte und Sexualwissenschaftler haben dies schon seit Jahren festgestellt. Doch sexuelle Impotenz ist nur Ausdruck und Symptom einer viel tiefergreifenden männlichen Impotenz; sie äußert sich körperlich wie emotional, sozial wie leistungsmäßig, im Beruf, in den Beziehungen, im männlichen Selbstbild wie in der gesellschaftlichen Wahrnehmung von Männlichkeit. Männer sind heute zu einem kraftlosen Geschlecht in vielerlei Hinsicht geworden. *Kraftlosigkeit in diesem allgemeinen Sinn bedeutet für uns Impotenz; Potenz hingegen ist männliche Kraft – sozial, emotional und sexuell.*

Klassische Dichter wie Schiller oder Goethe zeichneten ein rundherum positives und potentes Bild vom Mann. Auch noch viele Schriftsteller des 20. Jahrhunderts wie etwa Albert Camus oder Ernest Hemingway stellten literarisch, jeder auf seine je eigene Art, kraftvolle Männer dar, die etwas bewegten und auslösten, die die Pest bekämpften oder den Faschismus, die, auf den traditionellen Nenner gebracht, eben noch ihren Mann standen. Diese Männer waren auch in einem überzeugenden Maße darauf stolz, Männer zu sein; es war ein authentischer Stolz, der von innen kam, und auf die Überzeugungen, Potentiale, Werte und Taten dieser Männer gründete.

Heute gibt in unseren Industrienationen die große Mehrheit der Männer an, keinen Stolz mehr darüber zu empfinden, dem männlichen Geschlecht anzugehören; stattdessen werden Zweifel geäußert, Unsicherheit und sogar Scham.

Die kopernikanische Wende, die zwischen dem Zeitalter männlichen Selbstbewusstseins und der Epoche zunehmender Impotenz liegt, ist mit dem Aufbruch der Frauen und dem Feminismus verbunden. Darauf werden wir im ersten Teil dieses Buches ausführlicher zurückkommen. In der Tat hat die Frauenbewegung das traditionelle Männerbild einer gnadenlosen Kritik unterzogen. In ihrem «Manifest zur Vernichtung der

«Welch Glück sondergleichen, ein Mannsbild zu sein»

J. W. von Goethe («Egmont»)

Männer» schrieb damals die Feministin Valerie Solanas: «Der Mann ist ein scheintoter Klotz, der Freude und Glück weder geben noch empfangen kann; er befindet sich erst auf halbem Weg vom Affen zum Menschen.» Eifrige Männer der frühen Männerbewegung nahmen solche Kritik durchaus überzeugt auf und verstärkten sie noch; so bezeichnete Volker Elis Pilgrim die Männer bündig «sozial und sexuell als Idioten».

In der Folgezeit differenzierte sich diese Kritik sowohl auf Frauen- wie auf Männerseite. Schonungslos blieb sie trotzdem. Immer mehr gesellschaftspolitische und ökologische Analysen zeigten auf, dass männliches Natur- und Weltverständnis unsere Epoche an den Rand des Untergangs gebracht hat. Auch darauf werden wir noch ausführlicher eingehen.

Seit Männer überhaupt in den Blick der Wissenschaften gekommen sind, wird die Problematik ihrer Beziehungsfähigkeit deutlich. Darstellungen von Ehe- und Beziehungskrisen, von Trennungen und Scheidungen weisen inzwischen klar aus, dass Männer mindestens zu drei Vierteln am Scheitern ihrer Verbindungen zu Frauen schuld sind. Auch dies ist eine Frage der Potenz: Männer ziehen sich aus Beziehungen zurück statt präsent zu sein; sie sind häufig unzuverlässig und unverantwortlich; sie überlassen den Frauen das Management für das Familienleben, die Kindererziehung und den Haushalt; sie umgehen Konflikte statt sich ihnen zu stellen; sie verschließen sich gefühlsmäßig; sie verdrängen ihre Emotionen und weichen der Kommunikation mit ihren Partnerinnen aus. In solcher Konstellation schläft dann nur konsequenterweise auch die Paarsexualität ein.

Die männliche Egozentrik ist aber keine Zufriedenheitsgarantie, wie Frauen oft meinen. Männer sind heutzutage kein glückliches Geschlecht; das beweisen viele empirische Untersuchungen (siehe das folgende Interview mit Erich Lehner. Dieser triste Tatbestand gilt sogar für den wichtigsten Anteil männlichen Wirkens: den Beruf. Die meisten Männer können ihre Erwerbstätigkeit nicht mit jenen Träumen verbinden, die sie einst von Berufung und Selbstverwirklichung hatten. Sie sind enttäuscht, arbeiten nur noch um des Verdienstes willen, funktionieren als Schräubchen in einem großen Getriebe, in dem weder Individualität noch Kreativität gefragt sind.

Auf innerste Bedürfnisse hören.

Interview mit Erich Lehner

Dr. Erich Lehner ist Psychoanalytiker in freier Praxis in Wien und in der Männer- und Geschlechterforschung tätig am Ludwig Boltzmann-Institut für Werteforschung; Autor mehrerer Publikationen.

WH: Immer mehr Männer klagen über Impotenz. Nicht nur sexuell, sondern auch emotional, sozial und beruflich. Können diese Männer sich selber helfen? Gibt es so etwas wie ein Rezept?

Erich Lehner: Männer, die mit derartigen Beschwerden in meine Praxis kommen, sagen mir sehr oft, dass sie sich eigentlich schon längere Zeit emotional, sozial und beruflich «ausgepowert» fühlen. Aber erst ihre sexuellen Probleme haben sie veranlasst, einen Arzt aufzusuchen. Meist hegten sie dabei die Hoffnung, dass ihnen ein Medikament rasch und effektiv helfen soll. Einige Männer erkennen nun im Gespräch mit dem Arzt, dass ihre Probleme woanders liegen und kommen dann so zum Psychotherapeuten.

Das Auffallende dabei ist, dass diese Männer eine allgemeine Müdigkeit, eine Gereiztheit, ein Ausgepowertsein nicht als gravierend genug wahr nehmen, so dass sie um Hilfe bitten würden. Erst die sexuellen Störungen bringen sie dazu. Ich vermute deshalb, dass ein Großteil der Männer, die noch keine sexuellen Störungen wahrnehmen, aber sich dennoch «impotent» im weiten Sinn fühlen, nicht um Hilfe bitten. Ein Kennzeichen dieser Patientengruppe, die mit solchen Beschwerden in meine Praxis kommt, ist, dass diese Männer meist einen sehr ausgeprägten Anspruch an sich selbst haben, möglichst alles selbst und möglichst perfekt zu tun. Im allgemeinen sind sie sehr leistungsorientiert und um größt mögliche Effizienz bemüht. Man kann sagen, dass der Grund für ihre Beschwerden genau in diesen an sich guten Eigenschaften besteht. In ihrem Bemühen um Effizienz übersehen sie meist die Symptome seelischer Beschwerden wie Müdigkeit oder einfach ausgepowert sein oder nehmen sie schlichtweg nicht ernst. Erst wenn eine somatisch sichtbare Beschwerde wie sexuelle Impotenz dazu kommt, reagieren sie und suchen Hilfe auf.

Diese Männer tun sich schwer zu akzeptieren, dass es eben kein effizient und schnell wirkendes «Rezept» gibt und sie sich vor allem nicht selbst helfen können. Was sie brauchen ist ein Du, mit dem sie ihre Lebenssituation besprechen können. Darüber hinaus brauchen sie vor allem viel Geduld und Zeit, in der sie in einer Beziehung zu diesem Du lernen, auf ihre innersten Bedürfnisse hören, sie zu deuten und sie gemäß den Möglichkeiten zu erfüllen.

WH: Was kann man diesen Männern raten, wo und wie sie Hilfe suchen können?

Erich Lehner: Wenn einmal solche Beschwerden da sind, wird dieses Du auf jeden Fall eine professionelle Person sein müssen. Empfehlenswert wäre, dass man möglichst bald eine Beratungsstelle aufsucht oder zu einem Psychotherapeuten geht. Je früher man Hilfe in Anspruch nimmt, desto kürzer ist die Behandlungszeit.

WH: Mit welchen therapeutischen Angeboten würden Sie solchen Männern helfen?

Erich Lehner: Männer, die zu mir in Therapie kommen, haben eigentlich den ersten Schritt zur Heilung schon gemacht. Sie haben entgegen ihrem innersten Impuls der Unabhängigkeit und dem Anspruch, alles selbst zu machen, den ich in dieser Ausprägung und Stärke als ein eher männliches Phänomen bezeichnen möchte, sich an eine Person gewandt. Mein Angebot als Therapeut ist nun eine therapeutische Beziehung. In einer Atmosphäre des Wohlwollens, der Akzeptanz und des Verstehens, lernen diese Männer auf ihre innersten Bedürfnisse und körperlichen Signale zu hören. Ebenso kommen ihre oft sehr hohen und sie überfordernden Ideale und Werte zur Sprache. Innerhalb dieser therapeutischen Beziehung lernen diese Männer, einen für sie besseren Ausgleich zwischen ihren menschlichen Bedürfnissen und den Ansprüchen, die von außen an sie herangetragen werden, zu finden.

Wenn diese Beschwerden nur Ausdruck einer kurzfristigen Krise sind, reicht im allgemeinen eine Kurztherapie von circa zehn Stunden. Wenn diese Beschwerden Symptome einer tieferliegenden

Störung sind, orientiert sich die Länge der Behandlung an dieser Grunderkrankung.

WH: Wie schaut ihre eigene Arbeit mit impotenten Männern aus?

Erich Lehner: Auch in der Arbeit mit impotenten Männern ist die Basis die therapeutische Beziehung zwischen dem Therapeuten und den Klienten. Voraussetzung jeder psychotherapeutischen Arbeit mit impotenten Männern ist die medizinische Abklärung, dass kein organischer Grund für die Impotenz vorliegt. Wenn klar ist, dass kein organisches Leiden die Ursache für die Impotenz ist, lässt sich die Impotenz als Ausdruck psychischer Dynamiken und Probleme verstehen. Es geht nun in der therapeutischen Arbeit mit dem Klienten darum, dass die Verhaltens- und Beziehungsmuster des Klienten in einer wohlwollenden Atmosphäre und in einer Beziehung zur Sprache kommen, verstanden und allmählich verändert werden.

WH: Was geschieht wenn Männer Impotenz im oben beschriebenen weiten Sinne nicht angehen?

Erich Lehner: Es kann bei manchen Männern durchaus zu einer spontanen Besserung kommen, weil sich beispielsweise ihre Lebensumstände ändern und damit auch die Stressoren anders werden. Viel wahrscheinlicher ist jedoch, dass sich ihr Leiden verstärkt und sie allmählich in eine Depression hineinschlittern. Dabei ist zu beachten, dass Depression bei Männern nicht nur die klassische Symptomatik wie Niedergeschlagenheit und Antriebslosigkeit aufweist. Erst jüngst hat eine Studie gezeigt, dass Depression bei Männern ein aggressives Erscheinungsbild haben kann. Diese Männer fühlen sich dann nicht nur nieder-geschlagen, sondern sind mitunter sehr aktiv und gereizt. Man müsste besonders Männern dringend nahe legen, möglichst früh fachliche Hilfe in Anspruch zu nehmen.

Dr. Erich Lehner, Dempschergasse 2/5, A – 1180 Wien;
Tel.: (01) 405 96 28

Das wirkt sich gesellschaftlich aus. Bereits in den späten fünfziger Jahren des 20. Jahrhunderts erschienen in den USA und in Deutschland die ersten kritischen Bücher, die nachwiesen, wie sehr Männer zu Bürokraten, seelenlosen Funktionären und gehorsamen Robotern geworden sind (z. B. Mitscherlich). Veränderungen und Innovationen sind von einem solchen Männertypus nicht mehr zu erwarten. Das aber hat wiederum fatale gesellschaftliche Konsequenzen. Wir brauchen Kritik, Protest und Erneuerung, wenn wir nicht stagnieren, stecken bleiben und versanden wollen. Dies ist eine individuelle wie eine gesellschaftliche Gesetzlichkeit. Ohne Veränderung haben wir weder als Individuen noch als Gesellschaft eine Zukunft. Auch das verlangt männliche Potenz.

Männer fühlen sich aber vor allem selber impotent. Sie klagen über Kraftlosigkeit, Lustlosigkeit in einem allgemeinen wie sexuellen Sinn, Traurigkeit und Melancholie, Hoffnungslosigkeit, Verlangsamung und Depression. Männer, die sich einst selber zum «starken Geschlecht» stilisierten und seither auch von den Frauen und der öffentlichen Meinung als solches angesehen werden, müssen sich heute mit dem Tatbestand auseinandersetzen, das «kranke Geschlecht» zu sein. So hat der erste Kongress über Männergesundheit, der 1995 in London stattgefunden hat, schlicht und bündig die zeitgenössischen Männer bezeichnet.

Lassen wir es vorerst bei diesen Beispielen. Sie reichen aus, um anzuzeigen, dass die gegenwärtige Bilanz von Männlichkeit seit längerem rote Zahlen schreibt. Noch immer wird dieser Fakt nicht ausreichend zur Kenntnis genommen, verdrängt und verleugnet. Dabei ist die Problematik eigentlich manifest: Männer beschließen heute ihr Leben ca. sieben Jahre früher als Frauen. Im Alter zwischen 20 und 30 Jahren sterben dreimal so viele Männer wie Frauen. Bis zum Rentenalter sterben – immer im Vergleich mit Frauen – vierzehnmal so viele Männer an Aids, viermal so viele an Lungenkrebs, dreimal so viele an Herzerkrankungen, dreimal so viele bringen sich um (Suizid), dreimal so viele sterben an Leberzirrhose u. a.

Delikt-, Unfall- und Kriminalstatistiken ergeben eine eindeutig männliche Dominanz. Ausschließlich männlich sind Deliktformen wie z. B. Amokläufe, Vandalismus, Vergewaltigungen mit Todesfolge, organisiertes Verbrechen, Entführungen, Geiselnahme, Verweigerung von Unterhaltszahlungen; überwiegend männliche Deliktformen sind: Mord, Körperverletzung, schwerer Raub, Erpressung, Frauen- und Kinderhandel, rechtsextreme Gewaltausschreitungen, Drogenhandel, schwere Verkehrsunfälle, Beziehungskonflikte mit Todesfolge, Gewalt in der Familie, sexueller Missbrauch. Dementsprechend beträgt das Verhältnis von Männern zu Frauen in den Haftanstalten 25:1. Trotz dieser drastischen Augenscheinlichkeit werden diese geschlechtsspezifischen Tatbestände weder zur Kenntnis genommen noch reflektiert.

Traditionelle Männlichkeit ist damit nicht nur eine riskante Lebensform für den jeweiligen individuellen Träger, sondern auch ein soziales Problem von hoher Kostenintensität. Werden folgende Indikatoren berücksichtigt

- Gewalt gegen Personen und diesbezügliche Verletzungen,

- Gewalt gegen Sachen und diesbezügliche Beschädigungen,

- soziale Kontrolle und die entsprechenden Einsätze von Polizei, Feuerwehr, Sanität und Justiz,

- soziale Dienste und die entsprechenden Leistungen von ambulanter und stationärer Medizin, Ämtern, Beratungsstellen, Frauenhäusern, Haftanstalten u. a.,

- Verwaltungskosten,

- Versicherungsleistungen und

- entsprechende Einbußen an Arbeitsfähigkeit und Leistung,
  so entstehen in den Landeshaushalten und im Bundeshaushalt jährlich Kosten von vielen Milliarden. Wird die passive Seite von Männergewalt in Form von Selbstbeschädigung noch dazu gerechnet und aufgrund der Indikatoren

- Selbsttötung,

- Krankheit (wegen Mißachtung von Gesundheitsregeln und unregelmäßigen Arztbesuchen),

- Therapie/Medikamente u. a. hochgerechnet,
  ergeben sich noch einmal einige Milliarden zusätzlicher Kosten pro Jahr.

Damit bestünde eigentlich dringlicher Handlungsbedarf: Traditionelle Männlichkeit ist teuer; sie bringt weder den Männern noch den Frauen und Kindern ein glückliches Leben, und sie lähmt die gesellschaftliche Entwicklung.

Was also tun?

Wir folgen hier zunächst dem Grundsatz, dass Veränderung zuerst einmal etwas mit der individuellen Einsicht der Betroffenen selber zu tun hat. Die Reformierung oder Revolutionierung von gesellschaftlichen Verhältnissen ändert nicht notwendigerweise die Menschen; das haben alle diesbezüglichen Erfahrungen von der französischen bis zur kubanischen Revolution gezeigt.

Die zweite Voraussetzung ist, Neues überhaupt annehmen zu können. Das verlangt die Überzeugung, dass die Alternative allemal besser ist als das Alte und Gehabte. Wir müssen dazu also im folgenden stichhaltige Beweise vorlegen.

Zentral ist dabei, eine männliche Sehnsucht nach Besserem und Anderem zu wecken, wie es der französische Schriftsteller Antoine de Saint-Exupéry so schön beschrieben hat (siehe folgende Seite).

Geleitet werden wir von unserer Grundüberzeugung, dass es in uns allen eine schöpferische Potenz gibt, die danach verlangt, gestaltet, ausgelebt und in der Gesellschaft wirksam zu werden. Im Laufe unserer Erziehung und Entwicklung wird diese Potenz zumeist von Eltern, Lehrern, falschen Erwartungen, unsinnigen Zielen und gesellschaftlichen Zwängen blockiert. Es geht also darum, an den ursprünglichen Energien, Träumen, Wünschen und Sehnsüchten wieder anzuknüpfen. Auch im erwachsenen Mann kann der kleine kräftige Junge wieder zu sprechen und zu existieren beginnen. Es gibt im Leben wenig Patentrezepte, aber für diesen Kontext gibt es mit Sicherheit eines: «Aktiv am eigenen Leben teilnehmen, bedeutet, wirklich zu spüren, wieviel Macht man mit seiner eigenen Einstellung oder einem Standpunkt hat. Übernehmen wir bewusst die Verantwortung für die Mitschuld an unserem eigenen Leiden, so finden wir auch Zugang zu unserem Innenleben» (Young-Eisendrath 1998, 145).

Warum dieser Weg für Männer nötig und nachgerade unabdingbar ist, werden wir im einzelnen beschreiben. Dazu entwerfen wir peu à peu ein *neues Lebensgerüst* für Männer, an dem sie sich sinnvoll und abarbeitend orientieren können. Das verlangt *Mut und schafft Mut zur Männlichkeit*, die dann auch Spaß und stolz machen kann.

Männer sollen für sich Männer sein; Männer sollen am Mann-Sein Freude haben.

Männer sollen für Ihre Frauen Partner und Liebhaber sein.

Männer sollen für Ihre Kinder Väter und Vorbilder sein.

Männer sollen für andere Männer Freunde und konstruktive Gegner sein.

Männer sollen für andere Frauen Freunde und Kollegen sein.

Wenn du ein Schiff bauen willst, so trommle nicht Männer zusammen, um Holz zu beschaffen, Werkzeuge vorzubereiten, Aufgaben zu vergeben und die Arbeit einzuteilen, sondern lehre die Männer die Sehnsucht nach dem weiten endlosen Meer.

Antoine de Saint-Exupéry

Im folgenden werden nun die wichtigsten Problembereiche zeitgenössischer Männer aufgelistet, beschrieben und analysiert. Auswahlprinzip der Wichtigkeit war dabei, was empirische Untersuchungen aus Männerzentren und Männertherapien dokumentieren und was meine eigenen theoretischen und praktischen Erfahrungen von mehr als zwei Jahrzehnten Männerarbeit belegen.

Die Darstellung beschränkt sich dabei nicht auf Beschreibung und Analyse der männlichen Probleme, sondern es geht ebenso sehr um deren Besserung und Lösung. Dabei werden – ebenfalls auf dem Boden der vorgängig erwähnten Empirie – konkrete Wege, praktische Übungen, sinnvolle Therapien und wichtige Beratungsadressen angeführt. Es geht dabei um Beispiele, die veranschaulichen und weiterhelfen sollen, nicht um Vollständigkeit. Das gilt ebenso für die Übungen, die vorgestellt werden.

Und jetzt fangen wir an:

Übung

Wahrscheinlich haben Sie lange kein Gedicht mehr gelesen. Greifen Sie jetzt zu einem Band und vertiefen sich in Verse, die Sie mögen. Wählen Sie dazu einen Ort, an dem Sie sich wohl fühlen und wo Sie allein sind. Wenn Sie keinen Gedichtband (mehr) haben, schlage ich Ihnen das folgende Gedicht «Abend» von Rainer Maria Rilke vor. Lassen Sie die melodiösen Verse Rilkes einfach auf sich wirken. Das Gedicht thematisiert sehr schön den Gang unseres Lebens und führt daher zwangsläufig zu der Überlegung, wie es um einen selber, die eigene Existenz, die eigene Vergangenheit und Zukunft steht:

Der Abend wechselt langsam die Gewänder,
die ihm ein Rand von alten Bäumen hält;
du schaust: und von dir scheiden sich die Länder,
ein himmelfahrendes und eins, das fällt;

und lassen dich, zu keinem ganz gehörend,
nicht ganz so dunkel wie das Haus, das schweigt,
nicht ganz so sicher Ewiges beschwörend
wie das, was Stern wird jede Nacht und steigt –

und lassen dir (unsäglich zu entwirrn)
dein Leben bang und riesenhaft und reifend,
so dass es, bald begrenzt und bald begreifend,
abwechselnd Stein in dir wird und Gestirn.

Literatur zur Information und Weiterarbeit:

a) Diagnose

- Volker Elis Pilgrim, Manifest für den freien Mann. München (Trikont) 1978.
- Alexander Mitscherlich, Auf dem Weg zur vaterlosen Gesellschaft. München (Piper) 1963.
- Carol Lee, Hilflose Helden. Wenn Jungen keine Vorbilder mehr finden. Reinbek (Rowohlt Taschenbuch) 1998.

b) Veränderung

- Dawna Markova, Die Versöhnung mit dem inneren Feind. Heilung durch Annehmen und Integration. Paderborn (Junfermann) 1997.
- Polly Young-Eisendrath, Die starke Persönlichkeit. Quellen der Lebenskraft. München (Deutscher Taschenbuchverlag) 1998.

c) Übungsteil

- Rainer Maria Rilke, Die Gedichte. Frankfurt/M. (Insel) 1996.
- Christiane Lutz, Das Männliche im Märchen. Leinfelden-Echterdingen (Bonz) 1996.

Teil I

1. Traditionelle und neue Männlichkeit

Das Thema, mit dem wir uns im folgenden beschäftigen, ist einigermaßen neu. Männer haben sich im Laufe der langen menschlichen Geschichte nicht mit den Facetten von Mann-Sein und Männlichkeit und ihrem Entwicklungsweg dahin beschäftigt. Das hat sich erst mit der zweiten Frauenbewegung Ende der sechziger Jahre geändert.

Sicher haben Männer der Geschichte ihren Stempel der Macht und den Wissenschaften ihren Blickwinkel aufgedrückt, doch das impliziert mitnichten, dass sich die Männer als solche damit auch wahrnähmen und reflektierten. Präziser: Männer setzen ihr Handeln zwar als allgemeingültige Norm, aber nicht im Bewusstsein, dies *als Männer* zu tun. In seinem Aufsatz «The case for Men's Studies» konstatiert der amerikanische Gesellschaftswissenschaftler und Männerforscher Harry Brod demgemäß: «Die Übergeneralisierung der männlichen Erfahrung als allgemein menschliche verzerrt nicht nur unser Verständnis von dem, was – falls überhaupt – allgemein menschlich ist, sondern verhindert auch die Analyse von Männlichkeit als eines spezifisch männlichen Lebens». Männer verallgemeinern sich also auf eine «unbewusste» Art und Weise, die nicht nur den Frauen schadet, sondern auch den Männern selbst, weil sie so ihren Taten und deren Folgen nicht bewusst gegenüberzutreten in der Lage sind. Das historische Subjekt «Mann» in der Geschichte objektiviert sich damit quasi und erscheint als Neutrum, das es faktisch aber selbstverständlich nicht ist. Nur diese Faktizität bleibt kognitiv und psychologisch auch dem Manne selbst verborgen.

So sind wir als Männer recht eigentlich noch gar nicht bei uns angekommen. Die meisten von uns halten Distanz zu sich selbst; auch die vielen Witze und Witzeleien sind ein Ausdruck davon. Weil die Beschäftigung mit der eigenen Männlichkeit so ungewöhnlich ist, halten sich

Was sind wir Männer
doch für'n lustiger Verein.

Heinz Rühmann

denn auch zäh die netten Klischees über Männer die – wohlgemerkt – Männer über sich selber pflegen (siehe gegenüberliegende Seite).

Dieses männliche Defizit an Besinnung und Selbstkritik hält bis heute vor. Gegenüber einer elaborierten feministischen Philosophie, Soziologie, Geschichts- und Literaturwissenschaft gibt es auf Männerseite nicht Vergleichbares. Erst langsam beginnen Männer über sich nachzudenken und auch darüber, was sie mit ihrer jahrhundertelangen Gedankenlosigkeit angerichtet haben. Noch einmal: Männer sind selbstverständlich keine hirnlosen Wesen und waren das nie. Männer haben in den Jahrtausenden unserer Geschichte über das Wesen des Seins, den Sinn des Lebens, den Ursprung des Lebendigen, den Wert der Arbeit, die Gesetze der Natur und die Möglichkeiten technischen Fortschritts nachgedacht, aber sie haben dabei sich selbst ausgespart. Wenn sich dies nun ändert, so nicht freiwillig. Männliche Reflexion setzt heutzutage überwiegend deshalb ein, weil das Selbstverständliche von Männlichkeit unter den Folgelasten maskuliner Fortschrittsideologie und unter dem Druck der Frauenbewegung schlicht und einfach zusammenzubrechen beginnt.

Wie ist nur die gegenwärtige Situation? Ist die Herrschaft der Männer zu Ende? Viele meinen es. Elisabeth Badinter zum Beispiel beschreibt in ihrem Buch «Ich bin Du» den Sturz des Patriarchats. Anzeichen dafür gibt es in der Tat: Feminismus und Frauenbewegung fordern die Männer strukturell und individuell heraus; die Frauen drängen massiv in die Berufswelt und machen dabei auch vor Bastionen nicht halt, die noch bis vor kurzem als unerschütterlich männlich galten; Frauen als Präsidentinnen, Spitzenpolitikerinnen, Gewerkschaftsvorsitzende und Managerinnen gehören inzwischen ebenso zum öffentlichen Bild wie die Frau, die eine Straßenbahn lenkt, ein Auto repariert oder ein Flugzeug steuert. Nur der Gedanke in die Zeit zurück verdeutlicht, wie solch Ungewöhnliches, für die meisten Undenkbares und für viele Anstößiges sich innerhalb weniger Jahre vollzogen hat.

Nichtsdestoweniger ist das vielzitierte Wort von Elisabeth Badinter vorerst nicht mehr als eine Tendenzaussage; es beschreibt die Richtung und umreißt die Perspektive, nicht aber die gegenwärtige Wirklichkeit als solche. Der sorgfältige Blick auf die Realität der Machtverteilung in unserer Industriegesellschaft weist aus, dass die wichtigsten Positionen in Politik, Verwaltung, Wirtschaft, Wissenschaft und Kultur noch immer mehrheitlich von Männern besetzt werden, dass Männer von den gegebenen Machtverhältnissen profitieren und dass Männer sogar in jenen Bereichen noch mehr verdienen, in denen sie die gleiche Arbeit leisten wie Frauen. Unsere gesellschaftlichen Verhältnisse werden also nach wie vor von geschlechtsspezifischer Ungerechtigkeit geprägt.

Das patriarchale Gesetz, dass die Repräsentation von Männern je maximaler und jene von Frauen je minimaler ist, desto machtintensiver sich ein Bereich für die Gesellschaft erweist, ist ungebrochen. Dieses Prinzipielle wird von anderen Gesetzmäßigkeiten begleitet.

- Erwerbstätigkeit gehört noch immer zur Normalbiographie des Mannes, aber nicht notwendigerweise zu jener der Frau.

- Doppelorientierung der Frauen auf Beruf *und* Familie bedeutet, dass Frauen zum einen häufiger Teilzeit arbeiten und dass sie zum anderen ihre Erwerbsbiographie unterbrechen, um für Kinder und Familie präsent zu sein.

- Die Rückkehr in den Beruf ist für Frauen trotz gestiegener Motivation schwierig. Jede fünfte Frau verbindet den Wiedereinstieg in die Erwerbstätigkeit mit einem beruflichen Abstieg.

- Die Daten über die Erwerbstätigkeit dokumentieren die Konsequenzen der gesellschaftlichen Arbeitsteilung: Männer steuern überwiegend technische Anlagen und warten sie, bauen, installieren und stellen her, planen, konstruieren und forschen, leiten, organisieren und führen, sichern, bewachen und wenden Vorschriften an. Frauen hingegen verkaufen, kassieren, beraten Kunden, arbeiten im Büro, bewirten, reinigen und packen, erziehen, helfen, pflegen und versorgen.

- Diese tradierte Ungleichheit zwischen den Geschlechtern dokumentiert sich nur konsequent in erheblichen Lohnunterschieden zwischen Männern und Frauen.

- Trotz zäher Bemühungen in den vergangenen zwei Jahrzehnten ist es den Frauen nicht gelungen, sich den öffentlichen Raum von Politik, Gerichtsbarkeit, Verwaltung und Medien zu erobern; trotz aller weiblicher Fortschritte ist Öffentlichkeit weiterhin grundsätzlich männlich. Frauen sind oft nur Zuträgerinnen für männliche Herrschaftspositionen oder Alibi für dieselbigen.

- Auch im privaten Bereich obliegt die Hauptlast der Arbeit noch immer den Frauen. Selbst von erwerbstätigen Partnerinnen erwarten Männer ein Mehr an Hausarbeit, Versorgung und emotionaler Pflege als sie selber zu geben bereit sind. Ähnliches gilt für die Kindererziehung.

• Die bisher unbewältigten Traditionen der geschlechtsspezifischen Arbeitsteilung bedingen Machtverhältnisse in Beziehungen und Familien und legitimieren nach wie vor Männergewalt.

Diese männlichkeitsgeprägte Ausformung aller gesellschaftlicher Verhältnisse verknüpft sich kausal mit der *traditionellen Auffassung von Männlichkeit.*

Die traditionelle Männerrolle besteht aus Leistung, Härte, Macht, Distanz, Konkurrenz, Gefühllosigkeit, Kampf und Gewalt. James M. O'Neil, der in den USA Hunderte von Untersuchungen über den männlichen Erziehungsprozess zusammengefasst hat, kommt zu folgendem Ergebnis: «Männer werden sozialisiert, um wettbewerbsbetont, leistungsorientiert, kompetent zu sein. (…) Männer glauben, dass persönliches Glück und Sicherheit von harter Arbeit, Erfolg und Leistung abhängig sind» (O'Neil 1982, 32). Bereits achtjährige Jungen haben diese Maxime verinnerlicht. Sie wissen, dass sie kämpfen müssen, sich anstrengen und dass sie nicht schwach und passiv sein dürfen, wenn sie Männer werden wollen, die sie werden müssen.

Die New Yorker Sozialwissenschaftler Robert Brannon und Deborah David haben das männliche Leitbild auf die vierteilige Kurzformel «no sissy stuff», «the big wheel», «the sturdy oak» und «giv'em hell» gebracht (siehe folgende Seite). Damit ist Distanz zur Weiblichkeit gemeint, Erfolg, Härte, Konkurrenz und Sieg.

Dabei besteht kein Zweifel daran, dass Männer als liebende, zärtliche und polymorph sinnliche Kinder eine erste Zeit ihres Lebens verbringen. Ebensowenig kann Zweifel bestehen, dass Männer wie Frauen Glück, Liebe und Erfüllung von ihrer Existenz erwarten. Was hindert die Männer daran? Die Antwort lautet: ihre Erziehung zur Männlichkeit (siehe II, 1: Entfremdung und Echtheit).

Mit Recht ist vielfach darauf hingewiesen worden, dass männliche Identität sich insofern *negativ* definiert, als sie sich von dem abgrenzen muß, was als weiblich gilt. Männlichkeit ist erkauft durch den Verzicht auf Eigenschaften, die die Gesellschaft als weiblich etikettiert hat. Frühzeitig wird der Mann in einen sozialen Käfig von Männlichkeit gesteckt. Im Rahmen seiner Familie lernt der kleine Junge, was männlich ist. Die Männerforschung belegt, dass wir schon als Buben auf Leistung und Erfolg getrimmt werden.

Entgegen dem Tatbestand, dass weibliche Neugeborene viel weniger anfällig sind, behandeln vor allem Väter ihre Söhne kräftiger und gröber

«No sissy stuff»
Der Knabe und spätere Mann muss alles
vermeiden, was auch nur den Anschein des
Mädchenhaften, Weichen und Weiblichen hat.
Seine männliche Identität erreicht er nur in
klarer Absetzung vom anderen Geschlecht.

«The big wheel»
Der Knabe und spätere Mann muss erfolgreich
sein. Erfolg stellt sich ein über Leistung, Konkurrenz und Kampf. Erfolg garantiert Position,
Status und Statussymbole. Nur wer Erfolg hat,
ist ein richtiger Mann.

«The sturdy oak»
Der Knabe und spätere Mann muss wie eine
Eiche im Leben verwurzelt sein. Er muss seinen
Mann stehen, hart, zäh, unerschütterlich, jedem
Sturme trotzend, sich immer wieder aufrichtend,
unbesiegbar.

«Giv'em hell»
Der Knabe und spätere Mann ist wie ein Pionier
im Wilden Westen oder ein Held auf dem
Baseball-Feld. Er wagt alles, setzt sich ein, ist
aggressiv, mutig, heftig und wild; er ist der
«winner», der Sieger.

als ihre Töchter. Von Anbeginn konfrontieren Väter ihre Söhne mit einer harten Lebenswirklichkeit von Leistung, Kampf und Ausdauer.

Geschlechtsspezifische Aktivitäten von Jungen werden viel deutlicher gefördert als jene von Mädchen; Jungen werden aber auch viel entschiedener für nicht geschlechtsspezifisches Verhalten bestraft.

Die gesellschaftliche Erziehung zur Männlichkeit gleicht auch in unseren Tagen noch einer Härtedressur (siehe II, 1: Traditionelle und neue Männlichkeit). «Damit sie sich nicht zum Nesthocker oder gar zum Muttersöhnchen entwickeln, werden viele Jungen bereits im Alter von fünf oder sechs Jahren aus der Familie gestoßen, um sich in der Schule, im Ferienlager und in vielen anderen Situationen, die sie möglicherweise noch nicht bewältigen können, als selbständig zu erweisen. Zu Beginn der Adoleszenz, der Pubertät, erhalten Jungen den zweiten Stoß – diesmal sind es neue Schulen, Sportwettkämpfe, Jobs, Verabredungen, Reisen und vieles mehr.

Der Fehler ist nicht, dass wir unseren Jungen die Welt zeigen (…), sondern *wie* dies geschieht. Ohne die nötigen Vorbereitungen auf das, was vor ihnen liegt, müssen sie die Familie abrupt verlassen. Man verweigert ihnen die seelische Unterstützung und verwehrt ihnen die Möglichkeit, in die Geborgenheit zurückzukehren, wenn sie sich überfordert fühlen» (Pollack 1998, 12 f.)

Diese Überforderung wird zum lebenslangen Begleiter des Mannes, der dementsprechend ständig unter dem Stress steht, seine einmal zwanghaft übergestülpte Männlichkeits-Maske zu tragen. «Die Sorge, nicht für einen Mann gehalten zu werden, versetzt Männer in einen Zustand fast ständiger Wachsamkeit und Angst (…). Sie haben Tag und Nacht einen Panzer zu tragen und sind buchstäblich nur blasse Schatten ihrer selbst oder dessen, was sie sein könnten» (Zilbergeld 1994, 22).

Ein Bekannter, der in einer Schweizer Bank arbeitet, erzählte mir vor geraumer Zeit von folgender Erfahrung: Vor einigen Jahren hatte er sich einem Südafrika-Geschäft widersetzt, das ihm weder politisch noch ökonomisch koscher erschienen war. Mit dem Umstand, dass er sich nicht durchsetzen konnte, wurde er ohne größere Schwierigkeiten fertig. Was ihn allerdings furchtbar ärgerte, war die Tatsache, dass seine Argumente überhaupt nicht berücksichtigt wurden. Die Borniertheit seiner Vorgesetzten, nur nach der Höhe des Kredits und den zu erwartenden Zinsen zu urteilen und für alle politischen und sozialen Rahmenbedingungen dieses Geschäfts blind und taub zu sein, erregte ihn dermaßen, dass er am Ende der Sitzung das Konferenzzimmer weinend verließ.

Seine Tränen bildeten wochenlang einen bevorzugten Gesprächsstoff unter Kolleginnen und Kollegen. Mein Bekannter wurde zum Opfer von Gespött. Vier Jahre später wurde er noch einmal schmerzlich an dies Erlebnis erinnert. Bei einer Beförderung überging man ihn und zog einen weniger kompetenten Konkurrenten vor. Hinterher erfuhr er, dass seine Tränen von damals den Ausschlag gegeben hatten; er war für zu wenig belastbar befunden worden.

Man kann dieses Beispiel verallgemeinern und feststellen: Wer sich nicht an die bestehenden Regeln und Normen der jeweiligen Geschlechterrolle hält, muss damit rechnen, dass sein nichtkonformes Verhalten gesellschaftlich bestraft wird. Empirische Untersuchungen zeigen, dass die Gesellschaft dabei männliches «Fehlverhalten» deutlich negativer sanktioniert als das von Frauen.

Inzwischen merken nicht mehr nur Frauen die Defizite der Männer; wir spüren sie auch selber, zum Teil offen und zugegebenermaßen, zum größeren Teil sicher noch abwehrend, verleugnend und verdrängend – mit oft psychosomatischen Folgen. Aufgrund ihrer Beratungsarbeit mit Männern nennt die Berliner Männerberatungsstelle «Mannege» acht Bereiche, die heutzutage Krisen und Probleme bei Männern auslösen:

1. Männer scheitern in Ehen, Beziehungen und Partnerschaften zu Frauen oder sind überhaupt nicht mehr in der Lage, Kontakte zu Frauen herzustellen.

2. Männer sind aufgrund ihrer emotionalen Abhängigkeit von Frauen verunsichert oder sogar hilflos, wenn Frauen heutzutage Eigenforderungen anmelden und für ihre Unabhängigkeit von Männern eintreten.

3. Männer erleben ihre Sexualität zunehmend als wenig befriedigend und leiden in erschreckend vermehrtem Maße unter «Funktionsstörungen» ihrer Sexualität.

4. Männer können sich häufig mit ihrer Berufstätigkeit nicht mehr identifizieren; sie finden darin keinen Sinn mehr und kaum noch Wert. In ihrem Privatleben sind sie oft nicht in der Lage, die Versagungen im Beruf auszugleichen. Von daher sind sie von der Gefahr des Sinnverlusts umgeben.

5. Männer vermissen in großer Zahl wirkliche Freunde. Ihre Beziehungen zu anderen Männern sind meist konkurrenzbetont. Von daher getrauen sie sich gegenüber anderen Männern nicht wirklich zu öffnen.

Männerbeziehungen bleiben also oberflächlich, bestenfalls kumpelhaft.

6. Männer beginnen ihre eingeschränkte Körperlichkeit und Sexualität vermehrt zu spüren und auch als Defizit zu erleben. Sie wünschen sich Änderung und schauen vielfach eifersüchtig auf die größere Erlebnisfähigkeit von Frauen.

7. Männer erkennen zunehmend, dass es ihnen an sinnvollen Bewältigungsstrategien für ihre Probleme fehlt. Flucht in die Arbeit, Alkohol, Krankheit oder Gewalttätigkeit werden als falsche Wege wahrgenommen. Vielfach fehlt es aber noch an lebbaren Alternativen.

8. Manche Männer werden sich auch der kulturellen sozialen und ökologischen Folgeprobleme traditioneller Männlichkeit bewusst und suchen nach Auswegen.

Solche Befunde werden durch wissenschaftliche Untersuchungen weltweit bestätigt. *Die Machtseite der traditionellen Männlichkeit hat ihre Ohnmachtsseite*; beide gehören untrennbar zusammen.

Wenn wir uns noch einmal die Männerrolle vergegenwärtigen, wie sie Brannon und David beschrieben haben (siehe Kasten Seite 32), so wird deutlich, dass es sich dabei um ein Kampfbild handelt, das Entspannung, Liebe, Fürsorge, Gesundheit, Mitmenschlichkeit, Partnerschaft und Moral im Grunde genommen ausschließt. Der amerikanische Psychologe und Männertherapeut Herb Goldberg, der zu den Pionieren der Männerfrage zählt, hat dieses Kampfbild in sieben maskuline Imperative übersetzt; (siehe folgende Seite) darüber lässt sich eindrücklich erkennen, wie sehr traditionelle Männlichkeit menschliche Selbsteinschränkung und männliche Selbstvergewaltigung ist.

Mit der zunehmenden öffentlichen Problematisierung traditioneller Männlichkeit wurde es auch sukzessive möglich, einen Leidensdruck an dieser Art von Männlichkeit zu artikulieren. Männer schlossen sich in Gruppen und ersten «Männerzentren» zusammen, um ihre Frustrationen zu besprechen und über Veränderungen zu reden. Die Geburtsstunde der neuen Männerbewegung fällt in das Jahr 1970. Damals gründeten Männer im kalifornischen Berkeley das erste Männerzentrum. Sie formulierten ein Manifest; darin heißt es als programmatische Kernaussage: «Wir als Männer wollen unsere volle Menschlichkeit wiederhaben. Wir wollen nicht mehr länger in Anstrengung und Wettbewerb stehen, um ein unmögliches und unterdrückendes, männliches Image zu errei-

1. Je weniger Schlaf ich benötige,

2. je mehr Schmerzen ich ertragen kann,

3. je mehr Alkohol ich vertrage,

4. je weniger ich mich darum kümmere, was ich esse,

5. je weniger ich jemanden um Hilfe bitte und von jemandem abhängig bin,

6. je mehr ich meine Gefühle kontrolliere und unterdrücke,

7. je weniger ich auf meinen Körper achte,
desto männlicher bin ich.

Herb Goldberg

chen – stark, schweigsam, cool, gefühllos, erfolgreich, Beherrscher der Frauen, Führer der Männer, reich, brillant, athletisch und heavy. (…) Wir möchten uns selbst gern haben; wir möchten uns gut fühlen und unsere Sinnlichkeit, unsere Gefühle, unseren Intellekt und unseren Alltag zufrieden erleben.»

Im deutschsprachigen Raum gibt es seit ca. 15 Jahren eine Männerbewegung. Männerbewegung bedeutet im einzelnen:

1. Eine Männerliteratur, in der – zum ersten Mal seit Jahrhunderten – Männer ihre Männlichkeit reflektieren, sich Gedanken machen über sich selbst.

2. Männergruppen, in denen sich bewegte Männer treffen, um ihre eigenen Schwierigkeiten mit der traditionellen Männerrolle zu besprechen.

3. Männerzentren, die – in den großen Städten – Informationen und Beratung für Männer anbieten.

4. Männertherapien, mit denen spezifische Männerprobleme behandelt werden.

5. Männerforschung, die versucht, unsere patriarchale Geschichte und deren Folgen aufzuarbeiten.

Das Epochale an dieser Männerbewegung ist unzweifelhaft, dass wir zum ersten Mal in der Geschichte über uns selber als Männer nachdenken dürfen und müssen. Das heißt – präzise gesehen – zweierlei:

Zum ersten Mal seit Jahrhunderten haben wir jetzt die Möglichkeit, unser Rollenkorsett von Macht, Härte, Erfolgszwang, Kontrolle und Pokerface zu lockern.

Und zum zweiten: Zum ersten Mal haben wir die Möglichkeit zu sehen und zu erleben, wer wir wirklich sind. Statt uns nur von außen definieren zu lassen, also gesellschaftlichen Zwängen und gesellschaftlichen Erwartungen zu unterliegen, fragen wir nach uns und unseren Bedürfnissen.

Wenn wir auf die Entwicklung dieser Männer in Bewegung schauen, so lassen sich empirisch drei wichtige Ergebnisse formulieren.

1. Männer erleben sich aufgrund ihrer Veränderung in einem breiteren Spektrum. Sie begreifen sich nicht mehr nur als Arbeitstiere und Karrierehengste, sondern als Menschen mit vielseitigen Bedürfnissen.

2. Männer entwickeln aufgrund ihrer Veränderung ein neues Verhältnis zu anderen Männern. Sie betrachten die Mitmänner nicht mehr als Feinde und Konkurrenten, sondern zunehmend als Freunde und Kollegen. Aufgrund ihrer Männergruppenerfahrung sind sie in der Lage, nun auch männliche Lebenswelten aufzubauen.

3. Männer haben aufgrund ihrer Veränderung ein neues Verhältnis zu Frauen. Die Auseinandersetzung mit der eigenen Männlichkeit lässt Männer freier und partnerschaftlicher auf Frauen zugehen. Der Umstand, dass Männer aufgrund ihrer Männergruppenerfahrung sich eigene soziale Netze aufbauen können, entlastet überdies die Frauen von ihrer «emotionalen Fürsorgepflicht» gegenüber den Männern.

Der sukzessive Zusammenbruch traditioneller Männerrollen bringt uns Möglichkeiten, weniger eingebunden, fixiert, gepanzert und rigid zu sein; er führt uns auch zu mehr Nachsichtigkeit, Hingabe und Verantwortung. Männer beschäftigen sich mehr mit sich selbst, werden introspektiver und lernen sich besser kennen. Sie entwickeln ein konstruktiveres Verhältnis zu Frauen, ihren Kindern und anderen Männern. Sie beginnen Fehler einzusehen, Defizite aufzuholen, aber auch Stärken zu schätzen. Viele von uns merken, dass es neben Beruf und Karriere noch anderes gibt, und nicht wenige schätzen dieses andere inzwischen sogar höher ein.

Aufgrund einer arbeitsintensiven empirischen Studie mit einigen hundert US-amerikanischen Männern gelangt Anthony Astrachan zu folgender Definition einer neuen Männlichkeit: «Nach meiner Definition hat der neue Mann die meisten traditionell männlichen Geschlechterrollen und den Versuch, die Macht zu monopolisieren, aufgegeben oder überwunden. Er besteht nicht mehr darauf, der einzige oder dominante Verdiener des Familieneinkommens zu sein und weigert sich, zum Sklaven seiner Arbeit zu werden, obwohl er Kompetenz und Leistung schätzt. Er glaubt daran, dass Männer ebenso gefühlvoll sind wie Frauen und lernen sollten, ihre Gefühle auszudrücken. Er ist fähig, über seine eigenen Probleme und Schwächen zu reden. Der neue Mann unterstützt die Suche der Frauen nach Unabhängigkeit und Gleichheit nicht nur verbal. Er setzt sich an seinem Arbeitsplatz für gleichen Lohn, für gleiche oder vergleichbare Arbeit und für gleiche Beförderungschancen seiner Kolleginnen ein. Er nimmt seinen Beruf nicht wichtiger als seine Familie. Ist er verheiratet, gesteht er der Karriere seiner Frau die gleiche Bedeutung zu wie seiner eigenen und einigt sich über Versetzungen, die eine Beförderung bedeuten, oder darüber, wer beim kranken Kind zu Hause bleibt. Der allerwichtigste Punkt ist allerdings, dass er die halbe Verantwortung für die Hausarbeit und die Kindererziehung zusätzlich zur Hälfte der Arbeit übernimmt» (Astrachan 1992, 360).

Wenn wir uns unseres Zielkataloges erinnern (siehe «Einführung» S. 11), so bedeutet veränderte, neue Männlichkeit auf den unterschiedlichen Handlungsebenen in einer ersten vorsichtigen Zusammenfassung:

- Für sich selber: Reflexion, Selbstkritik, Introspektion, Spaß an der eigenen Entwicklung und Veränderung, Lebensfreude, Flexibilität und Selbstverwirklichung.

- Für unsere Frauen: Partnerschaft, Liebe und Leidenschaft, Empathie, Mitverantwortung in Beziehung und Haushalt.

- Für unsere Kinder: Präsenz, Engagement, Dialog, Verantwortung, Vorbild, Auseinandersetzung und Verbundenheit.

- Für andere Männer: Freundschaft, Kollegialität, Kritik und Selbstkritik, Offenheit und Hilfsbereitschaft.

- Für andere Frauen: Respekt, Solidarität, Freundschaft, Unterstützung und geschlechtsspezifisches Selbstbewusstsein.

Dementsprechend gibt es zunehmend Männer, die ihr Rollenbild erweitern. Männerveränderung bis anhin lässt sich für hochindustrialisierte Länder folgendermaßen resümieren:

1. Das Frauenbild der Männer hat sich demokratisiert; Frauen werden als gleichwertig und gleichberechtigt angesehen. Eine Mehrheit von Männern begrüßt inzwischen die Frauenemanzipation.

2. Die klassische Doppelmoral der Männer, sich Freiheiten zu nehmen, die sie ihren Frauen nicht zu geben bereit sind, gehört verflossenen Zeiten an. Außerhäusliche Entfaltungsmöglichkeiten sind heute für beide Geschlechter gleich.

3. Zunehmend erkennen Männer die Verengung unserer Männerrolle und versuchen, sie – zumindest privat – zu erweitern. Männer geben an, gefühlvoller, kooperativer und demokratischer geworden zu sein, besser zuhören zu können und mehr auf die Bedürfnisse ihrer Frauen einzugehen.

The facts of change

- **men became more introspective**

- **men changed fundamentally their image of women**

- **men accentuate more the value of family than that of career**

- **men are more willing to take responsibility at home or at least to help**

- **men are opting more and more for coparenting**

- **men are more interested in social relationships**

(Europarat (Council of Europe) 1997/98)

4. Väter beteiligen sich stärker an der Kindererziehung. Allerdings beschränken sie sich eher auf die angenehmen Tätigkeiten des Spielens, Erzählens und Wanderns und meiden Pflege, Ernähren und Sauberhalten.

5. Männer unter 40 Jahren sind autark geworden; sie können putzen, kochen, waschen und sogar nähen. Freilich nutzen sie im gemeinsamen Haushalt nur einen Bruchteil ihrer Fähigkeiten.

6. Eine Minderheit von Männern versucht in Männerfreundschaften, Männergruppen und Männerzentren eine neue Männerwelt ohne Feindschaft und Angst aufzubauen.

1997/98 hat der «Europarat» zu Straßburg bei seiner ersten Geschlechterdebatte über Männer und Männlichkeit festgestellt, dass Männer heute ein demokratischeres Frauenbild vertreten, sich mehr in Haushalt und bei der Kindererziehung engagieren, eine bessere Beziehung zu ihrer Innenwelt haben und sozialer geworden sind (siehe gegenüberliegende Seite).

Freilich dürfen solche Daten auch nicht überschätzt werden. Veränderte oder neue Männlichkeit repräsentiert noch immer nur eine Minderheitenposition, die zirka ein knappes Viertel der männlichen Bevölkerung ausmacht. Die reaktionäre Fraktion derer, die sich vehement und zum Teil mit Gewalt gegen Fortschritte in der Geschlechterfrage stellen, ist nahezu genauso groß. Die große Mehrheit der männlichen Bevölkerung versucht weiterhin, die Problematik von Frauenbewegung, Männerveränderung und zukünftiger Geschlechterdemokratie zu verdrängen. Verdrängung, Rationalisierung und die fadenscheinige Legitimierung längst brüchiger Männerrealitäten wird von bestimmten Bereichen der gesellschaftlichen Wirklichkeit unterstützt. Dazu gehören vor allem Politik und öffentliche Verwaltung, in der sich in der Geschlechter- und Männerfrage am wenigsten bewegt.

Nahezu ebenso konservativ sind die Massenmedien. Der Mann der Massenmedien ist effizient, aggressiv und dominant. Damit wird bildlich-assoziativ verbunden: Abenteuer, Krieg, Jagd, Kampf, Eroberung, Meer, Wildnis, Wüste, Berge, Urwald, Sieg. Klassische Protagonisten solcher Männlichkeit sind: John Wayne, Errol Flynn, Tyrone Power, Charlton Heston, Raf Vallone, Allan Ladd, Richard Widmark, Kirk Douglas, der junge Burt Lancaster, Robert Mitchum, Clint Eastwood oder Sylvester Stallone. Diese Männer sind personifizierte Superlative. Sie können alles, kriegen alles, besitzen alles. Die Macht, die Herrschaft und die Welt gehört ihnen. Sie sind die Attraktivsten, die Besten, die Stärksten, die Härtesten und die Reichsten.

Alle empirischen Daten über Gesundheit und durchschnittliche Lebenserwartung, über Besitz und Reichtum, Berufsstruktur und Karriere, Aussehen und Attraktivität stehen in einem solchen Gegensatz zu diesen Medienhelden, dass ihre Unglaubwürdigkeit eigentlich jedem klar sein müsste. Doch das ist offenbar nicht der Fall.

Sämtliche Untersuchungen über Presse, Film und Fernsehen weisen aus, dass die Anzahl der Helden die der Heldinnen bei weitem übertrifft. Männliche Darsteller in tragenden Rollen dominieren eindeutig. Weiterhin belegen diese Studien, dass Männer vornehmlich in Arbeitsfunktionen gezeigt werden, während Frauen im Privatbereich, in Heim und Haus, agieren. Die männlichen Figuren sind Superhelden, Götter, Könige, berufsmäßige Bösewichte, Seeleute, Sänger, Cowboys, Ingenieure, Polizisten, Zauberer, Professoren, Ärzte, Rennfahrer, Piloten, Manager und Politiker. Die Frau tritt als Freundin des Helden, als Sängerin, Assistentin des Bösewichts, als Hausfrau, Mutter, Sekretärin, Dienstmädchen, Kellnerin, Filmstar oder Hexe auf.

In allen Medien erscheint das Berufsspektrum für Männer als unbegrenzt, während es für Frauen im wesentlichen auf die klassisch weiblichen Tätigkeiten der Pflege, Fürsorge und Unterstützung beschränkt ist, was insbesondere die Bilder in der Werbung immer wieder zeigen. Berufstätige Frauen werden nach wie vor häufig mit negativen oder seltsamen Attributen versehen. Darüber hinaus werden Frauen grundsätzlich so präsentiert, dass zunächst einmal ihr Äußeres wahrgenommen werden muss und kaum Aufmerksamkeit für die Ganzheit der weiblichen Person entstehen kann.

Auch die veränderte Arbeitsteilung zwischen den Geschlechtern aufgrund der gewandelten gesellschaftlichen Verhältnisse ist den Massenmedien noch kaum ein Thema.

Damit ist das Fazit klar: Männerveränderung ist in der politischen und in der allgemeinen Öffentlichkeit noch kein akzeptiertes Thema. *Männerveränderung wird vorerst getragen von einer Minderheit bewusster Männer und unterstützt von einer Minderheit aufgeschlossener Frauen und zukunftsgerichteter Institutionen.*

Übung 1

Den neuen Mann «in Reinkultur» gibt es noch nicht. Wir tragen alle noch mehr oder minder viele traditionelle Elemente in uns – Besitzdenken, den Wunsch nach Dominanz, Egoismus u.v.m.

Das trägt häufig zur Verwirrung und zur Verunsicherung bei. Zur sukzessiven Klärung und Versöhnung von traditionellen und veränderten/neuen Anteilen kann beitragen, *beide Seiten in einen Dialog zu bringen.* Lassen Sie traditionelle und neue Seiten in Ihnen sich auseinandersetzen, miteinander streiten, abwägen, was gut oder schlecht, hilfreich oder störend an Ihnen ist. Führen Sie immer wieder solche Dialoge (z.B. vor dem Einschlafen, beim Dösen im Schwimmbad, in der Warteschlange auf der Post). Prüfen Sie anschließend, was sich geklärt hat, wo Ihnen noch Informationen fehlen oder Beistand, welche Problemlösungen aufgetaucht sind.

Übung 2

Überprüfen Sie die traditionellen und neuen Elemente Ihrer Männlichkeit an folgendem Fragebogen. Dabei geht es nicht darum, Punkte zu sammeln und auch nicht darum, Ergebnistabellen zu erstellen. Es soll nur ein erster Check für Sie sein.

Traditionelle Männlichkeit oder neue/veränderte Männlichkeit	wenig	ziemlich	mittelmäßig	ausgeprägt	sehr
rational					
aggressiv					
dominant					
spontan					
temperamentvoll					
flexibel					
selbstbewusst					
zuverlässig					
offen					

Fortsetzung

Traditionelle Männlichkeit oder neue/veränderte Männlichkeit	wenig	ziem-lich	mittel-mäßig	ausge-prägt	sehr
selbstkritisch					
verantwortungsvoll					
partnerschaftlich					
solidarisch					
hilfsbereit					
egoistisch					
geltungsbedürftig					
festgefahren					
arbeitssüchtig					
tolerant					
empathisch					
ausgeglichen					
ehrlich					
optimistisch					
pessimistisch					
konkurrenzbetont					
ungeduldig					
anpassungsfähig					
ehrgeizig					
leidenschaftlich					
autoritär					
kalt					
kreativ					
unsicherv					
vielseitig					
warmherzig					
menschenfreundlich					

Fortsetzung

Traditionelle Männlichkeit oder neue/veränderte Männlichkeit	wenig	ziem-lich	mittel-mäßig	ausge-prägt	sehr
gesund					
familienbewusst					
kinderlieb					
statusorientiert					
respektvoll					

Literatur zur Information und Weiterarbeit:

a) Diagnose

- Elisabeth Badinter, Ich bin Du – Die neue Beziehung zwischen Mann und Frau. München (Piper) 1986.
- Herb Goldberg, Der verunsicherte Mann. Reinbek (Rowohlt Taschenbuch) 1979.
- Walter Hollstein, Männerdämmerung. Von Tätern, Opfern, Schurken und Helden. Göttingen (Vandenhoeck & Ruprecht) 1999.
- Esther R. Greenglass, Geschlechterrolle als Schicksal. Stuttgart (Klett-Cotta) 1986.

b) Veränderung

- Herb Goldberg, Veränderungen. Reinbek (Rowohlt Taschenbuch) 1987.
- Bernie Zilbergeld, Die neue Sexualität der Männer. Tübingen (dgvt) 1994.
- Anthony Astrachan, Wie Männer fühlen. München (Kösel) 1992.
- Liam Hudson/Bernadine Jacot, Wie Männer denken. Frankfurt/M. (Campus) 1993.

c) Übungsteil

- Arnold A. und Clifford N. Lazarus. Der kleine Taschentherapeut. In 60 Sekunden wieder o.k. Stuttgart (Klett-Cotta) 1999.
- Almuth und Werner Huth, Praxis der Meditation. München (Kösel) 2000.
- Martin Seligman, Pessimisten küsst man nicht. München (Knaur Taschenbuch) 1993.

2. Die epochale Notwendigkeit der Männerveränderung

Die Notwendigkeit der Männerveränderung wird im allgemeinen auf die Veränderung der Frauenrolle zurückgeführt. Die durchaus logische Argumentation lautet, dass eine veränderte Realität von Weiblichkeit nur konsequenterweise auch eine andere, neue Männlichkeit erfordere. Wenn zum Beispiel Frauen zunehmend erwerbstätig sind, müssten Männer auch zunehmend Verantwortung in der Partnerschaft, im Haushalt und bei der Kindererziehung übernehmen.

Dieser grundsätzliche Gedanke ist richtig, greift aber zugleich auch zu kurz. *Die Problematisierung und nachfolgende Veränderung von Männlichkeit ist Ausdruck einer epochalen Wende in der gesellschaftlichen Entwicklung* (siehe folgende Seite). Sie lässt sich resümieren in der Krise des Androzentrismus, das heißt: der männlich ausgerichteten und beherrschten Sicht von Welt, Natur und Gesellschaft. Kriege, die atomare Bedrohung, technische Katastrophen, Tschernobyl, ökologische Unfälle in gehäuftem Maße, die Zerstörung des Urwalds, die Verminderung der Ozon-Schicht, Hungersnöte und Überflutungen – um nur einige Beispiele zu nennen – werden in der kritischen sozial- und naturwissenschaftlichen Literatur zunehmend auf unsere Auffassung von Männlichkeit zurückgeführt. In der Tat ist das Bild von Männlichkeit, wie wir es bisher nachgezeichnet haben (siehe S. 33 ff) ein Appell zum Machen, Arbeiten, Leisten, Bewerkstelligen, Wirken und Vollbringen, das Bekenntnis zum «homo faber» und die Kampfansage an die Natur.

Mit der naturwissenschaftlichen Revolution ab dem 17. Jahrhundert setzt die Trennung zwischen Natur und Mensch ein. Bis dahin war die Auffassung von der Natur die einer verzauberten Welt, in der der Mensch nur ein Teil von etwas viel Größerem als er selbst darstellte. Der amerikanische Wissenschaftler Morris Berman merkt dazu an: «Steine, Bäume, Flüsse und Wolken wurden als wundersam, als lebendig angesehen, und

1. Die Arbeit als primärer Ort männlicher Leistung und Konkurrenz verliert im Leben des einzelnen immer mehr an Bedeutung.

2. Die Frauenbewegung fordert 50 % aller Berufsmöglichkeiten. Das bedeutet längerfristig die Einbuße von 50 % männlicher Macht.

3. Die ökologische Krise veranschaulicht den Bankrott männlichen Naturverständnisses und entzieht damit auch dem männlichen Leistungsgedanken eine seiner wichtigsten Legitimationen.

4. Die Perspektiven von Männlichkeit verschlechtern sich.

die Menschen fühlten sich in ihrer Umgebung zu Hause. Kurz gesagt, war der Kosmos ein Ort des sich Zugehörigfühlens. Ein Mitglied dieses Kosmos war kein entfremdeter Beobachter, sondern nahm direkt an dessen Schauspiel teil. Sein persönliches Schicksal war mit dem Kosmos verknüpft, und diese Beziehung gab seinem Leben Sinn» (Berman 1985, 13).

Mit der Entdeckung der Naturwissenschaften und deren Umsetzung in der Technik trennten sich Natur und Mensch, Kosmos und Individuum, Beobachtetes und Beobachter, Objekt und Subjekt. Morris Berman beschreibt die Folgen dieser Separation: «Ich bin nicht meine Erfahrungen und daher nicht wirklich Teil der mich umgebenden Welt. Der logische Endpunkt dieser Weltsicht ist ein Gefühl völliger Verdinglichung; alles wird zur Sache, entfremdet, nicht-ich, und ich bin letzlich auch ein Objekt» (Bermann 1985, 14).

Die Natur erscheint damit als etwas Fremdes, das man benützen, ausbeuten und zerstören kann – zum eigenen egoistischen Nutzen. Auch die Welt als Ganzes unterliegt dieser männlichen Nutzsicht, wie zum Beispiel die hochtechnisierte Kriegsführung demonstriert (dazu ausführlich: Easlea 1986).

Solche Entwicklungen haben stringent dazu beigetragen, dass die einst edle Auffassung von Männlichkeit sich in ihr Gegenteil verkehrt hat. Das hat Folgen für alle Männer.

Konnten wir uns noch vor wenigen Jahrzehnten mit der männlichen Rolle und ihrem Rollenbild identifizieren, so erscheint Männlichkeit heute als ein Konstrukt, mit dem Frauen, Frauenbewegung, Wissenschaften, Medien und in gewisser Weise die Öffentlichkeit überhaupt nur noch negative Assoziationen verbinden.

So werden einstmals positive Qualitäten von Mann-Sein mittlerweile gesellschaftlich umgedeutet. Ehemals männlicher Mut wird heute als männliche Aggressivität denunziert; aus Leistungswillen wird Karrierismus, aus Durchsetzungsvermögen männliche Herrschsucht, und das, was einst als männliche Autonomie hochgelobt war, wird nun kritisiert als die männliche Unfähigkeit zur Nähe und als männliche Angst davor.

Mit solcher Art Kritik müssen sich Männer seit einigen Jahren auseinandersetzen. Der Feminismus und die mit ihm verbundene Frauenforschung haben den Täter-Aspekt der männlichen Rolle herausgearbeitet: Männer usurpieren Macht, unterdrücken Frauen und Kinder, zerstören die Natur, begehen sexuellen Missbrauch u. a.

Exemplifizieren wir diesen «Umschwung» an zwei literarischen Beispielen. Vor rund 30 Jahren schrieb die bekannte Berliner Sängerin Bettina Wegner einen Song in der DDR, dem sie den Titel eines Stoßseufzers gab: «Ach, wenn ich doch als Mann auf diese Welt gekommen wäre»:

«Ach, wenn ich doch als Mann auf diese Welt gekommen wär
da wär ich besser dran und wüsste, wie sie sind
und alles, was ich machte, wär sicher halb so schwer
und von der Liebe kriegte dann der andere das Kind.»

Als Mann könnte sie selber im Leben die Initiative übernehmen, zum Beispiel beim Tanzen, statt darauf zu warten, dass der Mann auf sie zukommt.

«Ich könnte mich allein in jede Kneipe setzen
kein Mensch würd in mir leichte Beute sehn
und mich mit widerlichen Blicken hetzen
ich könnte ungeschorn an jeder Ecke stehen.

Und dürfte auf der Straße seelenruhig rauchen
kein giftiger Blick von Damen würd mich streifen
das kann man noch zur Männlichkeit gebrauchen
und alle Damen würden das begreifen.

Und wenn mir auf der Straße irgendwer gefiele
da ging ich ran und würde ein Gespräch beginnen
und keiner hätte da so komische Gefühle
dass ich ne Frau bin: Mensch, die Olle muss doch spinnen.

Beim Singen würde jeder auf die Worte hören
kein Blick auf meine Beine oder Brust
den Hörer würd nicht der Gedanke stören:
Na, könntste mit der Alten oder hättste keene Lust?»

Als Mann würde sie zuhause «stets das meiste Essen kriegen», könnte ihre Selbständigkeit ungefragt zeigen, müsste sich nicht bei den Männern für fragwürdige Dienstleistungen bedanken und dürfte besoffene Väter verprügeln, die ihre Kinder malträtieren.

«Das was ich denk und sage, würde ernst genommen
weil niemand dächte, dass ein Weib nicht denken kann
und wär ich mit dem Auto mal zu Fall gekommen
hieß es nicht gleich: Lasst doch die Weiber nicht ans Steuer ran.

Ich hab genug von diesem kleinen Unterschied
Ich will das gleiche machen wie der Mann
will, dass man einen Menschen in mir sieht
und dass ich wirklich gleichberechtigt walten kann.»

Vor rund drei Jahren ließ eine Anonyma Verse über Männer zirkulieren, die – wenn auch sehr banalliterarisch – den gewandelten Zeitgeist deutlich dokumentieren:

> «So unnütz wie Unkraut, wie Fliegen und Mücken,
> so lästig wie Kopfweh und Ziehen im Rücken,
> so störend, wie Bauchweh und stets ein Tyrann,
> das ist dieser Halbmensch – sein Name ist Mann.
>
> Er steht nur im Weg rum, zu nichts zu gebrauchen,
> ist immer am Meckern und ständig am Fauchen.
> Er ist auf der Erde, ich sag's ohne Hohn,
> vom Herrgott die größte Fehlkonstruktion.

Ohne Frauen – so weiß die Anonyma – wäre der Mann verloren. Nur dank weiblicher Hilfe entwickle sich «dieser Schlappschwanz» wenigstens «halbwegs» zu einem Menschen.

> «Mit dem Maul sind sie stark, da können sie prahlen,
> doch wehe der Zahnarzt bereitet mal Qualen,
> dann sind sie doch alle – verzeiht den Vergleich –
> wie ein Korb voller Fallobst, so faul und so weich.
>
> Ein Mann ist ganz brauchbar; solang' er noch ledig,
> da ist er oft schlank und sein Körper athletisch,
> da ist er voll Liebe und voller Elan –
> kaum ist verheiratet, wird nichts mehr getan.
>
> Mit Gold und Brillanten tat er Dich beglücken,
> das kriegt heute die Freundin – hinter dem Rücken,
> und du kriegst heute nur noch, wenn er dran denkt,
> zum Geburtstag den Schnellkochtopf geschenkt!
>
> Als Jüngling wollte er dauernd kosen und küssen,
> als Ehemann will er davon nichts mehr wissen.
> Verlangst Du Dein Recht, dann wird er gemein!
> Er gibt Dir's Gebiss und sagt: «KÜSS DICH ALLEIN»!!!»

Jahrhunderte lang hat kein Zweifel an der Stärke und Überlegenheit der Männer bestanden. Sicher hat es dafür in früheren Zeiten auch objektive Anhaltspunkte gegeben. Frauen haben unter den schlechten hygienischen Bedingungen vergangener Epochen deutlich mehr gelitten als Männer, waren vor allem Opfer nicht vorhandener Geburtenkontrolle und starben häufig im Kindbett. Seit der Verbesserung von Lebensqualität, Gesundheitswesen und Vorsorge haben sich die Verhältnisse umgekehrt. Heute konstatieren auch Männer, dass die Frauen gesünder und stärker sind. Solche Feststellungen dokumentieren die Umwertung der Werte: War früher das männliche Wesen der Maßstab aller Dinge, so werden mittlerweile die traditionellen Werte von Männlichkeit nicht nur entschieden in Frage gestellt, sondern sogar als pathologisierend angesehen.

Heute wird den Frauen attestiert, das eigentlich wichtige Geschlecht zu sein, weil sie Leben gebären, aufrechterhalten und beschützen. Frauen seien den fundamentalen Problemen des Daseins viel näher als Männer.

Diese zeitlich rapide und grundsätzlich drastische Zerstörung des klassischen Männerbildes ist Symptom und Ursache zugleich von männlicher Verunsicherung in unseren Tagen.

Ein amerikanischer Bestseller von Perry Garfinkel über die Welt der Männer enthält den symptomatischen Satz: «John Wayne ist tot, und wir haben noch keinen Ersatz für ihn gefunden.»

Natürlich will auch Garfinkel nicht John Wayne zurückhaben. Gemeint ist, dass die traditionellen Verhaltensmuster der Männer ebenso ins Wanken geraten sind wie die ihnen zugrunde liegenden gesellschaftlichen Bedingungen. Der Ausweg kann nur in eine Richtung gehen: Der Mann von heute muss sich aufgrund drastisch veränderter Gesellschaftsstrukturen neu definieren.

Ohne Dramatik muss dieser Vorgang noch ergänzt werden: Frauenemanzipation impliziert nicht nur die Veränderung von Geschlechterrollen, sondern weitgehend auch den Konflikt der Geschlechter selbst. Wenn Frauen sich gegen ihre gesellschaftlich aufgezwungenen Funktionen als Versorgerinnen von Männern wehren, als Mütter, als Heimchen am Herd, dann heißt das im Ergebnis, dass sich Jahrhunderte lang überlieferte und gelebte Beziehungsbilder von Frau und Mann *grundsätzlich* wandeln. Konkret bedeutet das Verhaltensunsicherheit, Orientierungslosigkeit, Auseinandersetzung und Bemühen um neue Handlungsanweisungen.

Verbindliche Vorstellungen von Geschlechterbeziehungen, die sich über Jahrhunderte, in gewisser Weise über Jahrtausende gehalten haben, brechen seit drei Jahrzehnten mit einer rasenden Geschwindigkeit zusammen. Was wohl in der Geschichte der Menschheit so noch nie geschehen ist, passiert jetzt: Der Wandel der Leitbilder bedroht unsere Identität, unsere «Natur» als Mann und Frau.

Dieser Wandel muss unter zwei Gesichtspunkten betrachtet werden: Zum einen bringt er Orientierungslosigkeit, die bis zu Mord und Selbstzerstörung führen kann; zum anderen verheißt er allerdings auch eine neue Perspektive der Beziehungen von Frauen und Männern.

Zunächst freilich herrscht noch Unordnung vor. Nichts zwischen Mann und Frau ist mehr selbstverständlich, alles muss neu definiert werden. Der amerikanische Psychotherapeut und Männerforscher Herb Goldberg schreibt deshalb von der «verrücktmachenden Ambivalenz» der Geschlechterbefreiung (vgl. ausführlich Goldberg 1984). Einerseits verletzen und verwunden wir uns gegenseitig im Geschlechterkampf, andererseits erschließen wir uns in dieser Auseinandersetzung ganz neue Möglichkeiten.

Geschlechterrollen zerfallen nicht aus Jux und Dollerei, sondern aufgrund veränderter gesellschaftlicher Bedingungen, die sie als unzeitgemäß und funktionsunfähig ausweisen. Dazu gehört vor allem: Mehr als die Hälfte aller Frauen sind heute berufstätig. Geburt und Kindererziehung hindern Frauen nicht mehr an der Berufsarbeit. Immer mehr Haushaltsvorstände sind Frauen. Auch die Gesetzgebung hat sich mittlerweile diesen neuen Bedingungen angepasst.

Die klassische Arbeitsteilung, die die Frau ins Innenleben des Hauses verbannt und den Mann in die Öffentlichkeit zwingt, hat sich mehr und mehr überlebt; in seinem berühmten «Lied von der Glocke» hat sie Friedrich Schiller beschrieben (siehe folgende Seite).

Die zunehmende Berufstätigkeit der Frau fördert ihre materielle Unabhängigkeit vom Mann. Eine liberalere Sozialgesetzgebung und ein neues Scheidungs- und Unterhaltsrecht unterstützen diese Entwicklung. Der Mann hat damit seine Funktion als alleiniger Ernährer von Frau und Kindern eingebüßt und folglich auch seine traditionellen Privilegien.

Die materielle Unabhängigkeit der Frau hat nun wiederum ihre allgemeine Emanzipation gefördert. Trennungen und Scheidungen gehen heute überwiegend von den Frauen aus. Die Männer bleiben zurück und leiden. Auch als Liebhaber hat die Frauenemanzipation den Mann von seinem eh schon brüchigen Sockel geholt. Die Frauen haben inzwischen ihre eigene «sexuelle Revolution» erlebt. Geburtenkontrolle, Schwangerschaftsabbruch und Empfängnisverhütung erleichtern den Frauen die aktive Wahl ihrer Sexualpartner. Endgültig verloren die Männer damit auch ihre Kontrolle über die Sexualität der Frau. Die permissive Gesellschaft mit ihrem öffentlichen Diskurs über weiland Intimes gab der Frau nachprüfbare Kriterien für Erotik, Lust und Orgasmus und entmythologisierte damit viele Männer, die sich bis dahin im ehelichen Gemach mit einer Aura von Don Juan umgeben hatten.

Der Mann muss hinaus
Ins feindliche Leben,
Muss wirken und streben
Und pflanzen und schaffen
Erlisten, erraffen
Muss wetten und wagen,
Das Glück zu erjagen …

Und drinnen waltet
Die züchtige Hausfrau
Die Mutter der Kinder
Und herrschet weise
Im häuslichen Kreise …

Friedrich Schiller («Das Lied von der Glocke»)

Der Mann hat überdies seine Macht über die Vaterschaft eingebüßt. Heute entscheidet die Frau, mit wem und zu welchem Zeitpunkt sie ein Kind haben will. Überspitzt könnte man sagen, die Zeugungskraft des Mannes ist grundsätzlich sogar überflüssig geworden, weil Samenbanken diese Aufgaben übernehmen können. Für viele Männer ist das denn auch das deutlichste Zeichen für ihre soziale Kastration.

Die Identitätskrise des Mannes ist also ebenso eindeutig wie inzwischen chronisch. Während der Feminismus in den vergangenen zwei Jahrzehnten ein kohärentes und vor allem offensives Frauenbild formuliert hat, zeigt sich das Männerbild brüchig, unklar und defensiv. Maskulinität agiert vorrangig nur noch in Film und Fernsehen, wenn Rambo auszieht oder Schimanski am Sonntagabend hektisch Verbrecher fängt. Aber das ist eben nur Fiktion. Männer sind nicht nur aus vertrauten Traditionen geworfen worden, sondern auch aus alten Sicherheiten der Orientierung, des Verhaltens und der Gewohnheiten entlassen. Das schafft Angst. Machtpositionen zu räumen ängstigt, da mit Macht Verfügungskraft, Schutz und Anerkennung verknüpft sind; es ängstigt um so mehr, da eine Alternative, die adäquat und attraktiv zugleich wäre, nicht einfach zur Verfügung steht. Solange gesellschaftlich Mann-Sein mit Macht korreliert bleibt, ist der Verzicht auf Macht mit der Einbuße an Männlichkeit verknüpft.

Ziehen wir ein erstes Resümee: Männer müssen sich verändern, weil neue gesellschaftliche Bedingungen sie dazu zwingen. Die traditionelle Männlichkeit von Herrschaft, Stärke, Unerschütterlichkeit, Wettbewerb und Kontrolle wird heutzutage mehr und mehr in Frage gestellt – von den Frauen, aber zunehmend auch von Männern selbst. Auf der anderen Seite gibt es noch kein neues Bild von Männlichkeit, das für uns Männer verbindlich wäre. So ist denn gegenwärtig männliche Identität angekratzt, erschüttert, ja zerborsten. Dementsprechend häufen sich Bücher und Studien zu diesem Thema, deren Titel bereits aussagekräftig genug sind: «Was ist los mit den Männern?», «Männlichkeit im Wandel», «Männer, die sich verändern», «Die männliche Maschine», «Goodbye Tarzan», «Der verunsicherte Mann», «Der überschätzte Mann», «Männerängste, Männerwünsche», «Der Untergang des Mannes», «Das männliche Dilemma», «Die Last, ein Mann zu sein», «Das Kreuz mit dem Mann-Sein», «Männer in der Krise».

Empirische Untersuchungen belegen diese zunehmende Verunsicherung. Bewiesen ist, dass immer mehr Männer als Folge ihrer verletzten Identität nun Ärzte, Psychologen und Therapeuten aufsuchen. Die vorlie-

gende Literatur bezeichnet die Anzahl jener Männer, die in den vergangenen Jahren in Sexualberatung und -behandlung gegangen sind, als «dramatisch». Männergruppen, in denen verstörte Männer ihre Probleme
untereinander aufzuarbeiten versuchen, entstehen in der industrialisier-
ten Welt allüberall. In den USA nehmen Ärzte, Psychologen und Psychoanalytiker den Ansturm männlicher Patienten zum Anlass, männerspezifische Behandlungsprogramme zu entwickeln; in den deutschsprachigen
Ländern hat diese Entwicklung jetzt ebenfalls begonnen. Sie ist Ausdruck
eines *männlichen Leidensdrucks*. Das starke Geschlecht ist zum «kranken
Geschlecht» geworden.

Der amerikanische Forscher James M. O'Neil hat in einer verdienst-
vollen Arbeit alle vorliegenden medizinischen, psychologischen und
sozialmedizinischen Untersuchungsergebnisse zur gegenwärtigen Krise
von Männlichkeit in sechs Zwängen zusammengefasst: 1. eingeschränktes Gefühlsleben, 2. Homophobie, 3. Kontroll-, Macht- und Wettbewerbszwänge, 4. gehemmtes sexuelles und affektives Verhalten, 5. Sucht
nach Leistung und Erfolg, 6. gesundheitliche Probleme. (Siehe auch: II, 5:
Sexualität und Liebe; II, 6: Krankheit und Gesundheit). James M. O'Neil
führt diese «Zwangssymptome» wie folgt aus: *Eingeschränktes Gefühls-
leben* bedeutet, dass Männer Schwierigkeiten haben, sich emotional frei
und offen auszudrücken. Als Folge solch unterdrückter Emotionalität
entstehen Verärgerung, Frustration, Feindseligkeit und Wut, die sich
nicht selten explosionsartig in Aggressivität und Gewalt äußern. Als
extreme Konsequenzen dieses eingeschränkten männlichen Gefühls-
lebens nennt O'Neil die Gewalttätigkeit gegen Frauen, sexuellen Missbrauch von Kindern, Inzest und Vergewaltigung.

Homophobie ist die männliche Angst vor der Nähe zu anderen Männern, und damit ganz eng verbunden: die Abwehr von Homosexualität.
Auch hier dominiert die Furcht, für weiblich, weich und damit für
schwul gehalten zu werden. «Ein Mann, der seine eigene Feminität oder
seine Anziehungskraft auf andere Männer fürchtet, ist versucht, sich und
andere von seiner Heterosexualität zu überzeugen, indem er alle weiblichen, interpersonalen und intimen Gefühle und Impulse unterdrückt»
(dazu ausführlich: II, 8: Männerkumpanei und Freundschaft).

Die *Kontroll-, Macht- und Wettbewerbszwänge* dienen dazu, den Mann
Situationen und Mitmenschen beherrschen zu lassen. Alle drei Attribute
sind Gradmesser für die eigene Männlichkeit. Bereits im Kindesalter
erhalten Jungen viel mehr Ermutigung, Lob und Feedback, um dominant, aktiv, mächtig und kontrolliert zu sein und ebenso viel mehr Strafe,

Liebesentzug und Verachtung als Mädchen, wenn sie es nicht zur Genüge sind. Sie lernen früh, ihren Selbstwert über Konkurrenz, Machterwerb und Dominanz zu bestimmen. Niederlagen sind mit Entmännlichung identisch; wer nicht siegt, ist kein Mann. Kontrolle, Macht und Wettbewerb sind auch die entscheidenden Indikatoren, nach denen Männer ihre persönlichen Beziehungen werten, was notwendigerweise zur Abwertung von Verantwortung, Ethos, Mitmenschlichkeit, Liebe und Fürsorge zwingt (dazu ausführlich: II, 7: Bindung und Partnerschaft).

Das *gehemmte sexuelle und affektive Verhalten* basiert im wesentlichen auf der männlichen Angst, die eigenen weiblichen Seiten zuzulassen. Das verhindert Gefühle, Sinnlichkeit, Intimität und Liebe zu anderen und führt dazu, die eigene Sexualität von Zärtlichkeit und Emotionalität abzuspalten und unter dem Aspekt von Leistung und Dominanz zu leben. Die Forschung ist sich einig, dass der Mann sexuell zum Opfer seiner eigenen «Obsession von Leistung und Erfolg» wird; in seiner Frustration spiegelt sich die Unterdrückung seiner Gefühle, sein Kontrollzwang und sein Dominanzstreben (dazu ausführlich: II, 5: Sexualität und Liebe).

Die *Sucht nach Leistung und Erfolg* ist die zwanghafte Notwendigkeit, das eigene Mann-Sein immer wieder neu erfahrbar zu machen und zu messen. Die Konsequenz ist, dass Männer weniger Zeit und Energie für Entspannung, Vergnügen, Spaß und Freizeit aufbringen können. Alle empirischen Untersuchungen, die O'Neil zitiert, weisen aus, dass Männer ihr Selbstwertgefühl ebenso wie ihr Erleben von Glück und Sinn des Lebens nur über ihre Arbeit und deren Gratifikationen zu bestimmen vermögen. Ihr Leben ist Tun und Haben, nicht Lassen und Sein.

Die *gesundheitlichen Probleme* äußern sich darin, dass Männer unzureichend entspannen, sich zu wenig physisch betätigen, zu wenig zum Arzt gehen und körperliche Warnsignale missachten. Auch hier wird die Sorge um das eigene leibliche Wohl als weiblich oder gar weibisch belächelt und abgetan. Dementsprechend sind Männer im Durchschnitt kränker als Frauen und sterben erheblich früher (dazu ausführlich: II, 6: Krankheit und Gesundheit).

Diese Problemfelder gewinnen an Brisanz, seit die männliche Rolle nicht mehr in ihrer traditionellen Weise begriffen werden kann. Auch James O'Neil weist darauf hin, dass sich alle Männer seit dem feministischen Aufbruch in den siebziger Jahren in einer grundsätzlichen Rollenunsicherheit erleben. Was bis dahin klar definierte Männlichkeit war, wird nun plötzlich als unterdrückend, sexistisch und inakzeptabel gebrandmarkt.

«Wenn man versteht und fühlt, dass man schon in diesem Leben an das Grenzenlose angeschlossen ist, ändern sich Wünsche und Einstellung.»

C. G. Jung («Erinnerungen»)

Kompensationsfelder, auf die sich Männer früher zurückziehen konnten, stehen ebenfalls nicht mehr oder nur noch partiell zur Verfügung. Das gilt insbesondere für die *Arbeit* (siehe ausführlich II, 2: Arbeit und Erfüllung). Arbeit war und ist für Männer die primäre Quelle von Selbstbestätigung, Selbstverwirklichung und Selbstwertgefühl. Doch diese Quelle sprudelt nicht mehr wie einst. Arbeit als Erwerbstätigkeit ist gesamtgesellschaftlich weniger geworden; immer mehr Männer werden arbeitslos. Überdies ist Arbeit inzwischen diskontinuierlich; nur wenige Männer können ihren Beruf noch lebenslang ausüben; die anderen müssen die Stelle wechseln, umlernen, sich neu und anders qualifizieren – und das nicht selten mehrmals in einem einzigen Berufsleben.

Schließlich verlangt die Wirtschaft zunehmend nach einem «anderen» Mann. Die Verlagerung von der Schwerindustrie zu den Dienstleistungen hat viele alte männliche Arbeitstugenden wie Kraft, Stärke, Härte, Gefühllosigkeit, Konkurrenz und Rücksichtslosigkeit überflüssig werden lassen. Insbesondere die expandierende Dienstleistungsbranche propagiert den «weiblichen Arbeitsstil» und verlangt Teamgeist, Kooperation, Beziehungsfähigkeit, Empathie, Hilfsbereitschaft, Offenheit u. v. m.

Damit bricht das traditionelle Bild von Männlichkeit mit seinen normativen Leitlinien auch ökonomisch zusammen.

Was tun?

Zwei – zunächst allgemeine – Wegweiser können Männlichkeit aus der Krise führen: eine neue Bescheidenheit und die eigene Innenqualifizierung.

Mit *neuer Bescheidenheit* ist der grundsätzliche und endgültige Abschied vom Androzentrismus gemeint. Wir sind nicht die Herrscher der Welt, sondern nur ein Teil von ihr. Der Kosmos ist viel größer als jeder von uns, die Welt viel älter, die Natur grundlegender und das Universum unendlich. Wir sind alle und zugleich jeder von uns nur kleine, endliche, sterbliche und beschränkte Teile von viel Größerem. Diesem müssen wir Respekt zollen und Ehrfurcht entgegenbringen (siehe gegenüberliegende Seite).

Innenqualifizierung meint, dass in unserem Leben und in unserer Erziehung zu viel Wichtigkeit auf äußere Werte wie Erfolg, Status, Leistung und Geld gelegt worden ist. Dabei sind die inneren Werte wie Wahrhaftigkeit, Selbstverwirklichung oder Glück auf der Strecke geblieben (siehe ausführlich II, 1: Entfremdung und Echtheit; II, 10: Ziellosigkeit und Richtung).

Übung 1

Lesen Sie noch einmal die in diesem Kapitel zitierten Versstrophen über Männer. Sind Sie damit einverstanden? Ärgern Sie sich über manche Aussagen? Warum ärgern Sie sich? Wie sehen Sie sich selber als Mann? Sind Sie mit dem Ergebnis Ihrer Überlegungen zufrieden? Möchten Sie anders sein? Ganz anders? Zum Teil anders? Stellen Sie sich einmal vor, wie Sie sein möchten.

Übung 2

Die Himmels-Meditation

Die Himmels-Meditation wurde von Lama Surya Das (1999, 419 ff.) formuliert; sie ist hier nur partiell wiedergegeben:

«Schließen Sie die Augen, Setzen Sie sich. Lassen Sie die Hände ruhig werden. Atmen Sie tief ein und wieder aus. Noch ein tiefer Atemzug. Entspannen Sie sich. Lassen Sie los. Legen Sie alles weg. Überlassen Sie sich natürlicher Ruhe und Leichtigkeit.

Lassen Sie, nur für diesen Augenblick, alles vorüberziehen wie Wellen im Meer, wie Wolken am weiten Himmel.

Lauschen Sie, still. Nehmen Sie wahr: Alles ist da.

Lassen Sie alles sein, wie es ist.

Loslassen. Sein lassen.

Unbekümmert. Nichts mehr zu tun. Nichts mehr herauszufinden, zu verstehen zu erreichen.

Einfach präsent.

Natürlich. Daheim und geborgen.

Sich selbst erkennen.

Die Dinge sehen, wie sie in diesem Augenblick sind.

Atmen Sie ein und aus. Tief und langsam. Einlassen, hinauslassen.» (…)

Literatur zur Information und Weiterarbeit

a) Diagnose

- Morris Berman, Wiederverzauberung der Welt. Reinbek (Rowohlt Taschenbuch) 1985.
- Carolyn Merchant, Der Tod der Natur. Ökologie, Frauen und neuzeitliche Naturwissenschaft. München (C. H. Beck) 1987.
- Brian Easlea, Väter der Vernichtung. Männlichkeit, Naturwissenschaftler und der nukleare Rüstungswettlauf. Reinbek (Rowohlt Taschenbuch) 1986.
- Herb Goldberg, Veränderungen. Reinbek (Rowohlt Taschenbuch) 1987.

b) Veränderung

- Sam Keen, Feuer im Bauch. Über das Mann-Sein. Hamburg (Kabel) 1992.
- Loren S. Pedersen, Das Weibliche im Mann. Eine Psychologie des Mannes. München (Deutscher Taschenbuch-Verlag) 1994.
- Steve Biddulph, Männer auf der Suche. Sieben Schritte zur Befreiung. München (Beust) 1996.

c) Übungsteil

- Almuth und Werner Huth, Praxis der Meditation. München (Kösel) 2000.
- Lama Surya Das. Der achtfache Pfad. Lehrbuch zur Erleuchtung. Frankfurt/M. (Wolfgang Krüger) 1999.
- Brigitte Hellmann (Hg.), Mit Sokrates im Liegestuhl. Ein Lesebuch für Nachdenkliche. München (Deutscher Taschenbuch-Verlag) 2000.

3. Der Gewinn und die Schwierigkeiten von Veränderung

Sein ist Werden. Dieser auf den ersten Blick paradoxale Satz spiegelt eine Grundtatsache menschlichen Lebens. Wir entwickeln uns, wachsen physisch und psychisch, vervollkommnen uns, reifen und verändern uns. Zu diesem Werden gehört auch, dass wir eines Tages an Kraft und Energie abnehmen, uns reduzieren müssen, kränkeln, vergehen und sterben.

Der griechische Denker Heraklit, der um 540 v. Chr. geboren wurde, formulierte diese Philosophie des Werdens besonders eindrücklich. Unsere Entwicklung, so resümierte er, gibt uns letztendlich unseren Lebenssinn. Von Heraklit stammt auch die Aussage, dass wir niemals zweimal in denselben Fluss steigen können; das Wasser ist bereits ein anderes, und wir sind es auch (siehe folgende Seite).

Veränderung ist für uns auch von der Biologie so recht eigentlich vorprogrammiert; Kinderkrankheiten haben den tieferen Sinn von Entwicklungssprüngen; Pubertät und Geschlechtsreife haben ebenfalls die Funktion, uns voranzubringen. Auf eine andere Art übernehmen im Erwachsenenalter Krankheiten, Unfälle und Daseinskrisen die Aufgabe von Entwicklung, Umkehr und Energieschub.

Wer beharrt und stagniert, sich Entwicklung und Werden verweigert, wird von der Lebensgesetzlichkeit zur Veränderung gezwungen. Das gilt im individuellen wie im sozialen. Veränderung ist stärker als Dauerbarkeit. Individuen und gesellschaftliche Systeme, die sich der Entwicklung widersetzen, werden leblos, steril, impotent und sind, ob kurz oder länger, dem Untergang geweiht.

Sperren wir uns gegen Veränderungen, so werden wir von unserem Unbewussten darauf aufmerksam gemacht. Trauminhalte, die sich wiederholen, sind ein Signal. Unzufriedenheit, Langeweile und sich meh-

Die Dinge erhalten ihren Sinn durch die Veränderung.

Heraklit

rende Frustrationen stellen eine schon ernstere Warnung dar. Ärger, Unruhe und Aggressionen sind nochmals eine Steigerung, mit der unser Unbewusstes darauf aufmerksam macht, dass in uns und unserem Leben etwas nicht stimmt. Wollen wir dann noch immer nicht hören, melden sich Krankheitssymptome ganz hartnäckig; sie können dann einfach nicht mehr ignoriert werden.

Wer sich in solchen Situationen prüft, stößt auch viel Versäumtes und Ungelebtes und auf der anderen Seite auf zu viel, was überbetont wurde, Überwert erhielt und zu einem einseitigen Lebensentwurf trieb. Die Selbstprüfung ist damit immer die Chance zur Korrektur und dafür, dass das eigene Leben wieder ins Gleichgewicht kommt.

Veränderung ist also unabdingbar für unsere Entwicklung; sie ist nötig, aber nicht unbedingt idyllisch. Vor allem wenn sie in Form einer Krise daherkommt, können wir an gefährliche Abgründe geraten. Schmerz, Verzweiflung, Unsicherheit, Angst vor der Zukunft oder Todesgedanken sind dann Begleiter von uns. Sie führen uns dramatisch zu einem Wendepunkt unseres Lebens.

Diese grundsätzlichen Überlegungen lassen sich direkt auf die Situation von Mann-Sein übertragen. Männer haben zu lange ein zu eindimensionales und zu unflexibles Leben geführt. In diesem Satz lassen sich letzten Endes Zehntausende von Seiten kritischer Männerliteratur resümieren. Männer waren jahrhundertelang nur Kopf statt auch Herz, nur erfolgreich statt auch liebevoll, nur Leistung statt auch Muße, nur konkurrenzorientiert statt auch solidarisch, nur hart statt auch weich. Männer ließen sich primär von äußeren Normen und gesellschaftlichen Erwartungen steuern statt (auch) von inneren Eingebungen und eigenen Bedürfnissen. Männer spalteten in der Geschichte männlicher Hegemonie jene Eigenschaften ab, die ihrem immer härteren Kampf um die Beherrschung von Natur und Welt nicht förderlich schienen: Verletzlichkeit, Empfindsamkeit, Abhängigkeit, Hingabe, Fürsorge und Nachgiebigkeit. Da sie ohne diese Gefühle indessen auch nicht zu leben vermochten, delegierten sie diese «weichen» Qualitäten an die Frauen und belegten sie hinfort mit dem Attribut des Weiblichen. So gewann an geschlechtsspezifischer Einseitigkeit, was im tiefsten nicht weiblich, sondern einfach menschlich ist.

Die Einseitigkeit der männlichen Rolle bedingt also eine Einseitigkeit des männlichen Lebensentwurfs, und diese wiederum bedroht das männliche Leben überhaupt. In bezug auf ihre eigene empirische Untersuchung schlussfolgerte die deutsche Soziologin Helge Pross schon in den siebziger Jahren des vergangenen Jahrhunderts, dass Männer sich durch die borierte Beschränkung ihrer Aktivitäten ebenso sehr schaden wie bei der Abriegelung von mitmenschlichen, freundschaftlichen oder kollegialen Beziehungen; sie schaden sich durch die Distanz zur Vaterrolle; sie schaden sich durch die Überbewertung des Berufs und die Weigerung, Erwerbspflichten und Familienaufgaben gleichmäßiger mit Frauen zu teilen. So werden sie zu Opfern ihrer eigenen Rolle (Pross 1978).

Die männliche Selbstzerstörung

Interview mit Herb Goldberg

Dr. Goldberg ist Psychologe und Psychotherapeut in Los Angeles. Er führt eine eigene Praxis, in der er vornehmlich mit Männern arbeitet. Überdies leitet er im ganzen Land therapeutische Männergruppen und engagiert sich bei der Veränderung der Männer. Seine Bücher über Männer haben ihn zum erfolgreichsten Autor des Themas «Männer» in den USA gemacht.

WH: In Ihren Büchern, die ja primär auf Ihren psychotherapeutischen Erfahrungen beruhen, definieren Sie die Männer als Opfer ihres eigenen maskulinen Imperativs. Das klingt zunächst einmal widerspruchsvoll.

Goldberg: Genau jene Dinge, die ihn zum «erfolgreichen Mann» machen, zerstören ihn. Maskuline wie feminine Motivationen können aus ihren unterbewussten, abwehrenden Elementen verstanden werden. Dies Unbewusste von Männlichkeit drängt den Mann zur totalen Abspaltung von seinem inneren Selbst. Seine tiefere Antwort auf das Leben ist chronisch selbst-schützend, misstrauisch und hyperaggressiv. Er zerstört, um sich selbst zu erfüllen und sich sicher zu fühlen. Innerhalb dieser Entwicklung endet der Mann als das einsamste Wesen auf der Erde und seine «Erfolge» erweisen sich als zunehmend bedeutungslos. So ist er letztlich zur Depression und/ oder Flucht durch Selbstzerstörung (Alkohol, zwanghaftes Arbeiten,

Verlangen nach stärkeren Reizen etc.) verurteilt. Je männlicher ein Mann ist, desto zutreffender ist das alles für ihn.

WH: Können wir diesen Selbstzerstörungsprozess noch etwas näher betrachten?

Goldberg: Das maskuline Unbewusste trennt den Mann von seiner körperlichen Befindlichkeit. Er ist nicht mehr in Kontakt, nicht mehr in Berührung mit den Botschaften, die ihm sein Körper vermittelt. Daher versucht er, seinen Körper mit Messungen und äußerlichen Manipulationen zu verstehen – und scheitert jämmerlich. Die moderne Medizin als Ausgeburt der hypermännlichen Verteidigungshaltung hat versagt. Betrachten wir nun den durchschnittlichen «Macho» in der Mitte des Lebens: Er bietet ein Bild zunehmenden Verfalls. Seine zwanghaft männlichen Ess-, Trink-, Schlaf- und Arbeitsgewohnheiten sowie seine emotionalen Reaktionen bewirken diese Zerstörung.

WH: Was verstehen Sie unter «zwanghafter Männlichkeit»?

Goldberg: Zwanghafte Männlichkeit setzt sich aus den rigiden Reaktionen zusammen, die allesamt defensiv sind und von der unbewussten Notwendigkeit angetrieben werden, Angst, Abhängigkeit, Unterwerfung, Verlust der Kontrolle und Passivität zu verleugnen. Diese Verleugnung drängt den Mann in eine Position von Männlichkeit im schlimmsten Sinne des Wortes und bewirkt, dass diese maskuline Zwanghaftigkeit sogar den menschlichen Überlebenstrieb zu beherrschen beginnt. Auf jede Herausforderung seiner Männlichkeit reagiert der Mann automatisch, extrem und rigide – zu seinem Schaden und Nachteil. Ein extremes Beispiel dafür sind die jungen «Machos», die ihr Leben im Kampf um einen Parkplatz riskieren oder wegen einer beleidigenden Bemerkung. Nichts anderes steht dann mehr auf dem Spiel als das maskuline Ego.

WH: Schließt das auch ein, dass Männer mehr an sozial vorgeschriebene Verhaltensweisen gebunden sind als Frauen?

Goldberg: Ja, Männlichkeit produziert rigidere und selbstzerstörerische Verhaltensmuster, weil die Macho-Zwänge des Mannes zumindest teilweise eine Reaktion gegen ihn selbst sind. «Macho» oder männliche Abwehrhaltung sind in großem Maße durch das Bedürfnis entstanden, die starke weibliche Identifikation mit der Mutter zu bekämpfen. «Machos» blockieren unbewusst das «kleine Mädchen», das in ihnen steckt. Der Vater war in der Kindheit meistens abwesend und ist vom Sohn häufig negativ erlebt worden. Das schafft eine furchtbare, explosive Tendenz, die es in der Weiblichkeit nicht gibt, weil die Konditionierung der Frauen in der Kontinuität ihrer Kindheit steht. Sie werden weiblich geprägt und können das ohne Sanktionen offenbaren. Sie müssen niemals gegen sich selbst, gegen ihr verinnerlichtes Feminine handeln. Sie müssen sich nicht beweisen, jemand zu sein, der sie nicht sind. Männer müssen das.

WH: Sie haben in Ihrer therapeutischen Arbeit den Niedergang des Mannes von seinem zwanzigsten bis zu seinem vierzigsten Lebensjahr und darüber hinaus beobachtet. Erklären Sie doch bitte diesen Abstieg.

Goldberg: Zwischen dem zwanzigsten und vierzigsten Lebensjahr isoliert sich der Mann immer stärker in der Außenwelt, und gleichzeitig wird er immer abhängiger von seiner Frau. Indem er seine Gefühle verdrängt oder an seine Frau delegiert, wird er zunehmend mechanischer und lebloser. Was immer es in seiner Jugend alles an Spontaneität in bezug auf seine Freundschaften und seine Ausdrucksfähigkeiten gegeben hat, ist jetzt verschwunden. Um Vierzig ist er «ausgebrannt» und reif für eine «Midlifecrisis» oder für einen Herzanfall.

WH: Welches sind die wichtigsten Ambivalenzen und schwierigsten Bedingungen, mit denen Männer in der gegenwärtigen Gesellschaft leben müssen?

Goldberg: Die qualvollsten Bindungen entstehen aus den Widersprüchen zwischen seiner frühen Erziehung und seinen sozialen Erwartungen im Erwachsenenalter. Zum Beispiel ist es für das Image eines Jungen verhängnisvoll, mädchenhaft («girlish») zu sein oder mit Mädchen zu spielen. Sobald jedoch der Heranwachsende das Erwachsenenalter erreicht, wird von ihm erwartet, eine Frau zu finden, die den Mittelpunkt seines Lebens darstellt und auf die er sich befriedigend und sinnvoll beziehen kann. Nur ist er darauf nicht vorbereitet worden. Die schrecklichste Ambivalenz entsteht, wenn der Mann versucht, sein humanes, personales Selbst aufrecht-zuerhalten und ihn genau das hindert, als Mann «erfolgreich» zu werden. Umgekehrt bedeutet Erfolg, dass ein unbewusster Streich auf seine Kosten gespielt wird. Der Erfolg des Mannes ist heute kor-reliert u. a. mit Vereinsamung, mit einem narzisstischen Ego, das die Ablehnung oder sogar den Hass durch seine Kinder bedingt, mit einer zwanghaften Sexualität, die ihn zu einem bemitleidenswerten Opfer seiner selbst macht und mit einem zunehmenden Verlust an Vertrauen, der teilweise in der Realität all jener verankert ist, die er entfremdet und die ihn deshalb «insgeheim» hassen.

WH: Der Feminismus und ein großer Teil der öffentlichen Mei-nung stigmatisieren den Mann als Ausbeuter und Unterdrücker. Ein wichtiges Ergebnis Ihrer therapeutischen Arbeit wie auch Ihrer wissenschaftlichen Untersuchungen ist die starke Abhängigkeit des Mannes von der Frau. Zumindest auf den ersten Blick wirkt das ja auch widersprüchlich.

Goldberg: Weiblichkeit und Männlichkeit verstärken sich in unserer Gesellschaft gegenseitig. Weiblichkeit, so wie sie gegenwärtig ver-standen wird, schafft ein Vakuum, das der «Macho-Mann» ausfül-len muss, wenn es ihm überhaupt gelingen will, sich auf seine Frau erfolgreich zu beziehen. Die Männer sind so «gezwungen», bestim-mend und tonangebend («assertive») zu sein und werden genau deshalb aber auch beschuldigt zu kontrollieren. Wer ist nun letzt-endlich aggressiver, der «American football»-Spieler oder die Ein-peitscherin, die ihm ihre Aufmerksamkeit nur deshalb gibt, weil er so aggressiv ist?

Die Ironie der Geschichte besteht darin, dass der Mann, während er der Überlegene («top dog») zu sein scheint, schon gänzlich abhän-gig von der Frau in seinem Leben ist. Sie kann indessen recht gut ohne ihn existieren. Die meisten Männer, sofern sie nicht homose-xuell sind, können ohne ihre Bindung an eine Frau gar nicht mehr überleben. Überdies brauchen sie sogar in einer verzweifelten Art genau die Frau, auf die sie auch wütend sind.

Umgekehrt wird das, von dem Frauen sagen, dass sie es an Männern hassen, unbewusst von ebendiesen Frauen gefördert und verlangt, weil es zunächst einmal auch das ist, was Männer in den Augen von Frauen «attraktiv» macht, wie z. B. Stärke, «aggressives» Auftreten, Erfolg etc.

WH: Sie haben einmal Selbstzerstörung männlich genannt und Wohlbefinden weiblich. Würden Sie einmal näher erklären und umreißen, wie der Mann dieser selbstzerstörerischen Tendenz entgehen kann?

Goldberg: Um Hilfe nachsuchen, verletzlich sein, zugeben, dass man es nicht allein kann, mit sich selbst in Kontakt sein oder kommen, sich zugestehen, abhängig zu sein, Gefühle zugestehen und ausdrücken können, das alles ist für den Mann unabdingbar, wenn er sich verändern und «erholen» will. Doch für die meisten Männer in der gegenwärtigen Gesellschaft löst das Ängste aus; ihre unbewusste Abwehrhaltung der Maskulinität widersetzt sich. So tritt Veränderung nur dann ein, wenn dem eine tiefe Krise vorausgegangen ist, aber selbst dann sucht der Mann noch den schnellsten Fluchtweg aus dem Debakel. Das Bewusstsein der Männer muss sich wandeln, und die Abwehrhaltung muss sich lockern. Damit der durchschnittliche Mann aufhört, um jeden Preis die Suche nach Hilfe und die Angst, die damit verbunden ist, zu vermeiden, lässt sich nur hoffen, dass die Krise, in die er unvermeidlich stürzt, lange genug anhält, um ihn zu öffnen, aber nicht zu zerstören, und ihm so sein Wachstumsprozess ermöglicht wird.

Männer sind unzweifelhaft in der Krise, auch wenn viele dies noch nicht wahrhaben wollen.

Die gesunde Mitte ist verlorengegangen, und deshalb müssen Männer, die das spüren, sich auf den Weg machen, wie einst Parzival und der Simplicissimus und später Wilhelm Meister, der Grüne Heinrich oder Demian. Wo die gesellschaftliche Initiation fehlt, muss sich der Mann selbst initiieren, wenn er sich im Leben nicht schmerzhaft verfehlen will. Das heißt unter anderem, dass der Mann sich seinen Ängsten und dunklen Seiten stellen, Entscheidungen fällen und Verpflichtungen eingehen muss mit Mut und Wagnis. Bereits 1929 notierte Kurt Tucholsky angesichts der heraufziehenden braunen Gefahr: «Bleib' tapfer. Bleib' aufrecht. Bleib' du.» Männliche Wahrhaftigkeit ist angesagt, Authentizität.

In einem klassischen Pamphlet, das am Anfang der Männeremanzipation in den USA stand, schrieb Jack Sawyer, dass die Männer sich selbst jener Geschlechterstereotypen entledigen müssen, die ihre Fähigkeit begrenzen, menschlich zu sein. Es geht darum, die Begrenzungen zu überwinden, die den Männern auferlegt wurden und werden. Dazu gehört für Jack Sawyer im besonderen auch, dass Männer nicht auf Geldverdienen, Karriere und Erfolg gesellschaftlich festgelegt werden, sondern ihr ganzes menschliches Potential entfalten können. *Männer, die sich verändern, greifen also zum einen ihre innere Struktur von Härte, Aggressivität, Macht- und Erfolgsstreben, Einzelkämpfertum und Egoismus an wie auch jene äußere Struktur von Gesellschaft, die sie zu diesen Zielen zwingt. Solche Männer sind in doppelter Bewegung.*

Daraus entstand in den frühen siebziger Jahren die *Männerbewegung.* Ihr symbolisches Gründungsdatum ist das Jahr 1970, als im kalifornischen Berkeley amerikanische Männer das erste Männerzentrum eröffneten. In einem langen Manifest (siehe folgende Seite) wehrten sie sich gegen die traditionelle Männerrolle, die Gefühllosigkeit, Beherrschung und Herrschaft, Unterdrückung und Einseitigkeit von ihnen verlangt. Dagegen forderten sie das Recht und die Möglichkeit, ihre Männlichkeit im ganzen Spektrum von menschlicher Vielfalt ausleben zu können.

In den späten siebziger Jahren fanden diese amerikanischen Bemühungen auch im deutschsprachigen Raum ihr Echo.

Von Hamburg bis Zürich und Wien entstanden Männergruppen, Männerinitiativen und Männerzentren (siehe: Kap. II, 9; Männerkumpanei und Freundschaft; Kap. III, 2: Sich im Mann-Sein üben), die allesamt ein neues Männerbild von Offenheit, Freude, Verantwortung, Beziehungsfähigkeit und Freundschaft zu leben versuchten. Der Männerforscher Hermann Bullinger fasste die wichtigsten Entwicklungsschritte zu neuer Männlichkeit anfangs der neunziger Jahre zusammen und umriss damit auch die Gewinnseite von Männerveränderung:

1. *Leidensfähig werden:* Auch wenn wir heute am liebsten alles Leiden aus dem menschlichen Leben eliminieren wollen, bleibt das Leiden doch eine unabdingbare Voraussetzung, wenn es um Veränderungen geht. Erst wenn Männer wieder mitfühlen können und sie ihre Gefühle

«Wir als Männer möchten unsere volle Menschlichkeit wiederhaben ...
Wir möchten uns selbst gernhaben; wir möchten uns gut fühlen und unsere Sinnlichkeit, unsere Gefühle, unseren Intellekt und unseren Alltag zufrieden erleben.»

«Men's Center», Berkeley/USA 1970

wirklich spüren, kommen sie in Kontakt mit sich und gewinnen Eigenmotivation, um etwas in ihrem Leben zu bewegen.

2. *Weniger arbeiten:* Auch Männer arbeiten, um zu leben und nicht umgekehrt. Mit Arbeit kaschieren Männer ihr Leiden und ihre Empfindungen. Mit dem «Rückbau» von Arbeitstugenden werden wir wieder lebendiger und sensibler. Überdies gewinnen wir Zeit für unsere Beziehungen und für Muße, die wir dringend brauchen.

3. *Jungenhaftigkeit entwickeln:* Wir müssen uns unsere Spontaneität, unser Lachen, unser Albernsein und unsere Verspieltheit wieder zurückholen. Dies geht sicher nur Schritt für Schritt, aber ein Anfang muss gemacht werden.

4. *Lebenslust zurückgewinnen:* Viele Männer wirken unlebendig und wie abgestorben. Ihre Lebenslust ist ihnen abhanden gekommen. Man merkt es an ihrem stumpfen und gleichgültigen Blick.

5. *Tagträume:* Dies erscheint Männern oft unnütz und als ein entbehrlicher Luxus. Trotzdem ist das Tagträumen oft der einzige Weg, um überhaupt wieder ins Träumen zu kommen.

6. *Trauer zulassen:* Mein Eindruck aus der Arbeit mit Männern ist, dass viele Männer voll von Traurigkeit sind. Trauerarbeit scheint mit den typisch männlichen Tugenden nicht vereinbar. Und doch ist Trauerarbeit unentbehrlich, wenn es um die produktive Bewältigung und Verarbeitung von Lebensereignissen und Krisen geht.

7. *Sinnlichkeit entfalten:* Männer wirken oft unsinnlich und abgestumpft. Unsere sinnliche Ausstrahlung zeigt, dass wir in Kontakt mit unseren Energien stehen und keine psychische Energie mehr in Blockaden und Panzerungen investieren.

8. *Freiwillig Macht und Privilegien abgeben:* Männer können sich nur dann befreien, wenn sie Macht an Frauen abgeben. Erst die Abgabe von Macht ermöglicht Freiheit und schafft Gestaltungsspielraum für Neues und Ungewöhnliches.

9. *Verantwortung für Kinder übernehmen:* Wenn Männer aktive Väter werden, bekommen sie viele Entwicklungsanstöße von Kindern und verändern oft aus eigenem Antrieb und Bedürfnis ihre typisch männliche Prioritätensetzung auf den Beruf.

10. *Beziehungsarbeit leisten:* Männer dürfen in ihrem eigenen Interesse Beziehungsarbeit nicht an Frauen delegieren. Auch sie müssen Berufs- und Beziehungsarbeit in ihrem Leben gleich gewichten. Hierzu gehört auch die Pflege von Männerfreundschaften.

11. *Die Geringschätzung des Alltags überwinden:* Der Alltag ist nicht nur lästig, sondern ein selbstverständlicher Teil männlichen Lebens. Gemeinsamer Alltag schafft Verbundenheit und begründet Beziehungsintensität. Dies wird besonders deutlich im Umgang mit kleinen Kindern.

12. *Emotionale Abhängigkeit von Frauen überwinden:* Dies ist ein besonders wichtiger Punkt. Männer müssen mehr innere Autonomie entwickeln. Erst auf dieser Grundlage wird es möglich sein, dass Männer und Frauen sich auf gleicher Ebene begegnen (Bullinger 1994, 189 ff.)

Übung 1

Nehmen wir einmal an, dass wir in drei konzentrischen Kreisen leben:

- Ego und eigene Zufriedenheit,
- die anderen und die eigene Beziehungsfähigkeit,
- Entäußerung und eigene Arbeitsfähigkeit.

Schauen Sie sich einmal in diesen drei Kreisen um und prüfen Sie sie nach folgenden Maßstäben:

- Gewinn und Verlust,
- Aufbau und Selbstzerstörung,
- Entspannung und Stress,
- Freiheit und Zwang.

Übung 2

Kann es so noch weitergehen? Soll es lieber anders sein? Machen Sie gedanklich eine Reise zu einem Ort, den Sie nicht mögen. Am Bahnhof angekommen, entscheiden Sie, ganz woanders hinzufahren. Wo wollen Sie wirklich hin? Warum? Was gefällt Ihnen dort?

Sie sind wohl und entspannt am neuen Ort und schauen vom Balkon Ihres Hotelzimmers in die Ferne: Dabei stellen Sie sich folgende Fragen:

- Was bedeutet Veränderung für Sie jetzt?

- Was möchten Sie jetzt in Ihren Beziehungen verändern?

- Was möchten Sie jetzt in Ihren Tätigkeiten (Beruf, Nebenerwerb, Hobbies, Ehrenämter) verändern?

- Wie fühlen Sie sich bei den gegebenen Antworten? Was meint Ihr Magen dazu, Ihr Herz, Ihr Kopf?

Übung 3

Lektüre kann bei Veränderungsprozessen helfen oder dazu animieren. Am Anfang steht die Einsicht. Dazu sollen zwei Titel aus dem Bonz-Verlag empfohlen werden. Dort erscheint eine sehr schöne Reihe «Mythos und Psyche». Im Band «Jeder ist Herakles – Süchtig handeln oder zum Ich entscheiden» beschreibt Christiane Lutz sehr eindringlich das männliche Dilemma der materiellen Gebundenheit und der Selbstüberschätzung und weist dann Wege zu einer erfüllteren Existenz. Horst Obleser analysiert in seinem Buch «Parzival auf der Suche nach dem Gral» prototypisch die Entwicklung zu einer reifen Männlichkeit. – Männer spalten in ihrer Sozialisation häufig Gefühle und bestimmte Emotionen wie Trauer, Schmerz oder Versagensangst ab. Das führt längerfristig zu verdeckten Depressionen und äußert sich somatisch im Magengeschwür, der Herzkrankheit u. a. In einem bewegenden Buch beschreibt die amerikanische Therapeutin Dawna Markova wie man mit dem verlorengegangenen

Selbst wieder Kontakt aufnehmen und mit den abgespaltenen Anteilen in ein «heilendes Zwiegespräch» eintreten kann. Viele konkrete Übungen helfen dem Leser («Die Versöhnung mit dem inneren Feind», Junfermann-Verlag). Ebenfalls im Junfermann-Verlag ist das Buch «Bewegt sein» von Bettina Hausmann und Renate Neddermeyer erschienen; darin stehen illustriert mannigfache Übungen zur «Erlebnisaktivierung und Persönlichkeitsentwicklung». Der bekannte amerikanische Theatermacher und Gestalttherapeut Paul Rebillot stellt in seinem Buch «Die Heldenreise» (Kösel Verlag) das «Abenteuer der kreativen Selbsterfahrung» dar; auch dieser Band enthält viele Übungen, Fragestellungen und Mediationen, um «den eigenen Weg zu finden». Anné Linden und Kathrin Perutz beschreiben aufgrund erprobter Techniken des neurolinguistischen Programmierens (NLP) Strategien, um das eigene Verhalten zu ergründen, zu verändern und zu optimieren («Kraftquellen erschließen – erfolgreich leben», Herder-Verlag). Eine ganz andere Möglichkeit, sich näher zu kommen, skizziert ein schönes Buch aus dem Krüger-Verlag, in welchem der amerikanische Buddhist Lama Surya Das «die Kunst des Lebens» erläutert. In den USA ist es inzwischen keine Seltenheit mehr, dass Manager und Direktoren zu ihrer Persönlichkeitsentfaltung mit den Lehren des Buddhismus konfrontiert werden («Der achtfache Pfad. Ein Lehrbuch zur Erleuchtung»). Wie wir uns über sinnvolles Lernen weiterentwickeln können, weiß Ellen J. Langer in ihrem neuen Buch «Kleine Anleitung zum Klugsein» (Klett-Cotta). Sie legt darin vor allem dar, wie häufig wir falsch lernen, Unnützes lernen und aufgrund solchen Wissens in die Irre tappen. «Alle Antworten ergeben sich aus den Fragen. Wenn wir unseren Fragen mehr Aufmerksamkeit schenken, erhöhen wir die Wirkung klugen Lernens».

Literatur zur Information und Weiterarbeit

a) Diagnose

- Elisabeth Badinter, XY. Die Identität des Mannes. München (Piper) 1992.
- Robert W. Connell, Der gemachte Mann. Konstruktion und Krise von Männlichkeiten. Opladen (Leske + Budrich) 1999.
- Walter Hollstein, Männerdämmerung. Göttingen (Vandenhoeck & Ruprecht) 1999.

b) Veränderung

- Herb Goldberg, Der verunsicherte Mann. Reinbek (Rowohlt Taschenbuch) 1986.
- Hermann Bullinger (Hg.), Männer erwachen. Gefühle neu entdecken – Beziehungen neu erleben. Freiburg i. Br. (Herder Taschenbuch) 1994.

c) Übungsteil

- Krisen erfolgreich bewältigen. Amsterdam (Time-Life-Bücher) 1996.
- Arnold A. und Clifford N. Lazarus, Der kleine Taschentherapeut. Stuttgart (Klett-Cotta) 1999.
- Siehe auch die Literatur, die in der Übung 3 dieses Kapitels erwähnt wurde.

Teil II

1. Entfremdung und Echtheit

Der renommierte amerikanische Männerforscher James A. Doyle benennt in seinem Buch «The Male Experience» das männliche Lebensprinzip: «Gewinnen ist nicht alles; es ist das einzige, was zählt». Dementsprechend stehen Leistung, Wettbewerb und Konkurrenz an erster Stelle der männlichen Werteskala.

Doch Gewinnen ist anstrengend und erfordert schon im zarten Knabenalter mannigfache Opfer, Verluste und Einschränkungen (siehe folgende Seite). Insofern stellt sich die Erziehung zur Männlichkeit auch heute noch als Härtedressur dar. So wird Jungen möglichst früh der Wunsch und die Suche nach Nähe abgewöhnt. Insonderheit Körperkontakt gilt als anrüchig, mit der gefährlichen Tendenz zum Weibischsein oder zur Homosexualität. Väter wie Mütter stellen deshalb Zärtlichkeiten, Schmusen und andere Formen körperlicher Nähe bei Jungen früh ein. Ein symbolisches Datum dafür ist häufig der Schuleintritt. Ebenso sehr wird von den Buben verlangt, dass sie ihre Emotionen kontrollieren und insbesondere Gefühle von Schwäche, Schmerz, Traurigkeit und Nachgiebigkeit unterdrücken. Ratgeber empfehlen: «Ein guter Vater sollte seinem Sohn helfen, ein Gefühl des Ekels und der Verachtung für alles Unmännliche zu entwickeln, und ein Beispiel dafür setzen, was es heißt, ein überlegener Mann zu sein.» Jungen, die solchen Maximen physisch und psychisch nicht folgen können, stoßen sozial auf Schwierigkeiten und Vorurteile. Als unmännlich angesehenes Verhalten wird bei Jungen sehr viel härter sanktioniert als unweibliches Verhalten bei Mädchen. Umgekehrt wird männliches Verhalten wie zum Beispiel Leistungsbereitschaft, Härte oder Konkurrenzdenken sehr viel stärker gefördert. Von Jungen wird auch viel früher als von Mädchen erwartet, dass sie ihre Probleme selber lösen; sie werden damit allein gelassen.

Während Mädchen in der Einheit von Fühlen und Lernen aufwachsen, ist bei den Jungen die Verbindung zwischen affektiven Prozessen und dem kognitiven Lernen zerrissen. *Die gesellschaftliche Erziehung ver-*

Bereiche männlicher Sozialisationsdefizite

- **Körperbewusstsein**
- **Geschmack**
- **Hygiene**
- **Genussfähigkeit**
- **Entspannung**
- **Fürsorge**
- **Beziehungsfähigkeit**

langt vom Knaben, dass er sich auf Leistung und Erfolg fixiert, sich damit auf äußerliche Ziele konzentriert und sein – dabei nur störendes – Gefühls-leben abspaltet. Männer müssen unverletzbar sein, jederzeit dominieren und kontrollieren. Das aber heißt: ständig Druck und Versagensangst.

Diese Lebensausrichtung garantiert auf der einen Seite sicher Spannung und Anspannung, in manchen Fällen Erfolg, Macht, Bewunderung und die Befriedigung, andere zu beherrschen. Doch es ist dafür auch ein Preis zu entrichten.

Männer sind Opfer des männlichen Syndroms (siehe folgende Seite).

Die Dressur auf Leistung und Wettbewerb befördert, dass sich Jungen und spätere Männer frühzeitig auf äußere Werte einstellen. Mit zunehmender Konditionierung verfestigt sich diese Veräußerlichung; sie fixiert sich. *Männer üben sich in der Außenqualifizierung (Leistung, Erfolg und Status) und spalten ihre Innenqualifizierung (authentisches Selbstwertgefühl, Intuition und Sicherheit) ab.*

Ihre Identität gewinnen sie nicht aus sich heraus, sondern über ihren Status in der Arbeitswelt. Innerlich wissen sie nicht, wer sie sind und fühlen sich häufig leer. Dieses Vakuum wird häufig mit Suchtkarrieren gefüllt.

Zwei amerikanischen Studien belegen dieses Syndrom auf plastische Art. Die Psychologin Jan Halper hat 4 126 Firmenchefs, Direktoren, Manager und Präsidenten interviewt, um die Wahrheit über erfolgreiche Männer herauszufinden. Ihr Buch heißt: «Quiet desperation» = «Stille Verzweiflung».

Nahezu alle Interviewten der Untersuchung sind Sklaven ihrer Machtposition. Sie sind arbeitssüchtig und fühlen sich einzig während ihrer Arbeitszeit wohl und lebendig. Ohne ihre Tätigkeit – am Feierabend, am Weekend und vor allem in den Ferien – erleben sich diese Männer als leer, nutzlos und verloren.

In den Tiefeninterviews stößt Jan Halper unter der Oberfläche von Erfolg und Macht auf Unsicherheit, persönliche Ziellosigkeit und latente Depression. «Die Quelle dieses Leidens kommt aus der Tatsache, dass Männer davon abgeschnitten wurden, wer sie eigentlich sind. Ihnen ist früh beigebracht worden, ihre innere Welt zu verleugnen, ihre Gefühle zu vermeiden und entsprechend vorgegebener Muster zu leben» (Halper 1988, 123).

Wir wissen also nicht mehr, wer wir sind, wenn wir nicht unsere Arbeit sind. Der Präsident einer der größten US-Computerfirmen bittet Jan Halper telefonisch zu sich, weil er fürchtet, von seinen Direktoren

Das männliche Syndrom

**Fixierung auf äußere Werte wie
Geld, Erfolg, Status und Statussymbole**

↓

der Mann ohne innere Eigenschaften

↓

**IDENTITÄT, die sich über Arbeit und
deren Gratifikation bestimmt
=**

↓

**Ignoranz, wer man wirklich ist
innere Orientierungslosigkeit
Verlust von Echtheit und Perspektive
=**

↓

**Leere
=**

↓

**Suchtbildung
Machtsucht, Arbeitssucht, Sexsucht
Alkoholismus, Brutalität**

abgewählt zu werden. Er hatte eine etwas schlechtere Bilanz vorgelegt als im Vorjahr. Völlig hilflos sieht er sich in seinem Luxusbüro über den Dächern von Los Angeles der Perspektive gegenüber, seine Position zu verlieren und klagt: «Ich bin doch das Unternehmen. Meine Entlassung wäre gleichbedeutend mit meinem Gesichtsverlust. Diese Demütigung könnte ich nicht ertragen. Wer wäre ich denn dann noch in der Stadt? Wenn mich meine Angestellten nicht mehr brauchen, was bin ich denn dann noch wert?» Er wurde entlassen und leidet seither an einer Depression mit suizidaler Gefährdung.

Selbst erstaunt, fragt sich Jan Halper, wie eine nach außen so erfolgreiche Person im tiefsten so unsicher sein kann. Die Antwort erhält sie von jenen 23 Prozent der Befragten, die Zufriedenheit signalisierten. Bei der Analyse ihrer Biographien stellt Halper fest, dass diese zufriedenen Männer allesamt durch einen Zeitabschnitt tiefen Selbstzweifels gehen mussten, in dessen Verlauf sie auf die bittere Wahrheit gestoßen waren, dass sie ihre eigenen Werte ihrem Status geopfert hatten, ihre persönlichen Bedürfnisse ihrer Karriere und ihre Beziehungen dem sozialen Aufstieg. Ihre jetzige Zufriedenheit resultierte aus der erzwungenen Überwindung der Abhängigkeit vom äußeren Erfolg.

Männer fühlen also ihre eigene Wertigkeit nicht aus sich heraus, sondern bestimmen sie über die Gratifikationen der Außenwelt – Leistung, Geld, Status und Statussymbole. Das ist kein Zufall, sondern Ergebnis dessen, was als Erziehungsdrama zur Männlichkeit bezeichnet werden muss.

Der amerikanische Psychoanalytiker Macoby untersuchte 250 Manager aus zwölf großen Betrieben. Die Hälfte der Untersuchten, wiewohl sehr vermögend und beruflich erfolgreich, wiesen ein ausgesprochen negatives Selbstbild auf. Mehr als die Hälfte der Befragten interessierte sich nicht für andere Menschen. Emotionales Engagement und die persönliche Überzeugung von der eigenen Tätigkeit waren nur in Einzelfällen vorhanden. Die eigene Familie war den meisten Befragten nicht wichtig. Die Tiefeninterviews ergaben, dass vielen der Untersuchten sogar die elementarste Lebensfreude fehlte.

Eine solche Lebensführung ist den Betroffenen vorzuwerfen; doch ihr Schicksal ist nicht nur eine individuelle Problematik.

Hinweis 1

Strukturelle Körpertherapie – Die Freude der Aufrichtung

In der Strukturellen Körpertherapie (SKT) geht es darum, sich selbst besser kennen zu lernen und körperliche Verspannungen, Blockaden der Lebensenergie und destruktive Gefühls- und Denkmuster aufzulösen.

In der SKT lernt man dem Alltagsstress, den krankmachenden negativen Gedanken, den Ängsten, Schuld- und Minderwertigkeitsgefühlen, unseren traumatischen Prägungen etc. etwas entgegenzusetzen – *ein neues Selbst- und Lebensgefühl zu entwickeln.*

Ziel ist es, mit unserem authentischen, freien und heilen Kern in Berührung zu kommen, also die Grundlage unseres Seins und Wohlbefindens zu stärken, was langfristig natürlich auch gesundheitlich positive Auswirkungen hat.

Praktisch besteht diese Arbeit aus verschiedenen Elementen. Vor allem natürlich aus viel *Körperarbeit*, speziell intensiven «*Massagen*» zur Auflösung der Verspannungen und um die Lebensenergie zu befreien, *Atemarbeit*, leichten *Übungen* und *Gestaltarbeit mit der körperlichen Haltung*. In zehn Sitzungen mit jeweils unterschiedlichen körperbezogenen Themen wird unser Körper systematisch bearbeitet und dadurch frei, eine neue Struktur zu entwickeln.

Außer der Körperarbeit ist aber auch Zeit für *Gespräche, Meditationen, Trancereisen* ins eigene Unterbewusste und bei Bedarf spezielle Arbeit zur Klärung familiärer Themen.

Der Schwerpunkt liegt aber auf einer unmittelbaren und zutiefst wahren Erfahrung von unserem Wesen durch den Körper. Wenn wir uns so erfahren, bleibt uns gar nichts anderes übrig, als mehr Verantwortung für uns selbst, unseren Charakter und das daraus resultierende Leben zu übernehmen und man spürt, dass es genau das ist, was uns auch gut tut. Wenn man ablegt, was falsch ist, kommt der reine Kern zum Vorschein.

Martin von Elm, «Netzwerk für Körperarbeit»: Reichenberger Straße 125, D-10999 Berlin
Tel.: (01 77) 5 41 90 46 oder (0 30) 61 28 37 40, Fax: (0 30) 61 28 37 40, e-mail: Martin.vonelm@Berlin.de.

Hinweis 2

Männer unterwegs – Dem eigenen Mann-Sein auf der Spur

Mal für zwei Tage aus dem Alltag, hinaus in den Frühling, durch die Natur des Odenwaldes, tief durchatmen, sich auf den eigenen Weg als Mensch und Mann besinnen, Anregungen dazu erhalten und sich selbst wieder klarer und bewusster werden. Dafür steht dieses Unterwegs-Sein.

Am Samstag geht es mit dem Zug von Mainz über Frankfurt nach Bad König. Vor dort mit dem Rücksack über Feld und durch Wald, über den Katzenbuckel, vorbei am Römerkastell Eulbach, den Gehöften Sansenhof, hinab ins Ohrenbachtal nach Wiesenthal.

Unterwegs bleibt Zeit zum ersten Kennenlernen, zum Natur erleben und zum Austauschen über den eigenen Lebensweg.

In Wiesenthal haben wir in einem neuen Ferienhaus Quartier. Ein Stück Weg für den ersten Tag. Den Abend wollen wir in geselliger und kraftschöpfender Runde beschließen.

Der Sonntag beginnt mit einen ausgiebigen Frühstück und setzt sich mit einer Runde zu den eigenen Lebensperspektiven fort.

Gegen Nachmittag wandern wir von dort zum Jagdschloss Eulbach. Von der Höhe geht es hinab ins Mümmlingtal nach Michelstadt. In Michelstadt mit einer schönen mittelalterlichen Altstadt werden wir uns umschauen und eine Kaffeepause machen.

Hier besteigen wir den Zug und fahren über Darmstadt zurück nach Mainz. Dabei bleibt uns genügend Zeit zum Abschiednehmen.

Ludwig Werum, Schulstraße 66, D-55124 Mainz,
Telefon und Fax: (06 131) 46 71 85.
e-mail: ludwig.werum@gmx.de; www.ludwigwerum.de

Hinweis 3

Exorcising the Demon «Should» → Workshop mit Paul Rebillot

In jedem von uns lebt ein Dämon – unser eigener persönlicher Kritiker – dessen größte Freude es ist, alles was wir wollen oder erleben, zu kritisieren und schlecht zu machen. Wir sind nie richtig. Wir sind entweder zu früh oder zu spät dran, zu alt oder zu jung, zu dick oder zu dünn, und wenn wir uns verlieben, sind wir sowieso nicht gut genug. Dieser Dämon, der von uns verlangt, so zu sein wie wir nicht sind, um jemanden zufrieden zu stellen, den wir niemals zufrieden stellen können, ist der Dämon, den wir in dieser Woche austreiben wollen.

Was wäre, wenn Du tatsächlich versuchen würdest, alles zu sein, von dem Du denkst, Du solltest es sein? Diese monumentale Aufgabe wird leichter, wenn wir sie mit Humor angehen. Wir werden dieses «perfekte» Bild aufbauen und es so weit wie möglich ausagieren. Dann stellen wir es dem gegenüber wie wir spontan sind. Als nächsten Schritt entdecken wir, wie wir uns zwischen diesen Gegensätzen bewegen können. so eröffnen wir uns die vollen Ausdrucksmöglichkeiten unseres authentischen Seins.

In diesem Prozess haben die Teilnehmer die Chance, die Bilder hinter ihrem «Ich sollte» zu erforschen. Dadurch bemerken sie den starken Einfluss sowohl der Idealbilder als auch der unangemessenen Aspekte ihrer selbst, die sie los sein wollen.

Wir gehen in diesem Workshop das Risiko ein, nach Innen zu schauen und zu entdecken, wer wir wirklich sind, statt uns darauf zu beschränken, zu sein, wer wir meinen, sein zu sollen. Wenn wir die Wahrheit über uns selbst herausfinden, ist unsere natürliche Reaktion, das Beste anzustreben, was wir sein können.

Institut für Gestalt und Erfahrung, Franz-Fihl-Straße 3 a,
D-80992 München,
Telefon: (089) 1417325; www.heldenreise.de

Männlichkeit ist kein freiwilliger Definitionsakt von irgendwelchen Män-nern, die sich an irgendeinem Ort zusammenfinden, um eine Begriffs-bestimmung dessen, was sie als männlich empfinden, auszuhecken. Männlichkeit ist vielmehr eine *tradierte gesellschaftliche Festlegung* von Werten, Verhaltensweisen und Zielen, die durch eine vielschichtige Dyna-mik von Institutionen wirkt: Familie, Schule, Arbeit, Militär, Kirche, Mas-senmedien, Sport usw. Der einzelne Mann ist in diese gesellschaftliche Festlegung von Leistung, Erfolg, Härte und Konkurrenz eingebunden.

In Kindheit und Jugend erlernte Männlichkeit muss in der Arbeitswelt bewiesen werden. Seine Definition erwirbt der Mann, arbeitend und sich durchsetzend, erst in der Distanzierung von der Privatsphäre und den dort vorherrschenden Werten der Intimität, Emotionalität und Nähe. Der Mann wird gemessen an jenen Leistungs- und Erfolgsstandards, die die Gesellschaft ihm gesetzt hat. Erfüllt er sie, ist er ein Mann; erfüllt er sie nicht, wird er als Versager tituliert. Sein Wert als Mann hängt vom erworbenen Status, den Statussymbolen und seinem Rang in der Hier-archie ab.

Das maskuline Dilemma in diesem Zusammenhang entsteht dadurch, dass nur wenige Männer die obersten Stufen dieser Erfolgsleiter errei-chen. In größeren Ländern sind es einige hundert. Die Millionen anderen sind lohnabhängig, Befehlsempfänger, ausführende Organe ihrer Vor-gesetzten. Dementsprechend weisen alle internationalen Untersuchun-gen aus, dass die übergroße Mehrheit der Männer den gesellschaftlichen Vorstellungen von Karriere und Erfolg gar nicht gerecht werden kann.

Die Folge ist andauernder Stress. Die Männerforschung geht so weit, traditionelle Männlichkeit als «lebensbedrohend» zu definieren.

Dementsprechend weist die Selbstmordstatistik auf allen Altersstufen für die Männer wesentlich höhere Zahlen aus als für die Frauen. Herb Goldberg fragt: «Psychisch und physisch von sich selbst entfremdet, von anderen isoliert, immer den Schrecken des Versagens vor Augen, unfähig, um Hilfe zu bitten, immer vor der Möglichkeit, von heute auf morgen «gefeuert» zu werden und zum alten Eisen gelegt zu werden, und das angesichts der Tatsache, dass Arbeiten alles ist, was er je gelernt hat – muss man sich da nicht wundern, dass die Selbstmordstatistik nicht noch ganz anders aussieht?» (Goldberg 1979, 147)

Die frühe und erzwungene Abspaltung der Gefühle ist die Ursache *männlicher Entfremdung*. Die Folge ist, dass Männer sich häufig nicht kennen, weil sie nach Mustern, Signalen und Appellen der Außenwelt leben. Was dergestalt von außen kommt, ist aber *fremdbestimmt*. Von

Wenn das Seelenhafte vernachlässigt wird, verschwindet es nicht einfach, es taucht als Symptom auf in Form von Zwangsvorstellungen, Süchten, Zerstörung und Sinnverlust.

Thomas Moore

daher sind Männer häufig etwas, was sie gar nicht sein wollten, sondern was sie sind, weil es andere so von ihnen forderten. Sie haben für sich Vorgefertigtes übernehmen müssen, statt sich selber sein zu dürfen.

Zum Eigenen zurückfinden

Interview mit Joachim Parpat

Dr. Joachim Parpat, Dipl. Psychologe, approb. Psychotherapeut, Lehrbeauftragter für Männerforschung an der FU Berlin. Buchautor, seit 1990 in eigener Praxis für andrologische Psychotherapie tätig.

WH: Männer werden in ihrer Entwicklung sehr früh in ihrer Gefühlswelt eingeschränkt, sie verdrängen und spalten ab, und sie fühlen sich später dementsprechend entfremdet. Wie kann dieser Zustand wieder aufgelöst werden?

Joachim Parpat: Ich möchte ein Beispiel erwähnen: Ein beruflich erfolgreicher, 35 j. Mann klagt darüber, dass er durch die viele Arbeit immer erschöpft ist, keine Freude mehr am Leben hat, und allmählich alles sinnlos findet. Er erinnert sich, dass er seit der Schulzeit nur für Leistung, Zuwendung und Aufmerksamkeit fand, dass sein Vater mit Ende 50 einen Herzinfarkt hatte und in der Familie nur der Erfolg zählte. In seiner Kindheit hatte er zahlreiche Versuche unternommen, sowohl mit dem Vater als auch mit der Mutter einen zärtlichen und liebevollen Kontakt zu finden. Den großen Kummer, dass dies nicht gelang, musste er allmählich verdrängen; er identifizierte sich immer mehr mit den Werten der Eltern. Für die darunterliegende Enttäuschungsgut fand er nie eine Adresse. Sein Gewissen sagt ihm: Du musst es doch schaffen! Er wendet die Aggression letztlich gegen sich selbst und verhärtet sich immer mehr. Sein Lebensgefühl ist eingeschränkt. Seine Frau erlebt ihn einerseits distanziert oder auch anspruchsvoll fordernd. In der Sexualität zieht sie sich allmählich zurück, weil er ihr fremd und verschlossen vorkommt.

In der therapeutischen Männergruppenarbeit kann ihm dann folgendes begegnen:

Er erlebt andere Männer, die über ihre Wünsche, über ihre Unzufriedenheit in der Liebe oder über ihre Defizite und Minderwertigkeitsgefühle aus der Kindheit offen sprechen. Er kann in einer lebendigen Gruppe ermutigt werden, das eigene Verdrängte zu erinnern und wird auch in der Gruppe schmerzliche Wiederholungserfahrungen machen, aber auch zu eigenen Kraftquellen zurückfinden können. Wiederholungserfahrungen sind notwendig, wenn der Mann sein innerstes Problem (oft unbewusst) nach außen trägt. In unserem Beispiel: Wir erleben in der Gruppe eher vorgetragene Feindseligkeitserwartungen, d. h. der Mann zeigt sein falsches Selbst. Wenn die Gruppe authentisch und offen reagiert, wird dies zur Sprache kommen. Gehen wir dann den Ursachen auf den Grund, kann ein Mann erfahren, dass er mit seinen bisher verdrängten Wünschen und Impulsen, auch den aggressiven Regungen akzeptiert werden kann.

Dies führt häufig zu einer erheblichen Entlastung und zu einer längst fälligen Trauerreaktion über die vielen Jahre, in denen der Mann mit den eingeschlossenen Gefühlen leben musste. Damit beginnt häufig ein Prozess, in dem der Mann alle defizitären Bereiche ansprechen und exemplarisch durcharbeiten kann.

WH: Welche Vorteile bietet die Arbeit in der reinen Männergruppe?

Joachim Parpat: Allein unter Männern ist es oft leichter, freimütig auch über heikle Themen zu sprechen, wo wir sonst schnell mit weiblicher Kritik rechnen müssen. Alle Lebensbereiche kommen dabei in der Gruppenarbeit zur Sprache: Liebe, Erotik, Sexualität, Arbeit und Expansion, Freundschaft, die Zufriedenheit mit sich selbst und auch die Gestaltung der Beziehungen zu den Eltern und zu den eigenen Kindern. Nicht zuletzt macht es große Freude, die eigene Lebendigkeit wiederzuentdecken.

WH: Welches sind die theoretischen und praktischen Prinzipien Ihrer Arbeit?

Joachim Parpat: Wir arbeiten an dem, was ich das «patriarchalische Syndrom» genannt habe. Das bedeutet im einzelnen:

1. Das Patriarchalische Syndrom ist ein Krankheitsbild, das – durch Kultur und Zivilisation gestützt – als Normalpathologie gelten kann.

2. Die Liebe des Mannes zur Frau kann vor dem Hintergrund der tatsächlichen gleichzeitigen Entwertung der Frau nicht befriedigend gelingen. Die Entwertung der Frau bewirkt Deformationen der Liebe, die im Ergebnis auf den Mann zurückfallen: vom alltäglichen Sexismus über Pornografiekonsum bis zur Ausgrenzung aus gesellschaftlichen Machtstrukturen werden die Frauen mit Unzufriedenheit, mit Gefühlen der Kränkung oder mit Aggressionen reagieren.

3. Die Ursachen liegen in den Deformationen der Mutter-Sohn-Bindungen, vor allem in deren Exklusivität im Vergleich zu den abwesenden Vätern. Viele Söhne, die z. B. als Tröster ihrer unglücklichen Mütter in die Nähepflicht genommen wurden oder anderweitig emotionalen oder auch sexuellen oder gewalttätigen Übergriffen ausgesetzt waren, haben später oft ihr Leben lang Angst vor als inadäquat erlebten Nähewünschen der Frau.

4. Die Sehnsucht nach dem Vater sowie nach Freundschaft und Brüderlichkeit wird überdeckt durch Distanzmanöver, Desinteresse und Gewalterfahrungen mit den Vätern. Die mütterliche Kritik an den Männern untergräbt zudem eine positive, stabile, männliche Integritätsentwicklung.

5. Die Beziehungen zu anderen Männern müssen solange konkurrenzorientiert und angstbesetzt bleiben, wie wir unsere Homophobie und unser Macht- und Autonomiestreben nicht als selbstschädigend verstanden und bewältigt haben.

6. Leitsymptome eines Patriarchalischen Syndroms sind die Einschränkung der männlichen Erlebnisfähigkeit und Lebendigkeit, insbesondere durch eingeschränkte Empfindsamkeit, Unterdrückung von Angst, Verleugnung von Zärtlichkeits- und Geborgenheitswünschen.

Dr. Joachim Parpat, Güntzelstr. 54, D-10717 Berlin; Tel.: (030) 781 10 35

Mit der Erfindung der Technik hat sich der Mann sukzessive selbst entmännlicht. Er hat Kraft, Stärke, Persönlichkeit, Autorität, Unverwechselbarkeit und Pioniergeist an immer effizientere Geräte und Instrumente delegiert. Die Entwicklung der Technologien hat die gesellschaftliche Ordnung differenziert, d. h. persönliche Beziehungen in anonyme Herrschaftsstrukturen, überschaubare Lebensbereiche in unpersönliche Organisationen verwandelt. Der unverwechselbare «Persönlichkeitsmann» wurde austauschbarer «Organisationsmann».

Die Komplexität moderner Gesellschaften entwertet Individualitäten und begrenzt persönliche Autorität. Das lässt sich an einem Bild verdeutlichen: der moderne Eroberer kämpft sich nicht mehr mit Mut, Kraft und Erfindungsgeist durch Sturm und Eis zum unentdeckten Pol, sondern fliegt als hochspezialisierter Ingenieur in einem ultraraffinierten Raumschiff zu einem neuen Planeten, dirigiert von einer computerisierten Befehlsstation außerhalb seines Einflussbereichs. Er steuert nicht mehr selbst, er wird fern- und fremdgesteuert.

Früher konnte sich der Mann über seine Arbeitsleitung bestimmen und daraus auch wesentlich sein Selbstwertgefühl speisen. Heute verliert Arbeit immer mehr an Bedeutung. Schlimmer noch: In wachsendem Maße sind Männer ohne Arbeit. Arbeitslose, Kurzarbeiter, Teilzeitarbeiter und ABM-Kräfte können allenfalls begrenzt sich über Arbeit definieren.

«All der technische Fortschritt, die Rationalisierung von Mensch und Arbeit haben den Zwang, mechanisch zu arbeiten, lustlos, in einer Art, die keine individuelle Selbstverwirklichung darstellt» (Marcuse 1967, 219). Der Mann hat selbst die Technik erfunden und zur Technologie raffiniert; damit hat er jedoch seine eigene «Entmännlichung» befördert. Dies ist eine Grundthese der US-amerikanischen Männerforschung: «Es war die Maschine, die die Männer eines der wenigen natürlichen Vorteile über die Frau beraubte, ihrer größeren körperlichen Kraft. Es braucht einen starken Mann, um Land zu roden und eine gerade Furche zu pflügen; dagegen ist ein weiblicher Teenager in der Lage, einen Traktor zu fahren» (Lederer/Botwin 1982, 241). Nun ist der Mann zum Anhängsel seiner eigenen Erfindungen geworden und hat sich dergestalt seiner Kraft, Autonomie und Kreativität weithin enteignet.

Spätkapitalistische Produktions- und Lebensverhältnisse beschleunigen solche Entwicklungen. Deutlichstes Beispiel dafür ist die Bürokratie, die alle Lebensäußerungen und -bedingungen rational zu beherrschen versucht, alle menschlichen Empfindungen eliminiert oder im Funktionär objektiviert. William H. Whyte zeigte schon früh in «The Organization Man», wie das Männlichkeitsbild von Freiheit, Initiative und Schöpfertum systematisch nivelliert wird und im selbstlosen Rollenträger der Organisation endet, bloßes Exekutivorgan von anonymen Anweisungen – Sterilität statt Abenteuer, Gehorsam statt Verantwortung, Fließband statt Kreativität. Der archaische Eroberer der Welt ist im Verlauf der letzten hundert Jahre zum «Roboter-Mann» degeneriert.

Der Mann ist nur noch «Reflex» seiner technischen Welt. In diesem Sinne ist er Experte mit einem bemerkenswerten Fachwissen, aber ohne Charakter. Der Stuttgarter Psychiater Joachim Bodamer hat schon in den fünfziger Jahren den zeitgenössischen Mann als ausweichend, feige und entscheidungsunfähig beschrieben. Der Mann sei Opportunist und Funktionär. Dabei erlebe er den jeweils anderen Mann als einen Gegner, den zu übervorteilen und zu überlisten ihm selbstverständlich wird. Er sei aggressiv und rücksichtslos. Sittliche Werte habe der moderne Mann durch ein «äußerliches Härteideal» ersetzt. «Er ist im Erfinden und Planen von eiserner Härte oder dort, wo er der Natur ihre letzten Geheimnisse entreißen will; er zwingt im Sport seinen Körper zu Rekordleistungen, die an die Grenzen des Menschenmöglichen gehen. Er findet sich heroisch und hält es für ein Zeichen von Männlichkeit im technischen Zeitalter, wenn er fliegend oder fahrend Geschwindigkeiten erträgt, die über die Schwelle tödlicher Erschöpfung gehen» (Bodamer 1956, 46). Damit verdecke der moderne Mann seine durchdringende Angst vor dem «seelischen Wagnis» und «seine Trägheit, wenn er sich menschlich einsetzen und ein Opfer bringen müsste.»

Ein letztlich «infantiler» Mann könne auch der Frau kein wirklicher Partner mehr sein. Er behandle Ehe, Liebe und Sexualität als Räume der Sicherheit, Pflege und körperlicher Lust, sei aber blind dafür, dass auch an ihn die Ehe seelische und geistige Ansprüche stellt. Er ist ohne «menschliche Verantwortung» für seine Partnerin.

Schließlich ist auch der gesellschaftliche Vater schwach geworden. Offeriert die Mutter als Figur sozialer Psyche Geborgenheit und Kontinuität, so steht der Vater symbolisch für die Fähigkeit, Dinge zu vollenden und Lebenssinn zu finden. Doch Vaterfiguren, mit denen Identifikation und darüber soziales Lernen möglich wäre, sind rar geworden. Thomas Moore klagt: «Den Vätern, die wir in den Zeitungen sehen, den alten Männern, die unsere Gesetze und unser Schicksal entscheiden, fehlt zu oft die Weisheit des psychischen Vaters. Sie spielen ihre Rolle und scheinen sich der Macht zu erfreuen; aber unsere Welt leidet an der

Abwesenheit einer großzügigen, väterlichen Richtung, des väterlichen Schutzes und der väterlichen Weisheit» (Moore 1987, 123).

Die soziologischen Entwicklungen des 20. Jahrhunderts haben, wie es Robert Musil bereits vorausschauend erkannte, den «Mann ohne Eigenschaften» als gesellschaftlich verbindlichen Typus geschaffen. Damit sind dem Mann gesellschaftlich grundlegende Möglichkeiten zur Echtheit, Einzigartigkeit und Zufriedenheit abgeschnitten.

Übung 1

Check – Vergangenheit und Gegenwart

Versuchen Sie sich zu erinnern, wie Sie sich als junger Mann, wie Sie sich als Junge fühlten.

Was hat sich geändert?, Was ist positiver, was ist negativer geworden?

Wie ist es um folgende Gefühle und Bedürfnisse bestellt?

- Appetit, Schlaf, Sexualität

- Interesse an Personen, Landschaften, Gegenständen

- Müdigkeit

- Konzentration

- Vitalität

- Beziehungen.

Übung 2

Das innere Kind

Wie waren Sie als Kind? Was haben Sie als Kind am liebsten getan? Wie haben Sie sich dabei gefühlt?

Haben Sie diese Gefühle für sich bewahren können? Falls sie verloren gegangen sind, warum? Was geschähe, wenn Sie wieder an diese Gefühle «anknüpfen» könnten?.

Übung 3

Erinnern Sie sich an Situationen aus der jüngster Vergangenheit, in denen Sie Ihre wahren Gefühle versteckten. Stellen Sie sich vor, was passiert wäre, wenn Sie Ihre wahren Gefühle gezeigt hätten. Wie wäre die Bilanz für Sie gewesen? Hätten Sie sich besser dabei gefühlt?

Literatur zur Information und Weiterarbeit

a) Diagnose

- Eugen Drewermann, Das Eigentliche ist unsichtbar. Freiburg i. Br. (Herder Taschenbuch) 1984.
- Alexander Lowen, Depression. München (Kösel) 1978.
- Neville Symington, Narzissmus. Gießen (Psychosozial-Verlag)1999.
- Heinz-Peter Röhr, Narzissmus. Das innere Gefängnis. Zürich und Düsseldorf (Walter) 1999.
- Harald Schultz-Hencke, Der gehemmte Mensch. Stuttgart (Thieme) 1989.
- Stanley Keleman, Dein Körper formt dein Selbst. München (Kösel) 1980.

b) Veränderung

- Christoph Fehige u. a., Der Sinn des Lebens. München (Deutscher Taschenbuch-Verlag) 2000.
- Polly Young-Eisendrath, Die starke Persönlichkeit. Quellen der Lebenskraft. München (Deutscher Taschenbuch-Verlag) 1998.
- Roger L. Gould, Lebensstufen. Ein psychologischer Ratgeber für Erwachsene. Frankfurt/M (Fischer Taschenbuch) 1986.
- Dawna Markova, Die Versöhnung mit dem inneren Feind. Paderborn (Junfermann) 1997.
- Uwe Böschemeyer, Herausforderung zum Leben. Hamburg (Kabel) 1991.

c) Übungsteil

- Michael Mary/Henny Nordholt, Selbsttherapie. Sein eigener Therapeut sein und so gesünder, freier und mutiger werden. Stuttgart (Kreuz) 1995.
- Julia Cameron, Der Weg des Künstlers. Ein spiritueller Pfad zur Aktivierung unserer Kreativität. München (Knaur Taschenbuch) 1996.
- Wayne W. Dyer, Der wunde Punkt. Die Kunst, nicht unglücklich zu sein. Reinbek (Rowohlt Taschenbuch) 1980.
- Siegfried Lorenz, Phantasiewelt Imagination. Eine abenteuerliche Erlebnisreise zu unbekannten Seelenlandschaften. Berlin (VWB-Verlag für Wissenschaft und Bildung) 2000.
- Claude Steiner, Wie man Lebenspläne verändert. Die Arbeit mit den Skripts in der Transaktionsanalyse. Paderborn (Junfermann) 1998.
- Harry Waesse. Yoga für Anfänger. München (Gräfe und Unzer) 1995.

2. Arbeit und Erfüllung

Am allerwichtigsten ist für Männer die Arbeit, um ihre Geschlechtsidentität zu bestätigen. Arbeit ist im Männerleben mit Abstand «die Nummer eins», nicht die Sexualität, wie so oft behauptet wird. Männlichkeit und Arbeit sind in der modernen Gesellschaft komplementäre Begriffe. Der Mann «muss Geld verdienen, um sich nicht wie ein Parasit zu fühlen und nicht als solcher angesehen zu werden, während die Frau sich sehr wohl dafür entscheiden kann, kein Geld zu verdienen, ohne dass sie dabei auch nur ein Jota ihrer Weiblichkeit einbüßt» (Lederer/Botwin 1982, 25). Arbeitslosigkeit ist gleichbedeutend mit dem Verlust von Männlichkeit. Der Mann weiß, dass nur «Erfolg und Gewinnen ihn liebenswert und akzeptabel machen», wie Herb Goldberg schreibt (Goldberg 1984, 18). Diese Botschaft hat der Mann schon frühzeitig als Junge gelernt. Jungen und Männer werden zur Arbeit dressiert. Ohne Arbeit fühlen sie sich dementsprechend häufig wertlos und sinnlos.

Nur folgerichtig beherrscht das Arbeitsthema mit seinen Erfolgen und seinen Problemen das männliche Universum. Arbeit stellt aber für die meisten Männer nicht nur den primären und oft sogar einzigen Lebensinhalt dar, sondern ist in dieser Gesellschaft auch ein Stützkorsett für die poröse Männlichkeit. Deren Qualität richtet sich nach Ausmaß und Erfolg in der Arbeit. So wird verständlich, dass auf diese Art konzipierte Arbeit süchtig machen kann. Der «Workaholic» empfindet deshalb ein zwanghaftes Bedürfnis zu arbeiten; in der Arbeit spürt er sich, weil sie seinen Selbstwert, seine Achtung und seine Bedeutung bestimmt. Außerhalb der Arbeit fühlt sich der «Workaholic» leer und nutzlos. Das heißt aber nicht, dass er seine Arbeit genießt; er braucht sie vielmehr zur Aufrechterhaltung seines Männlichkeitskorsetts wie eine Droge.

«Kein Unterschied zu Heroin»

Interview mit Carlos Rüegg

Carlos Rüegg, in Spanien aufgewachsen, lebt als Chefingenieur im Großraum Zürich. Er ist verheiratet und Vater von vier Kindern.

WH: Sie waren arbeitssüchtig. Wie hat sich diese Arbeitssucht manifestiert? Wie haben Sie sie bemerkt?

Carlos Rüegg: Bemerkt habe ich es eigentlich erst, als es schon vorbei war. Wenn man Workaholic ist, betrachtet man diesen Zustand ja durchaus als normal; man braucht ihn. Ich habe zwar nie harte Droge genommen, aber wenn ich das berücksichtige, was ich darüber gehört und gelesen habe, dann ist es mit Arbeitsabhängigkeit wie mit der Heroinabhängigkeit. Da gibt es für mich keinen wesentlichen Unterschied. Man ist einfach in einer anderen und geschlossenen Welt mit anderen Gesetzen und Gewohnheiten.

WH: Könnten Sie einmal skizzieren, wie Ihr Alltag während ihrer Suchtphase ausgesehen hat?

Carlos Rüegg: Mein Leben war mit Arbeit identisch. Natürlich habe ich gegessen, geschlafen usw. Aber ich habe zum Beispiel immer noch einen Teil Arbeit mit ins Bett genommen und zum Essen habe ich regelmäßig gearbeitet. Im Büro habe ich mir von meiner Sekretärin etwas aus der Kantine zum Schreibtisch bringen lassen oder ich habe schnell noch etwas bei den Mitarbeiterbesprechungen gegessen. Auch beim Essen konnte ich nicht ohne Arbeit sein; ich war ein richtiger Junkie. Familie, Freunde, der Sportverein von früher, die Kameraden aus dem Militär – das alles lief wie ein kurzer Werbespot vor oder auch mal zwischen dem Hauptfilm ab. Es bestand bei mir auch gar kein Bedürfnis mehr nach etwas anderem als Arbeit. Meine Frau kommt aus einer großen Familie; da gibt es dann auch viele Familienanlässe. Wenn so etwas stattfand, und ich unbedingt hin musste, habe ich mich aus der Firma wegen eines angeblichen Notfalls anrufen lassen. Dann konnte ich weg und in mein Büro. Ich habe mich sogar aus den Ferien auf Menorca anru-

fen lassen. Da war angeblich ein komplizierter Steuerungsme-
chanismus in einem Pumpensystem zusammengebrochen und nur
ich konnte das reparieren. So war jedenfalls die Lüge, und ich
konnte wenigstens diese schrecklichen Familienferien ohne Arbeit
für fünf Tage unterbrechen und nach Zürich jeten, an meinen
Schreibtisch.

WH: Und Ihre Frau, Ihre Familie haben da mitgespielt?

Carlos Rüegg: Zunächst ja. Es sah auch längere Zeit so aus, als müsste das alles so sein. Die Firma, die Rezession; da gab es ja Gründe,
und die anderen habe ich erfunden. Irgendwann war es dann allerdings zu viel. Es gab gar keinen besonderen Anlass, auch keinen
Streit oder so. Meine Frau hatte einfach genug davon, dass ich sie
und die Kinder schlicht nicht mehr wahrgenommen habe. Das war
einfach Staffage zum Leben «Arbeit». Sie ist dann mit den Kindern
zu ihren Eltern gezogen. Und dann ging alles sehr schnell. Wenige
Tage später wurde ich zum Direktor gerufen, der mir einen technischen Vorgesetzten präsentierte; ich war nun nicht mehr der Chef.
In der folgenden Nacht habe ich getrunken und dabei vergessen den
Kerzenleuchter zu löschen. Das halbe Haus ist abgebrannt, und ich
bin mit Verbrennungen ins Spital gekommen. Die Verbrennungen
waren Gott sei Dank nicht schwer. Aber ich musste doch einige
Wochen liegen, und die Arbeit war damit weit weg. Da vor allem
meine Hände in Mitleidenschaft gezogen waren, konnte ich zum
Beispiel im Bett auch keinen Laptop bedienen, nicht schreiben,
nichts zeichnen. Ich war dann sehr unruhig, und als eine Psychologin hinzugezogen wurde, waren dann meine Entzugserscheinungen
nicht mehr zu verheimlichen. Meine Unruhe war einfach ein
Symptom davon.

WH: Was haben Sie dann unternommen; denn Sie bezeichnen sich
ja als «trockenen Workaholic?

Carlos Rüegg: Zunächst hat man einiges mit mir unternommen, also
noch im Spital. Dazu gehörte eine Gesprächstherapie. Nach den
Wochen im Spital habe ich das weitergemacht, bis es mir dann

irgendwie zu unmotorisch erschien. Dann habe ich mich umgehört und bin in eine «Psychodrama»-Gruppe gegangen; da ist mehr Bewegung drin für mich. Der Leiter dort hat sich selber als «männer-bewegt» bezeichnet. Davon hatte ich natürlich auch keine Ahnung. Aber ich hatte dann festgestellt, dass der Zusammenhang von Arbeit und Mannsein in dieser Gesellschaft wohl nicht gerade zufällig ist. Seither bin ich alle vierzehn Tage in einer Männergruppe.

Die Arbeitsstelle habe ich auch gewechselt. Ich habe jetzt nur noch ein Drei-Viertel-Pensum und mache mehr Zuhause. In diesem Zusammenhang muss ich erwähnen, dass meine Familie zu mir zurückgekommen ist. Nur Juan, mein ältester Sohn, ist bei den Großeltern in Valencia geblieben.

WH: Eine Rückfrage hätte ich noch. Sie haben erwähnt, dass Sie eine Art Vorgesetzten gekriegt haben. Haben Sie denn in den Augen Ihres Direktors immer noch zu wenig gearbeitet?

Carlos Rüegg: Nein, so war das nicht. Das ist wahrscheinlich auch ein Punkt, den ein Außenstehender gar nicht verstehen kann. Der Workaholic arbeitet zwar immer und ist in seinen Gedanken immer mit seiner Arbeit beschäftigt. Aber das bedeutet weder Effektivität noch Kreativität. Ich würde inzwischen sogar sagen, dass das Gegenteil der Fall ist; gerade weil der Workaholic immer mit Arbeit beschäftigt ist, kann er gar nicht mehr kreativ sein. Von daher war es nur logisch, dass man mich in der Firma zurückstufte. Die eigene Seele schlägt einem da sozusagen ein Schnippchen. Wenn man nur noch die Arbeit zur Kenntnis nimmt, zwingt sie uns irgendwann dazu, diese Arbeit so schlecht zu machen, dass dann die Strafe für die eigene Vereinseitigung auf dem Fuße folgt.

Jan Halper traf bei ihren Interviews mit den mächtigsten Wirtschaftsführern der USA eine Mehrheit enttäuschter Männer, die allesamt eingestehen mussten, ihre Träume und Wünsche zugunsten der Firma zurückgestellt zu haben. «Da sie unreflektiert die Verantwortung und die Verpflichtungen, die ihnen auferlegt wurden, akzeptierten, hatten sie ihre eigenen Bedürfnisse geopfert. Diese Männer haben niemals gelernt zu bestimmen, was sie wirklich fühlen und was eigentlich richtig für sie ist» (Halper 1988, 112). So verpassen sie schließlich das, was das Wichtigste im Leben ist: Echtheit, Unverwechselbarkeit, Glück, Liebe, Freundschaft und die Gewißheit, am Leben wirklich teilzuhaben. Viele dieser erfolgreichen Männer sind innerlich verzweifelt; ihre Rolle als Boss und Leader erlaubt ihnen aber nicht einmal das Eingeständnis ihres persönlichen Scheiterns; sie nehmen ihre Verzweiflung in sich hinein und schweigen: «quiet desperation».

Die Soziologin Elisabeth Beck-Gernsheim hat in einem ihrer Buchtitel das gescheite Wort vom «halbierten Leben» geprägt. Sie meint damit vor allem die soziohistorische Zuweisung von Hausarbeit und Kindererziehung an die Frau, daher durchaus auch die Festlegung des Mannes auf die Erwerbsarbeit. Die einseitige Fixierung des Mannes auf den Bereich der Erwerbstätigkeit lässt ihn «draußen» Fähigkeiten abspalten und vergessen, wie sie die Frau «drinnen» alltäglich benötigt.

Beck-Gernsheim konzediert, dass auch Männer unter dem «leiden (…), was als Prototyp von ‹Männlichkeit› ihnen abverlangt wird». Das bedeutet ganz allgemein zunächst einmal die Einschränkung unserer Persönlichkeit durch ein gänzlich eindimensionales Anforderungsprofil der Erwerbsarbeit. Was heißt das konkret? In unserer beruflichen Wirklichkeit sind gefordert: Disziplin, Pünktlichkeit, Kontinuität, Fleiß, Härte, Leistung, Berechnung, Rationalität und Konkurrenz. Untersagt sind hingegen: Spontaneität, Unpünktlichkeit, Lustprinzip, Faulheit, Schwäche, Improvisation, Gefühl, Irrationalität und Fürsorglichkeit. Erwerbsarbeit reduziert uns Männer damit auf funktional Tätige. «So gesehen», notiert Beck-Gernsheim, «ist Berufsarbeit immer auch ein Einüben in Verzichtleistungen aller Art: Verzicht auf viele Hoffnungen, Ansprüche, Pläne, die sich nicht mit der geradlinigen Berufsbiographie vereinbaren lassen, Verzicht auf viele Gefühle und Gespräche, Bindungen und Beziehungen, auf Erfahrungen der Nähe und Vertrautheit. Sie ist Einpassung in ein Leben, das in wesentlichen Bereichen einseitig ist, bedürfnisfern, möglichst rational durchorganisiert» (Beck-Gernsheim 1980, 77). Für den Mann bedeutet das vor allem die erzwungene Distanz von seinen emotionalen, kommunikativen und sozialen (mitmenschlichen) Bedürfnissen. Noch drastischer: Diese gesellschaftliche Arbeitsteilung hat uns vom Persönlichkeits-»Träger» zum Sach-»Träger» degradiert.

Der Mann hat dabei seine Ganzheit ebenso aufgeben müssen wie das die Frau auf ihre Weise zu tun gezwungen war. Dabei sind Hoffnungen, Wünsche, Träume und Sehnsüchte von uns allen auf der Strecke geblieben. Männer-Gespräche, Männer-Protokolle und wissenschaftliche Männer-Literatur beschreiben ein weites Spektrum dessen, was uns verloren gegangen und abhanden gekommen ist. Das Ergebnis ist durchaus tragisch.

Viele Männer spüren das Korsett gar nicht mehr, in das sie ihre Berufsrollen zwingen. Sie fühlen sich selber bereits als Maschinen, die nach dem Rhythmus und den Erfordernissen abstrakter Unternehmensregeln funktionieren. Die Interviews von Jan Halper belegen das mit aller Deutlichkeit. Andere Männer sind dabei noch in der Lage einzugestehen, dass sie sich ihre Berufstätigkeit anders vorgestellt haben, ganzheitlicher, lebendiger, farbiger, erfüllend und als Chance persönlicher Weiterentwicklung. In Wirklichkeit aber treten die meisten von uns auf der Stelle, standardisiert, genormt, botmäßig, beflissen, nahezu abgerichtet. Das Eigene lässt sich in solche Arbeit kaum einbringen, sondern bleibt außen vor, weil es den Regelverlauf der Dinge nur stören würde. So sterben Träume von der persönlichen Verantwortung im Beruf, Wünsche nach eigener Initiative, Hoffnungen auf die erfinderische Individualität, Sehnsüchte nach dem befriedigenden Werk und der Hingabe an eine sinnhafte Aufgabe. Totgemacht von Routine, Kontrolle, Dressur, Wiederholung, Schliff, Stumpfsinn und Bürokratie.

Auch menschliche Beziehungen während der Arbeit haben wir uns durchaus anders vorgestellt. Unsere Träume waren angefüllt mit den Perspektiven interessanter Diskussionen und gemeinsamen Schaffens; wir hofften auf Dialoge, die uns inhaltlich weiterbringen, uns herausfordern und trotzdem von Solidarität geprägt sind. Statt dessen finden wir uns in Arbeitsvollzügen wieder, in denen realiter Gespräche selten sind, in denen Anweisungen und Befehle Kommunikation ersetzen, in denen es um Nützlichkeit und Profit geht statt um Kreativität und in denen der eine von uns der Konkurrent des anderen ist, viel eher Feind als Freund und statt helfender Partner missgünstiger Nutznießer der Fehler des mitarbeitenden Geschlechtsgenossen (siehe II, 9: Männerkumpanei und Freundschaft). Von uns zeigen dürfen wir dabei nichts; es könnte ja Defizite verraten und also zum eigenen Schaden gereichen. So ist denn «Cool-sein» die Devise in der berufstätigen Männerwelt.

Trotz aller materiellen Privilegien (siehe I, 1: Traditionelle und neue Männlichkeit), von denen Männer im Vergleich mit Frauen noch immer in der Arbeitswelt profitieren, gibt es überdies Bereiche, in denen der Mann Diskriminierungen ausgesetzt ist. Beim Arbeitsschutz und den zugrundeliegenden Gesetzen werden signifikant stärker die gesundheitlichen Belange der Frau berücksichtigt als die des Mannes. Die Zeugungsfähigkeit des Mannes wird praktisch überhaupt nicht geschützt. Obwohl zum Beispiel in den USA Fertilitätsprobleme der Männer unter den zehn wichtigsten Berufskrankheiten rangieren, gibt es keine Vorsorge. Das betrifft alle Industrienationen. Die Diskussionen über Diskriminierungen am Arbeitsplatz haben nur den Frauen genützt. Männer werden nach wie vor und trotz aller neuen Ergebnisse über Gesundheit und Krankheit (siehe II, 6: Krankheit und Gesundheit) als das starke Geschlecht angesehen, das Schmerzen und Gefahren am Arbeitsplatz ohne Furcht zu ertragen hat und auch faktisch erträgt.

So zeigt sich denn bei einem genaueren Blick auf die männliche Arbeitswelt auch viel anderes als Karriere und Privileg, wie sie immer wieder in der feministischen Literatur hervorgehoben werden. Dass Arbeit für Männer so lebenswichtig ist und identitätsstiftend darüber hinaus, ist kein Beleg dafür, dass Männer in ihrem Beruf glücklich oder auch nur zufrieden sind. Im Gegenteil klagen zunehmend Männer über ein «burn-out-Syndrom»; sie fühlen sich im wahrsten Sinne des Wortes ausgebrannt; das gilt inzwischen auch gerade für Berufe, die früher als ausfüllend und kreativ angesehen wurden: Lehrer, Pfarrer, Psychologen, Ärzte, Ingenieure, Architekten u. a.

Dazu passen die empirischen Befunde der letzten Jahre, dass rund drei Viertel der Männer im deutschsprachigen Raum lieber in einem anderen Beruf als dem gegenwärtig ausgeübten tätig wären.

Hinweis 1

Arbeit ist nur das halbe Leben

Wieviel Arbeit braucht der Mann?

Die Zukunft der Arbeit wird nicht mehr das sein, was sie einmal war. Erwerbsarbeit ist zwar immer noch sehr wichtig für das männliche Selbstbild, doch mittlerweile werden zunehmend auch andere Lebensentwürfe entwickelt. So gibt es z. B.:

- den Mann, der Teilzeit arbeiten will, auch in Abstimmung mit der Partnerin,

- den Mann, der sich lieber um seine Kinder kümmern möchte, als um die Karriere,

- den Mann, der mehr Lebensqualität in seinem Beruf und /oder im persönlichen Bereich sucht usw.

Wie lassen sich diese unterschiedlichen Bedürfnisse miteinander vereinbaren? Mit verschiedenen Methoden wird die Berufs- und Lebenssituation betrachtet und eine Perspektive für die persönliche Situation entwickelt.

Evangelische Familienbildung, Darmstädter Landstraße 81, D-60598 Frankfurt am Main; Tel.: (0 69) 60 50 04-0; Fax: (0 69) 60 50 04-22.

Hinweis 2

Berufsziel und Lebenssinn

Sich selbst erkennen, aber nicht über sich richten, sondern das Leben möglichst der Gestalt annähern, die als Ahnung in uns vorgezeichnet ist. (Hermann Hesse)

Schnelle Veränderung, kurzfristiger Erfolgsdruck, Stress, Zielkonflikte, Angst um den Arbeitsplatz und dergleichen mehr prägen die Alltagsarbeit und auch die eigene Wahrnehmung. Wenig Raum und Zeit bleibt da noch, um sich den tiefer liegenden Lebensfragen zuzuwenden. Zu bedrängend sind die alltäglichen Herausforderungen und – oft selbst auferlegten – Zwänge. Und doch drängen hie und da Fragen ins Bewusstsein; Fragen, die aus einer tieferen Dimension kommen:

Was habe ich bis jetzt erreicht in meinem Leben?
Welche Wünsche sind bisher unerfüllt geblieben?
Wo sind noch ungenutzte Potenziale?
Was möchte ich an Wesentlichem noch verwirklichen in meinem Leben?
Was gibt meinem Leben Sinn, Ausrichtung, Kraft und Erfüllung?

Das Seminar bietet die Möglichkeit, derartigen Fragen nachzugehen. Im Zentrum steht die Spannung zwischen der beruflichen Situation und der individuellen Suche nach Sinn und Erfüllung. Berufliche Handlungsspielräume werden ausgelotet und Entwicklungsmöglichkeiten erarbeitet. Die Teilnehmenden gewinnen so neue Perspektiven und können sich über erste Schritte klar werden. Letztlich geht es darum, zu der Schicht in unserer Existenz vorzudringen, wo sich Gabe und Aufgabe treffen, wo die ureigene Lebensbestimmung erkennbar wird und dann auch im konkreten Leben ausgestattet werden kann.

Emanuel Kummer; Entwicklung für Menschen und Organisationen, Neueggstrasse 8, CH-9212 Arnegg; Tel.: (0 71) 380 09 55, Fax: (0 71) 380 09 85; e-mail: ekummer@bluewin.ch.

Prinzipiell ist Arbeit etwas Schönes und ganz Wichtiges. Arbeit gehört zum Menschen; viele anthropologische Systeme gehen sogar davon aus, dass Arbeit phylogenetisch den Menschen geschaffen hat und ontogenetisch immer wieder schafft. So oder so verstanden ist Arbeit ein schöpferischer Prozess, indem wir ein Produkt gestalten, uns mit anderen Menschen auseinandersetzen und vor allem uns und unsere Kräfte messen, verändern und in Beziehung setzen. Von daher ist Arbeit auch immer ein vielgestaltiges Abenteuer.

Nicht immer sind die äußeren Bedingungen so, dass Arbeit auch in der Tat Selbstverwirklichung und Selbstentwicklung ist. Nur stellt sich dann einfach an einen jeden die Frage, ob der Lebenspreis für bezahlte Routine nicht auf Dauer zu hoch ist. Wenn Freude am Werk, Identifikation mit der Leistung und Realisierung des eigenen Fähigkeitspotentials in der Arbeit fehlen, ist mittel- und längerfristig der Verschleiß an Energie einfach zu groß. *Frust, Ärger und Enttäuschung sind Kräfteverzehrer; Spaß, Hingabe und Selbstverwirklichung sind Kräftespender.* Schon morgens die Arbeitsstunden zählen, ist für Motivation und Arbeit- wie Lebenseinstellung tödlich. Bei allen Tätigkeiten geht es nicht nur darum, fertig zu werden, sondern sich zu engagieren mit den eigenen Kapazitäten, Talenten, Wünschen und Phantasien. Das meint das nebenstehende Wort des amerikanischen Schriftstellers und Religionswissenschaftlers Alan Watts (siehe folgende Seite). Das Erfolgserlebnis liegt im Tun.

Solches lässt sich durchaus «Trainieren». Vor der Einstellungs- und Motivationsentwicklung steht allerdings zunächst einmal der Zielfindungsprozess. Ich muss mir darüber klar werden was ich wirklich will, wo meine Talente liegen, wo meine Energien sinnvoll umgesetzt werden können. Ist meine jetzige Arbeitsstelle wirklich die richtige für mich?

Wenn wir musizieren, tun wir das nicht, um einen gewissen Punkt zu erreichen, sagen wir z. B. das Ende des Stücks. Läge darin der Sinn des Musizierens, dann wären sicherlich die schnellsten Spieler die besten.

Alan Watts

Und weitergehend: Entspricht mein jetziger Beruf meinen Wünschen und meinen realen Fähigkeiten? Schließlich: Was ist eigentlich mein Lebensziel? Kann ich diese Fragen nicht allein beantworten, so gibt es heute viele Hilfs- und Beratungsmöglichkeiten in Form von Eignungstests, Schnupperkursen in neuen Berufen, beim Arbeitsamt, in der Karriereplanung, bei Coaches u. a.

Hinweis 3

«Kontakt & Autorität»: Führungskompetenz durch Erfahrung der eigenen Identität

Ob im Beruf oder in der Partnerschaft: wer anderen offen gegenübertritt, die richtige Balance zwischen Einfühlsamkeit und Distanz findet und ein Gefühl von Sicherheit ausstrahlt, hat mehr Gestaltungsmöglichkeiten und als Leitungskraft mehr kooperative Führungskompetenz.

Unsere Erfahrung zeigt allerdings, dass gerade Männer dazu neigen, das «wilde Terrain» der eigenen Identität zu ignorieren und ihre Potentiale für bewusste, fruchtbare Beziehungen nicht voll ausnutzen. Ein Grund hierfür mag im anerzogenen, traditionell «männlichen» Rollenverständnis zu suchen sein, welches ein Sich-Einlassen auf das eigene Ich erschwert.

Die Fortbildung «Kontakt & Autorität» bietet dafür einen Weg an: Auf konstruktive Weise soll der Rahmen geschaffen werden, um auch heikle Wahrheiten des eigenen Selbst wie Angst, Wut, Schmerz, Trauer, Sexualität, Scham, Kontrollsucht oder Sehnsucht nach Aufgabe von Kontrolle tiefer zu erforschen und zu verstehen. Zur Sprache kommen die Sonnen- ebenso wie die Schattenseiten der eigenen Persönlichkeit. Indem dabei der Sinn für das Spektrum von Stärken und Schwächen umfassend geschärft wird, gewinnt «Mann» an Boden, um mit den vielen Facetten komplexer Beziehungen kreativ umgehen zu können.

Göttinger Institut für Männerbildung und Persönlichkeitsentwicklung Groner-Tor-Straße 16, D-37073 Göttingen; Tel.: (0 5 51) 5 59 00, Fax: (05 51) 54 18 53, e-mail: gim.goe@t-online.de; www.gim_goettingen.de.

Hinweis 4

Berufs-Panorama

Eigene Stärken identifizieren als Basis für persönliche Orientierung und Weiterentwicklung

Die prekäre Arbeitsmarktsituation und das hohe Tempo, mit dem sich die Qualifikationsanforderungen wandeln, erfordern häufiger Umorientierungen. Wenn die eigenen Qualifikationen angemessen wahrgenommen und bewertet werden, trägt dies entscheidend dazu bei, den eigenen Standort und die weiteren Ziele klarer zu bestimmen.

Einen methodisch-kreativen Weg, eine solche Bilanzierung vorzunehmen, bietet die Berufs-Panorama-Methode. Erinnerungen an wichtige Erlebnisse aus der eigenen Hobby-, Ausbildungs- und Berufsbiographie werden symbolisch, z. B. als Bild oder Collage dargestellt. Das Panorama wird zielgerichtet so ausgewertet, dass dabei wesentliche Entwicklungstrends aus der Vergangenheit und Gegenwart im Zusammenhang erkannt werden und sich in die Zukunft hinein verlängern lassen.

Aus Ausbildungs- und Berufsbiographien lassen sich Erkenntnisse ableiten, die in eine Potential-Analyse einfließen. Den Teilnehmern wird Gelegenheit geboten, ihre persönliche und berufliche Entwicklung zu reflektieren und neuen Erkenntnisse über ihre persönlichen Potentiale zu sammeln.

Timm H. Klotz, Westfalenstraße 6, D-30926 Seelze;
Tel.: (0 51 37) 93 73 20, Fax: (0 51 37) 93 73 19,
e-mail: klotz@consid-beratung.de.

Hinweis 5

Coaching

Beginnen Lustlosigkeit, mangelnde Motivation, Gleichgültigkeit, Sinnentleerung, Gereiztheit, aber auch Schlafprobleme, Kopfschmerzen etc. sich bemerkbar zu machen, besteht Handlungsbedarf. Liegt die Ursache solcher Symptome in der Arbeit und ihrem Umfeld, haben die meisten Interventionen zum Ziel, den Betroffenen möglichst rasch wieder fit zu machen für den Leistungsprozess. Dies hilft meistens nicht, sondern endet häufig in einer Katastrophe. Die oben beschriebenen Symptome sollten vielmehr als Hinweis genutzt werden, die eigene Lebenssituation sowie die Lebens- und Karriereziele zu überprüfen und allfällige konkrete Optionsmöglichkeiten zu entwickeln. Dazu braucht der Betroffene das Gespräch mit einer neutralen Person, die diesen Veränderungsprozess durch geschicktes Coaching unterstützt.

Dr. Ruedi Thöni, Birsigstrasse 139, CH- 4054 Basel;
Tel.: (0 61) 2 81 28 12, Fax: (0 61) 2 81 28 13.

Der zweite Schritt betrifft die *Einstellungsentwicklung*. Ich muss mein neues Ziel mental vorbereiten. Dazu gehört eine positive Grundeinstellung zu meiner Entscheidung. Ferner benötige ich eine Vision von dem, was ich erreichen will und einen Plan, wie ich es erreichen kann (Zeitperspektive, Strategie u. a.).

Schließlich muss ich die Fähigkeit zur *Zielkorrektur* entwickeln; dazu gehört die Einsicht, dass ich Fehler machen kann, dass es Hindernisse von außen geben wird u. a. Ich benötige also Flexibilität und das, was man neuerdings als «pro-aktives Verhalten» bezeichnet; damit ist die Begabung gemeint, situativ zu lernen, neue Konstellationen richtig einzuschätzen und neue Verhaltensmuster zu entwickeln.

Nicht zu unterschätzen an sich auswirkender Bedeutung ist aber auch die *Verarbeitung von Arbeit*. Das meint die Frage, wie ich mit meinem Arbeitstag umgehe. Kann ich «abschalten» oder nicht»? Setze ich Arbeitsleistung unbewusst in meiner Freizeit fort?

Verallgemeinerbare Erfahrungen raten nach Beendigung der erwerbstätigen Arbeitszeit zu einer «Dekompressionsphase»; so wie der Taucher sich nach seinem Tauchgang wieder an die Druckverhältnisse der Normalität gewöhnen muss, sollte auch der Arbeitende eine Umschaltpause einlegen. Dafür bieten sich unterschiedliche Möglichkeiten an: der Arbeitstag lässt sich wegschlafen, wegbaden oder wegduschen, wegmeditieren oder wegspazieren; man kann Musik hören, tanzen, Yoga machen u. a.

Sinnvoll beitragen kann zur Verarbeitung der Arbeit auch die kurze tägliche Bilanzierung des Geleisteten. Was habe ich erreicht? Was ist mir misslungen? Welche Umstände/Kollegen haben mich gehindert? Was könnte ich wie ändern? Eine anspruchsvolle Form der Bilanzierung ist die «Philosophische Lebensführung», wie sie Karl Jaspers vorgeschlagen hat (siehe II, 4: Konformität und Kreativität).

Solche Verarbeitungstechniken sind auch ein probates Schutzschild gegen den «burn out», indem sie Arbeit kritisch betrachten, sie in Distanz rücken und verhindern, dass sie einen übermannt. Weitere Strategien gegen das «Ausbrennen» sind ausfüllende Hobbies, eine sinnvolle Freizeit (siehe II, 3: Freizeit und Muße), zufriedenstellende Abwechslung, die Beachtung des eigenen Wohlergehens und der eigenen Gesundheit (siehe II, 6: Krankheit und Gesundheit), eine zureichende Selbstsicherheit, um belastende Verpflichtungen abzuwehren und die Männlichkeit, die es dazu braucht (siehe II, 10: Ziellosigkeit und Richtung und III, 1: Das männliche Gesetz).

So kann Arbeit wieder Freude und Selbstverwirklichung bringen, wo zuvor Routine, Belastung und Streß waren.

Übung 1

Suchen Sie sich einen ruhigen Ort und stellen Sie sich folgende Fragen:

* Wozu arbeite ich eigentlich?

* Welchen Sinn und welche Bedeutung hat meine Arbeit in meinem Leben?

* Bin ich mit meiner Arbeit zufrieden?

* Was könnte ich ändern?

Notieren Sie stichwortartig die Antworten und schauen Sie sich nach ein paar Tagen das Ergebnis wieder an. Sie können auch mit einem Freund oder einem Coach darüber reden; Austausch präzisiert die Kontemplation.

Übung 2

Test

Testen Sie sich selbst anhand des folgenden Fragebogens, der der Zeitschrift «Psychologie heute» (Nr. 4, 2000) entnommen ist:

Um herauszufinden, ob Sie ein Workaholic sind, bewerten Sie die folgenden Aussagen mit | 1 | «trifft nie zu», | 2 | für «trifft manchmal zu», | 3 | für «trifft oft zu» und | 4 | für «trifft immer zu».

1. Ich mache lieber alles selbst, anstatt um Hilfe zu bitten. | 1 | 2 | 3 | 4 |

2. Ich werde ungeduldig, wenn ich auf andere warten muss oder wenn etwas zu lange dauert. | 1 | 2 | 3 | 4 |

3. Ich habe es eilig und renne gegen die Uhr an. | 1 | 2 | 3 | 4 |

4. Ich werde gereizt, wenn man mich mitten in der Arbeit unterbricht. | 1 | 2 | 3 | 4 |

5. Ich bin immer beschäftigt und habe viele Eisen im Feuer. | 1 | 2 | 3 | 4 |

6. Ich erledige zwei oder drei Dinge auf einmal (Beispiel: Ich esse, schreibe ein Memo und telefoniere). | 1 | 2 | 3 | 4 |

7. Ich übernehme mehr Arbeit, als ich verkrafte. | 1 | 2 | 3 | 4 |

8. Ich habe ein schlechtes Gewissen, wenn ich mal nicht arbeite. | 1 | 2 | 3 | 4 |

9. Wenn ich eine Arbeit erledigt habe, will ich konkrete Ergebnisse sehen. | 1 | 2 | 3 | 4 |

10. Ich bin mehr am Endergebnis meiner Arbeit als an der Arbeit selbst interessiert. | 1 | 2 | 3 | 4 |

11. Es geht mir nie schnell genug. | 1 | 2 | 3 | 4 |

12. Ich werde wütend, wenn etwas nicht nach meinem Kopf geht. | 1 | 2 | 3 | 4 |

13. Ich stelle immer wieder die gleiche Frage, ohne zu merken, dass ich die Antwort bereits bekommen habe. | 1 | 2 | 3 | 4 |

14. Ich verbringe viel Zeit damit, Zukunftspläne zu schmieden, und vergesse dabei das Hier und Jetzt. | 1 | 2 | 3 | 4 |

15. Ich arbeite länger als meine Kollegen. | 1 | 2 | 3 | 4 |

16. Ich werde wütend, wenn andere nicht meinen hohen Anforderungen entsprechen. | 1 | 2 | 3 | 4 |

17. Ich werde nervös, wenn ich eine Situation nicht im Griff habe. | 1 | 2 | 3 | 4 |

18. Ich setze mich oft mit knappen Terminen unter Druck. | 1 | 2 | 3 | 4 |

19. Wenn ich arbeite, fällt es mir schwer, mich zu entspannen. | 1 | 2 | 3 | 4 |

20. Ich verbringe mehr Zeit mit meiner Arbeit als mit Freunden, Hobbys oder Erholung. | 1 | 2 | 3 | 4 |

21. Ich stürze mich auf ein Projekt, um einen Vorsprung zu haben, auch wenn noch nicht alle Phasen beendet sind. | 1 | 2 | 3 | 4 |

22. Ich ärgere mich selbst über die kleinsten Fehler, die ich mache. | 1 | 2 | 3 | 4 |

23. Ich opfere mehr Zeit und Energie | 1 | 2 | 3 | 4 |
für meine Arbeit als für meine
Beziehungen.

24. Ich vergesse oder ignoriere | 1 | 2 | 3 | 4 |
Geburtstage, Familientreffen,
Jahrestage oder Feiertage oder
finde sie unwichtig.

25. Ich treffe wichtige Entscheidungen, | 1 | 2 | 3 | 4 |
bevor ich alle Fakten kenne oder
durchdacht habe.

Auswertung:
Zählen Sie Ihre Punkte zusammen. Das höchstmögliche Ergebnis ist 100, das niedrigste ist 25. Je höher Ihr Wert ist, desto größer ist die Wahrscheinlichkeit, dass Sie arbeitssüchtig sind. Je niedriger er ist, desto geringer ist die Wahrscheinlichkeit. **Wenn Sie 67 bis 100 Punkte haben**, sind Sie sehr arbeitssüchtig. Es kann sein, dass Sie bald ausgebrannt sind und auch Ihre Familie darunter leidet. **Wenn Sie 57 bis 66 Punkte haben**, sind Sie ein gemäßigter Workaholic, und es besteht noch Hoffnung, dass Sie und Ihre Angehörigen dauerhafte Schäden verhindern können. **Wenn Sie 25 bis 56 Punkte haben**, gelten Sie nicht als arbeitssüchtig – wahrscheinlich sind sie konzentriert bei der Arbeit. Sie brauchen nicht zu befürchten, dass Ihr Arbeitsstil Ihnen oder anderen schadet.

Übung 3

Phantasiereise

Ich verlasse mental meinen jetzigen Beruf und meinen jetzigen Arbeitsort. Ich stelle mir vor, was ich wo lieber täte.

Befriedigt mich das Resultat meiner Phantasie? Ist es einigermaßen realistisch? Sehe ich Möglichkeiten, es in die Wirklichkeit umzusetzen? Welchen Gewinn hätte ich davon?

Literatur zur Information und Weiterarbeit

a) Diagnose

- Ulrich Beck (Hg.), Die Zukunft von Arbeit und Demokratie. Frankfurt/M. (Suhrkamp) 2000.
- Dennis Meadows, Die Grenzen des Wachstums. Bericht des Club of Rome. Stuttgart (Deutsche Verlagsanstalt) 1972.
- André Gorz, Wege ins Paradies. Berlin (Rotbuch) 1983.
- André Gorz, Arbeit zwischen Misere und Utopie. Frankfurt/M. (Suhrkamp) 2000.

b) Veränderung

- Amitai Etzioni, Die Verantwortungsgesellschaft. Berlin (Propyläen Taschenbuch) 1999.
- Daniel Goleman, EQ? Der Erfolgsquotient. München (Deutscher Taschenbuch-Verlag) 2000.
- Anné Linden/Kathrin Perutz, Kraftquellen erschließen – erfolgreich leben. Freiburg i. Br. (Herder) 1999.
- Robert Fritz, Den Weg des geringsten Widerstandes managen. Energie, Spannung und Kreativität im Unternehmen. Stuttgart (Klett-Cotta) 2000.
- Joseph Huber (Hg.), Anders arbeiten – anders wirtschaften. Dualwirtschaft: Nicht jede Arbeit muss ein Job sein. Frankfurt/M. (Fischer Taschenbuch) 1979.

c) Übungsteil

- Krisen erfolgreich bewältigen. Neue Wege, aus Krisen Kraft zu schöpfen. Amsterdam (Time-Life-Bücher) 1996.
- Stephen R. Covey, Die sieben Wege zur Effektivität. München (Heyne Taschenbuch) 1992.
- Erhard F. Freitag/Carna Zacharias, Die Macht Ihrer Gedanken. München (Goldmann Taschenbuch) 1992.
- Siegfried Lorenz, Phantasiewelt Imagination. Berlin (VWB-Verlag für Wissenschaft und Bildung) 2000.
- Leistungssteigerung. Neue Wege zur Optimierung der eigenen Kräfte. Amsterdam (Time-Life-Bücher) 1995.

3. Freizeit und Muße

Die Arbeitswelt wirkt in die Freizeit hinein; letztere steht im Grunde genommen unter dem Prägungsdruck der ersteren. Die Leistungen und Anstrengungen, die der Mann an seinem Arbeitsplatz erbringen muss, um den Lebensunterhalt zu verdienen, setzen täglich physische und psychische Vorbereitung, Erholung und Ablenkung in der arbeitsfreien Zeit voraus.

Freizeit als wirkliche Kompensation des Arbeitsbereichs sieht sich überdies eingeschränkt durch die steigende Profitmaximierung in der Freizeit- und Unterhaltungsindustrie. Sie hat in den vergangenen Jahrzehnten das Freizeitangebot so sehr normiert, dass jene Verwirklichung von Individualität und Freiheit in den Mußestunden, wie sich das viele wünschen mögen, zur Illusion wird. Schon Mitte der fünfziger Jahre schrieb der Münsteraner Soziologe und Sozialpsychologe Hans Freyer: «An das Massenleben (...) kann man sich anpassen, und es macht einem die Anpassung leicht. Es scheint nur lauter kleine Finger zu nehmen; dass es zum Schluss die ganze Hand nimmt, wird kaum gemerkt. Dies tut es nun freilich mit aller Entschiedenheit. Jener erste Zug aus der Zigarette, jener erste Blick in die mondän aufgemachte Illustrierte bedeutet in Wahrheit nicht den Beginn der Freiheit und des persönlichen Lebens, sondern immer weitere Anpassung, nämlich an das, was als wissenswert und amüsant gilt, an das was man trägt und was man denkt» (Freyer 1955, 227).

Mit dem Ende des Arbeitstages oder der Arbeitswoche beginnt also nicht das Reich der Freiheit, sondern die Anpassung an die gesellschaftlichen Erwartungen und Standards setzt sich fort: «Wer tagsüber Fließbandarbeit leistet, leistet am Feierabend Zuschauerinteresse (...) und am Sonntag Sport oder Ausflug. Wenn es der erste Kunstgriff des Massendaseins ist, dass es die Anpassung leicht macht, so ist es sein zweiter, dass es sie unmerkbar erzwingt. Es nimmt den Menschen auf seinen unsichtbaren Transportbändern mit; darauf rollt er, auch wenn er das Gefühl hat, frei zu sein. Das Leben wird ihm von den Institutionen und vom Veranstaltungsbetrieb abgenommen, wenigstens gebrauchsfertig geliefert wie die anderen Markenwaren. Der Mensch *wird gelebt*» (Freyer a. a. O.).

Diese harsche Analyse aus den fünfziger Jahren des vergangenen Jahrhunderts ist heute noch um einiges wirklichkeitsnäher.

Unsere Kontrolle über das Leben – so lautet die neue Kritik – sei von innen nach außen verlagert worden und würde von den neuen «Kontrollinstanzen» wie Konsum, Werbung, Freizeitindustrie, Mode und Medien übernommen. Diese Reizflut sei aber nicht in der Lage, uns wirklich zu befriedigen. Vielmehr würden wir uns in einem «Klima» chronischer Unruhe bewegen, die unsere innere Leere überdeckt.

Die Entleerung des Selbst ist nämlich gleichbedeutend mit dem Verlust an Lebenszielen und -sinn, an authentischen Überzeugungen und Gefühlen, an Werten und einbindenden Orientierungen.

Die entstandene innere Leere muss nun kompensiert werden; denn «leer» lässt sich nicht leben. So füllen wir uns denn immer wieder mit neuen Erlebnissen in Form von Konsumgütern, Kalorien, Unterhaltung und Abenteuern. Sie alle sollen den «Schmerz der inneren Leere» vergessen machen; dies hilft aber nur momentan und muss von daher immer neu wiederholt werden. Das «Unternehmen: Füllung der Leere» wird zur Sucht oder zur Krankheit; die epidemische Zunahme von Depressionen, narzisstischen Störungen und Borderline-Erkrankungen wird in diesen Zusammenhang eingeordnet.

Der neue Menschentypus ist auch nicht mehr in der Lage, in Horizonten von Tradition, Gemeinschaft, Verbindlichkeit oder Nachhaltigkeit (Zukunft) zu denken. Er stürzt vielmehr von Erlebnis zu Erlebnis im Hier und Jetzt.

Der Bamberger Soziologe Gerhard Schulze merkt dazu an, dass heute die Erlebnisorientierung die unmittelbarste Form der Suche nach Glück ist. Wir investieren Geld, Zeit und Aktivität und erwarten den lustvollen Gegenwert auf der Stelle. Schulze sieht diese Haltung als typisch für unsere Epoche an und hat dafür den Begriff der «Erlebnisgesellschaft» geprägt.

Nun sind dies alles keine Spekulationen, über die wir leichtfertig hinweggehen könnten. Es gibt seit geraumen eine empirische Freizeitforschung, die die skizzierten Thesen durchaus bestätigt. Diverse Studien belegen ein Zeitalter der Massenfreizeit mit immer neuen Spielen, Reizen und Nervenkitzel. Statt Befriedigung erfahre dieser Menschentypus aber nur Stress in Form von Kaufrausch, Erlebnishunger und Abenteuer-sucht. «Thrilling» heißt das neue Freizeitphänomen.

Der Mensch des 3. Jahrtausends wird in diesen Studien als jemand geschildert, der sich nicht mehr freuen kann, sich langweilt, die Fähigkeit verloren hat, sich wirklich mit sich selber zu beschäftigen und nur ober-flächlich in Bewegung («Äkschn») ist.

Diese «Erlebnisgesellschaft» wird in Zukunft noch wichtiger werden, weil die Arbeitswelt, die jahrhundertelang die dominante Lebenswirk-lichkeit der Menschen gewesen ist, weiterhin stark an strukturierender Bedeutung verlieren wird. Das heißt als eindeutige Konsequenz, dass wir verstärkt mit der Notwendigkeit uns auseinandersetzten müssen, unsere freie Zeit zu füllen. In diesem Zusammenhang ist sich der Freizeit-forscher Horst W. Opaschowski sicher, dass die Unfähigkeit der Men-schen, mit sich und der Zunahme freier Zeit umzugehen, eines der drän-gendsten Hauptprobleme dieses neuen Jahrtausends sein wird.

So wird die freie Zeit mehr zur Last als zur Entlastung, und sie zu füllen, gleicht immer mehr einem Zwang – ähnlich wie die Lohnarbeit.

Gesellschaftlich legitimierte Fluchtwege aus diesem engen Korsett von Normen sind Medien, Sport, Autos und vor allem der Alkohol (siehe dazu das folgende Interview). «Da sitzen sie dann an ihren besten Kum-pel gedrückt und lassen sich trösten. Wenigstens der Rausch bietet einen begrenzten Freiraum, sich für eine Weile des Drucks zu entledigen. Gegenüber der Männerideologie, die sich bis in die letzten Fasern der Persönlichkeit festgesetzt hat, muss jeder Mann ein Versager bleiben; den komplexen Anforderungen kann keiner ohne Einbrüche standhalten. Und so ist der Rausch, das Baden im Gefühl, eine Art Selbstreinigung, ein Absondern der Emotion. Damit man sie los ist» (Frings 1984, 57).

Trinken als Alltagsritual

Interview mit Arnulf Vosshagen

Dr. Arnulf Vosshagen ist Psychologe, verheiratet und Vater zweier Kinder. Er arbeitet seit mehr als zwanzig Jahren mit Suchtkranken, vor allem mit Männern. Diverse Publikationen zum Thema.

WH: Viele Männer wollen gar nicht merken, dass sie in Wirklichkeit alkoholkrank sind. Welche Anzeichen und Kriterien gibt es für die (männliche) Alkoholsucht?

Vosshagen: Für viele Männer gehört Trinken zu einem Alltagsritual. Es erleichtert zunächst das Funktionieren. Darüber wird der Kontakt zu Geschäftspartnern aufgebaut oder die Akzeptanz innerhalb der Arbeitskollegen, z. B. auf der Baustelle erleichtert. Ein Drink nach Feierabend begleitet den Übergang von der Arbeitswelt in den Familien- und Freizeitbereich. Es entsteht eine *Gewöhnung* an den Alkohol, die beinhaltet, dass Erleichterung von Belastungen jeder Art ohne Aufwand und mit zuverlässiger Wirkung über die Droge möglich ist. Wichtig bei einer Gewöhnung an den Alkohol ist, dass zunehmend um des Effekts willen getrunken wird. Einigen Männern, insbesondere solchen mit einer schwierigen biographischen Entwicklung reicht dieser Kontakt mit Alkohol, um über die Toleranzsteigerung (d. h. es wird mehr Alkohol für die gleiche Wirkung benötigt) abhängig zu werden. Viele andere Männer trinken «unauffällig» bis zu dem Punkt, an dem sie eine nur schwer zu bewältigende Krise erleben z. B. Arbeitslosigkeit oder Partnerverlust. Ab diesem Punkt wird Alkohol, an den schon eine Gewöhnung besteht, eingesetzt, um mit dieser Krise fertig zu werden. Der Vorteil ist, dass bei dieser Art der Bewältigung Schwäche nicht zugegeben werden muss und Hilfe nicht gesucht wird, sondern «Mann» sich selbst hilft und sich dabei, zumindest während des Konsums, noch stark fühlt. Die Abhängigkeit entwickelt sich so schleichend, so dass sie vom Betroffenen oft erst dann wahrgenommen wird, wenn massive externe Konsequenzen eingetreten sind. Der Beginn der eigentlichen Abhängigkeit ist durch den *Kontrollverlust* gegenüber dem Alkohol gekennzeichnet, d. h. es ist nicht mehr möglich nach einer kleinen Dosis Alkohol mit dem Trinken aufzuhören. Die Steuerungsfähigkeit ist nicht mehr vorhanden. In der Folgezeit kommt es zu morgendlichen Entzugserscheinungen, z. B. zu Händezittern. Auch dies ist wirksam durch Alkohol zu bekämpfen, was der Betroffene schon deswegen tut, um am Arbeitsplatz zu funktionieren. Hier schließt sich der Kreis, der Betroffene «muss» trinken, um seinen Alltag regeln zu können. Dies zuzugeben fällt dem betroffenen Mann sehr schwer, da es dem Bild von Coolness nicht entspricht. Von daher finden etwa 80 % der Abhängigen den Weg zu einer Hilfe, die zunächst von außen kommen muss, nicht. Sie trinken vom ersten Glas bis zum alkoholbedingten Tod durch.

WH: Wie ist der Zusammenhang zwischen starkem Trinken von Alkohol und dem gesellschaftliches definierten Verständnis von Männlichkeit?

Vosshagen: Obwohl bis heute wenig darüber reflektiert, wird besteht eine sehr enge Beziehung zwischen den Defiziten, die mit einem traditionellen Verständnis von «Männlichkeit» einhergehen und dem ausgeprägten Trinken von Männern. Da Männer wenig Bewältigungsmöglichkeiten für emotionale Belastungen haben und auch wenig Freunde besitzen, mit denen emotionale Probleme ausgetauscht werden können, dient das Trinken als Ersatz für die wirkliche Verarbeitung von Belastungen. Die persönliche Weiterentwicklung stagniert. Die «Trinkfestigkeit» wird häufig in der Gruppe anderer Männer bekräftigt. Im Trinken erleben Männer, wie Untersuchungen zeigen, ein Gefühl von Macht und Stärke. Andere Untersuchungen zeigen, dass gerade Männer mit einem sogenannten hypermaskulinen Verständnis von Mannsein zu vermehrten Problemen mit Alkohol neigen.

Für die Prävention heißt dies, dass schon in der Jungenerziehung Wert gelegt werden muss auf das Wahrnehmen und Ausdrücken von Emotionen, die stärkere Selbstaufmerksamkeit bezüglich tatsächlicher eigener Bedürfnisse und eine bewusste Verantwortlichkeit gegenüber dem eigenen Körper. Nicht zuletzt gilt es Jungen vorzuleben, dass Trinken ein Genuss sein kann und dass Saufen zu einer

Art von Männlichkeit gehört, die in das Geschichtsbuch männlicher Selbstverstümmelung gehört. Davon sind wir z. Zt. jedoch noch weit entfernt. Mindestens jeder 3. männliche Alkoholiker hat ein männliches Rollenvorbild, sprich einen Vater, der ebenfalls von dieser Droge abhängig ist.

WH: Was ist suchtkranken Männern therapeutisch zu empfehlen?

Vosshagen: Männlichen Suchtkranken ist zu empfehlen, zunächst eine Selbsthilfegruppe aufzusuchen, in der sie erleben können, dass andere Männer ähnliche Probleme haben und dass die Möglichkeit besteht, dies Problem zum Stillstand zu bringen.

Daneben ist anzuraten, professionelle Hilfe in Anspruch zu nehmen. Das Spektrum reicht von rein ambulanter Therapie, bis hin zu tagesklinischen Angeboten oder längerfristigen stationären Therapien. Unterschiede bestehen darin, wieviel Schutz der Patient zunächst vor seiner Sucht braucht. Für viele Suchtkranke ist vor Beginn der Therapie eine stationäre Entgiftung in einem Krankenhaus erforderlich.

Wichtiger erster Schritt in der Überwindung des Alkoholismus ist die Akzeptierung des Gefangenseins in der Sucht. Letztlich geht es darum, neue Problemlösungsfertigkeiten zu entwickeln und zwar solche, die häufig im Gegensatz zu bisherigen männlichen Lösungsmodellen stehen, also z. B. sozio-emotionale Fertigkeiten im Umgang mit sich und anderen aufzubauen.

WH: Wie arbeiten Sie in Ihrer Klinik mit alkoholabhängigen Männern?

Vosshagen: In unserer Klinik und Ambulanz versuchen wir zu berücksichtigen, dass der alkoholkranke Mann in seiner Identität und seinem Selbstwertgefühl sehr verunsichert ist. Wir arbeiten zunächst behutsam und konsequent daran, seine Ambivalenz in der Beziehung zum Suchtmittel dahingehend zu beeinflussen, dass er selbst erkennt, dass der fortgesetzte Suchtmittelkonsum mehr Nachteile als Vorteile hat und ihn letztlich zerstört. Es gilt eine Entscheidung zu treffen, für die Totalabstinenz und für einen anderen

Lebensstil. Bei vielen Patienten gilt es, traumatische Erfahrungen der Vergangenheit aufzuarbeiten und depressive Einstellungen zu überwinden oder auch Angststörungen zu therapieren.

Ziel einer Suchttherapie muss sein, statt der Ersatzbefriedigung durch das Suchtmittel wirkliche Zufriedenheit zu erreichen. Ein erfülltes Leben ist der beste Garant gegen Rückfälligkeit. Dazu gehört zu lernen zu genießen und aufmerksam und verantwortlich im Hier und Jetzt zu leben, eine stärkere Selbstaufmerksamkeit den eigenen Gefühlen und der eigenen Gesundheit gegenüber, die erneute Übernahme von Verantwortung für Kinder und Haushalt, sowie eine absolut partnerschaftliche Beziehung zu Frauen, jenseits eigener zunächst noch vorhandener Schuldgefühle, bei Respekt davor, dass bei der Partnerin häufig noch starke Verletzungen aus der suchtmittelgeprägten Zeit da sind. Viele Suchtkranke müssen lernen, dass in der Beschränkung, in der Akzeptierung eigener Grenzen, ein Lustgewinn liegt. Wie andere Männer auch braucht der suchtkranke Mann u. a. auch Freunde, mit denen er wirklich reden kann über Gott und die Welt und über sich. Dazu sollten auch Männer gehören, die unter dem gleichen Problem leiden und die ihre Krankheit als Chance sehen zu einem bewussten, selbstaufmerksamen und lebendigen Lebensstil zu finden.

Dr. Arnulf Vosshagen, Fachklinik Kamillushaus, Heidhauser Str. 273, D 45225 Essen Tel.: (0201) 84060

Siehe dazu auch «Hinweis 1» auf der folgenden Seite).

Das Hauptfeld männlicher Freizeitaktivitäten ist seit einigen Jahren die Sportarena, die vor allem auch durch das Fernsehen an Bedeutung gewonnen hat. Fußball, Eishockey, Boxen und Autorennen scheinen zum Ersatz für Kriegsschauplätze geworden zu sein, und die Reporter berichten im allgemeinen in einer Sprache, als schilderten sie Cäsar am Rubicon, Nelsons Entscheidungsschlacht oder die Landung der Alliierten an der Atlantikküste. *Männer behandeln dabei Männer als Feinde und Gegner.*

Ein Beispiel: In den herrlichen Kastanienwäldern des Malcantone, im Schweizer Kanton Tessin, nicht weit von der italienischen Grenze ent-

---

Hinweis 1

Sucht und Alkoholismus

Bei Sucht- und Alkoholproblemen kann Ihnen Ihr Hausarzt weiterhelfen. Daneben gibt es spezielle Suchttherapeuten, deren Adressen Ihr Hausarzt sicher kennt. Überdies gibt es inzwischen zahlreiche Selbsthilfegruppen, die mit großem Erfolg arbeiten:

Deutschland
Deutsche Hauptstelle gegen Suchtgefahren: Westring 2;
D-59065 Hamm; Tel. (02381) 90150

Anonyme Alkoholiker (AA); PF 460227; D-80910 München;
Tel. (089) 3164343

Österreich
Anton-Proksch-Institut Beratungsstelle; Gräfin-Zichy-Gasse 4;
A-1230 Wien; Tel.: (01) 882533

Anonyme Alkoholiker; Barthgasse 5; A-1030 Wien;
Tel. (01) 788241

Schweiz
Schweizerische Fachstelle für Alkohol- und andere Drogenpro-
bleme (SFA);
PF 870; CH-1001 Lausanne; Tel.: (021) 202921

Anonyme Alkoholiker; Cramerstr. 7; CH 8004 Zürich;
Tel. (01) 2413030

---

fernt, finden jedes Wochenende Überlebenscamps statt, sogenannte
«survival games», Spiele, in denen Männer pseudo-militärisch ihr Überleben in Extremsituationen üben. Findige Händler bieten rings um das
Camp Kampfmesser, Stiefel und Schlafsäcke an. Die Männer kämpfen
gegeneinander – mit ihren Fäusten mit ihren Messern, aber auch mit
Bajonetten und Pistolen. Das Platzpatronen in den Waffen sind, macht
das Ganze nicht unbedingt friedlicher. Häufig schießen die Männer allerdings auch mit scharfer Munition. Es wird Krieg geübt; der Stärkste ist

der Beste. Ein Teilnehmer aus Italien bezeichnet dieses «Überlebensspiel» als Inbegriff von Freiheit, Kampf und Abenteuer. Auf die Frage, welche Empfindungen es bei ihm auslöst, auf seine Gegner zu schießen, antwortet er: «Erstens erfasst mich ein ungewöhnliches Gefühl der Macht. Und ferner bin ich mir in diesen Momenten bewusst, dass unser Leben an einem Faden hängt. Ich brauche das. Nach einer Woche Büroarbeit warte ich mit Sehnsucht darauf, endlich frei zu sein. Wenn ich dann nach Hause komme, bin ich glücklich und wieder bereit, eine andere miese Woche in Angriff zu nehmen.»

Exakt genauso argumentieren jene Männer, die zu reinen Saufferien nach Mallorca fahren und sich dort von morgens früh bis nachts «volllaufen» lassen. Auch das wird einigermaßen makaber als «Abschalten» vom Arbeitsalltag verstanden.

Da im Erleben vieler Männer offenbar Alltag und Arbeit keine Höhepunkte mehr bieten, werden diese bei zumeist organisierten Freizeitaktivitäten gesucht. Das dokumentiert auch die Bestseller-Literatur aus dem Bereich männlicher Abenteuer; Sebastian Jungers «Der Sturm» oder Jon Krakauers «Auf den Gipfeln der Welt» sind solche verkaufsträchtigen Beispiele, die den extremen «thrill» schildern. Ausdrücklich werden dabei Kampfsportarten, «free climbing», die Durchquerung von Wüsten, Eislandschaften oder der Wildnis Alaskas, Segeltouren im Sturm, Bungee-Springen u. a. als «männliche Initiation» ausgegeben. Nüchtern festzustellen ist, dass die Wochenend- oder Ferien-Abenteurer nach ihrem «thrill» sich exakt in jenem unveränderten Alltag wiederfinden, den sie frustriert verlassen hatten (siehe II, 10: Ziellosigkeit und Richtung und III, 2: Sich im Mann-Sein üben).

Eine Initiationsfunktion können solche Angebote nur erfüllen, wenn dabei das Erlebnis, dessen Wert und vor allem die männliche Befindlichkeit auch reflektiert werden. Die Erfahrung lehrt im Gegenteil, dass der geschilderte «thrill» ausschließlich das Frustrationsniveau bei der Rückkehr in den Alltag noch erhöht (siehe II,6: Krankheit und Gesundheit). Die gesamte «Übung» erweist sich demnach als kontraproduktiv. Herausforderung ist schon wichtig, und das an «die Grenzengehen» kann viel über Männlichkeit verdeutlichen; aber beides muss als Übung in sinnvollem Rahmen stehen. Die folgenden Beispiele dokumentieren Möglichkeiten, mit bewussten Herausforderungen produktiv umzugehen und dabei neue Erfahrungen zu machen, die zur Selbstentfaltung und Weiterentwicklung animieren. Daneben weisen diese Seminare einen wirklichen Erholungswert auf.

Hinweis 2

Luftholen und Ausatmen

«Luftholen und Ausatmen» ist ein dreitägiges Erlebniswochenende für Männer in einer alten Mühle. Wir bieten dabei an: Unterstützung beim Wiederbeleben alter, wohltuender Erfahrungen mit Deiner Kraft, Kreativität und Lust, die Möglichkeit, eine Schwitzhütte zu bauen, zu baden, uns im Schlamm zu wälzen, im Gras zu liegen, zu klettern, nachts zu wandern, Feuer zu machen, zu reden und zu schweigen. Das Motto dieser Tage lautet: «Hast du's satt? ... zuhause, im Beruf, mit den Frauen, mit Dir? Es müsste also was passieren, meinst Du! Dann fang' mit Dir an!

Peter Scholz, Kelsterbachstraße 21, D-60528 Frankfurt/M.;
Tel. und Fax: (0 69) 67 73 06 12;
e-mail: ps.man.@t-online.de; www.ps-creativ.de.

Hinweis 3

Outdoor-Training in Malente

Durch übermächtige Umwelteinflüsse und gesellschaftliche Zwänge leben wir immer stärker wider die Natur. Eine Neuorientierung soll nicht etwa in einer totalen Abwendung von unserer Zivilisation und deren Lebensform enden. Sondern durch das Erleben gewisser Grenzbereiche, die es ermöglichen, sich aus einem anderen Blickwinkel zu erfahren, soll sich die Motivation zum Leben selbst verstärken.

Durch Bedingungen, die die Natur und das darin eingebettete Leben stellen, entfalten sich in Ihnen neue Perspektiven. Sie entwickeln andere Verhaltensweisen und werden erstaunt sein über Ihre verborgenen Talente. Bewegung, Besinnung, Gespräche am Lagerfeuer und das Entdecken der Natur bereichern Ihr Leben nachhaltig.

Tägliches Fitnessprogramm, Sport im Team, Radtouren, Boots-touren auf den umliegenden Seen, Übernachten im Wald, Streifzüge durch die Natur, Pflanzen- und Tierkunde, Baumklettern mit Kletterausrüstung, Notlagerbau, Bau eines Einbaumes, einer Brücke, Herstellung von Werkzeugen, Schnitzen, Töpfern, Brotbacken, Teamprojekte «Kunst in der Natur», Einstieg in Meditation, besinnliche Gespräch, praktische und mentale Konzentrationsübungen. Das Aktionsprogramm ist variabel und von Faktoren wie Wetterbedingungen und Teamzusammensetzung abhängig.

Kurt Bendlin, Am Almerfeld 35, D-33106 Paderborn; Tel.: (0 52 51) 3 61 82; Fax: (0 52 51) 30 02 76.

Hinweis 4

«Männliche Wurzeln – männliche Visionen»

Originäre männliche Erfahrungsräume sind in den Zeiten der Technisierung und Rationalisierung rar geworden. Die weite Schönheit der wilden Natur Südschwedens mit ihren tiefen Wäldern, ihren Seen und ihrer üppigen Vegetation bietet Männern einen reichhaltigen Resonanzboden für Begegnungen mit sich, mit anderen Männern und mit dieser reizvollen Umgebung. In einem gestalteten und angeleiteten Rahmen sind vielfältige Aktivitäten möglich, u. A. Wandern, Schwimmen, Angeln, Kanu- und Bootfahren, Lagerfeuer… Unterbringung in einem gemütlichen Ferienhaus. Verpflegung in männlicher (!) Selbstversorgung.

Kath. Familienbildungsstätte Ibbenbüren, An der Mauritiuskirche 4a, D-49477 Ibbenbüren; Tel.: (0 54 51) 96 44 51.

Die strukturelle «Beziehungslosigkeit» von Männern läßt ein emotionales Vakuum entstehen, dessen Substitut Kampf und Gewalt sind. Beide sind nur möglich, weil Männer lernen, sich gegenseitig als *versachlichte Größen* zu werten; positive Emotionen, Liebesbeziehungen können auf diese Weise nicht entstehen. Die gegebenen Verhältnisse befördern sol-

ches Verhalten, weil Gewalt und Kampf in ihnen als Aneignung von
Eigentum, Auseinandersetzung im Geschäftsleben, Zerstörung von
Natur und Kulturlandschaft, Wettbewerb in Sport und Freizeit inhärent
sind (siehe II.): Männerkumpanei und Freundschaft).

Statt solches zu reflektieren und in einem zweiten Schritt zu verändern, verstärkt das «thrill»-Angebot noch das männliche Syndrom von
«pokerface», Gewalt, Härte, Konkurrenz und Beziehungslosigkeit.

Dieses Verhalten von Männern greift dann als Gewalt gegen Frauen,
Kinder und Tiere auch auf den privaten Bereich über (siehe II, 7: Bindung und Partnerschaft). Das Gewaltpotential von Männern scheint
dabei um so mehr anzuwachsen, als «männliches Leben austrocknet»,
d.h. Erfahrungen von Frust, Stagnation und sozialer Enttäuschung
zunehmen. Untersuchungen zeigen, dass sich Jungen viel häufiger als
Mädchen an kampf- und wettbewerbsorientierten Spielen beteiligen und
dabei die physische Auseinandersetzung einen bedeutenden Platz ein-
nimmt. Peer groups, Spielgemeinschaften, Sportclubs, Pfadfinder u.a.
verlangen häufig gewalttätige Initiations- und Aufnahmeriten. Schon der
Knabe muss sich als Kämpfer bewähren, was einmal mehr in den Unterschichten eindeutiger und ungebrochener geschieht. Aber auch für die
Mittelschichten gilt, dass Jungen von ihren Eltern ermutigt werden,
aggressiv zu sein. Knaben müssen lernen zu kämpfen.

Ein wichtiges Übungsfeld ist schon immer der Sport, der für Knaben
in Schule und Freizeit zu «einer Lektion der Notwendigkeit von Härte,
Unverletzbarkeit und Dominanz wird. Sportler lernen eigene Verletzungen und Schmerz zu ignorieren und statt dessen andere zu verletzen und
ihnen Schmerz zuzufügen, um zu gewinnen (…) Die Lektionen, die im
Sport gelernt werden, werden als vital angesehen für die richte und vollständige Entwicklung des Mannes und als Modell für Konfliktlösungen
in anderen Bereichen des Lebens» (Falconnet / Lefaucheur1975, 176).

Härte, Sieg und Niederlage, Blessuren und Anstrengungen im Sport
werden auf das Leben als solches übertragen. Das gilt als männliche Identität, ohne dass jemals dabei kritisch gefragt würde, ob sich mit solchen
«Tugenden» in der modernen Gesellschaft noch bestehen läßt. Auch hier
lässt sich die These formulieren, dass Männer mit einem derart unzeit-
gemässen Männerbild kontraproduktiv in Konstellationen von Frust,
Gewalt und Depression getrieben werden.

Wer sich über Jahre im Beruf äußeren Normen zu unterwerfen hat,
kann offenbar nur schwerlich noch seine echten Bedürfnisse ausdrücken
und leben. Wer sich über acht und mehr Stunden in der Erwerbstätigkeit

sorgsam kontrollieren muss, kann sich in der Freizeit kaum noch wirklich öffnen

So regieren in der Freizeit zumeist jene Regeln, Routinen und Rezepte, die auch die männliche Arbeitswelt bestimmen: Leistung, Härte Konkurrenz, Hektik, Pokerface und Gewalt.

Potenz kann nicht erworben und verwirklicht werden, indem man die beschriebenen Strukturmerkmale von Alltag und Arbeit zum «thrill» steigert, sondern nur indem man sie – erkennend und handelnd – durchbricht.

Der amerikanische Theologe und Psychologe Sam Keen empfiehlt einen radikalen Weg. Ablenkung, Action, Zerstreuung und Unterhaltung verstärken seiner Ansicht nach nur das grundsätzliche Leiden unserer Epoche, dass wir mit uns selber häufig nichts mehr anfangen können. Wir begeben uns gerade deshalb in Hektik und «thrill», weil wir in unserem Inneren ziemlich leer sind und uns langweilen. Um uns wieder wahrhaft spüren und öffnen zu können, müßten wir lernen, wie wir uns verschlossen haben. Dazu gehört, bewusster Beobachter und Zeuge der Vorgänge in uns selber zu sein. Keen empfiehlt in diesem Zusammenhang die Weisheit des Orients und dabei vor allem die Meditationstechniken des Buddhismus.

Nicht die Flucht aus dem Alltag bringt also Lösung und Heilung, sondern die Einkehr und die Rückbesinnung auf uns selbst.

Hinweis 5

Franz für Männer

Eindrücke von einer spirituellen Männerfahrt

Zwölf Männer, die verschiedener nicht hätten sein können, machten sich gemeinsam auf einen abenteuerlichen Weg. Als Fremde haben sie sich getroffen und trennten sich nach einer Woche als Brüder. Wenn Männer sich aufeinander einlassen, hat es schon etwas Abenteuerliches: «Wenn ich zurückdenke, wie ich mich aus meiner Hülle des Überlegenen und Starken herausgelöst habe, mich auf das Ungewisse der Eigendynamik einer Gruppe eingelassen habe, dann spüre ich wieder diese bisher unbekannte, etwas eigenartige Spannung, eine Spannung auf dem hauchdünnen Grat zwischen Angst und Freude.»

In drei Wohnmobilen folgten sie den Spuren des Franz von Assisi in Mittelitalien. Nicht die Stadt Assisi, sondern die entlegenen Einsiedeleien waren das Wichtigste: beeindruckende Orte, ab von der Welt, mitten in der Natur, an rauhen Felsen, still und unheimlich fast.

Gestandene Männer beten miteinander im Freien, tanzen im Kreis, singen eine Abendvesper zuletzt noch dreistimmig – «Können das heute noch Männer? Sie können es! In dieser Woche habe ich es erlebt und bin immer noch beeindruckt.» Miteinander beten, singen, tanzen, essen, trinken und lachen war eine Einheit, das eine so selbstverständlich wie das andere und das Ganze in einer brüderlichen Gemeinschaft von Männern.

Franz von Assisi war kein Einsiedler, aber er zog sich immer wieder für eine gewisse Zeit in Einsiedeleien zurück, um sich auf das Wesentliche zu besinnen, Kraft zu tanken und nah bei Gott zu sein. Es ist ein Modell, das auch diese Männer für sich als heilsam eindeckt haben.

In Poggio Bustone, nach einer halben Stunde Fußmarsch hoch oben an einem Felsen, ist Franz, nachdem er sich dorthin zurückgezogen hat, mit seiner Vergangenheit ins Reine gekommen. Diesen Weg sind die zwölf Männer nachgegangen, jeder für sich und jeder in seine Vergangenheit. Einiges haben sie oben gelassen, Verletzungen, Beschämungen, alte Wunden, den einen oder anderen Würger im Bauch haben sie im Feuer verbrannt. Die Versöhnung mit der Vergangenheit gibt Kraft für die Zukunft.

Franz von Assisi stand im Mittelpunkt dieser Spiritual-Mystery-Tour für Männer, vielleicht weniger der Heilige, als vielmehr Franz der Mensch, der Mann, dem viele sehr viel näher gekommen sind. Franz von Assisi hat in einmaliger Radikalität das Evangelium gelebt.

Es war eine Woche, in der Männer völlig neuartige Erfahrungen miteinander gemacht haben, in der viel in Bewegung gekommen ist, sich einiges verändert hat, manches nicht mehr sein wird wie früher, eine Woche mit Folgen, langfristigen wie kurzfristigen.

Männerbüro der Katholischen Kirche Vorarlberg, Bahnhofstraße 13, A-6800 Feldkirch; Tel.: (0 55 22) 3 48 52 00; e-mail: maennerbuero@kath-kirche-vorarlberg.at

Hinweis 6

Einführung in die Kontemplation
Mit vorbereitender Entspannungs- und Bewegungsarbeit wird in die gegenstandsfreie Meditation eingeführt. Sitzen in der Stille und meditatives Gehen (ca. 5 Stunden am Tag) lösen einander ab. Kurze Impuls-Vorträge und Einzelgespräche klären. Sie begleiten die Übung über das Kursgeschehen hinaus in die Praxis im Alltag. Schweigekurs.

Einsichts-Meditation und Yoga
In der Achtsamkeits-Übung in Bezug auf unser Denken, Reden und Handeln üben wir, unser Herz zu öffnen und unseren Geist zu beruhigen. Allmählich lernen wir «die zehntausend Freuden und die zehntausend Leiden zu umarmen…»
Stille und geleitete Sitz- und Geh-Meditation, leichte Yoga-Übungen, Vortrag, Austausch, Einzelgespräche – ansonsten Schweigekurs. Auch für Anfänger/innen geeignet.

Einführung in die Zen-Meditation
Die Zen-Meditation hilft uns, dass sich unser Geist in der Stille klären kann. So gewinnen wir Klarheit über uns selbst und über das Universum, in dem wir leben. In der einfachen und unmittelbaren Erfahrung dessen, was ist, wird die Wirklichkeit transparent für den gestaltlosen Hintergrund, aus dem alles hervortritt und zurückkehrt und der das Herz aller Dinge ist.
Wir üben die Meditation im Sitzen, im Gehen und in der Arbeit. Dazu Rezitation und Tönen, Vortrag und Einzelgespräch (keine Koan-Praxis). Schweigekurs.

Haus der Stille, Am Kleinen Wannsee 9, D-14109 Berlin;
Tel. und Fax: (0 30) 8 05 30 64.

Hinweis 7

Zennis-Kurse

Themen und Inhalte des 5 Tages-Kurs:

• Täglich 2 bis 3 Stunden Tennis auf dem Platz.

• Täglich 2 Meditationen zum Einklang und Ausklang des Tages.

• Tennis zu ausgewählter Musik.

• Den Körper lernen lassen, sich vertrauen, sich trauen.

• Stretching, Entspannungsübungen.

• Geben und Nehmen.

• Totalität, Präsenz, Spielerisch sein.

• Ökonomisch spielen: Braucht es wirklich so viel Aufwand?

• Üben der Zennisform (Thai Chi Tennis).

• Austausch.

Zennis, eine Wortschöpfung aus Zen und Tennis, wurde vom ehemaligen Tennis-Profi Peter Spang als Ergebnis eigener Erfahrung und Entwicklung kreiert – für Menschen, für die in ihrem Sport neben Bewegung auch Stille, Auftanken und echter Austausch wichtig sind, denen eben gerade hier eine meditative Qualität am Herzen liegt. Tennis wird als «Zennis» zum hervorragenden Spiegel: Bin ich zentriert, in meiner Mitte ruhend? Strenge ich mich zu sehr an, bin ich ehrgeizig? Geht es vielleicht noch einfacher, ökonomischer? Habe ich Vertrauen, kann ich loslassen? Oder wird jeder Schlag, jede Bewegung mit zuviel Muskeleinsatz ausgeführt, weil ich die Kontrolle behalten muss? Kann ich beim Spiel in einen tiefen Zustand von Dasein, Präsenz eintauchen?

Zen-Sports, Franz-Joseph-Straße 20, D-80801 München; Tel.: (0 89) 38 79 98 00; e-mail: info@ZenSports.de; www.ZenSports.de.

Freizeit kann nicht bloße Zerstreuung sein, wenn sie Befriedigung bringen soll. Sich nur ablenken – vor dem Fernsehschirm, beim «thrill», in der Kneipe -, frustriert, entleert und verzehrt Energie und Kräfte.

Nur Freizeit, die gewollt ist und aktiv, erfüllt. Aktivität kann dabei durchaus die Passivität in der Sonne, bei der Musik, in der Meditation sein. Wichtig ist die Entschiedenheit zu etwas, das echte Bedürfnis statt Ablenkung und Selbstvergessenheit.

Übung 1

Fragen Sie sich einmal, wieviel Zeit Sie sich für sich selbst nehmen: täglich, wöchentlich, im Monat?

Was machen Sie in Ihrer freien Zeit?

Sind Sie mit Ihren Freizeitbeschäftigungen zufrieden?

Können Sie ihre freie Zeit genießen? Allein. Zu zweit. In der Gesellschaft mehrerer…?

Übung 2

Stille versuchen

Suchen Sie sich einmal für eine halbe Stunde einen schönen ruhigen und abgeschiedenen Platz in der Natur. Lassen Sie sich bequem nieder und Ihren Blick und Ihre Sinne schweifen. Was passiert mit Ihnen, in Ihnen? Welche Gedanken kommen Ihnen, welche Wünsche, welche Problemlagen?

Wiederholen Sie die Übung und verlängern Sie die Zeit. Welche Gedanken, Wünsche und Problemlagen tauchen immer wieder auf?

Übung 3

Lernen Sie, auf Ihre Träume zu achten. Machen Sie sich Stichworte, wenn Sie aufwachen, so dass der Traum nicht in Vergessenheit gerät.

Prüfen Sie nach einer Weile Ihre Notizen und schauen Sie, inwieweit sich Traumthemen ähneln oder gleichen. Was will Ihnen dieses Traumthema als Botschaft mitteilen?

Übung 4

Meine Bewegung führt mich

Ich achte auf meinen Körper und auf die Bewegungsimpulse, die aus ihm lebendig werden wollen. Welche Bewegungen entstehen? Wohin will mich mein Körper führen? Ich folge den Bewegungen und setze sie in das um, wozu sie mich motivieren: Sprung, Tanz, Innehalten, embryonale Stellung, Weglaufen…

Zu welcher Bewegung hat mich mein Körper geführt? Was habe ich dabei erlebt? Welches Bedürfnis habe ich ausgedrückt? Was sollte ich davon in meinen Alltag mit hinübernehmen (integrieren)?

Literatur zur Information und Weiterarbeit

a) Diagnose

- Richard Sennet, Verfall und Ende des öffentlichen Lebens. Frankfurt/M. (S. Fischer) 1983.
- Hans Freyer, Theorie des gegenwärtigen Zeitalters. Stuttgart (Deutsche Verlagsanstalt) 1955.
- Jürgen Werner, Die sieben Todsünden. Stuttgart (Deutsche Verlagsanstalt) 1999.
- Max Rieder u. a. (Hg.), Erlebniswelten. München u. Wien (Profil) 1998.

b) Veränderung

- Sam Keen, Es lohnt sich nur der Weg nach innen. Hamburg (Kabel) 1993.
- Regine Schneider, Entdecken, was wirklich zählt. Das Konzept der neuen Bescheidenheit. Frankfurt/M. (Krüger) 1998.
- Wolfgang Mertens, Traum und Traumdeutung. München (C.H. Beck Taschenbuch) 1989.
- Christiane Lutz, Jeder ist Herakles. Süchtig handeln oder zum Ich entscheiden. Leinfelden-Echterdingen (Bonz) 1997.

c) Übungsteil

- Moses G. Steinvorth, Im Körper zu Hause. Eine bioenergetische Entdeckungsreise. Göttingen (Vandenhoeck & Ruprecht Taschenbuch) 1999.
- Lama Surya Das, Der achtfache Pfad. Frankfurt/M. (Krüger) 1999.
- Tarthang Tulku, Selbstheilung durch Entspannung. München (Heyne Taschenbuch) 1985.
- Peter Spang, Zennis. Verbessern Sie Ihr Tennisspiel mit Zen. München (Goldmann Taschenbuch) 1999.
- Siegfried Lorenz, Phantasiewelt Imagination. Eine abenteuerlich Erlebnisreise zu unbekannten Seelenlandschaften. Berlin (VWB) 2000.

d) Kassetten

- Der erfahrbare Atem 1–4; eine Atemlehre von Ilse Middendorf.; Junfermann.
- Körper und Chakrenmeditation. Doucet/Bühner (Musik), Thorwald Dethlefsen (Text); Hermetische Truhe.
- The cry of love. Kevin Dempsey (Musik); Verlag «Pläne».
- Berühmte Oboenkonzerte des Barock; Bach, Händel, Telemann; Christophorus.

e) CDs

- Zum Meditieren: Trance – eine Reise in die Seele; Bruce Werber & Claudia Fried, Rhythmus Verlag.
- Zum Mitsingen: Mantras der Welt II; Bruce Werber & Claudia Fried, Rhythmus Verlag.
- Für Massagen und zum Träumen: Healing Harmony, Merlin's Magic; Windpferd-Verlag.

- Zum Mit-Trommeln und Tanzen: Trommeln der Welt; Bruce Werber & Claudia Fried, Rhythmus Verlag.
- ZumTanzen und Energetisieren: Dynamic Dancing, The Power of Movement; Windpferd-Verlag.
  The Dance of Joy; Giora Feidman; Pläne.
- Zum Entspannen und Meditieren: Traum; Sony Music.
- Zum Energetisieren und Nachdenken: The Melody at night with you; Keith Jarrett. ECM Records.

4. Konformität und Kreativität

Gesellschaftlich erwartete Männlichkeit beinhaltet Leistungsstreben, Karriere, Wettbewerb, Härte, Pokergesicht, Gefühllosigkeit, Objektivität, Erfolg und Durchsetzungskraft gegen alle potentiellen Konkurrenten. Der Psychoanalytiker Arno Grün schreibt: «In unserer Kultur haben die meisten Männer keine Chance, der Notwendigkeit zu entweichen, ein Sein aufzubauen, das nicht von der Metaphysik des Erfolgs und der Leistung bestimmt wird» (Grün 1986, 86). Wie also sollen Männer lernen, ihre Verletzbarkeit auszudrücken, Gefühle zu zeigen, Ärger und Wut sinnvoll umzusetzen, nachzugeben, loszulassen?

In seiner Präambel notiert das «Männerbüro Göttingen»: Wir leben in einer Gesellschaft, in der Männer alle machtvollen Positionen innehaben und Leistung und Konkurrenz das Verhalten der Männer untereinander bestimmt. Zwischenmenschlicher Kontakt, Kommunikationsfähigkeit, Gefühle zeigen sind in der traditionellen Rollenverteilung Sache der Frauen, Arbeit und Karriere die der Männer. Wir wehren uns gegen das Korsett dieses herkömmlichen Männerbildes und versuchen, durch Erweiterung der Rollenvorstellung zu neuen Möglichkeiten des Mann-Seins zu gelangen. In diesem Sinne ist unsere Arbeit grundsätzlich männerfreundlich.»

Folgt der Mann den Maximen dieser Männertradition nicht, wird er bestenfalls ausgelacht und schlimmstenfalls entlassen. Viele Darstellungen haben aufgezeigt, wie Männer verfolgt, beschimpft und sanktioniert werden, wenn sie aus dem Männlichkeitswahn der bestehenden Gesellschaft auszubrechen versuchen und sich nicht konform verhalten. Frühzeitig wird der Mann in diesen gesellschaftlichen Käfig von Männlichkeit gesteckt. Im Rahmen seiner Familie lernt der kleine Junge, was männlich ist. Ehrlicherweise gestehen nun auch Wissenschaftlerinnen den Beitrag ein, den Frauen dabei übernehmen. Dem kleinen Jungen wird oktroyiert und vor allem vorgelebt, was er als künftiger Mann zu tun hat und was zu lassen. So wird der Bub darauf vorbereitet, was ihn als Mann in Beruf, Politik und Geschäft später erwartet.

Das heißt noch einmal in aller Deutlichkeit: die Standards von Mann-Sein werden von vorgegebenen gesellschaftlichen Erwartungen gesetzt und von Sozialisationsinstanzen wie Eltern, Kindergarten, Freunde («peer group»), Schule, Massenmedien u. a. vermittelt; sie sind also fremdbestimmt. *Eigenes muss frühzeitig aufgegeben werden; Gefühle und Erlebniswelten, die mit der gesellschaftlich erwarteten Männlichkeit nicht im Einklang sind, werden abgespalten und verdrängt. So entsteht männliche Konformität.*

Alle vorgegebenen gesellschaftlichen Institutionen, in denen sich unser Leben vollzieht, befestigen und verstärken diese Konformität. Das trifft für ein Arbeitsdasein zu, das uns zu einem bestimmten Funktionieren zwingt (siehe II, 2: Arbeit und Erfüllung); es gilt aber unter gegenwärtigen gesellschaftlichen Bedingungen auch weithin für Ehe und Beziehung (siehe II, 7: Bindung und Partnerschaft). Folgen wir den gesetzten Standards, Regeln und Normen, die uns männlich wollen, die uns arbeiten und Geld verdienen lassen, um unsere Familie zu ernähren oder zumindest mitzuernähren, befinden wir uns rasch in einem Käfig von habituellen Anforderungen, Gewohnheiten und Routinen.

Das bremst und lähmt. Langeweile kommt auf. «Einfache Langeweile kann leicht chronisch werden. Eine monotone Arbeit oder eine schlechte Ehe bedrückt uns, färbt die Seele grau und raubt uns allmählich unsere Lebendigkeit. Wenn es uns misslingt, aus einer erstarrten Situation auszubrechen, wird die Langeweile zu einer Lebensweise, oder zumindest zu einem gefürchteten Besucher, der immer wieder zurückkehrt. Die Malaise, die sich einst außer uns befand, rückt ins Zentrum der Seele» (Keen 1993, 91).

So versteinert man innerlich, stirbt ab, obwohl man noch lebt. Aber Leben macht auf diese Weise keinen Spaß mehr. Es ist nur noch ein Vegetieren von Verpflichtung zu Verpflichtung. Deshalb ist Umkehr geboten.

Männliche Erfahrungsberichte zeigen immer wieder radikale Beispiele von Veränderung. Der Top-Manager wird Heilpraktiker, der Generaldirektor Kunstlehrer in einer Waldorfschule oder der Chefarzt Bauer auf einem Hof mit biologischer Landwirtschaft.

Der Gegenpart zum konformen Mann in der postindustriellen Gesellschaft ist idealtypisch *der spirituelle Mann.*

Der spirituelle Mann begreift sich nicht als Herrscher des Universums wie etwa der technokratische Mann. Im Gegenteil, er fühlt sich demütig eingebunden in die Ganzheit der Welt und lehnt die «Exzesse der industriellen Zivilisation» entschieden ab. Zielvorstellung für ihn ist die «Harmonie zwischen dem inneren Selbst und der äußeren Welt». Wer in solchem Grundgefühl lebt, kann jeden Augenblick, in einem ganz allgemein religiösen Sinne, als göttliche Manifestation begrüßen, wie es etwa Alan W. Watts schon zu Zeiten der Beats beschrieb.

Der spirituelle Mann vertraut durchaus seiner Vernunft, aber er weiß auch, dass die Stimme seines Herzens mindestens ebenso bedeutsam für ihn ist. Er sucht die Einheit von Fühlen und Denken.

Das bedingt aber keineswegs den Rückzug in Innenwelten, wie es manche Sekten fordern. Der spirituelle Mann will Handelnder sein und nicht Zuschauer in einem autoritären System.

Der spirituelle Mann begegnet seinen Mitmenschen mit Toleranz und Verständnis. Niemand will den anderen beherrschen. Vielmehr ist der dialogische Austausch von Menschen gefordert, die sich offen begegnen. Alan W. Watts beschreibt in seinen Memoiren ausführlich, wie er auf solche Menschen trifft, «denen es nicht peinlich war, Gefühle zu zeigen, die sich nicht schämten, Wärme, Ausgelassenheit und eine erdhafte Lebensfreude an den Tag zu legen» (Watts 1984, 277).

Dem spirituellen Mann sind innere Werte wichtiger als äußerer Besitz. Was ihn interessiert und motiviert, ist die Ausdehnung seines inneren Reichtums. Julian Beck weist auf die anthropologische Bedeutung solcher Genügsamkeit hin: «Man häuft viel Zeugs um sich, an das man sich gewöhnt hat und das man für wichtig hält. Aber wenn man beginnt, sich von immer mehr persönlichem Gut zu trennen, immer weniger Besitz zu haben, wirkt das ungeheuer befreiend. Der Sinn der Arbeit könne dann wieder «in der Leidenschaft, dem Werk und der Aktion» gefunden werden. «Das Problem ist, dass wir ein Mittel suchen müssen, eine Situation zu schaffen, in der jeder nur so viel produziert, wie er zum Leben braucht. Dann wäre das Unnütze, das nur dem Geld zuliebe produziert wird, hinfällig, und jedermann könnte seine Aufmerksamkeit, seine Zeit und seine Kraft (die paar Jahre unseres einzigen Lebens!) dem anderen und der Welt schenken, statt sie vorwiegend an Abstraktionen zu verschwenden» (Beck 1968, 6).

Der spirituelle Mann ist der Freund und nicht mehr der Feind der Umwelt. In diesem Sinn schreibt Alan W. Watts: «Wir haben einen unheilbaren Ordnungstrieb und verwandeln diese irdische Welt zwanghaft in etwas Ebenes, Rechteckiges und Uniformes, in euklidische Muster ohne jegliche Phantasie und Überschwenglichkeit. Sollten wir nicht um

Verzeihung bitten für Millionen von Quadratmeilen gestutzter Rasen-
flächen ohne Blumen?» (Watts 1984, 21). Der spirituelle Mann weiß, dass
Tiere, Pflanzen und Menschen an derselben Welt teilhaben, miteinander
unauflösbar in Beziehung stehen und aufeinander angewiesen sind. Alan
W. Watts betrachtet Pflanzen, Vögel, Falter und Kaninchen als Leute;
Timothy Leartry spricht mit den Bäumen in seinem Garten. «Es ist
höchste Zeit, dass wir zum Animismus zurück- und vorwärtsgehen und
uns gute Manieren zulegen gegenüber allen Lebewesen, einschließlich der
Pflanzen und sogar einschließlich der Seen und Berge» (Watts 1984, 21).

Innerhalb der neuen Natürlichkeit nimmt die Auseinandersetzung
mit dem eigenen Körper einen besonderen Stellenwert ein. Auch hier
gingen entscheidende Impulse von den Hippies aus, die – seinerzeit noch
häufig verlacht – die Bedeutung eines bewussten und ausgeglichenen
Verhältnisses zum eigenen Körper betonten. Ebenso wie die «technokratische Medizin» werden auch die «technokratische Sexualität» und die
«technokratische Geburt» abgelehnt, auch hier soll wieder alles sanft,
d. h. menschlich, emotional, ohne technischen Aufwand geschehen
(siehe II, 5: Sexualität und Liebe). Die natürliche Ernährung ist eine der
Möglichkeiten, wieder ein gesünderes Verhältnis zum eigenen Körper zu
gewinnen. Ein anderer Teil besteht in Übungen, mit denen man seinem
Körper bewusst nahezukommen, ihn wieder zu fühlen sucht und «sich
mit ihm vereinigt» wissen will: Atemgymnastik, Tanz und Eurhythmie,
autogenes Training, Yoga, Tai-Chi oder Aikido sind solche «Techniken»
(siehe II, 6: Krankheit und Gesundheit).

Der spirituelle Mann ist ein Beispiel für eine extreme Umkehr innerhalb männlicher Lebensformen. Spiritualität ist eine Möglichkeit von
Veränderung für manche, aber nicht für alle, und wahrscheinlich auch
nicht für viele. Doch gibt es auch weniger radikale Wege und Perspektiven.

Anpassen müssen wir uns alle, sofern wir nicht dezidiert als Außenseiter der Gesellschaft leben wollen. Aber Anpassung bedeutet nicht
Konformität. Konformität heißt mit der großen Herde laufen, sich in ihr
verstecken, nicht mehr nachdenken, Eigenes schon lange aufgegeben
haben, auf Hoffnungen und Veränderungen verzichten, unbewusst
leben. Anpassung an äußere Zwänge, gesellschaftliche Normen und
eingegangene Bindungen (private Beziehungen, soziale Netze) und
Verpflichtungen schließt nicht aus, dies alles kritisch zu bedenken, das
Maß der Anpassung immer wieder zu überprüfen, Änderungen vorzunehmen, bewusst zu leben, und dies bedeutet, die eigene Situation zu

verstehen und entsprechend diesem Verständnis auch korrigieren zu können.

Der amerikanische Psychologe Nathaniel Branden hat einen Katalog von Fähigkeiten und Eigenschaften aufgestellt, der *bewusstes Leben* ausmacht:

- die eigene Situation durchdenken, selbst wenn es unbequem und mühsam ist,

- sich Dinge bewußtmachen, selbst wenn dadurch Schwierigkeiten aufgezeigt werden, für die es nicht sofort eine Lösung gibt;

- versuchen, sich etwas klarzumachen, auch wenn es mühsam ist;

- Realitäten respektieren, auch wenn sie unbequem sind;

- der Wahrheit absolute Priorität geben;

- Versuchen, sich aktiv zu orientieren, statt darauf zu warten, dass man per Zufall von anderer Seite etwas erfährt;

- die Bereitschaft, auch notwendige Risiken einzugehen, um ein Ziel zu erreichen;

- absolute Ehrlichkeit mit sich selbst;

- in der Gegenwart zu leben und zielbewusst zu handeln;

- sich selbst mit der eigenen Person auseinanderzusetzen;

- Bereitwilligkeit, eigene Fehler zuzugeben und zu korrigieren;

- die Vernunft einsetzen statt sich der Irrationalität zu überlassen.

«Die Vernunft einsetzen» heißt nicht, sie zum absoluten Maßstab aller Dinge zu machen. Zum Menschsein gehört auch die Fähigkeit, die vorgegebene Realität überschreiten zu können, zwischen Immanenz (die Wirklichkeit) und Transzendenz (das Jenseits der Wirklichkeit) zu pendeln. Diese Pendelbewegung kann helfen, eine unzureichende Realität zu erkennen und nach dieser Bewusstwerdung mental zu korrigieren und dann realiter zu verändern. Insbesondere Männer neigen dazu, der vorgegebenen Wirklichkeit nachgerade sklavisch verpflichtet zu sein; das bedingt die zwanghafte Unfähigkeit zu Kritik und Selbstkritik, zur Artikulation von Wünschen und zum freien Spiel mit der eigenen Phantasie. Der französische Dichter Antoine de Saint-Exupéry hat sehr schön formuliert, was hier gemeint ist (siehe Einführung); wenn wir etwas in Angriff nehmen wollen, ist unsere Vision weitaus wichtiger als unser (pragmatisches) Werkzeug.

Konformität kann auch dadurch vermieden werden, dass man ihre Gesetzlichkeit und ihren Rhythmus bewusst durchbricht. Die Konformität lässt sich zum Beispiel mit den eigenen Waffen schlagen, indem man ihr befriedigende Rituale entgegensetzt, regelmäßiges Beten, Meditationstechniken, Yoga, Körperübungen und Gymnastik, Joggen u. v. m.

Schließlich kann die Gefahr, in konforme Muster und Alltagsroutinen abzurutschen, verhindert werden, indem man diesen potentiellen «Lähmungsprozess» einfach hin und wieder durchbricht; Möglichkeiten dazu sind zum Beispiel Phantasiereisen in Gruppen, ein Wellness-Wochenende für Körper und Seele, ein Tanz- oder ein Kunst-Workshop, einen Koch-, Töpfer- oder Malkurs, ein angeleiteter Ausflug u. v. m. Wirk-Bedingung dabei ist allerdings, dass diese Aktivitäten in ihrem Zusammenhang mit dem eigenen Alltag auch bedacht (Reflektion) und begleitet («Supervision») werden.

Hinweis 1

Tanzende Ohren – klingende Füße

Wir sind von der Fähigkeit der Männer überzeugt, destruktives Verhalten zu erkennen, zu überwinden und Verantwortung wahrzunehmen – gegenüber sich selbst, den Mitmenschen und der gesamten Umwelt.

Auf spielerische Art mit Musik und Tanz stellen wir manch Festgefahrenes auf den Kopf, wirbeln unter Anleitung eines Tänzers und eines Klarinettisten unsere Werte etwas durcheinander, bringen unsere eigenen Töne und Schritte zusammen und tun so etwas für unsere Gesundheit.

Fachstelle Männer, Bildung und Beratung,
Reformierte Kirchen Bern-Jura, Postfach 60 51,
CH-3001 Bern; Tel.: (0 31) 3 85 16 16, Fax: (0 31) 3 85 16 20,
e-mail: BiBer@refkirchenbeju.ch.

Hinweis 2

Wegsteine

Vier Tage gemeinsam leben und arbeiten im Steinbruch.

- Dem Sandstein an seinem Herkunftsort begegnen.
- Möglichkeiten der Sandsteinverarbeitung kennen lernen.
- Steine im Gelände als Wegmarken des eigenen Werdeganges als Mann erkennen und bearbeiten.
- Neue Formen der Kommunikation unter Männern ermöglichen und erproben.

BFF Erwachsenenbildung, Monbijoustraße 21, CH-3001 Bern; Tel.: (0 31) 3 84 33 33, e-mail: eb.bff@bern.ch.

Hinweis 3

Gönn' Dir was Gutes! Biorelease – Massage für Männer

Dieser Kurs lädt Männer ein, eine Form der Massage kennen zu lernen, die emotionalen und körperlichen Streß abbauen kann.

Die Biorelease-Methode (entwickelt von Mona-Lisa Boyesen) bietet einfache Techniken, mit denen Spannungszustände des Muskelsystems reguliert werden können, die häufig auch emotionale Zusammenhänge haben:

- die Verantwortung, die auf den Schultern lastet,
- die Angst im Nacken,
- die ewig aufrechte «mannhafte» Haltung.

Also Männer – warum nicht etwas für das körperlich-seelische Gleichgewicht tun und sich dabei auch noch sauwohl fühlen.

Kath. Familienbildungsstätte, c/o Wolfgang Rudolph,
An der Mauritiuskirche 4 a, D-49477 Ibbenbüren;
Tel.: (0 54 51) 96 44 – 0, Fax: (0 54 51) 96 44 – 96,
e-mail: fbs.ibbenbueren@t-online.de.

Das alltägliche Leben muss aber auch grundsätzlich und strukturell kein Gefängnis der Konformität sein. Zwei Möglichkeiten, im Alltag einigermaßen bewusst und unabhängig zu leben, sind der «Prozess eines schöpferischen Wagnisses», wie ihn der amerikanische Theologe und Psychologe Sam Keen skizziert hat und die «Philosophische Lebensführung», wie sie der Basler Philosoph Karl Jaspers formulierte.

Der *«Prozess eines schöpferischen Wagnisses»* beinhaltet neun Schritte oder Stufen.

1. Finden Sie heraus, was Sie *wollen*. Vielleicht wissen Sie selbst am allerwenigsten, was Sie *wirklich* wollen. Es bedarf eines heroischen Abenteuers, eines Hinabsteigens in die eigene Tiefe, wenn man seine echten Wünsche entdecken will. Eine Zeitlang werden Sie verwirrt sein. Sie werden nicht mehr wollen, was Sie früher einmal «wollten», werden noch nicht den Ausweg wissen. Für eine Weile müssen Sie die «normale» Welt verlassen. Warum?

   Jede Kultur inszeniert eine Art Verschwörung, ihre Mitglieder davon zu überzeugen, ihre Wünsche in Übereinstimmung mit dem zu bringen, was gemeinhin als «richtig» und «falsch» gilt. Da uns unsere tiefsten Bedürfnisse verborgen sind, können uns die Medien ihre Bilder vom guten Leben aufzwingen. Diese sollen uns weismachen, wir wären nur dann glücklich, wenn wir den richten «Life-Style» haben. Entgegen dem Sprichwort tun wir so, als könnte man Glück kaufen. Die einfache Frage zu stellen: «Was will ich wirklich?» ist nicht nur risikoreich, sondern geradezu revolutionär.

2. Um herauszufinden, was Sie wollen, müssen Sie sich Ihren *Wünschen* stellen. Wenn Sie ständig Tagträumen nachhängen, etwas werden oder etwas anderes werden zu wollen, haben Sie irgendein tieferes Bedürfnis in sich berührt. Und Bedürfnisse rangieren in der Hierarchie der Begierde höher als bloße Wünsche.

Wenn man sich auf seine Bedürfnisse einlässt, statt nur seine flüchtigen Wünsche zu erwägen, geht man größere Risiken ein. Oft riskieren wir es nicht, dass uns unsere wahren Bedürfnisse zu Bewusstsein kommen, weil wir den daraus entstehenden Konflikt oder die damit verbundene Traurigkeit fürchten. Wir erkennen, wir haben viele Jahre vergeudet, weil wir uns den Forderungen anderer Menschen angepasst und uns von ihnen beherrschen haben lassen.

3. Was sind Ihre «Du-sollst»-Vorschriften, Ihre Werte? Wir alle tragen die Bürde der aus der Kindheit stammenden «Du-sollst»-Vorschriften und der übernommenen Wertvorstellungen, die uns Schuld- und Schamgefühle verursacht haben. Werfen Sie möglichst viel von diesem Ballast über Bord. Ersetzen Sie aber diese Werte durch gereifte, «erwachsene» Lebensvorstellungen. Eine Klärung der eigenen Werte können Sie unter anderem dadurch herbeiführen, dass Sie sich vorstellen, jemand schreibe Ihre Biographie.

4. Entwerfen Sie unterschiedliche Zukunftsszenarien. Schreiben Sie für jedes einzelne Bedürfnis ein Drehbuch, in dem Sie sich inmitten einer Situation sehen. Sie werden feststellen: Je konkreter Sie sich die ersehnte Zukunft vorstellen, desto leichter wird es Ihnen fallen, Ihre wahren Wünsche zu bestimmen.

5. Stellen Sie eine Risikoberechnung an. Wahrhafter Mut zum Risiko beinhaltet, dass man die Folgen seiner Handlungen einbezieht.

6. Lokalisieren Sie Ihre Ängste. Der zweite Schritt besteht darin, sich diesen Ängsten zu stellen, und nicht vor ihnen zu flüchten. Nur wer sich mit seiner Angst konfrontiert, kann sie überwinden (siehe folgende Seite).

7. Üben Sie mit einem «Sicherheitsnetz». Kein Trapezkünstler, der den Salto mortale probt, riskiert diesen Sprung ohne Netz. Wenn Sie größere Veränderungen im Leben planen, sollten Sie die Entscheidung langsam reifen lassen. Nur so haben Sie Zeit, auf alle Wünsche, Bedürfnisse und Du-sollst-Gebote in Ihrem Inneren zu hören. Statt sich übereilt scheiden zu lassen, sollten Sie sich versuchshalber trennen. Bevor Sie Ihr sämtliches Hab und Gut verkaufen und um die Welt segeln, sollten Sie sich beurlauben lassen, für zweit Monate ein Boot chartern und zu einigen küstennahen Inseln segeln.

Um auszuloten, wie tiefgehend Ihre Unzufriedenheit und damit das Bedürfnis nach einem radikalen Wandel ist, sollten Sie, ehe Sie sich an

Im Umgang mit der Furcht besteht der einzige Ausweg darin, direkt hineinzugehen.

Sheldon Kopp

bedeutende Veränderungen wagen, Ihre Einstellungen und Gewohnheiten probeweise ändern. Vielleicht reicht ein Wandel in der Routine schon aus, Ihre Lebensgeister zu neuem Leben zu erwecken.

8. Entscheiden Sie sich. Bislang haben Sie mit dem Risiko gespielt. Jetzt wird's ernst. Nun ist die Zeit gekommen zu handeln. Gehen Sie das Risiko der Individuation ein. Wagen Sie, etwas Endgültiges zu tun.

9. Handeln Sie. Fassen Sie einen Entschluss, und handeln Sie danach. Investieren Sie Zeit und Energie in die erwählte Aufgabe. So lebhaft Ihre Phantasien, so stark Ihre Gefühle auch sein mögen – am Ende müssen Sie handeln, um die Hilflosigkeit zu vermeiden, die im Zentrum von Langeweileerfahrungen und Depressionen liegt.

Die «*Philosophische Lebensführung*» von Karl Jaspers geht von folgender Grundeinstellung aus: «Nicht vergessen, sondern innerlich aneignen, nicht sich ablenken, sondern innerlich durcharbeiten, nicht erledigt sein lassen, sondern durchhellen.»

Diese philosophische Lebensführung geht zwei Wege; zum einen in der Einsamkeit den der *Meditation,* und zum andern in der Begegnung mit anderen den der *Kommunikation* (Jaspers 1953, 116 ff.).

In der Meditationsphase geht es primär um Besinnung. «Unerläßlich sind uns Menschen die täglichen Augenblicke tiefer Besinnung. Wir vergewissern uns, damit die Gegenwart des Ursprungs in der unausweichlichen Zerstreuung des Tages nicht ganz verschwindet.» Es ist dies eine Form der *Einkehr*. «Das muss in Zeiten und Augenblicken geschehen, in denen wir nicht in der Welt für Zwecke der Welt beschäftigt sind, und in denen wir doch nicht leer bleiben, sonder gerade das Wesentliche berühren, sei es am Tagesbeginn, am Tagesabschluss, in Zwischenaugenblicken.»

Inhalt solcher Einkehr ist erstens die Selbstreflexion und zweitens die transzendierende Besinnung. In der Selbstreflexion vergegenwärtigen wir uns, was wir tagsüber gedacht, gefühlt und getan haben. «Ich prüfe, was falsch war, wo ich unwahrhaftig mit mir selbst war, wo ich ausweichen wollte, wo ich unaufrichtig war. Ich sehe, wo ich mir zustimme und mich steigern möchte.» Wir ziehen also Bilanz über den geschehenen Tag; wir beurteilen uns im Hinblick auch auf Besserung.

In der transzendierenden Besinnung gehen wir über den Alltag hinaus und versuchen unser Allgemeines zu verstehen, den Grund unseres Handelns, den Ursprung unserer Freiheit, die Sinnhaftigkeit von Leben.

Philosophieren ist der Entschluss, den Ursprung wach werden zu lassen, zurückzufinden zu sich und im inneren Handeln nach Kräften sich selbst zu helfen.

Karl Jaspers

Die Ergebnisse unserer Besinnungsarbeit werden aber erst wirklich in der Kommunikation mit anderen: Die Wahrheit beginnt für Jaspers zu zweit. «Daher fordert die Philosophie: ständige Kommunikation suchen, sie rückhaltlos wagen, meine trotzige, sich in immer anderen Verkleidungen aufzwingende Selbstbehauptung hingeben, in der Hoffnung leben, dass ich mir unberechenbar wiedergeschenkt werde aus der Hingabe.»

Das bedeutet auch, dass wir unser Tun und uns selbst immer in Zweifel ziehen müssen. Selbstgewißheit ist für Jaspers ein Ausdruck von Unwahrhaftigkeit.

Überdies ist Leben aufgrund der existentiellen Unsicherheiten des Daseins grundsätzlich und immer «ein Versuchen». Aber gerade das Versuchen dokumentiert die eigene Kraft und die Fähigkeit zur Selbsthilfe (siehe gegenüberliegende Seite).

«In diesem Versuch kommt es darauf an, es zu wagen, hineinzugehen in das Leben, sich auszusetzen auch dem Äußersten und es sich nicht zu verschleiern, Redlichkeit im Sehen, Fragen und Antworten uneingeschränkt walten zu lassen. Und dann seinen Weg zu gehen ohne das Ganze zu wissen (…).»

Unser Dasein ist und bleibt per se fragwürdig. Gerade dies macht seine Spannung und seine Erfüllung aus.

«Wenn Philosophieren sterben lernen ist, so ist dieses Sterbenkönnen gerade die Bedingung für das rechte Leben. Leben lernen und sterben können ist dasselbe (…).

Das Ziel der philosophischen Lebensführung ist nicht zu formulieren als ein Zustand, der erreichbar und dann vollendet wäre. Unsere Zustände sind nur die Erscheinung des ständigen Bemühens unserer Existenz oder ihres Versagens. Unser Wesen ist Auf-dem-Wege-Sein.»

Übung 1

Überdenken Sie Ihren Tag und versuchen Sie sich gewahr zu werden, wo Sie mit Sollensforderungen («Du sollst…»; «Du musst…») sich und andere unter Druck gesetzt haben. Woher kommen Ihre Sollensforderungen?

Was geschähe, wenn Sie statt Sollensforderungen Wunschsätze formulieren würden («Ich möchte…»; «Ich könnte…»)?

Übung 2

Melden Sie sich einmal für einen Workshop an, der etwas anbietet, das Sie schon lange einmal tun wollten: Trommeln oder Tanzen oder Steine behauen oder Malen oder Bergsteigen oder… .

Übung 3

Überlegen Sie, ob ein Ritual Ihnen gut täte. Probieren Sie es aus. Könnte Ihr Alltag anders sein, wenn Sie zum Beispiel etwas aus dem folgenden Katalog täglich machten?:

- Meditieren,
- Beten,
- Tai-Chi,
- Yoga,
- Joggen,
- Singen,
- Körperübungen,
- Philosophieren,
- laut Gedichte rezitieren …

Übung 4

Sie begeben sich an einen ruhigen Ort, schließen die Augen und stellen sich einen Sonnenuntergang am Meer vor. Versetzen Sie sich in das Geräusch der Wellen, den Duft des Salzwassers, die Wärme des Sandes und den Gesang der Meeresvögel.

Spüren Sie, was Sie dabei empfinden. Welche Wünsche und Sehnsüchte werden in Ihnen wach?

Literatur zur Information und Weiterarbeit

a) Diagnose

- Arno Gruen, Der Verrat am Selbst. München (Deutscher Taschenbuchverlag) 1986.
- Eugen Drewermann, Das Eigentliche ist unsichtbar. Freiburg i. Br. (Herder) 1984.
- Theodore Roszak, Der Verlust des Denkens. München (Droemer Knaur) 1986.
- Peter L. Berger, Auf den Spuren der Engel. Die moderne Gesellschaft und die Wiederentdeckung der Transzendenz. Frankfurt/M. (Fischer Taschenbuch) 1981.

b) Veränderung

- Frieder Lauxmann, Der philosophische Himmel. München (Deutscher Taschenbuchverlag) 2001.
- Christian Graf von Krockow, Vom lohnenden Leben. Stuttgart (Deutsche Verlagsanstalt) 1996.
- Sam Keen, Es lohnt sich nur der Weg nach innen. Über das kreative Potential der Langeweile. Hamburg (Kabel) 1993.
- Henry David Thoreau, Walden. Ein Leben mit der Natur. München (Deutscher Taschenbuchverlag) 1999.
- Karl Jaspers, Einführung in die Philosophie. München (Piper-Taschenbuch) 1953.
- Uwe Böschemeyer, Herausforderung zum Leben. Hamburg (Kabel) 1991.
- Mihaly Csikszentmihalyi, Dem Sinn des Lebens eine Zukunft geben. Stuttgart (Klett-Cotta) 1995.
- Eduard Spranger/Romano Guardini, Vom stilleren Leben. Würzburg (Werkbund) 1956.

c) Übungsteil

- Siegfried Lorenz, Phantasiewelt Imagination. Eine abenteuerliche Erlebnisreise zu unbekannten Seelenlandschaften. Berlin (VWB-Verlag für Wissenschaft und Bildung) 2000.
- Pierre Stutz, Meditationen zum Gelassenwerden. Freiburg i. Br. (Herder-Taschenbuch) 20001.
- Brigitte Hellmann (Hg.) Mit Sokrates im Liegestuhl. Ein Lesebuch für Nachdenkliche. München (Deutscher Taschenbuchverlag) 2000.

- Dawna Markova, Die Versöhnung mit dem inneren Feind. Heilung durch Annehmen und Integration. Paderborn (Junfermann) 1997.
- Harry Waesse, Yoga für Anfänger. München (Gräfe und Unzer) 1995.
- Christoph Fehige u. a. (Hg.), Der Sinn des Lebens. München (Deutscher Taschenbuchverlag) 2000.
- Christiane Lutz, Das Männliche im Märchen. Leinfelden-Echterdingen (Bonz) 1996.
- Christ Zois/Patricia Foyarty, Glück ist machbar. München (Heyne Taschenbuch) 1998.
- Krisen erfolgreich bewältigen. Amsterdam (Time-Life-Bücher) 1996.
- Claude Steiner, Wie man Lebenspläne verändert. Paderborn (Junfermann) 1982.

5. Sexualität und Liebe

Der Zürcher Psychologe Jürg Willi entwirft ebenfalls ein wenig schmeichelhaftes Bild von jenen Männern, mit denen er als Paartherapeut zu arbeiten hatte. In seiner «Therapie der Zweierbeziehung» stellt Willi fest, dass es meist die Frau ist, «die die Initiative ergreift und sich beim Psychotherapeuten oder Eheberater meldet». Auch in der Paarbeziehung zeigt sie sich initiativer als der Mann. «Bezüglich des Leitbildes ihrer Beziehung» setzt die Frau «die absoluteren Maßstäbe. Sie sucht intensive Nähe, vorbehaltlose Offenheit, gegenseitige Einfühlung und Anteilnahme, absolute Treue und Gemeinsamkeit. Von diesen Maßstäben abzuweichen, würde in ihrer Vorstellung oft die Hinfälligkeit der Beziehung oder das Absterben ihres Liebeslebens bedeuten.» Männer hingegen «verhalten sich den Anklagen der Frau gegenüber defensiv, versuchen sich zurückzuhalten, die Angriffe zu beschwichtigen, die Vorwürfe zu bagatellisieren und die Streitpunkte auf objektivierbare Sachprobleme zu reduzieren» (Willi 1978, 12 f.). Selbst in der geschützten Therapiesituation verbergen Männer ihre Gefühle und versuchen, ihre soziale Rolle zu spielen, d. h. überlegen zu sein, autonom, belastbar und unerschütterlich. Das Bemühen des Mannes, seine eigenen Gefühle von Angst und Schwächen zu verbergen, hindert ihn an der realen Wahrnehmung seiner Frau und gleichzeitig seiner selbst.

Auch die Bereiche von männlicher Intimität und Sexualität sind damit nur Ausdruck des sozialisierten Männerbildes (siehe I, 1: Traditionelle und neue Männlichkeit). Die englische Feministin Ingrid Bengis konstatiert bündig, dass der «Kampf in der erogenen Zone» zwischen den Geschlechtern so lange anhalten wird, bis der Mann endlich erkannt hat, wie sehr seine «maskuline Sozialisation» seine affektiven und sexuellen Fähigkeiten hemmt (Bengis 1973, 79). Nicht Dominanz, sondern *Hingabe* ist das Essential von Liebe und Leidenschaft.

Nicht nur die Frauen sind also die «Opfer» einer eingeschränkten und zwanghaften Sexualität ihrer Männer, sondern auch die Männer selbst machen sich zum Opfer ihrer oktroyierten Bilder von Männlichkeit und körperlicher Liebe. Insbesondere das in gewissen Medien gezeichnete Bild männlicher Potenz hat kaum noch etwas mit der Realität zu tun und gilt trotzdem als männliches Vorbild. Die Helden sind exzellente und selbstverständlich nimmermüde Liebhaber, die den Frauen das uneingeschränkte sexuelle Glück bescheren.

In seinem Roman «The Betsy» beschreibt solches beispielhaft der Bestsellerautor Harold Robbins, den Bernie Zilbergeld als den «möglicherweise einflussreichsten Sexualerzieher unserer Zeit» bezeichnet: Die Geliebte öffnet die Hose des Helden. Der Penis «sprang ihr wie ein wütender Löwe aus seinem Käfig entgegen». Die Eichel ist «rot und zornig». Die Geliebte nimmt dieses Gebilde nun in ihre Hände, «verzückt» wohlgemerkt, und wenn man ihren Vergleich mit einem «Baseballschläger» wörtlich nimmt, muss es wohl riesig sein. Bei der Beschreibung der folgenden Details handelt es sich immer noch um unseren Helden, nicht etwa um einen Affen: «Schultern, Brust und Bauch waren mit Haaren bedeckt, aus denen die gewaltige Erektion hervorsprang.» Die Geliebte verliert denn auch «fast die Besinnung, als sie an ihm herunterblickt». Dominanz und Hingabe sind auch hier völlig einseitig verteilt: er macht, sie genießt. Demzufolge nimmt *er* sie, zieht er sie aus, biegt er sie zu sich herab, agiert *er*. Der Held dringt in die Geliebte ein: «Es war, als wenn ein Riese aus weißglühendem Stahl sich in ihr Edelstes bohrte. Sie begann zu stöhnen, als er sie öffnete und in ihrem Körper emporstieg, vorbei an ihrer Gebärmutter, vorbei am Magen, unter ihr Herz, hoch bis in den Rachen. Sie keuchte nun wie eine heiße Hündin (…) Dann schwebte er über ihr. (…) Seine Hände griffen nach ihren Brüsten und packten sie, als wenn er sie von ihrem Körper reißen wollte. Sie stöhnte vor Schmerz und krümmte sich. Ihr Becken wölbte sich und drängte sich ihm entgegen. Dann drang er wieder in sie ein. «Mon Dieu!» Tränen schossen ihr in die Augen. «Mon Dieu!» (…) Ein Orgasmus jagte den anderen, als er sich in sie bohrte, mit der Wucht der riesigen Stahlpresse, die sie in seiner Fabrik gesehen hatte.»

Bernie Zilbergeld kommentiert: «Uns wird glauben gemacht, Frauen sehnten sich nach nichts so sehr wie nach einem Penis, den man irrtümlich für einen Telegraphenmasten halten könnte. Sie empfangen solche Monstrositäten unter Danksagungen und mit vollster Befriedigung» (Zilbergeld 1994, 44). Dieser Penis, der bezeichnenderweise immer wieder mit Stahl, Eisen, Maschinen, Hämmern, Bajonetten und Kanonen verglichen wird, ist quasi Symbol für die Gesamtaggressivität des männlichen Heldens, der immer an der Spitze und stets Sieger sein muss.

Im Gegensatz zur feministischen Kritik, dass Männer nur an ihren eigenen Orgasmus denken und nicht an den der Partnerin, sind heute in Wirklichkeit die meisten Männer überaus bemüht, ihre Frauen sexuell zu befriedigen. Entsprechend männlicher Sozialisation geschieht aber selbstverständlich auch dies auf der phallozentrischen Basis von Leistung, Anstrengung und Erfolgsstreben. Der Mann ist dabei eher Hochleistungssportler als erotischer, genießender Liebhaber.

Frank Früchtel hat aufgrund einer empirischen Untersuchung in Deutschland kürzlich festgestellt, dass Männer heute ihre Sexualität dergestalt modernisiert haben, indem sie sich vom Sexualmatador zum Sexualingenieur entwickelten. Sie verstehen sich nun als Liebhaber, die «die komplizierte Maschinerie Frau virtuos zu bedienen» gelernt haben. Mit der Beachtung des eigenen Wohlbefindens hat das wenig zu tun und mit einer dynamischen Balance zwischen Körper, Sex und Seele auch nicht (Früchtel 1993, 69 f.).

Die beschriebene Männerrolle beherrscht also nach wie vor und trotz aller angeblichen Veränderungen zur «permissiven» und «befreiten» Erotik auch die männliche Sexualität. Dabei symbolisiert der Phallus nicht nur männliche Sexualität, sondern ist Männlichkeitssymbol schlechthin. Geradezu automatisches Funktionieren wird als ganz normal und typisch männlich angesehen; die schon erwähnten «phallischen Mythen» beeinflussen männliche Phantasien und männliches Handeln in Erotik, Liebe und Sexualität. Das trifft auch für ältere Männer zu. Dabei wird ein Nachlassen sexueller Fähigkeiten als tiefe Verletzung des Selbstwertgefühls empfunden, gerade weil es an den dargestellten Bildern und Mythen gemessen wird statt es auf die eigene Altersstufe zu beziehen.

Die häufigste Sexualstörung älterer Männer ist die sogenannte sekundäre erektile Dysfunktion. Sie wird durch Krankheiten, Operationen und Medikamente beeinflußt und kann mit den heute verfügbaren Medikamenten – allen voran Viagra – häufig behoben werden. Der Phallus ist also machbar geworden. Dabei wird aber häufig die substantielle Seite des Problems übersehen, dass Sexualität nicht nur eine funktionelle, sondern auch eine emotionale Dimension hat. Interessanterweise bewerten Frauen sexuelles Funktionieren oft ganz anders als der Partner.

Hinweis 1

Männersexualität

Erfahrungsaustausch über Liebe, Frust und Lust

Gesellschaftliche Bilder und Vorurteile zur Männersexualität – Entdeckung und Entwicklung der eigenen Sexualität – Wie Frauen auf unsere Sexualität reagieren – Welche Frauenbilder wir haben – Sexuelle Phantasien, Wünsche, Ängste, Enttäuschungen und sexuelle Erfüllung – Auseinandersetzung mit Vergewaltigung und Impotenz – Angst vor Homosexualität – Andere und neue Bilder von Sexualität.

MännerSache Zürich, Hallwylstrasse 78, CH-8004 Zürich; Tel.: (01) 2 41 02 32.

Hinweis 2

«Mutige Männer einmal anders»

Körpergefühl jenseits von Leistung, Kräftemessen und Sexualität.

Männer benützen die Hände für heilsame Berührung.
Erlernen von Shiatsu-Massage-Grundkenntnissen und Erfahren von Berührung, Entspannung und Wohlbefinden unter Männern. Respektvolle Einführung in die Kunst der Berührung unter kundiger Anleitung. Klare Grenzen ermöglichen das Zulassen von wirklicher Nähe.

Ziel: Wirkungsvolle Shiatsu-Massagen geben und empfangen. Erweitertes Körperbewußtsein gewinnen.

Jürg Wöhrle, Wydäckerring 119, CH-8047 Zürich; Tel.: (01) 4 51 46 36; Fax: (01) 4 61 47 04; e-mail: enjoy@shiatsu-shintai.ch

---

Hinweis 2

Tantra ist der Weg des Herzens und der Hingabe an das Leben, mit all seinen Freuden und Herausforderungen. Tantra beginnt immer mit einem «Ja» zu Dir selbst – so wie Du bist. Unsere Selbst-Liebe ist die Basis für unsere Beziehungen, unsere Sexualität – für unser ganzes Leben.

An diesen Wochenenden bist Du eingeladen, den inneren Geliebten in Dir zu erwecken und zurückzufinden zu der wahren Natur Deines Wesens. Du lernst Rituale, Übungen und Meditationen kennen, die Dir einen Geschmack und eine direkte Erfahrung der Welt des Tantra ermöglichen. Du tankst neue Kraft und erlebst neue Möglichkeiten für Deinen Alltag, Deine Sexualität, Dein Mann-Sein und Deinen weiteren Weg.

Institut für Lebenskunst & Tantra,
Frank H. Fieß und Vimalmani M. Kuhn, Mehringdamm 32/34;
D-10961 Berlin; Tel.: (0 30) 25 29 87 00; Fax: (0 30) 25 29 87 01;
e-mail: info@tantra-in-berlin.de; Internet: www.tantra-in-berlin.de.

Die geschilderte «pragmatische» Seite von Sexualität ist schon schwierig und problembeladen genug. Aber jenseits davon wird es noch viel prekärer. Das betrifft vor allem die tiefere Ebene der Geschlechterbeziehung, das männliche Verhältnis zur Frau als dem anderen Geschlecht und die konfliktbeladene Geschichte mit der Mutter und deren Übertragung auf die aktuelle Partnerin.

Überall, in der Kulturgeschichte beweist sich die tiefe Angst des Mannes vor der Frau. Es ist dies die Angst vor ihrer stärkeren Verbundenheit mit der Natur, vor ihrer Unberechenbarkeit und Irrationalität, vor ihren Geheimnissen, vor ihrer Gebärfähigkeit und Macht über das neue Leben, vor ihrer sexuellen Kraft und Ausdauer, vor ihrem Körper und vor ihrem offenen Blut. Schon für unsere Altvorderen war das weibliche Geschlecht eine Bedrohung. Der Mann durfte sich ihm nicht ohne Reinigungsrituale nähern. Trotzdem blieb und bleibt er in der Gefahr, verführt, verschlungen, geschwächt und in jedem Fall von seiner Kulturarbeit abgebracht oder abgelenkt zu werden. Tatsächliche oder magische Waschungen helfen da nichts. Es sind archaische Ängste: Delilah stahlt einst Samson die Kraft. Undine lockte die hart arbeitenden Fischer ins Wasser und in den Tod. Wer saß blond und verlockend oben auf der Loreley und ließ die Schiffe am Felsen zerschellen? Wenn Siegfried nicht um Brunhild geworben hätte, wäre er nicht getötet worden. Circe verwandelte ihre Liebhaber nach dem Akt kurzerhand in eine Art Zoo. Hexen machten überall Knaben und Männern den Garaus. In Wedekinds «Lulu» verfallen die Männer der Frau wie Mücken und Motten dem Licht. Den Reizen der schönen Agata in Hauptmanns Geschichte «Der Ketzer von Soana» erliegt sogar ein Priester. Christmas in William Faulkners Roman «Licht im August» ist vor dem «Gottesgreuel des Weiberfleisches» schließlich so entsetzt, dass er seine unersättliche Geliebte töten muss.

Sigmund Freud schrieb in diesem Kontext: «Der Mann fürchtet, vom Weibe geschwächt, mit dessen Weiblichkeit angesteckt zu werden und sich dann untüchtig zu zeigen.» (Freud 1947, 168) Die mühsam von den Männern aufgerichtete Kultur als Alternative zur Natur, deren absolute Herrscherin die Frau ist, würde ohne unsere Aktivität zusammenbrechen, sich auflösen, und wir fallen in den Schlund der Natur zurück. Die große Vagina, Mutter-Erde, nimmt uns wieder auf. Das kann schön sein – Ruhe und Lust; aber es ist auch eminent gefährlich: Ohne Kultur sind wir Männer nichts, der Natur und der Frau ausgeliefert. Das sind Männerängste, Anima-Projektionen.

Der Sachverhalt ist verzwickt. Das, was wir mit der Frau verbinden, lockt und entsetzt zugleich. Regression – um diesen Begriff zu verwenden – zieht uns an; wir assoziieren damit Harmonie, Wohlergehen, Anstrengungslosigkeit, also endlich Entspannung, Mutterschoß, Mutterbauch, Embryo, schlafen und dabei doch ernährt werden. Wunderschön ist das. Aber es wäre unser Untergang, und das ist die andere Seite von Frau und Regression. Aus dem Mutterbauch müssen wir heraus, sonst erstickt er uns irgendwann. In der Vagina finden wir Befriedigung, aber auch nur dann, wenn wir uns wieder lösen, uns selbst bestätigen, Bewährung und Leistung suchen, die sich Lust und Passivität erst verdient. Das wussten schon die Ahnen, als sie die Vagina mit Bildern von auswegloser Höhle, Schlund, Unersättlichkeit, Dunkelheit ohne Licht verknüpften, als gezahnt sogar, die berüchtigte «vagina dentata». Froh also muss der sein, der ihr auch wieder entrinnt und weiß, dass er nicht verschlungen worden ist. Er hat seine Identität behalten – keine Auflösung, nicht Wasser, Blut und Schleim geworden, und auch der Penis wird sich wieder aufrichten, zum erneuten Abenteuer des Eindringens und Abstiegs bereit.

Aber eben: kein Abenteuer ohne Angst. Und für diese Angst gibt es genug Gründe im Realen. Frauen sind – so weisen unzählige Untersuchungen und Berichte nach – zu ständigen und niemals nachlassenden Orgasmen fähig, die einen Mann um jedwede Kraft, ja um das Leben bringen können. Die Sexualwissenschaftlerin Mary Jane Sherfey spricht ausgehend von ihrer klinischen Praxis von der «sexuellen Unersättlichkeit» der Frau. Fünfzig Orgasmen, keine Seltenheit. Das alles läßt sich natürlich auch wissenschaftlich erklären: «Die Blutzufuhr und Ödematisierung des Beckens sind unerschöpflich.» Und: «Je mehr Orgasmen die Frau erlebt, desto stärker werden sie; je mehr Orgasmen sie erlebt, desto mehr kann sie erleben. Also ist die Frau in jeder Hinsicht angesichts eines Höchstmaßes an sexueller Sättigung sexuell ungesättigt.» Und weiter: «Bis zum heutigen Tage hat man noch nicht realisiert, dass regelmäßige Multiorgasmen als Folge klitoridaler oder vaginaler Stimulierung bis zur völligen körperlichen Erschöpfung möglicherweise die biologische Norm für weibliche sexuelle Potenz sein können. (…) Es könnte also durchaus sein, dass die sogenannte «mannstolle Frau» in Wirklichkeit nichts weiter als eine normal entwickelte Sexualität besitzt» (Sherfey 1974. 32 ff.)

Psychoanalytische Arbeiten verweisen auf eine andere, noch tiefergehende Bremse des Mannes: sein Mutterbild. Darin erscheint die Mutter ambivalent, einerseits voller Wärme und Liebe, andererseits als Folge von infantilen Verzichts- und Trennungserlebnissen aber auch als böse und vernichtende Mutter.

Die Konsequenzen für die Liebeswelt des Mannes sind widersprüchlich; Verehrung und Respekt auf der einen Seite, Aggression und Kontrollzwang auf der anderen. Sexualität impliziert Zärtlichkeit, Einfühlungsvermögen und Erotik, aber auch Rausch, Lust und Schmerz, Hemmungslosigkeit, Vergessen, Explosion. Beide Seiten des Mutterbildes sind für solch orgiastisches Erleben hinderlich. So singt denn der französische Chansonnier Serge Reggiani, dass der Mann die «Prinzessin und die Konkubine» brauche, und früher wurde das männliche Bedürfnis nach einer Frau für die Seele und einer für die Lenden beschworen – Madonna und Hure.

Außerhalb der Ehe mag dieser Traum noch lebbar sein. Innerhalb von Ehe oder fester Beziehung aber ist das nicht möglich, weil der Mann gesellschaftlich verpflichtet ist, sich an Ordnung, Kontinuität, Anständigkeit und Stabilität zu halten. So wird denn auch der Liebesakt zur Ehepflicht (siehe II. 7: Bindung und Partnerschaft).

Um so mehr lockt im tiefen Inneren das ganz andere. Ingmar Bergmann hat in seinem Film «Szenen einer Ehe» diese männliche Kluft meisterhaft dargestellt. Johan schert aus der ehelichen Bravheit aus und gesteht anschließend seiner Ehefrau Marianne das Wilde einer Affäre: «Abends betranken wir uns und lebten wie die Schweine. Wir prügelten uns und stritten uns und wurden aus dem Hotel rausgeworfen. Dann kamen wir in irgendeine schmierige Absteige in einer Nebenstraße, und da fanden wir uns plötzlich, und dann schliefen wir Tag und Nacht miteinander.» Anschließend wächst aber wieder die Sehnsucht nach der vertrauten Ruhe von Alltag und Ehe – und beides zusammenzukriegen ist so schwierig.

Nach meinem Verständnis liegt hier auch das männliche Geheimnis der Pornographie. Unschwer lassen sich pornographische Darstellungen auf das Schlüsselmoment der Kontrolle reduzieren. Die Gefährlichkeit der Frau in ihrer orgastischen Potenz, ihrer sinnlichen Körperlichkeit, ihrem Gefühlsüberschwang und in ihrer Drohung des Verschlingens wird gezähmt, wenn nötig durch Gewalt, Fesseln und Peitsche. Nie wieder der Frau unterworfen sein, das ist auch hier die klare Botschaft. Sicher kommt anderes hinzu: Die Eigenschaften der Frau in der Pornographie sind abgespaltene Anteile des Pornographen selbst, der sich nach Passivität, Hingabe, Aufgabe und Ekstase sehnt und das als Mann in der männlichkeitsdominierten Gesellschaft nicht ausleben darf. Doch auch hier schwingt letztlich die Angst vor dem Trauma von einst deutlich mit: Einmal hingegeben und enttäuscht, nie wieder sich hingeben!

In diesem thematischen Zusammenhang fehlt es auch keineswegs an direkter, brutaler Männergewalt: Sexuelle Belästigung, Vergewaltigung, Inzest, harte Pornographie und Misshandlungen zeugen alltäglich davon. Männliche Kumpanei und ein oft schon institutionalisiertes Misstrauen gegenüber Frauen behindern schließlich sogar oft die öffentliche Verfolgung solcher Ausschreitungen.

Sexuelle Belästigung

Interview mit Martin Erhardt

Martin Erhardt ist Diplom-Sozialpädagoge mit den Arbeitsschwerpunkten: Sexualpädagogik, sexuelle Gewalt und Männerarbeit.
Er ist angestellt bei «Pro Familia» Bensheim-Darmstadt und freiberuflich tätig, vor allem in der Erwachsenenbildung. Erhardt ist Autor und Co-Autor mehrerer Buchpublikationen.

WH: Was ist sexuelle Belästigung, und wo beginnt sie?

Martin Erhardt: Zunächst hat sexuelle Belästigung nichts mit Flirts und Liebesbeziehungen am Arbeitsplatz zu tun. Abgrenzen möchte ich sie andererseits auch gegenüber eindeutiger Gewalt, wie zum Beispiel Vergewaltigung und sexueller Nötigung.

Sexuelle Belästigung umfasst ein breites Spektrum von Verhaltensweisen und kann von «anzüglichen Bemerkungen», «penetrantem Witze erzählen», über das «Aufhängen pornographischer Bilder» bis hin zu «scheinbar zufälligen Berührungen», «aufgedrängten Küssen», «Po-Kneifen» usw. reichen. Mit diesen Verhaltensweisen werden in vielen Fällen persönliche Grenzen verletzt, und dieses subjektive Gefühl der Verletztheit ist ein ganz entscheidendes Kriterium. Insofern lässt sich sexuelle Belästigung nicht objektiv und entlang klarer, eindeutiger Verhaltensweisen definieren, zumal die Grenzen subjektiv unterschiedlich sind. Andererseits ist sexuelle Belästigung immer ein einseitiges, unerwünschtes und rücksichtsloses Verhalten, das von den Betroffenen als erniedrigend, beleidigend oder abwertend empfunden wird.

WH: Welche Funktion hat sexuelle Belästigung für Männer? Um erotischen Lustgewinn kann es sich dabei ja wohl kaum handeln.

Erhardt: Bei sexueller Belästigung gibt es, wie bei anderen Grenzüberschreitungen auch, immer eine Dimension von «oben nach unten». Insofern spielt individuelles Machterleben und auch kollektiver, männlicher Machterhalt eine bedeutende Rollen. Frauen werden verunsichert, abgewertet und durch sexuelle Belästigung in die

Defensive gedrängt. Machtverhältnisse werden dadurch aufrechterhalten, und Frauen haben es als Konkurrentinnen am Arbeitsplatz schwerer. Im individuellen, innerpsychischen Bereich des Belästigers geht es aber auch um Kompensation. So machtvoll und gewaltig er auch wirken mag ist das ganze auch ein Ausdruck von Hilflosigkeit, Bedürftigkeit und ein Stück Beziehungsunfähigkeit.

WH: Welches Frauenbild liegt sexueller Belästigung von Männerseite zugrunde?

Erhardt: Sicherlich ein patriarchalisch geprägtes Bild mit geschlechtsspezifischem Über- und Unterordnungsdenken und entsprechendem Verhalten. Andererseits scheint sich der sexuell belästigende Mann seiner selbst gar nicht so mächtig und Frauen gegenüber sehr unsicher zu sein. Insofern spielen auch tiefer liegende Ängste und eine brüchige, männliche Identität bei der Problematik eine wesentliche Rolle. In der sexualisierten Form der Belästigung drückt sich schließlich ein veraltetes, aber nach wie vor recht verbreitetes Bild von männlicher Sexualität aus; das Bild des «Dampfkessels», der zu «platzen» droht, wenn er nicht ab und an «Dampf ablassen kann». Ein solches Denken fördert sexuelle Gewalt allgemein, weil es Männer in unverantwortlichem Maß der Verantwortung für ihre Sexualität enthebt.

WH: Wie können Männer mit sexuellen Belästigungen, also mit ihren Geschlechtsorganen, umgehen, wie deren Verhalten problematisieren, statt zum Beispiel verschämt mitzugrinsen?

Erhardt: Im Unterschied zu Frauen kommt bei Männern die Angst vor sexuellen Übergriffen im eigenen Angstrepertoire kaum vor. Aufgrund dieser verschiedenartigen Betroffenheit unterscheidet sich das Empfinden, Denken und Wahrnehmen hinsichtlich sexueller Belästigung geschlechtsspezifisch manchmal sehr stark. Andererseits nehmen aber viele Männer Belästigungssituationen durchaus wahr. Hier ist deutliches, solidarisches Verhalten gegen die Belästigung notwendig, und somit auch ein Ausscheren aus bagatellisierender Männerkumpanei. Gleichzeitig wäre eine Atmosphäre hilfreich, in der dem Belästiger die Grenzen aufgezeigt und trotzdem auf eine Skandalisierung seiner Tat weitestgehend verzichtet werden könnte. Wir neigen alle zur Skandalisierung, wenn es um Sexuelles oder um sexualisierte Formen von Belästigung geht. Damit erreichen wir aber in den seltensten Fällen Verhaltensänderungen und neue Einsichten, im Gegenteil. Anstatt auszugrenzen, sollten wir unter Männern eine Gesprächskultur entwickeln, in der auch solche Probleme besprochen und gegebenenfalls Hilfe angeboten oder vermittelt werden kann.

WH: Wie sieht ihre Arbeit mit sexuellen Belästigungen im einzelnen aus?

Erhardt: Meine Arbeit zu diesem Thema findet auf der Ebene von Fortbildungen statt, mit Behörden wie Stadtverwaltungen zum Beispiel. Dabei arbeite ich sowohl geschlechtsgetrennt als auch – zusammen mit einer Kollegin – mit Männern und Frauen gemeinsam. Bei vielen Männern provoziert das Thema zunächst Widerstände, und sie entwickeln das Gefühl, auf der Anklagebank zu sitzen. Mit dieser Stimmung ernsthaft und konstruktiv umzugehen, darin liegt eine wesentlich Aufgabe meiner Arbeit. In einem weiteren Schritt gilt es, das geschlechtsgemischte Arbeiten in einer Atmosphäre zu ermöglichen, in der eine kommunikative Konfrontation beziehungsweise konfrontative Kommunikation möglich ist.

Themenschwerpunkte beziehungsweise Ziele dieser Fortbildungen sind:

- Information und Wissensvermittlung bezüglich sexueller Belästigung.
- Sensibilisierung für ein Tabuthema und entsprechendes Abwehrverhalten,
- Kommunikation ermöglichen,
- Integration des Problems der sexuellen Belästigung und ein
- verantwortlicher Umgang damit seitens der Institution.

Marin Erhardt, Praxis am Platz, Stettbacher Tal 13, D-64342 Seeheim-Dugenheim

Der amerikanische Männerforscher James M. O'Neil findet in den vorliegenden empirischen Studien fünf Gründe für das «restriktive sexuelle und affektive Verhalten» der Männer:

1. Das Verständnis von Sex und Orgasmus als Ziel und Eroberung statt als intime Kommunikation zwischen zwei menschlichen Wesen.

2. Der Gebrauch von Sex als Mittel, Leistung, Erfolg und Männlichkeit zu messen.

3. Sex als objektiver, unpersönlicher Ablauf statt als subjektiver, intimer Prozess.

4. Die Trennung der Sexualität von persönlichen, affektiven, intimen und liebenden Anteilen einer menschlichen Beziehung.

5. Das Begreifen von Sex als einer Situation, in der männliche Kontrolle Dominanz und Macht unverzichtbar sind, um zur Befriedigung zu kommen.

Die Folie, auf dem sich ein solches Erleben von Sexualität abzeichnet, ist einmal mehr die leistungsfixierte Sozialisation von Jungen und Männern. Die Sexualität zeigt sich nun als Lebenswelt, in der die männliche Leistungsbesessenheit besonders kontraproduktiv wirkt; denn Sexualität ist nicht Leistung, sondern vor allem Hingabe.

«Es ist nicht einfach, immer Leistung und Erfolg vorweisen zu müssen, ob nun auf dem Sportplatz, im Sitzungssaal oder im Schlafzimmer. Obwohl dies gerne romantisiert wird, machen sich in Wirklichkeit viele Jungen und Männer bei ihren Vorbereitungen auf die Leistungsbeweise ganz krank und verrückt. Es kommt oft vor, dass Athleten vor einem Wettkampf sich in den Umkleidekabinen übergeben müssen (versuchen Sie einmal, das zu romantisieren) und sich in eine mörderische Raserei hineinsteigern, die unter anderen Umständen mit Recht eine Psychose genannt werden würde. Übrigens wird dieses Verfahren häufig «einen hochbringen» genannt. Es ist nicht leicht für einen Mann, sich in eine sexuelle Situation zu begeben, wenn er denkt, dass dabei alles von seiner Leistung abhängt (wozu er obendrein auch noch ein Körperteil benutzen muss, das sich nicht kontrollieren läßt), aber was soll er sonst tun?

Ein Mann zu sein, ist, wie in einer Rüstung zu leben, immer bereit, sich im Kampf zu beweisen. Die Rüstung mag Schutz bieten (wenn auch nicht ganz klar ist gegen was eigentlich), aber sie zwängt schrecklich ein und bringt nicht gerade viel Spaß. Vielmehr ist sie eigentlich das genaue Gegenteil von Spaß» (Zilbergeld 1994, 33).

Die Befreiung der Sexualität ist beim Mann aufgrund der geschilderten Gründe nicht als solche möglich, sondern nur eine generelle Emanzipation aus den traditionellen Männlichkeitszwängen kann dann auch das sexuelle Erleben «entfesseln».

Dazu gehört vor allem, dass der Mann sich von seiner ansozialisierten Egozentrik löst und Sexualität als Bezogenheit auf einen anderen Menschen begreift (siehe folgende Seite). Das verlangt Öffnung, Empathie und das Zulassen von Intimität. Die Frankfurter Psychoanalytikerin Marina Gambaroff präzisiert: «Eine sexuelle Begegnung kann wohl nur dann zu einem umfassenden Erlebnis führen, wenn ein integriertes Erleben der eigenen Geschlechtlichkeit zu einer tiefgreifenden Erkenntnis des anderen führt. Wenn sich für die Dauer eines zeitlosen Moments Grenzen auflösen, Inneres sich nach außen kehrt und sich verbindet. Dies erst macht die Aufhebung des einen im anderen möglich» (Gambaroff 1984, 134).

Entscheidend für eine befriedigende Sexualität ist also die Begegnung mit dem anderen Menschen, und die dafür nötigen qualitativen Voraussetzungen, wie sie bisher genannt wurden, lassen sich auch schlicht im Begriff der *Liebe* fassen.

Männliche Sexualität und Intimität

Interview mit Uwe Sielert

Dr. Uwe Sielert ist Professor für Pädagogik an der Universität Kiel und Autor von mehreren Büchern über Sexualität, Jungenarbeit u. a. Er war Mitarbeiter der AIDS-Kampagne der deutschen «Bundeszentrale für gesundheitliche Aufklärung».

WH: Sexualität war schon immer ein konfliktbeladenes Thema. Inwiefern hat sich das Problematische der Sexualität noch verstärkt?

Uwe Sielert: In unserer Gesellschaft droht Gesundheit zur Glückseligkeit, zu einer neuen Religion zu werden, die kein Hinterfragen mehr zuläßt. Sexualität wird dabei zu einer störungsfreien, hygienischen, reglementierten, an Sicherheit orientierten Tätigkeit zum

Wichtig im Leben ist die Begegnung. Wir sehen einander in die Augen; wir tauschen unsere Erfahrungen aus. Das ist für uns von größter Bedeutung. Der Sinn des eigenen Lebens wird uns klarer, wenn wir dem Leben anderer Menschen begegnen.

Aus Indien

wechselseitigen Wohlfahrtsgewinn. Ein illustres Beispiel dafür ist die Männerzeitschrift «Men's Health».

Das kann's ja wohl nicht sein, weil damit auch noch die letzten Reservate von Irritation, Überraschung, Nichtfassbarem und Anarchistischem dem Sicherheitsdenken durch Hygiene-Dominanz und Verhandlungsmoral zum Opfer fallen.

Andererseits versuchen nicht wenige Jugendliche und Erwachsene – gerade gegen diesen Trend – durch riskante Abenteuer einem «Leben auf Sparflamme» zu entgehen und nutzen den Intimbereich, vor allem die Sexualität, um sich überhaupt noch zu spüren, vor allem lustvoll zu spüren und spannungsreiche Erlebnisse zu sichern.

Dabei gibt es inzwischen alles, äußerst komplizierte Intimbeziehungen mit drei oder mehr Akteuren, Partnertausch, Let's Party, eine Unzahl «pseudoperverser Inszenierungen». Hier wird Sex zur Ersatzreligion, zum Vehikel des Kicks gegen ein Gesundheitserleben im umfassenden Sinne des psychosomatischen Wohlseins. Also auch nicht «Sex» über alles!

WH: Aber was dann?

Uwe Sielert: Ich habe die kleine Hoffnung, dass sexuelles Erleben und sexuelle Energie mit Hilfe einer dynamischen Balance von Körper und Seele sowohl lebendig bleibt, zu subjektivem Wohlbefinden als auch zur besseren selbstbestimmten Lebensbewältigung führt.

WH: Was ist unsere sexuelle Sozialisation wert als Vorbereitung für eine Partnerbeziehung?

Uwe Sielert: Sexuelle Sozialisation ist in der Hauptsache eine negative Sozialisation:

Sie besteht vor allem darin, sexuelle und körperliche Impulse aus dem sozialen Kontakt auszuklammern. Sexualität und Körperlichkeit werden dadurch von den übrigen Formen des Kontakts isoliert. Wenn nun zwei Menschen ein intimes Verhältnis eingehen, muss dieses Tabu langsam wieder gebrochen werden. Bei allen passiert das durch Versuch und Irrtum. Man gewinnt stufenweise Vertrauen und überwindet dabei die eigenen Schranken. Der Prozess wird fortgesetzt, wenn dies wechselseitig akzeptiert wird.

In der Folge zeichnen sich verschiedene Möglichkeiten ab:

- Man bleibt in den Grenzen des Partners und gibt sich mit dem Erreichten zufrieden.

- Oder man überschreitet diese Grenzen auf den Pfaden der Lust, ein Unterfangen, bei dem leicht die Grenzen des gewohnten Partners erreicht sind.

- Oder man hält und verändert die sexuelle Spannung im Kontakt mit dem momentanen Partner.

Aus vorliegenden Untersuchungen geht hervor, dass alle drei Formen heilsame Wirkungen haben, dass aber dieser letzte Weg sogar sexuelle Traumata überwinden kann und sogar nach Jahren des Kontakts mit dem Partner noch neue Entdeckungen ermöglicht.
Trotz aller erreichten Veränderungen im Geschlechterverhältnis haben Jungen und Männer ungleich mehr Schwierigkeiten, die zuletzt genannte und offenbar gesundheitsförderlichste Form der Sexualität zu realisieren. Das hängt sicherlich zusammen mit dem, was die Sozialisation von Jungen noch immer kennzeichnet: Die Abspaltung regressiver Gefühle, der mangelnde Zugang zum inneren Selbst, die geringen Möglichkeiten, am Modell des Vaters den Ausdruck von Glück, Lust, Leid und Angst und deren möglichen Verarbeitungsformen zu beobachten.

WH: Wie würden Sie die wichtigsten Befunde neuerer Sexualforschung und -pädagogik zusammenfassen?

Uwe Sielert:

- Alle Formen der als positiv erlebten Sexualität haben eine heilsame, gesundheitsfördernde Wirkung.

- Nicht die «nackte» sexuelle Sensation wirkt heilsam, sondern die mit ihr verbundene Intimität.

- Es gibt sehr unterschiedliche Verständnisse von Intimität (quer durch die Geschlechter).

- Nicht das Fehlen von Intimität ist das Problem, sondern das Aufeinandertreffen von unterschiedlichen Intimitätsverständnissen.

- Jungen und Männer sind erst auf dem Weg, die heilsamste Form der positiv erlebten Sexualität für sich zu entdecken: Die Intimität der Offenherzigkeit im Dialog von Körper und Seele.

WH: Können Sie umreißen, was unter «positiv erlebter Sexualität» im einzelnen zu verstehen ist?

Uwe Sielert: Wir können heute – wie in einer Untersuchung des niederländischen Sexualforschungsinstituts (Nisso) erstmals benannt – drei verschiedene Formen von als positiv erlebter Sexualität benennen, in denen jeweils Intimität eine Hauptrolle spielt, jedoch in drei unterschiedlichen Bedeutungen:

1. Intimität als Vertrautheit und Familiarität
   «Eigentlich ist es immer gut». Nach einem anstrengenden Tag rückt man im Bett zusammen und merkt, dass man Lust hat. Nichts passiert völlig unerwartet. Das Paar hat sich auf das eingespielt, was beide mögen, alles, was irgendwann einmal für jemanden unangenehm war, wird vermieden. Sexuelle Handlungen und sexuelles Erleben ist auf die Verstetigung der Beziehung ausgerichtet. Intimität im Sinne der Grenzerfahrungen spielt nur am Anfang eine Rolle. Auch dann nicht im Sinne von Grenzüberschreitung, sondern mit dem Ziel, die jeweiligen Grenzen vorsichtig kennenzulernen. Die Partner wissen, was sie voneinander haben. Man gehört zusammen und kann sich der gesellschaftlichen Zustimmung sicher sein. Es wird die Befriedigung und Entspannung genossen, die diese Vertrautheit und der Respekt voreinander nahelegen. Das Leben insgesamt wird mit Zufriedenheit betrachtet, die Irritationen und Beeinträchtigungen des Wohlbefinden im Alltag werden durch die Beziehung und die Intimität/Sexualität in ihr kompensiert. Sexualität ist eine Oase der Stabilität und Voraussehbarkeit. Kehrseite: Das sexuelle Erleben ist «desexualisiert».

2. Intimität als wechselseitige Grenzüberschreitung
Sexualität ist eine Quelle von Lust und Spannung. Lust und Spannung ist der Gradmesser, der das Erleben bestimmt. Anfangs war der eigene Partner die alleinige Quelle dieser Form von Intimität, später auch andere Personen. Vertrautheit existiert auch hier, die je spezifischen sexuellen Vorlieben wurden ausprobiert, unterschiedliche sexuelle Szenarien dienen dazu, dass beide Partner ihre tiefen sexuellen Wünsche und Phantasien leben können. Sexualität wird in ihrer anarchischen Form als Geilheit genossen und gelebt. Intimität wird als Überschreiten der eigenen Grenzen und der Partner begriffen. Biologisch fundierte Instinktreste werden genutzt: Man liefert sich dem/der Fremden aus, die Kontrolle des Verhaltens wird an die Wollust abgegeben. Die Partnerschaft ist eine «Bundesgenossenschaft für Freiheit». Es werden erotische Situationen und Szenarien gesucht als die erotische Anziehungskraft des Partners. Damit einher geht die Notwendigkeit, die Situationen immer wieder zu wechseln bzw. zu verstärken. Kehrseite: Das sexuelle Erleben ist eher depersonalisiert.

3. Intimität als Offenherzigkeit
Es geht um die Kombination von Vertrautheit und Spannung. Mal ist der Sexualkontakt entspannend, mal prickelnd und spontan. Intimität zeigt sich durch Offenherzigkeit: in Offenheit, Einfühlung und Verletzlichkeit sowohl durch Worte als auch durch erotische und sexuelle Gesten. Das Vorspiel, die Vorbereitung, die Accessoires sind wichtig. Geheimnis, Zweideutigkeiten, erotische Verhüllung, nicht unmissverständliche Signale spielen eine Rolle. Das kognitive und emotionale Assimilationsvermögen der Partner ist ausgeprägt. Ein Dialog der Körper und der Seelen ist kultiviert. Lust und Nähe sind auf intrinsische Weise verbunden. Die starken Gefühle von Geborgenheit, Wertschätzung und Lust des Körpers und der Person wirken lange nach, stärken die Energie und den Tatendrang und schützen gegen alltägliche Irritationen. Zusammengefasst: Die Betroffenen sind nach solchen sexuellen Kontakten seelisch gewachsen.

Prof. Dr. Uwe Sielert, Erziehungswissenschaftliche Fakultät
der Christian Albrecht Universität, Olshausenerstr. 75, D-24118 Kiel

Bernie Zilbergeld war einer der ersten und kompetentesten Männer, der seinen Geschlechtsgenossen ein neues Modell von Sexualität entwarf, das nicht auf Leistung, Bewertung und Kontrolle beruhte, sondern auf Intimität, Wertschätzung unserer selbst und unserer Partner und auf Hingabe und Zärtlichkeit.

Zilbergeld betonte dabei vor allem die Wichtigkeit von Berührungen. Umarmung definiert er als Unterstützung, Berührung als Kontakt und zärtliche Berührung als Austausch von Liebe.

Sexualität, die gelingen soll und befriedigt, ist für Zilbergeld das Ergebnis von Lernen: «Das neue Modell basiert auf dem wachsenden Bewusstsein, bei Männern wie bei Frauen, dass guter Sex nicht einfach vom Himmel fällt. Selbstverständlich ist die Fortpflanzung natürlich, doch das heißt nicht, dass Sex, der ja der Arterhaltung dient, auch natürlicherweise gut sein muss. Eine Befruchtung kann genauso durch Vergewaltigung, durch Inzest oder durch Drei-Sekunden-Sex erfolgen, bei dem sich beide Partner nicht besonders gut fühlen. Auch wenn noch ziemlich viele Leute meinen, dass Sex natürlich sei oder sein sollte und es dabei nichts zu denken oder zu reden oder zu lernen gebe, schenkt man diesen Vorstellungen Gott sei Dank immer weniger Glauben. Guter Sex ist genauso wenig eine natürliche Sache wie eine gepflegte Konversation unter Erwachsenen. Ganz gleich, ob es um unser Verhalten im Schlafzimmer oder im Konferenzsaal, auf dem Sportplatz, auf der Konzertbühne oder an den meisten anderen Orten geht, immer haben wir dafür unglaublich viel Lernen und Mühe aufwenden müssen. (…) Ein guter Liebhaber ist nicht derjenige, der nur tut, was sich natürlicher Weise ergibt, sondern er ist eher einer, der viel gelernt und geübt hat, der sich relativ wohl mit seinem Körper und sich selbst fühlt so wie dem, was er kann und sich so verhält, dass die Möglichkeiten, sich und seiner Partnerin Lust zu bereiten, maximiert werden. Das macht einen guten Liebhaber aus, und was er kann, können auch Sie lernen» (Zilbergeld 1994, 6 f).

Solche Sexualität, die in Liebe eingebettet ist und ein Ausdruck von ihr, darf in der Beziehung nicht stehen bleiben, sondern muss sich weiterentwickeln. Zilbergeld weist u. a. auf die Gefahr hin, dass Paare, wenn sie denn eine sexuelle Beziehung eingegangen sind, sich nur noch «signalartig» berühren, um sich dergestalt die gegenseitige Bereitschaft zu eröffnen, miteinander Liebe zu machen. Berührungen – so verstanden – werden funktional statt tiefer Ausdruck von Zärtlichkeit zu sein: Zilbergeld zeigt auch in diesem Zusammenhang den geschlechtsspezifischen

Tatbestand auf, dass vor allem Männer zärtliche Berührungen als Zeit-
verschwendung ansehen, die sie nur von der Ejakulation abhalten.

Natürlich wäre es unrealistisch, Sexualität in einer Beziehung als
kontinuierlich befriedigende Erfahrung zu konzipieren. Sexualität ist
kein Absolutum, sondern abhängig von äußeren Umständen, speziellen
Lebensereignissen wie Krankheit, Schwangerschaft oder Alter und selbstverständlich von «Abnützungserscheinungen» betroffen. Doch das alles
ist nicht unausweichliches Schicksal, sondern in seiner Tatsächlichkeit
durchaus veränderbar. Auch für die genannten und andere Problem-
konstellationen gibt es zahlreiche Angebote inner- und außerhalb der
Männerszene.

Hinweis 4

«Wem gehört die Nacht?»

Sexualität nach der Geburt

Die Zeit nach der Geburt eines Kindes ist trotz aller Freude meistens
eine schwierige Zeit für die Liebesbeziehung der Eltern. Sie rückt in
den Hintergrund, und das schafft ein Unwohlsein auf beiden Seiten.
Diese Situation ist weitverbreitet und hat viele verständliche Gründe.
Trotzdem trifft sie die meisten Eltern unerwartet.

An diesem Abend geht es um die Hintergründe dieses Konflikts
und die Möglichkeit, eine ernsthafte Krise als Chance aufzufassen
und sich als Liebespaar nicht aus den Augen zu verlieren.

Evangelische Erwachsenenbildung, Darmstädter Landstraße 81,
D-60598 Frankfurt/M.; Tel.: (0 69) 60 5 00 40.

Hinweis 5

Männer stammen vom Mars, Frauen von der Venus. Dieses Training
richtet sich an Paare, die die Verschiedenheit ihres Geliebten/ ihrer
Geliebten besser verstehen wollen. Es ist eine Einladung an Frauen

und Männer, über Enttäuschungen, Vorwürfe, Rechthaberei hinauszuwachsen und sich für das Wesen ihres Geliebten tiefer zu öffnen. Durch dieses tiefe Verständnis kann ein fruchtbarer Boden entstehen, in dem die Liebe neue Wurzeln schlagen und neu erblühen kann.

Das Training ist für Frauen und Männer, die wissen und manchmal schmerzhaft erfahren haben: nach den Flitterwochen, nach dem Zerplatzen der romantischen Seifenblasen, braucht der Garten der Liebe eines Paares dringend Aufmerksamkeit, Pflege, Zeit und tieferes Verständnis füreinander. Eine intime Liebesbeziehung bringt alles ans Tageslicht – unsere Ängste, Frustrationen und dunkelsten Schatten, genauso wie die Liebe unseres Herzens, die Schönheit unserer Seele und die Ekstase unseres Körpers. Eine Beziehung ist eine der größten Herausforderungen und Reifeprüfung für uns Menschen – sie kann in einem Schlachtfeld enden oder ein blühender Garten der Liebe sein.

Institut für Lebenskunst & Tantra,
Frank H. Fieß und Vimalmani M. Kuhn, Mehringdamm 32/34;
D-10961 Berlin; Tel.: (0 30) 25 29 87 00; Fax: (0 30) 25 29 87 01;
e-mail: info@tantra-in-berlin.de; Internet: www.tantra-in-berlin.de.

Hinweis 6

Die Liebesschule

Die Beziehung zwischen Mann und Frau erfordert neben Liebe und Achtung einen Ausgleich im Geben und Nehmen – und das im Guten wie im Schlechten. Habe ich meine Frau/meinen Mann «genommen»? Oder bin ich noch an einen früheren Partner gebunden?

Männer müssen ihre Männlichkeit bei ihren Vätern und bei Männern, Frauen ihre Weiblichkeit bei ihren Müttern und Frauen unterstützen.

Wie achten wir die Verschiedenheit des Mann-Seins und Frau-Seins?
Die Liebe kann dadurch leidenschaftlicher bleiben.

J. u. M. Rabenbauer, Zasiusstraße 6, D-79102 Freiburg;
Tel. u. Fax: (07 61) 79 61 00.

Hinweis 7

Problem mit der Sexualität?

Entgegen veröffentlichter Bilder von männlicher Potenz ist der männliche Umgang mit der eigenen Sexualität häufig schwierig und problembesetzt. Anfallende Schwierigkeiten sollten Männer nicht «hinunterschlucken», sondern mit kompetenten Gesprächspartnern erörtern.

Informationsstelle für Männer Wien, Erlachgasse 95, A-1100 Wien;
Tel.: (01) 6 03 28 28, Fax: (01) 6 03 28 28 11, e-mail: info@maenner.at.

Hinweis 8

Als Liebes-/Lebensschule wendet sich Sky Dancing Tantra mit Kursen und Trainings an Menschen jeden Alters, für die eine Verbindung zwischen guter Körperlichkeit, Sexualität, Offenheit im Herzen und im Bewusstsein der Beginn einer lebendigen Spiritualität ist. Sky Dancing führt in das Erkennen und Sein, dass Eros und Liebe nicht getrennt voneinander, sondern heilende Kräfte des Lebens und der Transformation sind. Frauen und Männer begegnen einander als Spiegel des Göttlichen.
   Durch eine schuld-, scham- und angstbesetzte Sozialisation und eine sexualisierte Leistungsgesellschaft haben wir vergessen, dass sexuelle Energie ein körperlicher Ausdruck spiritueller Kräfte ist. Sky Dancing zeigt einen Weg durch starre Masken und überholtes Rol-

lenverhalten hindurch, sich in eine liebes-bejahende Lebensweise
hinein zu orientieren.

Sky Dancing Institute, Feichtstraße 15, D-81735 München;
Tel.: (0 89) 43 65 16 01, Fax: (0 89) 43 65 16 02.

Die dänische Schriftstellerin Ruth Berlau stellt in ihrer Erzählung «Jedes
Tier kann es» einen Kausalzusammenhang her zwischen der männlichen
Sozialisation und dem Verlust männlicher Liebesfähigkeit: «Jedes Tier
kann es, aber sie können es nicht mehr. Das kommt daher, dass sie Horn-
haut an den Fingern haben vom Geldzählen, und sie betrügen mit der
gleichen Selbstverständlichkeit, mit der sie atmen, so dass sie einfach
betrügen müssen, auch wenn es sie etwas kostet. Sie haben die erstaun-
lichsten Dinge erfunden, Telefon, Telegraph, sogar drahtlos, damit sie
sich besser gegenseitig betrügen können. Sie unterziehen sich jahrelan-
gen Ausbildungen, um kunstvolle Manipulationen zu lernen, wie sie sich
gegenseitig das Geld aus der Tasche ziehen können. Sie fliegen über die
Meere, um sich gegenseitig zu verfolgen. Wie sollten sie es da fertigbrin-
gen, ihre Frauen nicht zu betrügen, zumindest um das Lebensglück? Ja,
sie beherrschen alle möglichen Apparate, aber eine Frau umarmen, das
können sie nicht mehr.»

Dabei wäre dies eine Quelle von Freude, Spaß, Lust und Ekstase. Dass
es häufig nicht so erlebt werden kann, hat einerseits mit der verqueren
männlichen Sozialisation zu tun (siehe vor allem Kapitel I, 1 und II, 1),
andererseits aber auch mit einer gewissen öffentlichen Diffamierung der
männlichen Sexualität seit der Frauenbewegung. Die englische Feministin Carol Lee merkt an: «Es kam hinzu, dass es eine Sparte innerhalb der
feministischen Literatur gab, die den Penis verteufelte und ihn dafür verantwortlich machte, dass aus Männern Vergewaltiger werden, und in der
zudem die Meinung vertreten wurde, dass der Penis nicht nötig sei, um
eine Frau zum Orgasmus zu bringen. (…) Eine strafende Haltung männlicher Sexualität gegenüber, so, als ob alle Männer für das verantwortlich
seien, was einige getan haben, zeigt sich auch, wenn sie gar nicht an die
Oberfläche kommt – wie zum Beispiel in dem ohrenbetäubenden
Schweigen, das die Jungen trifft, sobald sie in die Pubertät kommen» (Lee
1998, S. 110ff.).

Genussvolle Sexualität muss sich also in den meisten Fällen erst einmal einen Weg bahnen durch eine schlimme männliche Sozialisation,

unsinnige Männermythen über Penis und erotische Leistungen und gesellschaftliche Vorurteile und Diskriminierungen. Oft schafft der einzelne Mann diesen Weg nicht allein; von daher sind die in diesem Kapitel angeführten Workshops und Veranstaltungen wichtig, weil sie allesamt einen emanzipatorischen Charakter haben. Kein Mann sollte auf eine erlebnisreiche Sexualität verzichten, weil er sich sonst von Lebenslust, Entwicklung, Veränderung und Lebensfülle unnötig abschneidet.

Übung 1

Gehen Sie mal wieder barfuß über eine Wiese und durchs Gras und spüren Sie Ihre Füße, Ihre Empfindungen in den Füßen. Versuchen Sie an nichts zu denken und sich auf Ihre Füße zu konzentrieren.

Übung 2

Bernie Zilbergeld stellt in seinem Buch eine Übung vor, die er «Lüsteln» nennt; sie ist im folgenden gekürzt wiedergegeben:

Wenn Sie sich das nächste Mal eines sexuellen Impulses bewusst werden, dann sollten Sie versuchen, diesem ein paar Sekunden lang nachzuhängen. Kosten Sie die Erfahrung aus, indem Sie sich vorstellen, was Sie gerne mit dieser Frau, die sie auf der Straße oder im Fernsehen gesehen haben, machen würden. Was auch immer Ihnen dabei vorschweben mag, lassen Sie sich darauf ein. Drehen Sie Ihre eigenen Erotikfilme aus Ihren Phantasien. Lassen Sie diesen Film dann für ein paar Sekunden vor ihrem inneren Auge ablaufen.

Wenn Sie dann ein oder zwei Stunden später die Augen noch einmal schließen, können Sie dieselbe Phantasie noch einmal auf sich wirken lassen. Stellen Sie sich entweder genau dasselbe vor wie beim ersten Mal, oder verändern Sie dabei beliebige Details.

Wiederholen Sie das alle ein bis zwei Stunden im Lauf des Tages, wann immer Sie ein paar Sekunden Zeit haben.

Als letzten Schritt in der Lüsteln-Übung sollten Sie ihre wirkliche Partnerin in Ihre Phantasie mit einbeziehen, falls sie nicht ohnehin schon dabei ist. Das können Sie tun, wenn Sie gerade auf dem Weg zu ihr sind, also beispielsweise auf der Heimfahrt. Wenn Sie dann zu Hause bei Ihrer Partnerin ankommen, sind Sie wahrscheinlich schon sehr erregt und offen für schöne Erlebnisse.

Übung 3

Führen Sie ein Zwiegespräch mit Ihrem Penis. Schließen Sie die Augen und richten Sie Ihre Aufmerksamkeit ganz auf ihn. Fragen Sie ihn, wie es ihm geht und ob er im großen und ganzen mit Ihnen zufrieden ist. Fragen Sie ihn auch, warum er Ihnen manchmal seine Unterstützung versagt; Herb Goldberg hat in diesem Zusammenhang von der «Weisheit des Penis» gesprochen. Versuchen Sie zusammen mit seiner Hilfe herauszufinden, was Ihnen beiden noch mehr Spaß und Befriedigung bringen könnte...

Übung 4

Kennen Sie die erotischen Wünsche Ihrer Partnerin/Ihres Partners? Versuchen Sie aufzulisten, was Sie sich an Wünschen Ihrer Partnerin/Ihres Partners vorstellen. Falls es möglich ist, führen Sie ein Gespräch darüber mit Ihrem Liebespartner.

Literatur zur Information und Weiterarbeit

a) Diagnose

- Jean-Claude Guillebaud, Die Tyrannei der Lust. Sexualität und Gesellschaft. München (Luchterhand) 1999.
- Bernd Nitzschke, Sexualität und Männlichkeit. Zwischen Symbiosewunsch und Gewalt. Reinbek (Rowohlt-Taschenbuch) 1988.
- Reiner Gödtel, Sexualität und Gewalt. Reinbek (Rowohlt-Taschenbuch) 1994.
- Francesco Alberoni, Erotik. München (Piper) 1987.
- Heinrich Zankl, Phänomen Sexualität. Vom «kleinen» Unterschied der Geschlechter. Darmstadt (Wissenschaftliche Buchgesellschaft) 1999.
- Jonathan Rutherford, Männer lieben anders. Hamburg u. Wien (Europa-Verlag) 2000.
- Haydar Karatepe/Christian Stahl (Hg.), Männersexualität. Reinbek (Rowohlt-Taschenbuch) 1993.

b) Veränderung

- Bernie Zilbergeld, Die neue Sexualität der Männer. Tübingen (dgvt) 1994.
- Andreas Haase u. a. (Hg.), Auf und nieder. Aspekte männlicher Sexualität und Gesundheit. Tübingen (dgvt) 1996.
- Marina Gambaroff, Utopie der Treue. Reinbek (Rowohlt) 1984.
- Alexander Lowen, Liebe und Orgasmus. Persönlichkeitserfahrung durch sexuelle Erfüllung. München (Goldmann Taschenbuch) 1980.
- Bo Coolsaet. Der Pinsel der Liebe. Leben und Werk des Penis. Köln (Kiepenheuer & Witsch) 1999.

c) Übungsteil

- Bernie Zilbergeld, Die neue Sexualität der Männer. Tübingen (dgvt) 1994.
- Tarthang Tulku, Selbstheilung durch Entspannung. München (Heyne Taschenbuch) 1985.
- Moses G. Steinvorth, Im Körper zu Hause. Göttingen (Vandenhoeck & Ruprecht Taschenbuch) 1999.
- Alexander und Leslie Lowen, Bioenergetik für jeden. Das vollständige Übungshandbuch. München (Goldmann Taschenbuch) 1991.
- Margot Anand. Tantra oder die Kunst der sexuellen Ekstase. München (Goldmann Taschenbuch) 1995.

6. Krankheit und Gesundheit

Schließlich übertragen wir unsere Arbeitserfahrungen auch auf unsere Körperlichkeit, auf den Umgang mit Gesundheit und Krankheit. Ärzte, Psychologen und bewusst gewordene Männer bemerken, dass wir unseren Leib als Maschine betrachten, die zu funktionieren hat. Verweigert sie sich einmal, werfen wir Pillen ein, damit sie wieder anspringt. Die Ganzheit zwischen Kopf, Körper und Seele ist uns abhanden gekommen; viele von uns lächeln mitleidig über solch «mystische» Auffassungen. Wir sind die großen Pragmatiker allüberall und dementsprechend verstehen wir unseren Körper, die einzelnen Organe in ihrer Funktionsfähigkeit und ihrem Einzelnutzen säuberlich geteilt. Schmerzt der Kopf, hilft ein Aspirin; gegen Müdigkeit empfehlen sich unzählige Tassen Kaffee; rebelliert die Leber, trinken wir zeitweise etwas weniger Alkohol und gegen Herzflattern gibt es ein großes Angebot von Tranquilizern. Für den Notfall ist die Apparatemedizin da.

Angesichts dessen konstatiert James. B. Harrison lakonisch, dass die Erfordernisse der männlichen Rolle im Widerstreit stehen mit den Basisbedürfnissen des Menschen. Herb Goldberg ergänzt, dass es eine tragische Tatsache ist, Einstellungen und Verhaltensmuster, die einen Menschen längerfristig zerstören, für ausgesprochen männlich zu halten, während das, was für persönliche Verwirklichung und Zufriedenheit wichtig ist, weiblich genannt und eher diskriminiert wird.

Amerikanische Männerzentren haben schon in den siebziger Jahren auf folgenden Katalog männlicher Problematiken hingewiesen, den diverse deutschsprachige «Männerbüros» inzwischen übernommen haben:

- die durchschnittliche Lebenserwartung der Männer ist um sieben Jahre kürzer als die der Frauen;

- Spitäler für chronisch Kranke sind von doppelt so vielen Männern als Frauen besetzt;

Die männlichen Zwänge

1. Das eingeschränkte Gefühlsleben

2. Die Homophobie

3. Die Kontroll-, Macht- und Wettbewerbszwänge

4. Das gehemmte sexuelle und affektive Verhalten

5. Die Sucht nach Leistung und Erfolg

6. Gesundheitliche Probleme

- zwei Drittel der Notfallpatienten sind Männer;

- Männer gehen zu 25 Prozent weniger zum Arzt, wenn sie aber im Krankenhaus sind, liegen sie dort durchschnittlich um 15 Prozent länger;

- drei Viertel aller Selbstmörder sind Männer;

- drei Viertel aller Mordopfer sind Männer.

Die männlichen Schwierigkeiten mit der Gesundheit beginnen aber nicht erst im Erwachsenenalter. Die französische Ärztin und Psychoanalytikerin Colette Chiland kommt nach einer Langzeituntersuchung von 15 Jahren an 8000 Jugendlichen zu dem Ergebnis, dass Jungen zwischen zwei- und sechzehnmal mehr psychische Schwierigkeiten haben als Mädchen, ob es nun um gravierende Krankheitsbilder geht oder um Schulprobleme, Nägelkauen, Bettnässen u. a. Auch Chiland bestätigt, dass Knaben häufiger erkranken und sterben als Mädchen. *«Das schwache Geschlecht, das ist der Mann.»* Der männliche Organismus sei empfindlicher gegenüber Traumata, Krankheiten, Stress und Pressionen der Umwelt.

Der amerikanische Psychologe William F. Pollack konstatiert in seinem wichtigen Buch «Richtige Jungen» aufgrund neuester Daten aus den USA, dass Jungen doppelt so oft als lernbehindert eingestuft werden wie Mädchen. Ihr Anteil in speziellen Lernförderklassen betrage bis zu 67 Prozent. Die Wahrscheinlichkeit, dass eine schwere Verhaltensstörung diagnostiziert werde, sei für Jungen um das Zehnfache höher als für Mädchen. Jungen leiden im Vergleich zu Mädchen unter einem allgemein schwächeren Selbstvertrauen. «Doch die Schwierigkeiten sind nicht auf den Bereich Schule beschränkt: Jungen leiden heute in erschreckendem Ausmaß an Depressionen; die statistische Wahrscheinlichkeit, dass ein Junge Opfer eines Gewaltverbrechens (mit Ausnahme von Sexualverbrechen) wird, ist doppelt so hoch wie bei Mädchen; das Selbstmordrisiko ist gar vier- bis sechsmal so groß» (Pollack 1998, 11 f.). Untersuchungsergebnisse aus den deutschsprachigen Ländern bestätigen diesen Trend.

Die männliche Sozialisation (siehe I, 1: Traditionelle und neue Männlichkeit) mit ihrem aggressiven Männerbild führt dazu, dass Männer an sechs Zwängen leiden (siehe Kasten). Der sechste Zwang betrifft die gesundheitlichen Probleme.

Männer missachten körperliche Warnsignale und sind nur schlecht in der Lage, zu entspannen. Körperpflege, psychische Hygiene und medizinische Vorsorge werden als unmännlich betrachtet. Schon der bloße Gang zum Arzt wird als Eingeständnis von männlicher Schwäche gewertet. Ein richtiger Mann braucht keine Hilfe.

In der alltäglichen Praxis von Gesundheit und Krankheit hat dieser unsorgsame Umgang mit sich selber unterschiedliche Folgen:

• Männer neigen bei gesundheitlichen Problemen zur Verdrängung und Vermeidung: Warnsignale des Körpers werden ignoriert (der kostenlose Check-up ab 35 zum Beispiel wird nur von circa 11 Prozent der Männer genutzt).

• Arztbesuche werden bis zuletzt hinausgezögert.

• Oft gehen Männer nur zum Arzt, wenn die Partnerin drängt.

• Krankheit, Beschwerden, Schmerzen, Leiden gelten als Zeichen von Schwäche und müssen verheimlicht werden.

• Der Körper des Mannes hat fit für den Beruf zu sein: Funktionieren geht über alles.

• Auf die eigene Befindlichkeit zu achten, gilt als ausgesprochen unmännlich.

• Männer weisen signifikant weniger Frustrationstoleranz auf als Frauen.

• Übergewicht durch falsche Ernährung und zu wenig Bewegung sind bei 40 Prozent der Herzkrankheiten Ursache und erhöhen das Risiko für Schlaganfall, Diabetes und auch Krebs. Nötig wäre auch hier eine Ernährungsumstellung: weniger Fett und Fleisch, mehr Gemüse.

• Gicht tritt bei Männern zehnmal häufiger auf. Eine Ernährungsumstellung wäre nötig: weniger Fett, weniger Alkohol, weniger Fleisch.

• Die Sterblichkeitsrate ist bei Männern in jedem Alter, auch bei Säuglingen und Kleinkindern (plötzlicher Kindstod) höher.

• Jungen haben eine höhere Unfallhäufigkeit mit Todesfolge.

• Männer weisen einen erheblich unausgeglicheneren Gefühlshaushalt auf als Frauen.

- Männer stellen sich viel öfter in ungesunde Konkurrenzkonstellationen.

- Männer werden schneller krank als Frauen; Jungen leiden doppelt so häufig an Kinderkrankheiten wie Mädchen.

- Es gibt mehr männliche Fehlgeburten.

- Männer haben häufiger genetische Defekte.

- Auf zwei krebskranke Frauen kommen drei krebskranke Männer.

- Zwischen 30 und 50 erleiden Männer sechsmal häufiger einen Herzinfarkt.

- 86 Prozent der HIV-Infizierten und 91 Prozent der AIDS-Kranken sind Männer.

Bis zum Alter von 65 Jahren sterben Männer:

- fünfmal häufiger an Herzinfarkt,

- dreimal häufiger an tödlichen Verkehrsunfällen,

- fast dreimal häufiger an Lungenkrebs,

- fast dreimal häufiger an Selbstmord,

- zweimal häufiger an Leberzirrhose,

- nahezu zweimal häufiger eines gewaltsamen Todes als Frauen.

Hinweis 1

Entschlacken, Entschleimen, Entsäuern, Entgiften

Seminar von Dr. Otfried D. Weise

Die meisten chronischen und wohlstandsbedingten Krankheiten des Menschen gehen auf Vergiftungen des Organismus zurück. Wir sind überversorgt, aber mit der Entsorgung hapert es. Echte Heilung ist erst nach gründlicher innerer Reinigung möglich. Das Seminar wird sich mit folgen Themen ausführlich und tiefgehend befassen:

- Wieso ist innere Körperreinigung überhaupt nötig?

- Wo sitzen im Körper Schlacken, Schleim und Gifte?

- Der Säure-Basen-Haushalt. Wie bestimme ich, ob ich übersäuert bin?

- Welche Lebensmittel werden vom Organismus basisch, welche sauer verwertet?

- Was richten Säuredepots im Körper an?

- Welcher Verschlackungstyp sind Sie?

- Der dreiteilige Tageszyklus von Entschlacken Aufnehmen, Verdauen und Speichern

- Trinkwasser. Wie wirkt es? Wie muss es sein? Wie erhalte ich reines Trinkwasser?

- Die Entsäuerungswirkung von Saft, Rohkost, Tee und Basenpulver. Wie gehe ich vor?

- Goldene Regeln für eine dreiwöchige Entschlackungskur in Eigenregie zu Hause

- Nahrungsergänzungsmittel, Garten- und Wildkräuter, Tonika und Elixiere

- Darmreinigungskuren und ihre Wirkung

- Innere Körperreinigung durch Massage und Sauna

- Die Zusammenhänge zwischen Verschlackung etc. und dem Gefühlsbereich

- Entschlackung und Meditation. Nahrung für die Energiekörper des Menschen

Am Ende des Seminars wissen Sie, wie Sie in Eigenverantwortung Ihren Körper wieder so rein bekommen und erhalten, dass den Krankheiten ihre physische Grundlage entzogen ist.

Zentrum für Naturheilkunde, Hirtenstrasse 26, D-80335 München; Tel.: (0 89) 5 45 93 10.

Hinweis 2

«Man gönnt sich ja sonst nichts»

Essen zwischen Lust und Frust

Essen dient nicht nur der Befriedigung, es ist auch lustvoll. Durch Essen können wir uns auf einfache Weise – zumindest zeitweise – Gefühle von Zufriedenheit und Entspannung verschaffen.

So futtern wir an gegen Angst, Stress, Frust, Langeweile und Einsamkeit, stopfen uns – obwohl wir eigentlich alles über gesunde Ernährung wissen – immer wieder scheinbar mit Fettem und Süßem voll.

Themen des Seminars sind Ihr Körperbild und Ihre «Diätgeschichte», die Bedeutung des Essens, die Frage, wann und warum Sie zuviel essen, und die Entwicklung alternativer Strategien, damit Sie Ihr Essverhalten – abseits vom Diätwahn – langfristig und effektiv verändern können.

Stressbewältigung im Alltag

Ein Tag zur gesundheitlichen Prävention

Es gibt zahlreiche Auslöser für Stress, zum Beispiel im Berufsleben (quantitative Überforderung, qualitative Unterforderung), im Privatleben (Probleme mit Partner/in, Kindern, Trennungen, Krankheit, Todesfällen) und im Bereich der Umwelt (Hektik der Großstadt, Lärmbelästigung). Wie auch immer die Auslöser sind, sie können krank machen. Nicht alle Streßfaktoren können wir vermeiden oder eliminieren. Wir müssen lernen, mit dem Streß ein zufriedenes und gesundes Leben zu führen.

Evangelische Familienbildung, Darmstädter Landstrasse 81, D-60598 Frankfurt/M.; Tel.: (0 69) 60 50 04-0, Fax: (0 69) 60 50 04-22.

Hinweis 3

Tai-Chi

In diesen Kursen schulen wir als Männer unser Bewusstsein für einen achtsamen, liebevollen und sorgfältigen Umgang mit unserem Körper und üben die Umsetzung dieser Haltung in den Alltag. Tai Chi Chuan ist ein Kampfkunst- und Meditationssystem aus der Tradition Chinas. Es ermöglicht

● geschmeidig-weiche Bewegungen als nichtzerstörende Kraft wahrzunehmen,

● Gelassenheit und Flexibilität als innere Stärke zu erfahren.

Einführungskurs für Grundform; Grundform für Fortgeschrittene; Einführungskurs für Stabform: Stabform für Fortgeschrittene.

BFF Erwachsenenbildung, Monbijoustr. 21, CH-3001 Bern; Tel.: (0 31) 3 84 33 33, e-mail: eb.bff@bern.ch.

Hinweis 4

Heilfasten, Yoga & Meditation

Diese Fastenwoche bietet die Gelegenheit, sich einmal bewusst von alten Verhaltensweisen und Gewohnheiten, die uns schaden, zu lösen und das zu fördern, was uns innerlich reifen und wachsen lässt. Durch Atem-, Körper- und Entspannungsübungen sowie Meditationen wächst das leibliche und seelische Wohlbefinden. Durch spezielle Yoga-Übungen werden die Entgiftungsprozesse im Körper unterstützt.

Kursinhalte: Körperarbeit und Meditation, Darmreinigung, Ruhe, Wanderungen, Gespräche.

Dem eigenen Atem auf der Spur

In der Körper- und Atemarbeit nach Prof. Middendorf und meditativen Übungen atme ich bewusster und tiefer, finde ich zu mehr Ruhe und Ausgeglichenheit, wächst mein Körperbewusstsein und ich spüre mich ganzheitlicher.

Mit Leib und Seele – Yoga und Meditation

Durch Körperübungen Leib und Seele lockern und entspannen. In der Wort-Meditation und in gegenstandsfreier Meditation Ruhe, Sammlung und Gelassenheit wiederfinden und verstärken. So kann das eigene Leben an Tiefe gewinnen und die Seele wieder frei atmen.

Den Rücken entlasten – den Rücken stärken – eine flexible Haltung gewinnen

Oft spüren wir unseren Rücken belastet. Lerne ich die Sprache meines Körpers besser verstehen, dann bin ich achtsamer, wo ich mich entlasten und entspannen kann. Atem- und Körperübungen nach Prof. Middendorf, Yogaübungen und Meditation helfen zu einer veränderten äußeren und inneren Haltung, zu mehr Aufrichtung, Durchlässigkeit und Spannkraft.

Haus der Stille, Am Kleinen Wannsee 9, D-14109 Berlin; Tel. und Fax: (0 30) 8 05 30 64.

Die vorgängig geschilderten Tatbestände nehmen Männer gar nicht oder nur ungenügend zur Kenntnis. Entgegen allen Fakten und Entwicklungen halten sich die meisten Männer noch immer für das «starke Geschlecht». Dementsprechend betrachten sie sich als gesundheitlich wenig bis gar nicht gefährdet. Das ideologisierte Männerbild von Härte, Leistung und Gefühllosigkeit stellt eine weitere Barriere dar, die Tatsachen offen anzuerkennen. Was ist, darf nicht wahr sein, weil es der traditionellen Auffassung von Männlichkeit widerspricht.

Die Krankheitsauffälligkeit von Männern erhöht sich noch durch ihr funktionalistisches Verständnis von Gesundheit. Dieses ist auf den eigenen Körper reduziert, verdrängt den Zusammenhang von Physis und Psyche und ist überdies selektiv auf einzelne Körperteile bezogen. Im Vordergrund steht die Erfüllung von Leistungsanforderungen. Dazu darf man nicht krank sein, muss gesund *wirken*, gut aussehen und in der Lage sein, sich in männliche Pose zu setzen. Das alles lässt sich trainieren und durch bestimmte Stimulantien noch fördern; probate Ratschläge in dieser Richtung liefern Männerzeitschriften wie «Men's Health», die den fitten, attraktiven und flotten Mann propagieren, der prima aussieht, prima wirkt und prima funktioniert.

Die pseudo-potente Männlichkeit ist in Wirklichkeit häufig krank oder zumindest krankmachend. Diese Männlichkeit korreliert auch mit der Risikopersönlichkeit von Herzerkrankungen. Männer, die zum Herzinfarkt neigen, «zeigen ein besonders intensives und andauerndes Erfolgsstreben. Sie halten hartnäckig an selbstgewählten Zielen fest, sind besonders ehrgeizig, hungrig nach Erfolg und sozialer Bestätigung. Sie stehen unter fortgesetztem Aktivitätsdruck, sind daher ungeduldig und immer bemüht, in der Zeiteinheit ein großes Pensum zu schaffen». Hinzu kommen Persönlichkeitsmerkmale wie: Vorliebe für Risiken, Reizhunger, Impulsivität, Anspannung und Zwanghaftigkeit. «Studiert man das Merkmalsbild der «Herzinfarkt-Persönlichkeit» genauer, so fällt auf, dass es eigentlich ziemlich exakt mit dem Idealbild des supermännlichen Mannes der Leistungsgesellschaft übereinstimmt. (...) So sieht der energiegeladene, ehrgeizbesessene Tatmensch aus, der sich durchsetzt und sich nirgends kleinkriegen lässt.» Dieser Mann ist sowohl in seinem subjektiven Erleben als auch in seiner Selbstinszenierung nach außen durchaus gesund. In seinem Inneren vollzieht sich aber schon schleichend die Erosion. «In den Jahrzehnten vor seinem Infarkt, in denen er den Arzt meidet und auf Fragebögen seine fabelhafte Fitness und Beschwerdefreiheit bezeugt, zermürbt er sich in einem unsichtbaren, chronischen Prozess. Er hat sich oft längst schon irreparabel gesundheitlich ruiniert, wenn er immer noch, aufgrund seines Benehmens, als Inbegriff körperlicher Stabilität bewundert wird, bis er dann eines Tages scheinbar aus «heiterem Himmel» mit seinem Infarkt zusammenbricht» (Richter 1974, 39 ff.).

Entsprechend einer Vielzahl medizinsoziologischer Untersuchungen aus den USA faßt Joseph H. Pleck die *Gefährlichkeit der «männlichen Rolle»* in neun Punkten zusammen:

1. Aggressivität und Wettbewerbsstreben verursachen, dass sich der Mann in gefährliche Situationen begibt.

2. Die Unfähigkeit, sich emotional auszudrücken, bedingt psychosomatische und andere Gesundheitsprobleme.

3. Männer sind gezwungen, größere Risiken einzugehen.

4. Ihre Berufe setzen sie größeren körperlichen Gefahren aus.

5. Ihre Berufe setzen sie größerem psychischem Stress aus.

6. Männlichkeit sozialisiert Männer zu Persönlichkeitsmerkmalen, die mit höherer Sterblichkeit korreliert sind.

7. Verantwortung für die Familie und vor allem ihren Unterhalt setzen Männer größerem psychischen Stress aus.

8. Männlichkeit erzwingt bestimmte Verhaltensweisen wie zum Beispiel Rauchen und Alkoholkonsum, die die Gesundheit des Mannes beeinträchtigen.

9. Männlichkeit entmutigt die Männer, sich rechtzeitig und angemessen um ihre Gesundheit zu kümmern und ärztliche Hilfe in Anspruch zu nehmen.

Eingesperrt in ihren Männlichkeitspanzer, sind diese Männer nicht mehr in der Lage, jene entstressenden Verhaltensweisen zu leben, die sie wieder ins Gleichgewicht bringen könnten. Gesellschaftliche Entwicklungen befördern nicht nur das ungesunde Verhalten von Männern, sondern bedingen es entscheidend mit. Herb Goldberg sieht den Mann «im Kreuzfeuer extremer Widersprüche», das ihn aufzehrt und verbrennt. Dazu gehören weibliche Verhaltensmuster, die der Junge in seiner Kindheit gelernt hat, und rigide Männlichkeitserwartungen, die er in seinem Erwachsenenalter erfüllen muss. Ein anderer Widerspruch zeigt sich in der Berufswelt, die den Mann geradezu zwingt, «cool» zu sein, ein Pokerface aufzusetzen, sich seiner Gefühle zu entledigen oder sie zumindest perfekt zu verstecken. Herb Goldberg zeigt immer wieder auf, wie sehr das männliche Streben nach beruflichem Aufstieg den Mann zwingt, genau das aufzugeben, was ihm an Entspannung, Aufmerksamkeit für seine Bedürfnisse u. a. gut tut.

Männer setzen sich im Gegensatz zu Frauen auch nicht mit dem Alter, ihrem eigenen Alterungsprozess und der Wirklichkeit des Alters auseinander. Unvorbereitet finden sie sich dann nach der Pensionierung in ihrer Standesgemeinschaft oder ihrem Club mit anderen Pensionierten am Katzentisch wieder. Vielfach wissen Männer in der pensionsbedingten «Arbeitslosigkeit» auch nichts mehr mit sich und ihrem Leben anzufangen und sterben oder siechen dahin.

Von daher ist es geradezu lebenswichtig, sich rechtzeitig darauf vorzubereiten, was einen im Alter erwartet und wie man offensiv mit dieser Lebensstufe umgehen kann. Auch dazu gibt es inzwischen viele Angebote.

Hinweis 5

«Männer in den besten Jahren – Krise oder Neubesinnung?»

Die Erfahrung, Lebenssinn auch in einer nach- und außerberuflichen Tätigkeit zu erleben, ist sicher eine nützliche Vorbereitung auf den Ruhestand. Ein stärkeres Engagement in der Familie lässt sie zum Beispiel vermehrt Anteil haben an der Entwicklung der Kinder, eine emanzipierte Partnerschaft macht den Austausch mit einer Lebenspartnerin offener, kreativer und vielfältiger. Viele leistungsbezogene Männer sind noch zu stark von Konkurrenzdenken geprägt. Sie tun sich deshalb schwer mit einer Bescheidenheit, die frei ist von Neidgefühlen und die auch zurückstecken kann, zum Beispiel zugunsten einer Frau. Dies zeigt sich gerade bei der Frage nach der Bereitschaft, Teilzeitstellen einzurichten oder auszufüllen.

Großvaterkongress

Unsere Großvaterrolle wird gesellschaftlich gesehen wichtiger, denn die eigenen Kinder oder Schwiegertöchter/-söhne sind darauf angewiesen, dass die Großeltern ihre Rolle ausfüllen. Es ist ihnen wichtig, dass beide Elternteile erwerbstätig sein können. Teils aus materiellen Gründen; oder damit die Frauen berufstätig bleiben können. Das ist nur möglich, wenn die Betreuung der Kinder gesichert ist. Da haben Großväter eine immer wichtigere Aufgabe. Zudem, was ist denn befriedigender, als eine Aufgabe und Verantwortung übernehmen zu können, in der man geradezu gefragt ist?

Am Großvater-Kongress in Bern werden wir diesen Themen vertieft nachgehen. Wir fragen uns, ob die gesellschaftlichen Erwartungen wie wir sie sehen, auch tatsächlich vorhanden sind, und ob es auch richtig ist, sie unbesehen zu erfüllen. dazu werden uns aktive Großväter, solche die es demnächst werden, Enkellinnen, Enkel und Fachleute Auskunft geben.

Reformierte Kirche Bern – Jura, Bildung und Beratung, Schwarztorstr. 20, Postfach 60 51, CH-3001 Bern; Tel.: (0 31) 3 85 16 16; Fax: (0 31) 3 85 16 20; e-mail: biber@refkirchenbeju.ch; Internet: www.refkirchenbeju.ch.

Hinweis 6

Perspektiven nach der Lebensmitte

Informationen und Anregungen zu einer umfassenden Standortbestimmung für Kadermänner um die fünfzig. Gesundheitliche, berufliche, familiäre, finanzielle und ethische Aspekte der Lebensführung werden mit einem multidisziplinären Team bearbeitet.

Trak, CH-3703 Aeschi; Tel.: (0 33) 6 55 05 44; e-mail: trak.aeschi@bluewin.ch.

Die traditionelle Männlichkeit, so wie wir sie bisher beschrieben haben schränkt nicht nur die männliche Gesundheit prinzipiell ein; sie verhindert auch Prävention und Vorsorge und befördert Verdrängungsstrategien. Dementsprechend defizitär ist der Umgang von Männern mit Krankheiten und Krisen.

Das geschilderte und gelebte Verständnis von Männlichkeit hat auch unmittelbar Folgen für die medizinisch-therapeutische Praxis:

- Männliche Verhaltenseigenschaften wie Härte und Stoizismus bedingen grundsätzlich, dass Männer signifikant weniger als Frauen um ärztliche und therapeutische Hilfe nachsuchen.

- Männer weigern sich, krankmachende Arbeits- und Lebensbedingungen zu ändern.

- Männer haben Angst vor Gesundheitsinstitutionen, weil sie dort in eine «abhängige Rolle» geraten.

- Fehlverhalten gehört oft substantiell zur männlichen Rolle; so gilt zum Beispiel Alkohol als Mittel, die eigene Männlichkeit zu beweisen.

- Ärzte und Ärztinnen teilen im wesentlichen das traditionelle Männerbild und behandeln dementsprechend. So werden Depressionen bei Männern häufig nicht erkannt.

Deshalb ist ein Perspektivenwechsel in der Auseinandersetzung mit Männlichkeit dringend vonnöten. Die eindimensionale Betrachtung von Männlichkeit als Macht, Erfolg und Unterdrückung anderer muss um die dialektische Sichtweise erweitert werden, welche Folgen diese Rolle für ihre eigenen Träger hat. Das soll mitnichten bedeuten, Täter von Schuld freizusprechen, sondern statt dessen zu begreifen, wie Männer zu Tätern werden, wie Täter und Opferaspekte ineinander greifen und wie – in Kindheit und Jugend – gebrachte Opfer zur Tätlichkeit und Täter-Rolle degenerieren können.

Schließlich nimmt sich die Medizin zu wenig der Männer an. Im Gegensatz zu den Frauen wurde den Männern kein einziges eigenes Fachgebiet zugestanden. Die spezifischen gesundheitlichen Problemlagen des Mannes werden von der medizinischen Versorgung zu wenig berücksichtigt. Eine weitere Barriere für das Gesundheitsbewusstsein des Mannes ist die finanzielle Problematik, dass für Aufklärung und Prävention weniger Versicherungsleistungen zur Verfügung stehen, als für Interventionen bei akuter Erkrankung. Das Vorsorgeinstrumentarium ist für Frauen ungleich besser ausgebildet als für Männer. Schließlich riskieren Männer Prestigeeinbußen, wenn sie zum Arzt gehen.

Die technokratische männliche Auffassung von Medizin bestimmt den Umgang mit Männerkrankheiten. Dies lässt sich beispielhaft an den häufigen Prostata-Erkrankungen älterer Männer belegen. Gegen den Totaleingriff, den die technokratische Medizin praktiziert empfiehlt zum Beispiel die Klinik St. Georg in Bad Aibling (Bayern) «die Lebensqualität des Prostatapatienten als Therapieleitlinie.» «Die Chirurgie sollte die Medizin der letzten Instanz sein.» Die Nachteile des chirurgischen Totaleingriffs bestehen in Inkontinenz, vorzeitiger Alterung und Problemen beim Wasserlassen. Dagegen stellt die St. Georg-Klinik ihre Wärmetherapie (Hyperthermie): Dem Patienten wird ein Katheder gelegt, durch den eine Elektrode in den Bereich der Prostata geschoben wird. Die Elektrode wird zum Kurzwellensender, sendet Wellen ins Prostatagewebe. Diese Wellen werden in Wärme umgewandelt (bis 50 Grad). Bei der Prostatavergrößerung und beim Tumor wird das erkrankte Gewebe langsam «weggeschmolzen». Bei der Prostataentzündung heilt die Entzündung langsam ab. Diverse sanfte therapeutische Maßnahmen und eine veränderte Ernährung unterstützen diesen Eingriff.

Hinweis 7

Das ganzheitliche Therapiekonzept der Klinik St. Georg

In unserem ganzheitlich-integrativen Therapiekonzept verstehen wir die Krankheit Krebs als ein Leiden, das durch ein Zusammenspiel mehrerer ungünstiger Faktoren entsteht. Aus diesem Grund ist es erforderlich, neben den direkt tumorzerstörenden Maßnahmen auch Behandlungsverfahren einzusetzen, die die Entstehungsfaktoren der Krebskrankheit berücksichtigen und eine Kontrolle der Tumorerkrankung durch natürliche körpereigene Abwehrmechanismen ermöglichen. Im Vordergrund stehen hierbei Therapiemaßnahmen zur

- Aktivierung und Steigerung der Immunfunktion,
- Förderung der Selbstheilungskräfte,
- Verbesserung der Lebensqualität,
- Steigerung der körperlichen Leistungsfähigkeit,
- Entgiftung.

Auch das psychosoziale Umfeld wird im Therapieplan berücksichtigt, um über eine Steigerung der mentalen Abwehrkräfte die Genesungschancen zu verbessern.

Neben der klinischen Versorgung legen wir dabei auch größten Wert auf eine persönliche und durch menschliche Wärme geprägte Betreuung. Dieses wird möglich durch ein günstiges Verhältnis von Mitarbeitern zu Patienten, so dass jeder in unserem Team Zeit für Sie hat. So wird für jeden Patienten ein individuelles Therapiekonzept erarbeitet und umgesetzt.

Prostata-Thermotherapie
Bei dieser schonenden Hypertherapieform (Überwärmungsbehandlung) wird unter örtlicher Betäubung mit Hilfe eines Katheters eine Wärmesonde durch die Harnröhre in der Prostata plaziert. Anschließend wird die Sonde computergesteuert auf 45 bis 70° C erwärmt und so gut- wie auch bösartig gewuchertes Gewebe eingeschmolzen. Die Patienten erreichen nach der Behandlung eine wesentliche Verbesserung des Wasserlassens, weil die Harnröhre nicht mehr eingeengt ist.

Die transurethrale Prostata-Thermotherapie eignet sich zur Behandlung von:

• Prostataentzündungen

• gutartiger Prostatavergrößerung

• Prostatakrebs

Klinik St. Georg, Rosenheimer Str. 6–8, D-83043 Bad Aibling;
Tel.: (0 80 61) 3 98 – 0; Fax: (080 61) 3 89 – 454;
e-mail: info@klinik-st-georg.de; Internet: www.klinik-st-georg.de.

Wer krank wird und einen Arzt oder Therapeuten benötigt, sollte sich vorher gut erkundigen, wohin er sich wenden kann. Generell gilt, dass man eine getroffene Diagnose am besten von einem zweiten Arzt oder Therapeuten überprüfen lässt, vor allem dann, wenn es sich um eine ernstere Erkrankung handeln sollte.

Inzwischen gibt es einige wenige Ärzte und Therapeuten, die über ein geschlechtsspezifisches Problembewusstsein verfügen und dementsprechend auch männer-orientiert behandeln und beraten.

Männerzentren verfügen im Regelfall über die Adressen dieser Ärzte und Therapeuten; erkundigen Sie sich also dort, wenn Sie selber keine Informationen haben (siehe II,9)

Hinweis 8

Auf Männerprobleme spezialisierte Ärzte und Therapeuten (Auswahl)

Deutschland

Ärzte
Uwe-Michael Bänsch, Joachimstaler Str. 21, D-10719 Berlin;
  Tel. (030) 881 99 66
Prof. Dr. Lothar Weißbach, Krankenhaus Am Urban, Diefenbachstr. 1,
  D-10719 Berlin; Tel. (030) 69 72 63 00
Prof. Dr. Prost, Neuer Jungfernstieg 6a, D-20354 Hamburg
Dr. Günther Fröhlich, Nieberdingstr. 15, D-49393 Lohne i. O.;
  Tel. 04442/1200
Dr. Theodor Klotz, Universitätsklinik für Urologie, Joseph-Stelzmann Str.
  9, D-50924 Köln; Tel. (0221) 478 46 87
Dr. Jokenhövel, Universitätsklinik für Endokrinologie, Joseph-Stelzmann
  Str. 9, D-50924 Köln
Dr. J. Zumbe, Marienkrankenhaus, Klinikstr. 33, D-50699 Gelsenkirchen
Prof. Dr. U. Tunn, Städtische Kliniken, Strakenburgring 55, D-63069
  Offenbach
Dr. Achim Wanner, Kaiserstr. 5, D-63065 Offenbach;
  Tel. (069) 823 765 10
Dr. Friedrich R. Douwes, Rosenheimer Str. 6-8, D-83043 Bad Aibling
Prof. Dr. H. Csef, Psychosomatische Medizin der Universitätsklinik, Kli-
  nikstr. 6-8, D-97070 Würzburg

Ärztliche Psychotherapie/Psychotherapie
Dr. Joachim Parpat, Güntzelstr. 54, D-10717 Berlin;
  Tel. (030) 781 10 35
Dr. Axel Spaeth, Süderquerweg 148, D-21037 Hamburg;
  Tel. (040) 723 88 51
Thomas Heldmann, Gustav-Pauli-Platz 4, D-28209 Bremen;
  Tel. (0421) 21 49 50
Wolfgang Link, Hagener Str. 36, D-44225 Dortmund;
  Tel. (0231) 790 24 66
Jens Gilles, Lange Str. 24, D-44532 Lünen; Tel. (02306) 20 64 86
Dr. I. Gerstenberg, Hirsemühle, D-65689 Hadamar; Tel. (06433) 33 82
Dr. Josef Rabenbauer, Zasiusstr. 6, D-79102 Freiburg i. Br.;
  Tel. (0761) 79 61 00

Dr. Karl Geck, Poststr. 11, D-79730 Murg-Hänner; Tel. (07763) 88 99
Dr. Jürgen Steinack, Schuberstr. 7, D82049 Puulach;
  Tel. (089) 793 15 29
Dr. Wolfgang Ulrich, Westerbuchweg 26, D-83236 Übersee
  (Chiemsee); Tel. (08642) 16 33

Schweiz

Ärzte
Dr. Robert P. Fischer, Sulgeneckstr. 38, CH-3007 Bern;
  Tel. (031) 372 21 21
Dr. Guido Becker, Emil Frey-Str. 85, CH-4142 Münchenstein
  (bei Basel); Tel. (061) 411 33 28
Dr. Marc Muret, Höschgasse 68, CH-8082 Zürich; Tel. (01) 383 81 80
Dr. René Schmid, Zürcherstr. 64, CH-8953 Dietikon
Dr. Braun, Abteilung für Urologie des Kantonsspitals Münsterlingen,
  CH-8596 Scherzingen

Ärztliche Psychotherapie/Psychotherapie
Dr. Franz Renggli, Nonnenweg 11, CH-4055 Basel;
  Tel. (061) 271 16 06
Rolf Uscher, Döltschiweg 27, CH-8055 Zürich; Tel. (01) 701 20 32
Dr. S. Wittschier, Sonnenbergstr. 6, CH-8708 Männedorf;
  Tel. (01) 920 59 93
Dr. Sergio Lenoir, Magnihalden 17, CH-9000 St. Gallen;
  Tel. (071) 245 06 07

Österreich

Ärzte
Dr. Gerhard Rieger, Humboldtgasse 31, A-1100 Wien;
  Tel. (01) 602 44 60
Dr. Gottfried Mantler, Starhernberggasse 26/6, A-1040 Wien;
  Tel. (01) 505 25 69
Dr. Lorenz Reiterer, Blechturmgasse 26, A-1040 Wien;
  Tel. (01) 505 34 838

Ärztliche Psychotherapie/Psychotherapie
Dr. Erich Lehner, Dempschergasse 2/5, A-1180 Wien;
  Tel. (01) 405 96 28
Robert Karbiner, Mozartstr. 54; A-4020 Linz; Tel. (0732) 78 55 73

Werner Mikota, Fabrikstr. 3, A-4400 Steyr; Tel. (0664) 184 18 91
Dr. Peter Lissy, Institut für Sozialdienste, Schiessstätte 14,
    A-6800 Feldkirch; Tel. (05522) 759 02 – 0

Eine Veränderung innerhalb des Umgangs mit dem Thema Männergesundheit/Männerkrankheit wird nicht allein durch den geforderten Perspektivenwechsel in der gesellschaftlichen Auseinandersetzung mit Männlichkeit geschehen. Mindestens genauso wichtig, wenn nicht sogar vorrangig, ist die «Defeminisierung» von Gesundheit. Zwar ist das professionalisierte System von Medizin männlichkeitsgeprägt, doch die grundsätzliche Auffassung von Gesundheit als sensitive Wahrnehmung, Für- und Vorsorge, Selbsthilfe und Gesunderhaltung ist weiblich bestimmt und wird, von der entsprechenden gesellschaftlichen Erwartung gestützt, von Frauen getragen. Danach sind Frauen nicht nur für ihre eigene Gesundheit verantwortlich, sondern auch für die des gesamten familiären Systems. Nur wenn die gesellschaftliche Erwartungshaltung Frauen von ihrer Verantwortlichkeit für gesundheitliches Handeln entlastet und dieses «Entlastungssegment» an die Männer delegiert, werden Änderungen erwartet werden können.

Vorerst ist Gesundheit noch auf Frauen zentriert. Männergesundheit existiert kaum als öffentliches Thema.

Übung 1

Fragen an den Mann

- Wie gesund bzw. ungesund verhalte ich mich? Inwiefern/wo wirkt sich mein Verhalten schädlich oder fördernd auf meine Gesundheit aus?
- Wie nehme ich mich selber wahr?
- Wie kann ich sorgfältiger mit mir selber umgehen?
- Kann ich auch Unvollkommenheiten in mein Leben integrieren?
- Wie verhält es sich mit meinen Grenzüberschreitungen und Kontrollverlusten?

- Wie erlerne ich konstruktive Formen von Aggressivität und Durchsetzungsvermögen und wie fördere ich deren Verbreitung?
- Wie funktionieren meine Beziehungsmuster?
- Wie pflege ich Männerfreundschaften?
- Wie fördere ich Solidarität unter Männern?
- Wie integriere ich neben dem Berufs-Mann den Ehe-Mann und Vater gleichwertig in mein Leben?
- Wie trage ich dazu bei, mehr Gemeinschaftssinn zu entwickeln?
- Kann ich mich im Spannungsfeld zwischen instrumenteller und ganzheitlicher Vernunft für Gesundheitsförderung und Lebensqualität entscheiden, auch wenn ich dabei scheinbar persönliche Karrierenachteile in Kauf nehmen muss?
- Wie weit treibe ich den Individualismus? Engagiere ich mich vor allem zur Erfüllung meiner Macht- und/oder Selbstbestätigungsgelüste?

MaGs – Mann und Gesundheit, c/o Radix Gesundheitsförderung, Gurtengasse 2, CH-3011 Bern; e-mail: radix.bern@smile.ch; Internet: www.radix.ch/mags.

Übung 2

Legen Sie sich flach auf den Rücken. Schließen Sie die Augen, liegen Sie ruhig und entspannt. Bleiben Sie eine Weile so. Dann fühlen Sie in Ihren Körper hinein, von den Zehen bis zum Scheitel oder umgekehrt. Konzentrieren Sie sich auf Ihre einzelnen Körperteile und Organe. Wie fühlt sich das im einzelnen an? Wo spüren Sie Verspannungen, Unwohlsein, Schmerzen?

Übung 3

Bewegen muss sein. Bewegen Sie sich genug?
Achten Sie darauf, dass Sie sich ausreichend und regelmäßig be-

wegen. Am Besten ist ein spielerisches Ausdauertraining wie Radfahren, Schwimmen, Joggen, Walking, Wandern und Ballspiele wie
Federball oder Faustball. Überanstrengung und Wettkampf sind
kontraproduktiv (insbesondere für Anfänger). Langsam, regelmäßig
und ausdauernd lautet die Gesundheitsregel bei aller Bewegung.

Literatur zur Information und Weiterarbeit

a) Diagnose

- dtv-Atlas Erste Hilfe. München (Deutscher Taschenbuch Verlag) 1999.
- Sven Barnow u. a., Von Angst bis Zwang. Ein ABC der psychischen Störungen: Formen, Ursachen und Behandlung. Bern und Toronto (Huber) 2000.
- Anna Fett (Hg.) Männer – Frauen – Süchte. Freiburg i. Br. (Lambertus) 1996.
- Terrence Real, Mir geht's doch gut. Männliche Depressionen. Bern (Scherz) 1999.
- Toni Faltermeier, Gesundheitsbewußtsein und Gesundheitshandeln. Weinheim (Beltz/ Psychologie-Verlagsunion) 1994.
- Theodor Klotz, Der frühe Tod des starken Geschlechts. Göttingen (Cuvillier) 1998.
- Hans-Joachim Lenz (Hg.), Männliche Opfererfahrungen. Weinheim und München (Juventa) 2000.
- Roger L. Gould, Lebensstufen. Frankfurt/M. (Fischer Taschenbuch) 1986.
- Hans Zeier, Männer über fünfzig. Bern und Toronto (Huber) 1999.
- Gerhard Staguhn, Das Herz. Ein geheimnisvolles Organ. München (Kösel) 1999.
- Fritz Riemann, Grundformen der Angst. München (Reinhardt) 1996.

b) Veränderung

- Vasant Lad. Selbstheilung mit Ayurveda. Bern (O. W. Barth) 1999.
- C. Norman Shealy, Die große Enzyklopädie der Heilkunde. Über 1000 Naturheilmittel zur Vorbeugung, Behandlung und Heilung von Beschwerden. Köln (Könemann) 1999.
- Die neue Selbstdiagnose. Krankheiten vorbeugen, erkennen, behandeln, heilen. München (Mosaik) 2000.
- Gerd Göckenjan, Das Alter würdigen. Frankfurt/M. (Suhrkamp Taschenbuch) 2000.
- Bärbel Schwertfeger/Klaus Koch, Der Therapieführer: Die wichtigsten Formen und Methoden. München (Heyne) 1995.

- G. Timothy Johnson u. a. (Hg.), Das Harvard Gesundheitsbuch. München (Piper) 1984.
- Till Bastian, Lebenskünstler leben länger. Gesundheit durch Eigensinn. Reinbek (Kindler) 2000.
- Siegfried Meryn u. a., Der Mann 2000. Die Hormon-Revolution. Wien (Überreuter) 1999.
- Tilmann Moser, Kompass der Seele. Ein Leitfaden für Psychotherapie-Patienten. Frankfurt/M. (Suhrkamp) 1984.
- Judith Viorst, Mut zur Trennung. München (Heyne Taschenbuch) 1990.

c) Übungsteil

- Arnold A. und Clifford N. Lazarus, Der kleine Taschentherapeut. Stuttgart (Klett-Cotta) 1999.
- Moshe Talmon, Schluss mit den endlosen Sitzungen. Wege zu einer lösungsorientierten Kurztherapie. München (Knaur Taschenbuch) 1996.
- Michael Mary/Henny Nordholt, Selbsttherapie. Stuttgart (Kreuz) 1995.
- Harry Waesse, Yoga für Anfänger. München (Gräfe und Unzer) 1995.
- Almuth und Werner Huth, Praxis der Meditation. München (Kösel) 2000.
- Moses G. Steinvorth, Im Körper zu Hause. Göttingen (Vandenhoeck & Ruprecht) 1999.

d) Kassetten

- Geist in Bewegung; Thomas Kirscher, Vier Lektionen der Feldenkrais-Methode. Junfermann-Verlag.
- Der erfahrbare Atem; Ilse Middendorf. Eine Atemlehre. Junfermann-Verlag.
- Körper- und Chakren-Meditation; Thorwald Dethlefsen; Doucet/Bühner. Hermetische Truhe.
- Tiefenentspannung; Rüdiger Dahlke. Editon Neptun.

c) CDs

- Zerbaleta, Himmlische Harfe. Deutsche Grammophon Favorit.
- Kitaro, Peace of Earth. Domo Records.
- Mantras, A little bit of heaven. Orcade Music.
- Vollenweider, Behind the Garden. Colomba Records, Zürich.
- Asher, Dance of the light. New Earth Records, München.
- Wakeman, Aspirant Sunrise, Sattva Music, Schliersee.
- Sharamon/Baginski, Chakra Meditation. Windpferd Music.
- Paul Horn, Inside the Pyramid. Kuckuck.
- Deuter, Sands of Time. Kuckuck.

7. Bindung und Partnerschaft

Am 19. Dezember 1901 schrieb der Komponist Gustav Mahler einen Brief an seine zukünftige Ehefrau, die Musikerin Alma Schindler, in dem er seine Erwartungen an Ehe und Ehefrau formulierte: «Du musst Dich mir bedingungslos hingeben, Dein zukünftiges Leben in jeder Einzelheit ganz nach meinen Bedürfnissen ausrichten und dafür nichts begehren außer meiner Liebe.» Gustav Mahler drückt hier nur aus, was zu seiner Zeit botmäßige Haltung einer Ehefrau – ob nun prominent oder nicht – zu sein hatte.

Noch in den fünfziger Jahren des kürzlich vergangenen Jahrhunderts dürften sich weitaus die meisten Männer mit einer solchen männlichen Erwartungshaltung identifiziert und die meisten Ehefrauen sich gefügt haben. Erst nach 1970 hat sich diese Konstellation im deutschsprachigen Raum nachgerade *revolutionär* geändert. Seither ist zwischen den Geschlechtern nichts mehr so, wie es vorher war, und die Stellung des Mannes überdies *grundsätzlich* erschüttert.

In einer Auseinandersetzung im Roman «Der Frauenheld» von Richard Ford zwischen der männlichen Hauptfigur und dessen Ehefrau wirft diese ihrem Mann vor, dass er sich selbst für selbstverständlich halte (siehe folgende Seite). Das heißt als Verhaltenskonsequenz, dass sich solche Männer als Nabel der Welt verstehen, in Wirklichkeit beziehungsunfähig sind, androzentrisch denken und handeln und über keine «altruistische Antenne» verfügen.

Insbesondere die Veränderungen auf dem Arbeitsmarkt seit 1965 und die damit verbundene Erwerbstätigkeit der Frau hat letztere in die Autonomie entlassen. Waren Frauen früher aufgrund ihrer finanziellen Abhängigkeit vom Ehemann als Ernährer und Familienoberhaupt gezwungen, auch unglückliche und peinigende Beziehungen zu ertragen, so ist das heute nicht mehr der Fall. Eigene Ausbildung und Berufstätigkeit sind die materiellen Grundlagen der Emanzipation der Frau vom Mann. Für letzteren bedeutet das die Umorientierung seiner traditionel-

Was aber stimmt, und was ich schlimmer finde – was dich anbelangt – ist, dass du dich selbst für selbstverständlich hältst.

Richard Ford («Der Frauenheld»)

len Erwartungen und die Aufgabe allfälliger Pascha-Haltungen. Kein Mann kann heute noch davon ausgehen, zu Hause versorgt, gepflegt, betreut, bemuttert und physisch und psychisch für den nächsten Arbeitstag aufgepäppelt zu werden, wie das früher durchgängig der Fall war. Diese Zeiten sind vorbei, auch wenn sich Einzelexemplare unseres Geschlechts solche «Privilegien» noch anmaßen.

Das wiederum heißt, dass der Mann damit emotional für sich selber verantwortlich werden muss. Er kann seine Gefühle nicht mehr an seine Partnerin delegieren und von dieser quasi auch leben lassen. Vielmehr muss er lernen, sich selber Aufmerksamkeit zuteil werden zu lassen, sein Inneres wahrzunehmen, introspektiver zu werden, seine eigenen Gefühle kennen zu lernen und sie auch selbsttätig zu interpretieren. Er kann sich mit seinen Emotionen, Problemen und Anliegen nicht mehr einfach in seiner Partnerin spiegeln.

Dieses männliche Defizit der Anerkennung und der Wertschätzung gründet sich auf die prinzipielle Unterschiedlichkeit von Erziehung und Sozialisation beider Geschlechter. Männer werden schon als Buben frühzeitig von ihrer Gefühlswelt abgespalten (siehe I, 1: Traditionelle und neue Männlichkeit; II, 1: Entfremdung und Echtheit; II, 6: Krankheit und Gesundheit). Die Folgen davon sind zahlreich. Am gravierendsten im Hinblick auf den Umgang mit dem weiblichen Geschlecht ist zum einen die eigene, männliche Unfähigkeit, sich emotional zu versorgen und zum anderen eine eingeschränkte (restringierte) Auffassung von Beziehungsfähigkeit. Zu letzterer gehören nach übereinstimmender Ansicht von Psychologen, Therapeuten und Familienberatern im positiven Sinne vor allem die Bereitschaft zu Nähe, Fürsorglichkeit, gegenseitige Verantwortung, Gesprächs- und Diskussionsvermögen, die Fähigkeit, sich in den anderen hineinzuversetzen (Empathie) und eine Einigung über die private Arbeitsteilung (siehe folgende Seite).

Diese Kriterien werden von Frauen in Befragungen und Gesprächen auch genannt. Männer hingegen haben ein weitaus pragmatischeres Verhältnis zu Ehe und Partnerschaft; ihnen zufolge gehört zur Beziehungsfähigkeit, für die eigene Familie Geld zu verdienen, die ehelichen Pflichten zu erfüllen und den gesellschaftlichen Erwartungen in bezug auf Frau und Kinder nachzukommen.

Auch die Vorstellung von Intimität differiert zwischen den Geschlechtern erheblich. Intimität heißt, die Fähigkeit zu besitzen, einem geliebten Menschen das Innerste zu offenbaren, also eigene Gefühle, Gedanken und Wünsche. Gerade dieser Vorgang ist für viele Männer ausgespro-

Beziehungsfähigkeit

- **Nähe**
- **Fürsorge**
- **Verantwortung**
- **Dialog**
- **Empathie**
- **Komplementarität**

chen angstbesetzt; sie befürchten, sich in der Intimität aufgeben zu müssen, ihre Identität zu verlieren und sich aufzulösen (siehe II, 5: Sexualität und Liebe). Von daher verbleiben sie lieber in vorsichtiger Distanz.

Nun ist diese empirische Feststellung einmal mehr keine bösartige Schuldzuweisung an Männer. Intimität ist nicht genetisch verankert, von daher kein Geschenk der Natur; Intimität müssen wir lernen. Einmal mehr ist dies Frauen in unserer Gesellschaft sehr viel mehr gestattet als Männern; Männer werden schon als Buben frühzeitig von Körperkontakt, Schmusen und Zärtlichkeit entwöhnt (siehe I, 1: Traditionelle und neue Männlichkeit, II, 1: Entfremdung und Echtheit).

Von daher müssen Männer Intimität und – in einem erweiterten Sinne – Beziehungsfähigkeit nachlernen (siehe gegenüberliegende Seite). Angebote dazu gibt es vermehrt.

Hinweis 1

Selbsterfahrung

Die analytische Selbsterfahrungsgruppe eröffnet die Möglichkeit, sich in der Begegnung mit anderen zu erleben und im Rahmen der Gruppe das Verständnis der eigenen Person und der Beziehungen zu anderen zu erweitern. Durch besseres Verstehen der Kommunikation und Interaktion in der Gruppe können sie sensibler und freier werden im Zugang zu eigenen Bedürfnissen und Wünschen. Die Gruppe trifft sich kontinuierlich wöchentlich für eineinhalb Stunden, mit Ausnahme der Schulferien. Aufnahme nur nach Vorgespräch. Teilnahme zirka ein Jahr Voraussetzung.

Inseln im Ich

Die analytische Gruppe für Frauen und Männer bietet die Chance, sich selbst im konkreten Kontakt mit anderen zu erfahren. Ihnen wird die Möglichkeit geboten, Zugangswege zu bislang verborgenen Wünschen und Sehnsüchten zu erkennen und ihre Wahrnehmungs- und Beziehungsmöglichkeiten zu erweitern.

Die Gruppe ist für sechs bis acht Teilnehmer/innen vorgesehen und trifft sich kontinuierlich wöchentlich für 1 ½ Stunden. Die Ferientermine werden rechtzeitig bekanntgegeben. Voraussetzung für die Teilnahme sind zwei bis drei Vorgespräche zur Entscheidungsfindung. Es wird empfohlen, sich auf einen Zeitraum von zwei Jahren einzustellen. Die regelmäßig Teilnahme an der Gruppe ist verbindlich.

Evangelische Familienbildung, Darmstädter Landstr. 81, D-60598 Frankfurt/M.; Tel.: (0 69) 60 50 04 – 0, Fax: (0 69) 60 50 04 – 22.

Hinweis 2

Der Mann im Feuer, das Feuer im Mann

Viele Männer kranken an fehlender oder nicht angemessener emotionaler Unterstützung durch die Eltern, als sie noch Jungen waren. Beziehungsfähigkeit und Sexualität sind nicht geerdet. Darum finden sie bei erwachsenen Männern vor allem im Kopf statt und das Gefühl bleibt auf der Strecke. Um die tiefgreifenden Ängste kindlicher Erfahrungen, die das Fundament für unsere aktuellen Beziehungen bilden, zuzulassen und durchleben zu können, braucht es Vertrauen, Mut und emotionale Selbsterfahrung.

Marco Guidon, Untergrüt 5, CH-8704 Herrliberg; Tel.: (01) 9 15 08 87; e-mail: guidon@koerpertherapie.ch; homepage: www.koerpertherapie.ch.

Hinweis 3

Klare Bewusstheit und Energiekörper

In diesem sehr praxisorientierten Seminar werden besondere Wahrnehmungsübungen vorgestellt, die einem trotz Stress und Ablenkungen die grundlegende Klarheit und Offenheit des Bewusstseins erkennen lassen, um somit mehr Raum für einen heilsamen Umgang mit sich selbst und anderen zu schaffen. Zum anderen werden wir unterstützend die tieferliegenden energetischen Potentiale durch Atem- und Körperübungen wecken.

Prana und spirituelles Erfreuen

Energetische Atemübungen, die Bewusstheit und innere Klarheit fördern; spirituelles Erfreuen, das einer Heiterkeit und Zufriedenheit Raum gibt.

Vier Unermesslichkeiten

Die unermesslichen Geisteshaltungen (Liebe, Mitgefühl, Mitfreude und Gleichmut), die als besonders geeignete Mittel für die Hinwendung zum anderen und als Vorbereitung und Stütze des altruistischen Erleuchtungsgeistes (Bodhicitta) gelten.

Tibetisch Buddhistisches Zentrum Berlin e. V.,
Habsburger Str. 10, D. 10781 Berlin;
Tel. und Fax: (0 30) 8 33 93 62.

Unsere männlichen Schwierigkeiten mit der Beziehungsfähigkeit haben ihre biographische Geschichte.

Unsere Mutter steht im Zentrum des kindlichen Daseins; sie bringt uns nicht nur ins Leben, sondern gewährt und garantiert es. Das Bezogensein des Kindes auf die Mutter gilt in der Wissenschaft als Urbild des Bezogenseins überhaupt. Alle Erziehungspsychologen sind sich einig, dass die Bindung zwischen Mutter und Kind die psychologische Entwicklung des Menschen entscheidend prägt.

Die optimistische oder pessimistische Grundhaltung zum Leben, das Urvertrauen, die Basismuster von Liebe und Beziehung entstehen in der Interaktion von Mutter und Kind. «Diese Bindung ist der Prototyp der Bindung an das Leben. Der darin liegende Schmerz und die Furcht, dass sie gelöst werden könnte, sind Prototypen von Lebensqual und Todesfurcht» (Dinnerstein 1979, 53).

Aufgrund seiner Andersgeschlechtlichkeit spürt der Knabe dieses Dilemma der Trennungsangst früh. Während es Mädchen lange gestattet ist, durch körperliche Nähe, sich Trost und Bestätigung zu holen, muss der Junge körperlich und seelisch frühzeitig «abnabeln». Der Knabe wird von der eigenen, so geliebten Mutter in Distanz gerückt, weil er ja Mann werden muss. Seine Entwicklung zur Männlichkeit verlangt, dass er sich von seinem ersten fundamentalen Liebesobjekt löst.

In dieser traumatischen Ambivalenz und Trennung wird für den Knaben die Mutter selbst zur *ambivalenten Figur*. Um Mann zu werden, soll der Junge plötzlich verleugnen, was er an Liebe, Grenzenlosigkeit, Vergnügen, Körpernähe und genüsslicher Abhängigkeit lustvoll mit der Mutter verbindet. Die um der Männlichkeit willen erzwungene Loslösung von der Mutter schafft nun und für später die latente Angst vor dem Rückfall in die Symbiose.

Das erste Liebesobjekt des Jungen wird damit entwicklungsgeschichtlich mit Gefühlen der Ablehnung, der Angst, manchmal sogar des Hasses besetzt, was ödipale Konflikte noch fördern. Hier werden die Grundlagen für die gestörte oder zumindest defizitäre Beziehungsfähigkeit des Mannes gelegt, für seine distanzierte Haltung in der Liebe zu seiner erwachsenen Partnerin. In dem beschriebenen Prozess muss der Knabe seine bis dahin erworbene Weiblichkeit *exorzieren*. Viele Forschungsarbeiten weisen darauf hin, dass die Ablehnung der Feminität durch den Jungen auch eine Folge jener negativen Erziehungsmethoden ist, die Frauen in Absenz ihrer Männer anwenden, um die Söhne Männlichkeit zu lehren; sie beschreiben, wie die Mutter mit all ihren unbewussten Annahmen, Vorurteilen und Ressentiments gegenüber offizieller Männlichkeit ihren Sohn zum Mann erzieht. Frau macht ihn künstlich stolz auf eine für sie abstrakte Männlichkeit. Der Sohn dankt solche Männlichkeits-Arbeit seiner Mutter nicht; er spürt, was darin an Artifiziellem, Zwanghaftem und Unerfülltem enthalten ist. «Dass sich die Urbeziehung, die Identifizierung mit einem Du als «falsch» herausstellt, ist eine Urerfahrung des Männlichen. Sie bleibt in der Tendenz zur Objektivierung mit ihrem notwendigen Gegenüberstehen, zur Bezogenheit aus der Distanz in der Bewusstseins-Welt des Logos wie in der Tendenz, sich nicht unbewusst mit einem Du identifizieren zu wollen, wirksam. Sie führt zu einer stärkeren Isolierung des Männlichen, aber ebenso zu einer gesteigerten Ich- und Bewusstseinsbildung und -Festigkeit, alles dies in einem gewissen Gegensatz zur Psychologie des Weiblichen. Als Beziehungsangst steht sie im Hintergrund vieler männlicher Neurosen» (Neumann 1983, 19).

Im Gegensatz zum Mädchen *muss* sich der Knabe als etwas Getrenntes definieren. Das ist ungleich schwieriger als die Sozialisation des Mädchens, so sehr es darin auch zureichend Probleme gibt. Dementsprechend zeigt sich das Selbst des Jungen weniger «gesichert». Viele Wissenschaftlerinnen und Wissenschaftler sehen hier auch den Urgrund für die gehäufte männliche Aggressivität.

Die spätere Angst des Mannes vor der Weiblichkeit und dem Weib als solchem ist hier fatal begründet. «Abhängigkeit von der Mutter, Zuneigung zu ihr und Identifikation mit ihr repräsentieren das Nicht-Männliche; er muss die Abhängigkeit abwehren und Zuneigung und Identifikation leugnen. Die Einübung in die soziale Geschlechtsrolle ist daher beim Knaben viel rigider als beim Mädchen. Ein Knabe verdrängt die Eigenschaften, die er für weiblich hält, wehrt sie ab und wertet Frauen ebenso ab wie alles, was er in der Außenwelt für weiblich hält» (Chodorow 1985, 44).

Hinweis 4

Der Mann und seine Mutter: Lösung und Bewahrung

Die Lösung von der Mutter begleitet einen Mann oft über Jahrzehnte als bleibende Aufgabe. Durch seine Mutter hat er in der Regel Kräfte (geweckt) bekommen, die er zu einem guten Umgang mit sich selbst und mit anderen immer wieder braucht. Diese Kräfte sind verbunden mit dem inneren Bild, welches der Mann von seiner Mutter in sich trägt.

Sich von der realen Mutter lösen – die innere Mutter als Quelle bewahren: Über unsere Erlebnisse mit diesen Aufgaben können wir uns in einer Runde von Männern miteinander austauschen.

Kath. Familienbildungsstätte, c/o Wolfgang Rudolph,
An der Mauritiuskirche 4a, D-49477 Ibbenbüren;
Tel.: (0 54 51) 96 44 – 0, Fax: (0 54 51) 96 44 – 96,
e-mail: fbs.ibbenbueren@t-online.de.

Hinweis 5

Familienaufstellungsseminare

Unterstützung für Mann-Werden und -Sein

Verschiedene Aspekte des Mann-Seins werden berührt, offengelegt und Lösungen gesucht:

- Um ganz Mann zu werden, müssen wir uns aus dem Einflussbereich der Mutter gelöst und in den des Vaters begeben haben.
- Wenn wir als Sohn zu nahe der Mutter stehen, sind wir nicht wirklich frei für eine «neue» Frau, sie hat keine Chance.
- Um den Vater so «nehmen» zu können, dass wir seine Kraft hinter uns spüren, braucht es ein Ritual.
- Ein Mann muss seine Männlichkeit bei Männern erneuern, muss auftanken, indem er regelmäßig einen Kreis von Männern um sich hat.

Josef Rabenbauer, Zasiusstr. 6, D-79102 Freiburg;
Tel. und Fax: (07 61) 79 61 00, e-mail: rabenbauer@t-online.de.

Judith Viorst zeigt in ihrem schönen Buch «Necessary Losses» auf, wie Mädchen ihre ursprüngliche Identifikation mit der Mutter bestehen lassen dürfen, Jungen aber nicht. Jungen sind gezwungen, ihre innere Verbundenheit mit der Mutter aufzukündigen: «In ihrem zweiten und dritten Lebensjahr werden sich Jungen dann auch ganz entschieden von ihrer Mutter abwenden. Sie de-identifizieren sich von dem, was sie ist. Aber zu diesem Sich-losreißen, zu diesem Schutzschild, können gegen Frauen gerichtete Abwehrmechanismen gehören. Daher kann es sein, dass der Preis, den Jungen für die De-Identifikation zahlen, Abscheu, Verachtung und manchmal sogar Hass auf Frauen ist, eine Ablehnung der «weiblichen» Aspekte ihrer selbst und eine bleibende Angst vor Nähe, weil diese die Losgelöstheit unterminiert, auf die sich ihre männliche Identität begründet hat» (Viorst 1990, 155 f.) In extenso beschreiben vor allem die Psychoanalytiker Hudson und Jacot diesen Prozess mit all seinen furchtbaren Folgen von Frauenhass, Pornographie und Gewalt gegen Frauen und Kinder.

Der Junge verübelt seiner Mutter die «double bind»-Situation, in die sie ihn gestürzt hat, als Repräsentantin der Gesellschaft auch stürzen musste: Liebe einerseits, ganz konkret erfahrbar, und die Aufforderung, ein Mann zu sein andererseits, völlig abstrakt.

Es ist anzunehmen, dass der Junge erst in diesem Augenblick ambivalente Gefühle für die Mutter entwickelt. Aus der Süße der Liebe wird er herausgerissen und in die kalte, überdies unverstandene Männlichkeit geworfen, und beides geschieht durch dieselbe Person, die wichtigste im Leben des Buben; das ist in der Tat das *Trauma der Männer*. Daraus entwickelt sich das Bedürfnis, jeder Beherrschung und Kontrolle durch Frauen vorzubeugen. Nur nie wieder dieses Trauma, nie wieder solchen Schmerz!

Manche Buben, einmal Männer geworden, schlagen dann übel zurück.

Männergewalt wird nach wie vor gesellschaftlich nur unzureichend problematisiert. Das betrifft zum einen ihre willentliche Nicht-Wahrnehmung, Bagatellisierung und zynische Verharmlosung und zum anderen die Unwirksamkeit von Gegenstrategien. So wichtig Opferhilfe ist, so wichtig wären auch Täterarbeit und Prävention; wenn letztere in einem breiten und politisch abgesicherten Rahmen praktiziert würden, wäre erstere sicher nicht überflüssig, aber könnte eingeschränkt werden.

Eine sowohl präventive wie männerzentrierte Optik gegenüber Männergewalt bedingte erneut die gesellschaftliche Auseinandersetzung und Veränderung der traditionellen Männlichkeit.

Sie implizierte auch endlich die Anerkennung der mannigfach belegten These, dass männliche Gewalttätigkeit nicht aus genetischer Fixierung, angelegter Bösartigkeit u. a. entsteht, sondern aus sozialisierter Schwäche und den damit verbundenen männlichen Ohnmachtsgefühlen. In der Tat entwickeln sich nahezu alle Gewaltsituationen aus dem männlichen Defizit heraus, Gefühle von Enttäuschung, Ärger und Wut nicht *adäquat* ausdrücken zu können und nicht in der Lage zu sein, diese zu verbalisieren. Aus dieser Unfähigkeit heraus wird dann zugeschlagen.

Von daher ist es nicht nur nötig, dass sich *jeder* Mann mit seinem potentiellen Gewaltanteil konfrontiert, sondern dass diese Auseinandersetzung auch kollektiv, gesellschaftlich geschieht, indem eine Männlichkeit infrage gestellt wird, die Gewalttätigkeit virtuell enthält und ihre «Entladung» häufig genug auch noch legitimiert.

Männergewalt

Interview mit Dieter Schmoll

Dieter Schmoll, dipl. Sozialarbeiter und Therapeut, ist in der «Männerberatung Wien» für die Einzel- und Gruppenarbeit mit gewalttätigen Männern zuständig.

WH: Warum gibt es in unserer Gesellschaft so viel mehr Männergewalt als Frauengewalt?

Dieter Schmoll: Schon unter Buben und männlichen Jugendlichen ist Gewalt oft ein bestimmendes Element ihrer Geschlechtsrolle. Jungen konkurrieren über körperliche Stärke, Gewalt wird zum Mittel der Selbstbehauptung und Selbstinszenierung. Damit grenzen sich Jungen von Mädchen ab, Gewalt dient dazu, den Unterschied herzustellen oder zu betonen. Gewalt wird positiv konnotiert, als Zeichen «echter Männlichkeit». In manchen (Jungen-) Gruppen führt dies zur Verherrlichung von Gewalt, Phänomene wie Skinheads, Hooligans, Rechtsradikale sind Ausdruck der Versuche vieler Jungen, ihr Ansehen mittels demonstrierter Gewaltbereitschaft zu erhöhen.

Diese positive Bewertung von Gewalt, gepaart mit anderen «typisch männlichen» Attributen wie Stärke, Erfolg, Konkurrenz, Durchsetzen bleibt bis in das Erwachsenenalter erhalten, es sei denn, andere Sozialisierungsfaktoren treten hinzu (z. B. Identifizierung mit gemeinnützigen Zielen). Diese positive Kodierung, gekoppelt mit der im Jungenalter gelernten Bereitschaft, Gewalt auch einzusetzen, führt zu dem Umstand, dass Männer in wesentlich höherem Maße Gewalt ausüben.

WH: Wie äußert sich Männergewalt in Beziehungen?

Dieter Schmoll: Untersuchungen haben gezeigt, daß jeder 5. Mann gegenüber seiner Partnerin körperliche Gewalt ausübt. Das Ausmaß ist im Grad wie auch in der Häufigkeit sehr unterschiedlich.

Die ausgeübte Gewalt reicht von Beschimpfungen, Drohungen, Schlägen bis zum Mord.

WH: Welche Funktion hat Männergewalt für Männer in Beziehungen?

Dieter Schmoll: Gewalt wird von Männern als Mittel im Machtkampf verwendet und soll die Frau in die unterlegene Position bringen. Dieses Streben nach Dominanz und Macht soll unmittelbar und langfristig dem Mann Kontrolle über die Situation bzw. die Partnerin bringen. Dabei können die Ziele unterschiedlich sein: Manche Männer setzen Gewalt ein, um die Partnerin enger an sich zu binden, verbieten ihr andere Kontakte, drohen, stellen Regeln auf, schlagen sie bei Autonomiebestrebungen (insbesondere dann, wenn die Frau sich trennen möchte). Andere Männer werden gewalttätig, wenn die Frau die ihr vom Mann zugeschriebenen Funktionen nicht erfüllt, wie z. B. Versorgung des Haushalts, Kindererziehung, Bereitschaft zur Sexualität. Aus psychodynamischer Perspektive hat Gewalt die Funktion, sich der eigenen Unzufriedenheit (Ohnmacht) zu entledigen, indem die Partnerin erniedrigt wird und der Mann sich (zumindest für einen Moment) mächtig fühlen kann.

WH: Welche Möglichkeiten gibt es im einzelnen, gegen Männergewalt vorzugehen?

Dieter Schmoll: Entscheidend ist eine Änderung in der Einstellung zur Gewalt. Solange Gewalt – gegen Frauen, Kinder und gegen andere Männer – Zustimmung findet, wird sie auch in hohem Maße ausgeübt werden.

Somit braucht es Maßnahmen, die die Haltung von Männern zur Gewalt beeinflussen. Diese werden bereits auf verschiedenen Ebenen gesetzt:

Gesetzgebung: Gewaltausübung ist mit Strafe bedroht. Somit besteht ein beträchtliches Gegengewicht zu gängigen männlichen Normen, z. B. Gewalt in der Familie sei Privatsache. In den letzten Jahren wurden von der Gesetzgebung auch Gewalt gegen Kinder und Vergewaltigung der Partnerin unter Strafe gestellt. In Österreich kann seit 1997 der Gewaltausübende ungeachtet der Eigentumsverhältnisse der Wohnung verwiesen werden.

Jungenarbeit: Einige spezialisierte Stellen arbeiten v. a. im Schulbereich, aber auch in Freizeiteinrichtungen (z. B. Jugendzentren) mit den Jungen und versuchen, mit ihnen die Einstellung zur Gewalt bzw. ihr Verhalten zu reflektieren, problematisieren und schließlich Normen eines Umgangs ohne (körperliche) Gewaltanwendung zu errichten.

Therapie und Kurse für Männer zur Beendigung der Gewaltausübung: In den letzten 20 Jahren entstanden weltweit Projekte, die gewaltausübende Männer dazu anhalten wollen, gewalttätiges Verhalten unmittelbar und nachhaltig zu beenden. Einige Projekte arbeiten speziell mit vom Gericht oder Staatsanwaltschaft zugewiesenen Klienten, andere richten ihr Angebot an veränderungswillige (freiwillige) Klienten.

Kampagnen (wie z. B. White Ribbon: siehe S. 259 f.).

Dieter Schmoll, Männerberatung Wien, A-1100 Wien, Erlachgasse 95, Tel.: (001) 6032828

Schließlich wird bisher die *generative Gewaltkette* zu wenig thematisiert; Jungen und Männer geben zumeist «nur» weiter, was sie zu Hause am eigenen Leib gespürt haben. Wer selber Gewalt erfährt, praktiziert selber dieses Modell und wird mit hoher Wahrscheinlichkeit auch gewalttätig.

Hinweis 6

Männer gegen Männergewalt® e. V. gründete in Hamburg 1988 die erste Beratungsstelle speziell für gewalttätige Männer. Sie bietet Unterstützung für Männer, die ihre Gewalt in der Partnerschaft, der Familie oder gegen andere beenden wollen. Dies Angebot richtet sich auch an Männer, die sexualisierte Gewalt gegen Kinder und Frauen ausüben. Ausgehend von einer ausdrücklichen Haltung gegen Gewalt, versteht sich diese Arbeit als eine Arbeit für die Männer.

Männer gegen Männer-Gewalt®,
Mühlendamm 66, D-22087 Hamburg; Tel.: (0 40) 2 20 12 77;
e-mail: Gewaltberatung-MgM-Hamburg@t-online.de.

Hinweis 7

Mannsarde – gegen Männergewalt e. V.

Mannsarde – gegen Männergewalt e. V. engagiert sich für die Gleichstellung der Geschlechter und gegen die vielfältigen Formen von Männergewalt in der Gesellschaft. In Zusammenarbeit mit anderen sozialen Trägern in Berlin bietet die *Mannsarde* psychologische Beratung und Soziale Trainingskurse für Männer mit Gewaltproblemen an – auch für solche Straftäter, die wegen Gewalt gegen Frauen verurteilt wurden. Ein weiterer Schwerpunkt der *Mannsarde* ist die Unterstützung aktiver Väter, die die Pflichten mit der Partnerin gerecht teilen wollen und eine Balance zwischen Beruf und Familie anstreben. Auf eine einvernehmliche Kindererziehung (evtl. gemeinsamen Sorge) zielen Beratungen für Väter nach der Trennung/Scheidung.

Mannsarde – gegen Männergewalt e. V.,
Kreuzbergstr. 71, D-10965 Berlin;
Tel. und Fax: (0 30) 7 85 98 25; e-mail: mannsarde@t-online.de.

Hinweis 8

Gewalt und Konflikt

Gewalt ist ein Männerthema. Oft führt Überforderung im Umgang mit Konflikten zu Gewalttätigkeit.

Das *mannebüro* züri ist die erste Beratungsstelle von Männern für Männer in der Schweiz. Sein vielfältiges Angebot macht es seit Jahren zur unverzichtbaren Adresse für hilfesuchende Männer, aber auch für Fachpersonen und Medienschaffende.

mannebüro züri, Hohlstr. 36, CH-8004 Zürich;
Beratungsstelle: Tel.: (01) 2 42 08 88; Fachstelle / Fax: (01) 2 42 03 81;
Internet: www.mannebuero.ch.

Hinweis 9

Gewalttätige Männer

Intervention, Beratung, Therapie
Dieter Schmoll

Informationsstelle für Männer Wien, Erlachgasse 95, A-1100 Wien;
Tel.: (01) 6 03 28 28; Fax: (01) 6 03 28 28 11; e-mail: info@maenner.at.

Gewalt ist letztendlich Distanzierung von der eigenen Gefühlswelt. Wer die eigenen Gefühle nicht mehr spürt, weil sie ihm «abtrainiert» worden sind, ist auch nicht mehr in der Lage, sich in die Gefühle anderer zu versetzen. Wer seinen eigenen Schmerz spürt, wird anderen keinen Schmerz zufügen.

Männliche Distanzierung von der eigenen Gefühlswelt zeigt sich ebenfalls – und sehr viel häufiger – als Indifferenz und Abstumpfung. Um dies zu verstehen, müssen wir rekapitulieren (siehe I, 1: Traditionelle und neue Männlichkeit und II, 5: Sexualität und Liebe): Die gesellschaftliche Erwartung an den Mann lautet, sich an eine Frau zu binden, eine Familie zu gründen und mit Kindern für die Reproduktion des sozialen Systems zu sorgen. Dementsprechend – so weisen alle empirischen Untersuchungen aus – werden bei «verantwortungsvollen» Arbeitsstellen und Führungspositionen allemal verheiratete Familienväter den Singles vorgezogen. Das ist die eine Seite.

Die andere besteht darin, dass der Mann für Ehe und Beziehung gar nicht vorbereitet wird, ja, dass seine Sozialisation und gesellschaftliche «Konditionierung» dieser Bindung nachgerade zuwiderläuft. So haben alle Männer trotz aller Sehnsucht nach einer geliebten Frau im tiefsten Angst vor der Festlegung in der Institution «Ehe».

Herb Goldberg schildert plastisch: «Hat der Mann am Hochzeitstag einmal damit begonnen, seine innere Stimme zu ignorieren, so wird er es auch weiterhin tun, während er sich darum bemüht, die Ehe in Gang zu bringen und zu halten. Wenn er sich langweilt, wird er versuchen, sich nicht zu langweilen oder die Langeweile wegzurationalisieren; fühlt er kein sexuelles Verlangen, so wird ihn Panik ergreifen, und er wird sich fragen, ob mit ihm wohl noch alles in Ordnung ist; hat er nach der Arbeit eigentlich keine Lust, nach Hause zu gehen, so wird er es aus lauter Pflichtbewußtsein doch tun, selbst wenn sich dadurch der Groll in ihm sammelt und er deshalb abweisend und unkommunikativ ist, wenn er ankommt. Tagsüber ruft er seine Frau vom Büro aus an, obwohl er dazu überhaupt keine Lust hat, aber er denkt, sie erwarte es von ihm. Am Wochenende spielt er den Gartengrillkoch, macht Besorgungen, erledigt Reparaturen in Haus und Garten, sitzt vor dem Fernseher herum und tut überhaupt alles, um seine Rolle als Ehemann und Vater richtig auszufüllen. Bei dem gesellschaftlichen Umgang, den er und seine Frau mit anderen Paaren pflegen, wird er den reizenden Gastgeber oder den charmanten Gast abgeben, auch wenn ihn das Ganze nicht im geringsten interessiert. So viele seiner Verhaltensweisen werden durch den Kampf gegen seine wirklichen Gefühle bestimmt, dass die Ehe schließlich unter der ständig wachsenden Last dieser unterdrückten Gefühle zusammenstürzen muss (Goldberg 1979, 117).

Claude Steiner beschreibt Gleiches unter einem etwas anderen Aspekt: «Unsere Gesellschaft lebt von arbeitenden Männern, die sich ausbeuten lassen. Diese Gesellschaft braucht Männer, die zusammen mit Frau und Kindern in einem Einfamilienhaus oder in einer isolierten Mietswohnung unentrinnbar gefangen sind. Eine solche Beziehung kann am ehesten gewährleisten, dass sich der Mann acht Stunden am Tag für seinen Arbeitgeber abarbeitet. Nach der Arbeit hat er acht Stunden Zeit, um sich einigermaßen zu erholen; dann schläft er acht Stunden und geht wieder zur Arbeit. Um während der Arbeitszeit optimal ausgebeutet werden zu können, muss er zu Hause eine Frau haben, die ihn während der verbleibenden acht wachen Stunden wieder in Schwung bringt. Am Tage steht er in der Fabrikhalle, und wenn er nach Hause kommt, versorgt ihn seine

Das Leben verliert man nicht durch den Tod; man verliert es Minute für Minute, Tag für sich dahinschleppenden Tag, durch all die tausend kleinen Arten und Weisen liebloser Unachtsamkeit.

Stephen V. Benet

Frau mit Zuwendung und Streicheleinheiten; anschließend schlafen sie (möglichst ohne hierbei sexuelle Energie zu verbrauchen), und am nächsten Tag ist er wieder einsatzfähig und weitaus «brauchbarer» als ein alleinstehender Mann. Aus diesem Grund hat man dem Mann das Pflichtgefühl eingeimpft, sich in die feste Beziehung zu einer Frau einbinden zu lassen. Männer, die aus diesem Schema ausbrechen wollen und nicht heiraten und keine Kinder haben, leiden unter erheblichen Schuldgefühlen» (Steiner 1982, 359 f.).

Äußerlich und innerlich gezwungen, unter den Pressionen gesellschaftlicher Erwartungen und eingesperrt in den eigenen Gefühlspanzer, entwickelt sich die Beziehung unter solchen Voraussetzungen zur Bindung im wahrsten und traurigen Sinne des Wortes. Man ist gebunden, gefesselt, äußerlich und innerlich unfrei. Dementsprechend unfroh, frustriert, zwanghaft und unkooperativ bewegen sich Männer in schwerlastigen Lebenskonstellationen (siehe gegenüberliegende Seite).

Oberflächlich besehen mag dann erstaunen, wie viele Männer wie lange solche Beschwerlichkeit aushalten. Doch hier wirkt ebenfalls unsere Sozialisation und die damit verbundenen Schuldgefühle, wie es Goldberg und Steiner vorgängig beschrieben haben. Selbst wenn Mann schon längst die Schnauze voll hat, hält er sie noch verbissen.

Dazu passt der empirische Befund, dass heute im deutschsprachigen Raum ca. 80 Prozent der Trennungen und Scheidungen von den Frauen initiiert werden. Frauen sind heute nicht mehr bereit, Lebensverhältnisse auszuhalten, die emotional unwürdig sind und ihre Selbstverwirklichung entscheidend behindern; sie müssen es aufgrund einer liberalisierten Gesetzgebung und einer veränderten ökonomischen Basis auch nicht mehr.

So gehen sie denn und lassen Männer zurück, die auf eine Trennungssituation nicht im Geringsten vorbereitet sind.

Dann stehen Männer zumeist ganz allein. Das soziale Netz fehlt; der Bekanntenkreis wurde von der Frau gepflegt und aufrechterhalten; Freunde sind rar oder zumeist überhaupt nicht vorhanden (siehe II, 9: Männerkumpanei und Freundschaft). Es ist niemand mehr da, dem man sein Herz ausschütten, seine Angst vor Einsamkeit offenbaren könnte.

Arbeitskollegen kann man nicht mit Problemen kommen. Am Stammtisch bekennt man lieber keine Schwächen; die Männerkumpanei verträgt nur Oberflächlichkeit.

Plötzlich wird deutlich, dass die eigene Frau die einzige «Anlaufstelle» für Sorgen, Nöte, Trost und Geborgenheit gewesen ist. Ohne sie droht nicht nur die soziale Isolation, sondern man ist mitten drin im schwarzen

Ein einziges Wesen fehlt uns, und die ganze Welt ist entvölkert.

Alphonse de Lamartine

Loch von Einsamkeit, Kommunikationslosigkeit und Verzweiflung (siehe gegenüberliegende Seite).

Das Universum, das man mit der Partnerin – zumeist über einen langen Zeitraum – aufgebaut hat, zerfällt von einem Moment auf den andere. Der gemeinsame Alltag besteht plötzlich nicht mehr, und damit sind Lebenssicherheit, Geborgenheit und Intimität zunächst einmal für geraume Zeit zerbrochen. Man stürzt in ein Vakuum.

Die Intimität des partnerschaftlichen Lebens stärkt die Identität. Ihre Auflösung bedroht das eigene Ich an seinen Wurzeln. Die Identitätsstiftung und -stützung durch die Identifikation mit der Partnerin ist unmöglich geworden. Das zieht sichernden Boden weg.

Für den Mann erschwert sich die sowieso schon schwere Situation einer Trennung noch dadurch, dass es ihm seine Sozialisation verbietet, um Hilfe nachzusuchen. Die anonymen Möglichkeiten von Beratung und Trost werden im männlichen Notfall noch eher gewählt als verwandtschaftliche oder solche im Bekanntenkreis. Inzwischen gibt es ein breites Netz von akuten Hilfsangeboten, Telefonseelsorge, Krisenstationen u. a. Auch die Männerszene verfügt inzwischen über diverse Anlaufstellen für Männer in Not, Schmerz und Panik.

Hinweis 10

Beispiele für Telefonberatung

a) Deutschland

* Telefon für Männer in Frankfurt/M.
  Männer, die in Trennung oder in einer Krise sind, die über ihre Beziehungserfahrungen reden und sich beraten lassen möchten und die ausführliche Informationen über Veranstaltungen und Gruppen für Männer wünschen, können jeden Dienstag in der Zeit von 17.00 bis 19.00 Uhr anrufen unter
  Telefon: (0 69) 60 50 04 – 35, Hans Stapelfeld.

* Trennungstelefon in Frankfurt/M.
  Männer, die sich trennen wollen oder verlassen wurden, können sich Rat, Hilfe und Informationen geben lassen unter
  Telefon: (0 69) 5 30 22 53, jeden Montag von 15.30 bis 17.30 Uhr.

- Telefonberatung für Männer in Berlin:
  «Mannege» (0 30) 28 38 98 61.

- Männer in Konflikt und Krise, Oldenburg i. O.: Informationsstelle
  KKg (04 41) 9 57 23 30.

b) Österreich

- Männerberatung Wien: (01) 6 03 28 28.

- Männerberatung Linz: (o7 32) 6 66 41 20.
c) Schweiz

- Telefonberatung Luzern
  «Männerbüro» (0 41) 2 40 04 30.

- Männersache Zürich: (01) 2 41 02 32.

Hinweis 11

Trennungsbegleitung

Trennung kommt für Männer oft plötzlich und unerwartet. Es entsteht eine traumatische Situation. Männerberatung hilft, orientiert und vermittelt Kontakte zu anderen Männern.

Männerberatung Wien, Erlachgasse 95, A-1100 Wien;
Tel.: (01) 6 03 28 28.

Hinweis 12

Trennung, Scheidung – Mann, was dann?

Kennenlernen der verschiedenen Aspekte einer Trennung/Scheidung

Ein Angebot für Männer in Zusammenarbeit mit Männerbildung Bern

Eine Impulsveranstaltung zu rechtlichen, finanziellen und persönlichen Fragen im Zusammenhang mit Trennung/Scheidung.

* Vermittlung von Informationen und hilfreichen Anlaufstellen

* Kontakt mit Männern in ähnlichen Situationen

BFF Erwachsenenbildung, Monbijoustr. 21, CH-3001 Bern; Tel.: (0 31) 3 84 33 33; e-mail: eb.bff@bern.ch.

Hinweis 13

Männer in Trennung und Scheidung

– geleitete Männergruppe –

Es hat alles so schön begonnen oder: am Anfang war schon der Wurm drin. So weit kann das Spektrum sein, so und anders kann es tönen, wenn wir unsere Ehe- und Partnerschaftsgeschichten zu erzählen beginnen. Am Anfang war Liebe, Zuwendung und Verständnis und jetzt nur noch Misstrauen, Krampf und Kampf! Mein Gott, was ist nur mit uns passiert! Und dann die Kinder, wie ist das alles unter einen Hut zu bringen, vor und nach der Trennung? Fragen über Fragen, Risse in unserem Selbstverständnis, überall nur Abgründe und (Schulden-)Fallen, dann ein Stück Hoffnung, eine neue Beziehung, aber schon wieder die ersten Probleme; und bin ich überhaupt bereit? Nur zahlen soll ich noch, Arbeit für das Inkassobüro. Die Paartherapie ist auch in die Hosen! Mediation? Fehlanzeige! Die Anwälte sollen's richten, meine Frau hat den besten! Ich auch!

Wir wollen in einer Gruppe von Männern zusammenkommen, um Netze – Beziehungsnetze und Lebenskonzepte – auszulegen, zu trocknen und zu flicken wie die Fischer am Strand. Wir wollen austauschen, die Wellen unserer Wut und Enttäuschung umwandeln in kreative und konstruktive Energie, wir wollen neue Sicherheit

> gewinnen in der gegenseitigen Stütze; in der Gewissheit, dass wir
> jederzeit und von jedermann lernen und profitieren können.
>   Wir benützen Methoden der System- und Gestalttherapie wie
> Arbeit an unseren Familiengenogrammen, Familienskulpturen, Arbeit mit kreativen Medien etc.
>
> Männersache Zürich, Hallwylstr. 78, CH-8004 Zürich;
> Tel.: (01) 2 41 02 32.

Der entscheidende Grund für das Unbehagen vieler Männer vor und innerhalb von Beziehungen ist unzweifelhaft eine Sozialisation, die ziemlich effektiv auf das Arbeitsleben vorbereitet, aber überhaupt nicht auf Beziehung, Ehe und Familie. Insofern ist der provokante Ausspruch des amerikanischen Arztes und Männerforschers Ronald F. Levant durchaus trefflich, dass das Familienleben für Männer ein fremdes Land darstellt, dessen Sprache sie nicht sprechen (siehe Seite 226).

In der Tat lernen wir in unserer Vorbereitung auf das erwachsene Leben nur wenig von dem, was Liebe und Partnerschaft erfordern, Mitmenschlichkeit und Kooperation mit anderen verlangen, Freundschaft und Solidarität ausmachen. Besehen wir uns diese Aussage noch etwas näher: Empathie, Mitgefühl, Zuhören, die Fähigkeit zum Dialog, Geduld, die Konzentration auf den anderen, Mitverantwortung, Nähe, Fürsorglichkeit, Respekt, sind bei den meisten Männer allenfalls rudimentär ausgebildet.

Dementsprechend konzentrieren sich Männer in Beziehungen und Ehen auf das, was ihnen vermittelt wurde, was sie können und was nach dem traditionellen Verständnis der Gesellschaft zum männlichen Eigenschaftsprofil gehört. Von daher hat sich im tiefsten an der Arbeitsteilung der Geschlechter, wie sie Schiller vor mehr als 200 Jahren beschrieben hat (siehe I,2: Die epochale Notwendigkeit der Männerveränderung), so furchtbar viel gar nicht verändert. Das zeigen jedenfalls jene Daten, die aus dem deutschsprachigen Raum über die private Aufgabenverteilung von Frauen und Männern aktuell vorliegen (**siehe Grafik** S. 225).

Hinzu kommt anderes: Alle berufstätigen Frauen stehen nach wie vor unter dem Zwang, sich in einer von Männern diktierten Arbeitswelt behaupten zu müssen. Das verlangt häufig höhere Leistungsbereitschaft, größeren Konkurrenzdruck und überdies die Frustrationstoleranz, um mit männlichen Anspielungen und Anfeindungen umzugehen. Zwar war

Die private Arbeitsteilung zwischen den Geschlechtern
(Mittelwerte im deutschsprachigen Raum)

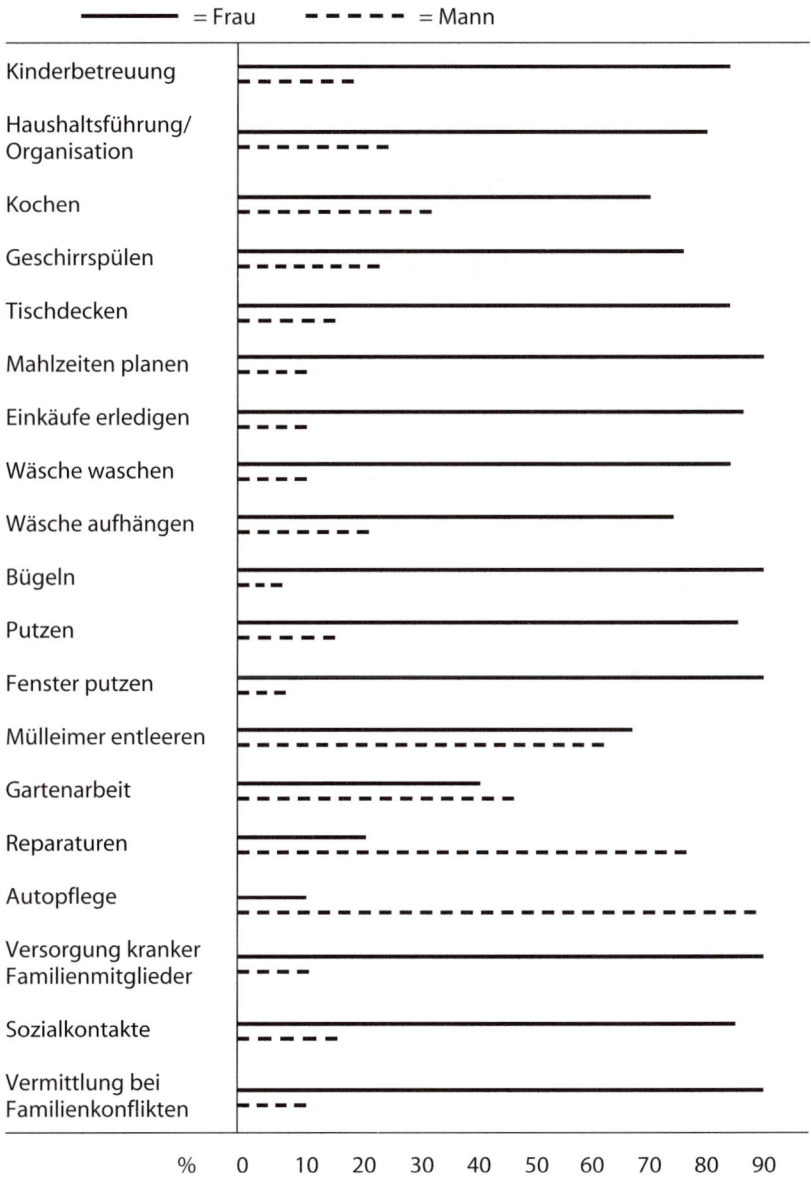

Ever visit a country where no one speaks your language? That's what family life is like to men.

Ronald F. Levant

die wirtschaftliche Hochkonjunktur ein wichtiger Faktor für die Frauen-emanzipation, doch die ökonomische Situation hat sich inzwischen ver-ändert: Heute trifft die bestausgebildete Generation junger Frauen, die es jemals im deutschsprachigen Raum gegeben hat, auf die nahezu schlech-testen Arbeitschancen seit den endsechziger Jahren. Mädchen finden bis-her noch schwerer einen Ausbildungsplatz als Jungen; Frauen werden im Durchschnitt früher entlassen, sind signifikant mehr arbeitslos als Män-ner und stellen den höchsten Anteil bei den Sozialhilfeempfängern. Ebenso gültig ist nach wie vor der Tatbestand, dass Frauen im Durch-schnitt schlechter bezahlt werden als Männer. Zudem sind viele Frauen-berufe zukunftsunsicher und am ehesten von der Rezession bedroht.

Noch immer ist die Berufswelt nicht nur von Männern dominiert, sonder auch von ihnen strukturiert, das heißt, sie ist auf die Ansprüche, Eigenschaften und Fähigkeiten der Männer und nicht der Frauen zuge-schnitten. Insofern verwundert es nicht, dass die Männer mit der Ver-teilung der Geschlechterrollen in Alltag und Beruf zufriedener sind als die Frauen, wie alle empirischen Untersuchungen belegen.

Trotz aller Belastungen leisten Frauen im Durchschnitt im Haushalt bei der Kindererziehung und in der Partnerschaft auch dann mehr als Männer, wenn sie erwerbstätig sind.

In ihrem Buch «Was wollen die Frauen?» weisen Luise Eichenbaum und Susie Orbach darauf hin, dass im traditionellen Haushalt für den Mann eingekauft und gesorgt wird; der Mann wird bekocht, seine Klei-der werden gewaschen, gebügelt und gepflegt; das Heim wird für ihn sau-ber und hübsch gehalten. Und nicht nur das: Der Mann kann sich psy-chisch auf seine Frau stützen, sich an ihrer Schulter ausweinen über die Schlechtigkeit der Welt und von ihr beglückwünscht werden für seine Erfolge im harten Konkurrenzkampf mit den männlichen Gegnern.

Dies ist indessen für den Mann nicht nur vorteilhaft. Es schafft Ab-hängigkeit. Die beschriebenen psycho-materiellen Zusammenhänge sind konstitutiv für weibliche Macht in der Sphäre von Privatheit, Intimität und Erziehung.

Die Frau kann Gefühle und Erwartungen manipulieren, um den Mann wenigstens in dem ihr zugewiesenen Bereich gefügig zu machen. Sie verschenkt Emotionen wie eine Gunst oder hält sie zurück wie eine Bestrafung, genau wissend, dass der Mann in der arbeitsteiligen Gesell-schaft ihre emotionale Sorge und Pflege dringend braucht. So rächt sie sich, zumeist natürlich unbewusst, für all das, was ihr durch die männ-liche Hegemonie genommen wurde. Beim Mann verstärkt dieses Verhalten die Angst vor der «natürlichen» Macht der Frau (siehe II, 5: Sexualität und Liebe) um eine soziale Dimension: sein Privatleben bewegt sich unter weiblichem Reglement.

Weibliche Macht in privaten Zusammenhängen tarnt sich häufig als Fürsorge. Um so gefährlicher und «kastrierender» ist sie für den Mann; sie lullt häufig ein und unversehens findet man sich in einem Käfig von Zuckerbrot und Lebensdiktat wieder. Diese weiblichen Machtansprüche und Machtkämpfe gilt es zu durchschauen, sie auf ihre sozialen Bedingtheiten zurückzuführen und damit zu verstehen und vor allem sie zu kontern.

Der beste Weg dazu ist der konstruktive; das heißt, Männer sollten dort, wo es fehlt, Fertigkeiten und Fähigkeiten nachlernen und ihre Mitverantwortung in der Partnerschaft übernehmen. Je mehr sie dergestalt aus dem passiven Bindungskäfig ausbrechen und aktiv ihre Beziehung gestalten, wird diese sich verbessern und zur wirklichen und genussreichen Partnerschaft. Denn – letztendlich: Lernen, Verantwortung und Aktivität machen Spaß und beleben.

Hinweis 14

Männer kochen, essen, reden

Sich selbst etwas Leckeres zu essen kochen ist nicht schwer, macht Spaß und bereitet sinnlichen Genuss. Neue Rezepte kennenlernen, die sich leicht nachkochen lassen, kann reizvoll und spannend sein.

Nicht länger auch Kochkünste von Müttern, Frauen oder Freundinnen angewiesen sein, sondern sich selbst versorgen zu können, ist entlastend – jedoch nicht mit Tiefkühlgerichten, Fertigmenüs oder Pizzas von der Ecke, sonder mit «neuer Küche für Männer». Gemeinsam kochen, essen und miteinander reden, bedeutet, sich und anderen etwas Gutes tun.

Evangelische Familienbildung, Darmstädter Landstr. 81,
D-60598 Frankfurt/M.;
Tel.: (0 69) 60 50 04 – 0; Fax: (0 69) 60 50 04 – 22.

Hinweis 15

Haushaltsschnupperkurs für Väter und Kinder

Ein Überlebenstraining für den Familienalltag

Ein Angebot für Väter und Kinder (ab ca. 8 Jahren)

Zuerst besprechen wir, was wir kochen wollen. Anschließend gehen wir in der Nähe auf dem Markt einkaufen und bekochen uns dann gegenseitig. Und dann der Höhepunkt: überall ein bisschen versuchen, da und dort ein Häppchen… Und dann – na ja, das schleckt keine Geiß weg – müssen wir abwaschen und die Küche putzen. Und vielleicht bleibt noch Zeit für ein Spiel oder so.

BFF Erwachsenenbildung, Monbijoustr. 21, CH-3001 Bern;
Tel.: (0 31) 3 84 33 33; e-mail: eb.bff@bern.ch.

Hinweis 16

Männer – Kochen
An drei Abenden möchten wir Männern die Erlebniswelt des Kochens in seinen verschiedenen Dimensionen eröffnen. Dabei soll der Spaß und das Gespräch miteinander nicht zu kurz kommen.

Kath. Familienbildungsstätte, c/o Wolfgang Rudolph,
An der Mauritiuskirche 4a, D-49477 Ibbenbüren;
Tel.: (0 54 51) 96 44 – 0; Fax: (0 54 51) 96 44 – 96;
e-mail: fbs.ibbenbueren@t-online.de.

Die historische Leistung des Feminismus besteht darin, den Frauen ein Konzept von Autonomie vermittelt und sie darüber zu Selbsthilfe, Selbstbestimmung und Selbstverwirklichung animiert zu haben.

Die allgemeine Bedeutung des Feminismus für die Männer liegt in der kritischen Reflexion der Geschlechterverhältnisse und damit auch der Infragestellung der Position des Mannes. In diesem Sinne fordert ein progressiver Teil der Frauenbewegung, dass die Ziele der feministischen Revolution nicht ohne die Vermenschlichung beider Geschlechterrollen erreicht werden können. Maren L. Carden ergänzt, dass es dem neuen Feminismus nicht um die Abschaffung der Geschlechterunterschiede gehe, sondern um die Herstellung gleicher Ausgangschancen: «Es betrifft das Recht des einzelnen, herauszufinden, welche Art von Person er oder sie ist, und danach zu streben, diese Person auch zu werden» (Carden 1974, 2).

Auf diese Weise könne die männliche Kultur eine positive Ergänzung und Korrektur erfahren. Jean Baker Miller führt aus, dass Frauen keineswegs von ihren Unzulänglichkeiten geheilt werden müssten, die nur unter dem Gesichtspunkt männlicher Hegemonie als Defizite erscheinen. Im Gegenteil, die Kultur der Männer benötige dringend jene Werte und Verhaltensweisen, die während Jahrhunderten an Frauen delegiert wurden, wie zum Beispiel Fürsorglichkeit, das Eingeständnis von Schwäche, die Fähigkeit Gefühle offensiv zu zeigen.

Schon früh hat Herb Goldberg darauf hingewiesen, dass mit der Emanzipationsbewegung die Frau nun ihren Anteil an Leben und Welt übernommen und damit den Mann zu dessen Glück entlastet habe. Nun seien Frauen und Männer in der Lage, sich zu erwählen, weil sie sich gern haben und zusammensein möchten und nicht, weil sie einander aus materiellen oder psychologischen Gründen brauchen. In der Tat legt unsere Epoche damit neue Grundlagen für die Geschlechterbeziehungen. Dafür ist einigermaßen plastisch inzwischen der Begriff der *Geschlechterdemokratie* geprägt worden (siehe Seite 232). Er bedingt u. a. die Mitverantwortung des Mannes in der Beziehung, im Haushalt und bei der Kindererziehung.

Hinweis 17

VereinPaarkeit von Beruf und Familie

Erfahrungsaustausch und Impulse zum Thema «VereinPaarkeit dank Vereinbarung»

Ein Angebot für Paare, die Job und Familie partnerschaftlich unter einen Hut zu bringen versuchen oder diese Lebensform anstreben.

Berufs- und Familienarbeit teilen ist bereichernd, stellt aber auch hohe Anforderungen an die Beteiligten.

Eine Voraussetzung zum wirklichen Weiterkommen in der partnerschaftlichen Arbeitsteilung ist die Klärung der organisatorischen Rahmenbedingungen und die klare Regelung der Verantwortlichkeiten. Wie kann das konkret geschehen? Wie können die eigenen Rahmenbedingungen erhoben werden und wie erreichen wir eine faire Vereinbarung? Neben dem gegenseitigen Austausch von Erfahrungen vermitteln wir Ihnen dazu Anstöße und stellen Materialien vor, die im partnerschaftlichen Alltag hilfreich sind. Ein begleitender Kinderhütedienst wird organisiert.

BFF Erwachsenenbildung, Monbijoustr. 21, CH-3001 Bern; Tel.: (0 31) 3 84 33 33; e-mail: eb.bff@bern.ch.

Hinweis 18

Männer zwischen Beruf und Familie

Väter fühlen sich oft zwischen den Erwartungen und Anforderungen des Berufs hin- und hergerissen. Dieser Samstag bietet Männern Gelegenheit, in unterstützender Runde nach einem Weg aus diesem Dilemma zu suchen.

Volkshochschule Freiburg, Postfach, CH-1701 Freiburg.

Die acht Gebote der Geschlechterdemokratie

1. Die traditionelle Arbeitsteilung ist abgeschafft.

2. Mädchen und Jungen haben die gleichen Bildungschancen und werden gleich behandelt.

3. Frauen und Männer teilen sich Familienpflichten, Hausarbeit und Kindererziehung in mitverantwortlicher Weise.

4. Frauen und Männer sind in ihrer Erwerbstätigkeit gleichgestellt.

5. Frauen und Männer werden bei gleicher Arbeit gleich entlohnt.

6. Frauen und Männer sind in allen Versicherungen gleichgestellt.

7. Frauen und Männer haben den gleichen Zugang zu öffentlichen Ämtern.

8. Frauen und Männer respektieren sich gegenseitig.

Hinweis 19

Partnerschaftliches Karrieremanagement

Männer werden beraten, wie sie die Problematik lösen können, Familie und Erwerbstätigkeit besser zusammenzubringen und damit die Partnerschaft mit ihren Frauen gleichberechtigt zu leben. Modelle werden vorgestellt resp. erarbeitet.

Männerberatung Wien, Erlachgasse 95, A-1100 Wien; Tel.: (01) 6 03 28 28.

Mehr und mehr Männer wissen inzwischen nicht nur theoretisch die Leistungen des Feminismus zu schätzen, sondern auch im Zusammenleben mit einer emanzipierten Frau. Warren Farrell zum Beispiel gibt zu Protokoll, dass emanzipierte Frauen in vielem spannender und kreativer sind: Emanzipierte Frauen entlasten den Mann von der alleinigen Verantwortung, für den Lebensunterhalt der Familie aufzukommen. Sie gewähren dem Mann mehr Autonomie in seinem persönlichen Leben, weil sie selbst ein ausgefülltes Leben haben, sie sind interessantere Gesprächspartnerinnen usw. Herb Goldberg nennt die Frauenemanzipation gar «ein Gottesgeschenk für die Männer». Die neuen Frauen ermöglichen es den Männern, ohne Langeweile, Schuldgefühle und Erniedrigungen mit ihnen zu leben; sie sind nicht mehr Anhängsel, Antreiberinnen, Bürde oder Schmuckstücke, sondern Partnerinnen. Da braucht es selbstverständlich männliche Partner.

Männer sollten klare, selbstbewusste Gegenüber sein. Dazu ist es nötig, dass sie ihre Bedürfnisse äußern und auch leben. Falsche Rücksicht, Duckmäuserei oder Opportunismus vergiften nicht nur den einzelnen Mann, sondern die gesamte Beziehung. Männer müssen sagen, was sie meinen und tun, was sie sagen. Dazu gilt es auch den Konflikt mit der Partnerin zu wagen, gegenseitige Machtansprüche zu klären und unterschiedliche Bedürfnisse auszutarieren.

Nur dies schafft neue Offenheit, in der sich Partnerschaft genuin entwickeln kann.

Auch dazu gibt es mittlerweile viele Hilfestellungen in den Männerzentren, aber auch außerhalb; diverse Organisationen wie die evangelischen oder die katholischen Familienberatungen, die pro familia oder bestimmte Wohlfahrtsverbände verfügen inzwischen auch über männerspezifische Angebote. Zudem bieten professionelle Helfer in der Familientherapie und in psychotherapeutischen Einzel- und Gruppentherapien Problemlösungen an.

Übung 1

Malen Sie entsprechend Ihren Fähigkeiten ein Bild zum Stichwort «Liebe».

Übung 2

Suchen Sie sich einen ruhigen Platz und überlegen sie einmal, warum Sie mit Ihrer gegenwärtigen Partnerin/Ihrem Partner zusammen sind. Sind die Erwartungen, die sie an diese Partnerschaft einmal hatten, in Erfüllung gegangen?

Übung 3

Michael Mary und Henny Nordholt haben folgende Übung konzipiert, um das Klima einer Beziehung/Partnerschaft festzustellen (Mary/Nordholt 1995, 192 f.):

Die Übung kann ich alleine machen oder mit dem Partner zusammen.

Ausgangspunkt:	Ein Konflikt oder fehlende Orientierung über die Beziehung.
Die Beziehung:	Ich (wir) beschreibe(n) das *Verhalten der Partner* sprachlich in der dritten Person. Was tut der Mann? Was tut die Frau? Dabei sind Erklärungen oder Rechtfertigungen nicht erlaubt. Es geht nur um das Verhalten.
Überzeugungen:	Wovon ist der Mann überzeugt? Wovon ist die Frau überzeugt?

Wir:	In welchem Klima leben die beiden? Ich oder wir benennen das Klima (beispielsweise Gleichgültigkeit, Distanziertheit, Vertrautheit, Misstrauen, Kampf oder anderes).
Nicht-Wir:	Was können die beiden nicht? Was kommt nicht in der Beziehung vor? Was braucht die Beziehung (beispielsweise Zeit, Offenheit, Abstand, Nähe etc.)?
Integration:	Wie kann der Mann der Beziehung geben, was sie braucht? Wie kann die Frau der Beziehung geben, was sie braucht? Was ist klar geworden, und wie will ich (wollen wir) damit umgehen?

Übung 4

Überlegen Sie einmal genau, welche Erwartungen Sie an Ihre Freundin/Frau haben?
(Unterstreichen Sie die für Sie wichtigsten drei Eigenschaften)

- Intelligenz
- Erwerbstätigkeit
- Schönheit
- Reichtum
- Selbständigkeit
- Gefühlswärme
- Verständnis
- Klarheit
- seelische Unterstützung
- Attraktivität
- Häuslichkeit
- Opferbereitschaft
- Solidarität

- Abhängigkeit
- Stärke
- erotische Ausstrahlung

Übung 5

Welches sind die drei wichtigsten Gesprächsthemen im Alltag zwischen Ihnen und Ihrer Freundin/Frau? (Unterstreichen Sie bitte die drei wichtigsten)

- Haushalt
- Haushaltsgeld
- Gefühle
- Garten
- Haustiere
- Finanzen
- Kleidung
- Einrichtung
- Kinder
- Mahlzeiten
- Politik
- Arbeit
- Ferien
- Freunde
- Freizeit
- Eifersucht
- Karriere
- Zukunft
- Vergangenheit
- Schwiegereltern
- Fernsehen
- Gesundheit
- Krankheit
- Kunst
- Literatur
- Musik
- Sexualität

Übung 6

Billigen Sie Ihrer Freundin/Frau die Freiheit zu

- mit ihren Freundinnen allein auszugehen ja ☐ nein ☐
- mit Freunden (männlich) allein auszugehen ja ☐ nein ☐
- mit *einem* Freund (männlich) allein auszugehen ja ☐ nein ☐
- allein in eine Kneipe zu gehen ja ☐ nein ☐
- allein tanzen zu gehen ja ☐ nein ☐
- allein ein Wochenende zu verbringen ja ☐ nein ☐
- allein in die Ferien zu fahren ja ☐ nein ☐

Wie schaut es im Vergleich dazu aus mit jenen Freiheiten, die Sie für sich als selbstverständlich erachten?

Literatur zur Information und Weiterarbeit

a) Diagnose

- William F. Pollack, Richtige Jungen. Bern (Scherz) 1998.
- Jens Asendorpf/Rainer Banse, Psychologie der Beziehung. Bern und Toronto (Huber) 2000.
- Ulrich Beck/Elisabeth Beck-Gernsheim, Das ganz normale Chaos der Liebe. Frankfurt/M. (Suhrkamp Taschenbuch) 1990.
- Mira Kirshenbaum, Soll ich bleiben, soll ich gehen? Ein Beziehungscheck. Bern (Scherz) 1998.
- Susan Page, Jetzt mache ich uns glücklich. Liebevolle Lenkung in Partnerschaften. Frankfurt/M. (Krüger) 1998.
- Liam Hudson/Bernadine Jacot, Wie Männer denken. Frankfurt/M. (Campus) 1993.
- Carol Lee, Hilflose Helden. Reinbek (Rowohlt Taschenbuch) 1998.

b) Veränderung

- Rudolf Sanders, Zwei sind ihres Glückes Schmied. Ein Selbsthilfe-Programm für Paare. Paderborn (Junfermann) 1998.

- Michael P. Nichols, Die wiederentdeckte Kunst des Zuhörens. Stuttgart (Klett-Cotta) 2000.
- Steven Carter/Julia Sokol, Lauf nicht vor der Liebe weg. 8 Schritte zu einem dauerhaften Glück. München (Kösel) 2000.
- Sidney und Suzanne Simon, Verstehen – Verzeihen – Verwöhnen. Bern (Scherz) 1991.
- Judith Viorst, Mut zur Trennung. München (Heyne-Taschenbuch) 1990.
- Marina Valcarenghi, Beziehungen. Vom Wir zum Ich. Leinfelden-Echterdingen (Bonz) 1998.
- Peter Angst, Glück zu zweit auf Zeit? Verhandelnde Paare lieben länger. Bern (Zytglogge) 1999.
- John Gray, Männer sind anders. Frauen auch. München (Goldmann-Taschenbuch) 1998.
- Regina Hamburger, Wenn die Liebe geht. Düsseldorf (Econ Taschenbuch) 1997.

c) Übungsteil

- Evelyne Maaß/Karsten Ritschl, Die Freiheit zu lieben. Übungen, Spiele und Phantasiereisen für eine gelingende Partnerschaft. Paderborn (Junfermann) 2000.
- Peter Orban, Die Kraft, die aus der Herkunft stammt. Eine Reise zu den Wurzeln der eigenen Familie. München (Kösel) 1997.
- Marcia Zoladz, Das Männerkochbuch. München (Deutscher Taschenbuch-Verlag) 1998.

8. Väter und Kinder (und vor allem Söhne)

Die Omnipotenz der Mutter in der modernen Gesellschaft erstreckt sich auch auf das Bild, das der Sohn vom Vater hat; die Mutter erklärt ihm Wirklichkeit, Charakter und Tätigkeit des arbeitsabsenten Vaters. Doch dies geschieht unauthentisch sowieso, aber auch ambivalent: «Die Mütter führen die Väter bei den Kindern als wichtige Figuren ein, als von ihr geliebte Personen; sie bauen die Väter oft für die Kinder erst auf, um einen Ausgleich dafür zu schaffen, dass Kinder ihre Väter nicht im gleichen Maß wie ihre Mütter kennenlernen können. Gleichzeitig aber unterhöhlen sie seine Position sozialer Überlegenheit oder angemaßter Familienautorität durch ihre Reaktion» (Choderow 1985, 234).

Der Sohn erlebt die Abwesenheit des Vaters, sieht, wie dieser die wichtigsten häuslichen Entscheidungsbereiche an die Mutter delegiert, wie Erziehung, Ernährung und private Problemlösungen ebenso weibliche Domänen sind wie Kindergarten, Schule, Freizeitgestaltung und, im Falle von Schwierigkeiten, Schulberatungsdienste, Psychologie und Sozialarbeit. Alles, was im Leben *konkret* zählt, kommt von Frauen.

Der Vater vermittelt zumeist nur *abstrakte Botschaften*. Dabei sollte er als Mann das erste und wichtigste Identifikationsobjekt für seinen Sohn sein. In der Tat schauen Jungen auf ihre Väter, um Beispiele zu finden, wie sie ihre Männlichkeit ausfüllen und leben sollen.

Die Forschung ist sich einig, dass jeder Junge einen Vater für seine Entwicklung braucht. Robert Bly schreibt: «Frauen können aus dem Embryo einen Jungen machen, aber nur Männer sind in der Lage, aus dem Jungen einen Mann werden zu lassen» (Bly 1987, 7). Solche konstruktive Aneignung von Männlichkeit würde erfordern, dass der Junge sich an einem Mann abarbeiten kann. Abarbeiten bedingt zunächst einmal väterliche Präsenz und zum anderen die väterliche Bereitschaft, sich mit seinem Sohn auseinanderzusetzen.

Doch der Vater ist meistens nicht da; er arbeitet außerhalb der Familie. Dieses Kindheitsdrama für den Sohn wiederholt sich in der Pubertät. Der adoleszente Junge «kann eine Identität nicht in Rollen finden, die schon der Vater oder die Vorväter innehatten, sondern muss sich in einer Berufsvielfalt, die er kaum überschaut und keinesfalls aus eigener Kindheitserfahrung kennt, orientieren und entscheiden. Alles das muss ihm das Gefühl der Vereinsamung geben und legt ihm den Schluss nahe, dass der Vater schwach, unfähig ist, dass man mit ihm nicht rechnen kann. Umgekehrt fühlen die Väter eine verständnislose Verschlossenheit an den Söhnen, die es schwer oder unmöglich macht, das rechte Wort im rechten Augenblick zu finden» (Mitscherlich 1963, 242). So entsteht ein Leidensverhältnis zwischen Sohn und Vater. Viele Darstellungen beschreiben, wie Männer ihr ganzes Leben damit zubringen, jene Leere zu füllen, die der Rückzug ihrer Väter geschaffen hat.

Die gesellschaftliche Absenz des Vaters bewirkt, dass im Leben der Söhne nur ein schemenhaftes Bild vom Vater entsteht – nicht konkrete Person, sondern *abstrakte Autorität*. Empirische Sozialisationsforschung weist aus, dass Söhne ihre Väter primär als Bestrafungs- und Kontrollinstanz erleben. Väter überwachen *formell* die Erziehungsarbeit der Frauen an ihren Söhnen, fordern die Resultate ein und sanktionieren, wenn diese sich nicht im Sinne sozialer Anforderungen zeigen. Auf diese Weise präsentieren sie sich als die Agenten gesellschaftlicher Konformität. Für den Sohn entsteht so die gefährliche Kluft von weiblicher Lebensgestaltung in ihrer alltäglichen Konkretion und von abstrakten männlichen Forderungen, die eingelöst sein wollen. Eine Folge ist, dass Jungen ihre Männlichkeit häufig aus einer weiblichen Optik betrachten, ohne sich dessen bewusst zu sein.

Da der Mann von heute innerlich schwach ist, indem er oft nur noch als Reflex der äußeren Welt agiert, kann er seinen Kindern weder Werte vorleben noch selbige vermitteln. So beschränkt er sich in seiner Erziehungsfunktion auf Aufsichtspflichten; er überwacht Leistungen, Ordnung und Ordentlichkeit, in gewisser Weise Gehorsam und vor allem das Funktionieren seiner Söhne und Töchter innerhalb gesetzter Karrieren. Der moderne Vater ist aber unfähig geworden, sich mit seinen Kindern wirklich auseinander zu setzen, ihnen inhaltlich Gelegenheit zu geben, sich an ihm abzuarbeiten, um dergestalt sich entwickeln und wachsen zu können. Er kann keine Wertwelten, kein Ethos und keine sittlichen Verpflichtungen mehr darstellen, die seine Kinder durchaus nicht nachleben müssten, aber an denen sie sich orientieren könnten, um schließlich eigene Wege und Ziele im Leben zu finden.

Nur ca. 6 Prozent der deutschsprachigen Männer – so weisen empirische Untersuchungen aus – haben von ihren Vätern ethische Maximen, religiöse Grundsätze, sittliche Verpflichtungen, politische Prinzipien und damit sinnstiftende Botschaften auf den Lebensweg mitbekommen, an denen sie sich orientieren und abarbeiten konnten.

Die Wirkung unverständlicher, weil abstrakter Lektionen verstärkt sich noch dadurch, dass sie in wesentlichen Lebensbereichen vor allem auch von den Müttern kommen. Frauen können Jungen nicht authentisch zur Männlichkeit initiieren, weil es dafür die Männer mit ihrem Fühlen, Wissen und Erleben braucht (siehe folgende Seite). Nicht umsonst belegt die Ethnologie alle Männlichkeitsinitiationen mit der ausschließlichen Präsenz von Männern. Wie will eine Frau ihrem Sohn erklären, was ein Mann ist? Sie hat es nie gefühlt und nie erfahren. Wie will sie ihm Penis, Erektion, Ejakulation oder männlichen Orgasmus verdeutlichen? Sie kann das im Aufklärungsbuch nachlesen und dann ihrem Sohn vermitteln. Das ist dann mindestens so abstrakt und erlebnisfern wie Sexualkunde in der Schule. Mit der inneren Erlebniswelt der Männer verbindet die Frau keine Erfahrungen. Ist sie trotzdem aufgerufen, den Sohn zur Männlichkeit zu «initiieren», aufzuklären, so entwickelt der Junge eine unechte, künstliche Männlichkeit, keine innere Haltung, sondern eine Pose, «hohl und defensiv», wie Herb Goldberg anmerkt.

Damit fällt der Vater auch in jener wichtigen Funktion aus, die er gesellschaftlich für seine Kinder früher erfüllt hat: als Vermittler von Männlichkeit, Kultur, Tradition und Kontinuität. Der Stuttgarter Psychiater Joachim Bodamer kritisiert mit dem Pathos des Wertkonservativen: «Jeder Sohn beginnt heute neu, so als hätte er keinen Vater gehabt. Wie sollte er auch vor seinem Vater Ehrfurcht empfinden, Ergriffenheit vor der Autorität und dem Geheimnis des Vaterseins, wenn er von diesem seinem Vater höchstens technische Lebenskniffe lernt und nur zu früh erfährt, wie viel Unsicherheit und Bodenlosigkeit sich hinter einer Weltanschauung tarnt, die nur «diese Welt» kennt und gelten lässt?» (Bodamer 1956, 181).

Seiner Auseinandersetzung mit dem Mann als Vater in der modernen Zeit stellt er ein Stifter-Wort voran: «Zur Erziehung muss man etwas sein.» Folgt man Bodamer, so ist der Mann von heute aber rein gar nichts mehr. Die gesellschaftliche Entwicklung, die der Mann gemacht und institutionell untermauert hat, sei dermaßen über ihn hinweggegangen,

1. **Männer werden von Frauen geboren.**

2. **Männer müssen Männer werden.**

3. **Mütter können Söhne nicht zu Männern machen, weil sie Frauen sind.**

4. **Männer sind deshalb gezwungen, sich als Heranwachsende von den Frauen abzuwenden und dergestalt eine eigene Identität zu erwerben.**

5. **Männer müssen lernen, wer sie sind und was sie wollen, ohne sich auf die Wünsche und Hoffnungen der Frauen zu beziehen. Sonst können sie *innerlich* keine Männer werden.**

6. **Nur in sich souveräne Männer können dann ohne Angst und ohne Herrschaftsgelüste wieder auf Frauen zugehen und demokratisch mit ihnen leben.**

dass er heute entpersonalisiert, innerlich entmachtet und gänzlich entfremdet in der Welt stehte (siehe auch gegenüberliegende Seite).

Der Mann von heute hat keine Autorität mehr, da er sie auf technische und bürokratische Instanzen übertragen hat. «In Beruf und Öffentlichkeit ist der Mann von heute autoritätslos, weil er, wo er auch stehen mag, von einer abstrakten Autorität beherrscht wird, die er dann wieder verkörpert. Aber eine abstrakte Autorität ist eben keine im Sinne der Urheberschaft, nirgends «hebt er» etwas aus dem Anfänglichen und ist er Schöpfer und Verantworter dessen, was er schafft, von Ausnahmen abgesehen, die am Rande der industriellen Gesellschaft leben. Da uns nur der Durchschnittstypus interessiert, der überall lediglich als Funktionär in Erscheinung tritt und das Bild unserer Gesellschaft bestimmt, so ließe sich wieder sagen, wie an anderer Stelle, nur hier auf die Frage der Autorität angewendet: Der Mann von heute hat in jedem Falle spezialisierte, technisch einzusetzende, fachgezüchtete Fähigkeiten; aber er besitzt trotzdem keine natürliche Autorität mehr» (Bodamer 1956, 173 f.).

Wenn aber der heranwachsende Sohn über keine gleichgeschlechtlichen Identifikationsobjekte verfügt, ist er nicht imstande, seine männliche Identität zureichend auszugestalten. Er verharrt in der Diffusität, in der unbewussten, kindlichen Bindung an die Mutter, in der negativen Besetzung seiner Sexualität, charakterlich in der Infantilität. Das ist heute die Tragik der meisten Männer, nur ist sie den wenigsten bewusst.

Herb Goldberg unterstellt, dass männliche Unreife auch häufig die Entscheidung zur Vaterschaft bedingt:

* «Ein Kind zu zeugen ist eine Art, der Welt einen schlagenden Beweis dafür zu liefern, dass man eine Erektion zustande bringen und eine Frau schwängern kann.

* Wenn der mutterfixierte Mann ein Kind zeugt, so will er damit unbewusst vielleicht seiner Mutter eine Freude machen (…).

* Dem karriereorientierten Mann wird ein Baby gerade recht sein, um sein Image der Reife, Verantwortlichkeit und Stabilität zu unterstreichen. Er stellt sich vor, sein Arbeitgeber werde nun mit deutlich gesteigertem Wohlwollen auf ihn blicken und wohl auch eher zu einer Beförderung aufgelegt sein, wo er doch jetzt deutlich sehen kann, dass sein Untergebener ein gesetzter verheirateter Mann ist und kein Playboy.

* Das am meisten verbreitete Motiv ist wohl: Er will seiner Frau beweisen, dass er sie liebt und sich ganz der Beziehung zu ihr hingibt. Er

zeugt ein Kind, weil er seine Frau glücklich machen und ihr helfen will, ihre Erfüllung als Frau zu finden – jedenfalls glaubt er es (...).

- Er glaubt, ein Kind werde die Beziehung festigen und sichern. Er glaubt, wenn erst ein Kind da sei, dann werde ihn seine Frau bestimmt nicht mehr verlassen» (Goldberg 1978, 125).

Der Rückzug aus der Vaterschaft und häufig auch aus der Partnerschaft beginnt oft schon in der Schwangerschaft. Viele Männer sind allen Ernstes überzeugt, mit der Besamung ihrer Partnerin ihre Familienpflicht erfüllt zu haben. Andere packt noch vor der Geburt ihres Nachwuchses die Angst vor der Verantwortung; die «Väter», die ihre Kinder dergestalt nicht kennen, gehen im deutschsprachigen Raum pro Jahr in die Zehntausende, jene die sich vor oder nach der Geburt auch ihrer materiellen Unterstützungspflicht entziehen, in die Hunderttausende.

Hinweis 1

Wollen Sie

- die Aufgaben als Vater eines Kindes und Partner einer Mutter so gut wie möglich bewältigen?
- als alleinerziehender Vater Kontakt und Unterstützung?
- mit anderen Männern in ähnlicher Situation ins Gespräch kommen?
- ein Einzelgespräch mit einem Berater zu Fragen oder Schwierigkeiten, die Sie mit dem Thema Vater sein oder Vater werden verbinden?
- Ihren Kindern vermeidbare Belastungen und Schmerzen ersparen?
- mehr über sich erfahren, um besser mit Ihrer Situation als Vater zurechtzukommen?
- Ihr Verhältnis zu Ihrem eigenen Vater klären?

• ein aktiver Vater sein?
  Wenden Sie sich an uns!

«Mannege», Tucholskystr. 11, D-10117 Berlin;
Tel.: (0 30) 28 38 98 61, Fax: (030) 28 38 98 62,
e-mail: mannege@snafu.de.

Hinweis 2

Vater-Kind-Gruppe

Väter und ihre Kinder im Alter von 1 1/2 bis 3 1/2 Jahren treffen sich zweimal im Monat am Samstagvormittag, um miteinander zu spielen, basteln, reden, matschen, toben und und…
Väter können andere Väter kennen lernen, Kinder finden Spielkameraden. Gemütlichkeit und Spaß sollen im Vordergrund stehen.

Die Gruppe richtet sich an Väter mit Kindern von 1 1/2 bis 6 Jahren
Den Alltagsstress vergessen – als Vater für sein Kind verantwortlich sein – sich in Spiel und Spaß neu und intensiver wahrnehmen. Darüber hinaus haben die Väter Gelegenheit, sich über ihre Erfahrungen im Erleben mit ihren Kindern auszutauschen.
Einmal im Monat findet ein Väterabend statt.

Evangelische Familienbildung, Darmstädter Landstr. 81,
D-60598 Frankfurt/M.;
Tel.: (0 69) 60 50 04 – 0; Fax: (0 69) 60 50 04 – 22.

Die Psychiaterin Marga Kreckel zeigt in ihrer Untersuchung «Macht der Väter – Krankheit der Söhne» die erschreckenden Folgen der vielfältigen Formen von Vaterabsenz. Bleibt der Vater für den Sohn unerreichbar – so lautet ihr Fazit –, dann bleibt auch der Sohn sich selber fremd.

Die Konturen- und Schattenlosigkeit des Vaters bedingt die verstärkte Hinwendung des Sohnes zur Mutter, die auch quantitativ mehr vorhanden ist; sie ist näher und greifbarer, sie garantiert eine Stabilität, die der Vater heute nicht mehr zu geben vermag. Doch die Folgen davon sind mitnichten positiv. «Diese «genuine» Vaterlosigkeit des modernen

Vaters führt auch dazu, dass der Mann von heute recht häufig in einer komplexen Mutterbindung verharrt, die seine Entwicklung zur inneren Selbständigkeit und Reife verzögert oder überhaupt hintan hält. Selbst vaterlos im religiösen Sinne, fällt er dem gefährlichen Reich der Mütter anheim oder entwächst ihm nicht, um er selbst sein zu können. Noch nie in der Geschichte der menschlichen Entwicklung sind Frauen so kompakt vor der Notwendigkeit gestanden, ihre Männer aus der Bindung an ihre Mütter zu lösen, damit diese sich ihnen und sich selbst zuwenden können» (Bodamer 1956, 181 f.).

Die Problematik verschärft sich, weil sich der Sohn in seiner Entwicklung zur Männlichkeit notwendigerweise von der Mutter abwenden muss (siehe II, 5: Sexualität und Liebe; II, 7: Bindung und Partnerschaft). Die allumfassende Liebe der Mutter zum Sohn muss sich an jenem Punkt radikal brechen, wo die männlichkeitsdominierte Gesellschaft auch von ihr verlangt, den Buben zum kleinen Mann zuzurichten. Der Junge versteht nun auf doppelte Weise gar nichts mehr. Die allseits Umsorgende, Liebend-Verschlingende wird plötzlich zur fordernd Imperativen und verlangt zudem noch Eigenschaften wie Härte, Durchsetzungsvermögen und Beherrschung, die sie ihm gegenüber doch selbst niemals dokumentiert hat.

Männliche Verhaltensmuster zu übernehmen, fällt dem Jungen um so schwerer, als er von einer Frau geboren wird, die auch in den folgenden Jahren seine primäre Bezugsperson bleibt. Darüber hinaus verbringt der Knabe wesentlich mehr Zeit mit Omas, Tanten und Freundinnen seiner Mutter als mit dem tagsüber abwesenden Vater. In Kindergarten, Vorschule und Schule ist der Junge in der Regel auch fast ausschließlich mit weiblichen Erziehungspersonen konfrontiert. Der soziale Druck, sich männliches Verhalten anzueignen, verlangt nun in dieser vorwiegend von Frauen geprägten Umgebung von dem Jungen, seine Identifikation mit der Mutter und mit der Weiblichkeit generell aufzugeben.

Aus den empirischen Gefühlsäußerungen der Männer im deutschsprachigen Raum lassen sich letztendlich zwei Topoi filtrieren, die sich gegenseitig bedingen: die Abwesenheit des Vaters und die «Kontrolle» der Söhne durch die Mutter. Beides ist Ausdruck des Ungleichgewichts in der Arbeitsteilung zwischen den Geschlechtern. Diese lässt sich quantitativ eindeutig belegen. Die Diskrepanzen sind erheblich. Nur rund 3 Prozent der Befragten geben an, die Mutter täglich niemals für sich allein gehabt zu haben (null Minuten); aber 32 Prozent mussten täglich total auf die Präsenz ihres Vaters verzichten. 6 Prozent der Männer haben als

Söhne mehr als zwei Stunden täglich mit ihrem Vater verbracht, aber 44 Prozent mehr als zwei Stunden mit ihrer Mutter (**siehe Grafik** auf der folgende Seite).

Diese Zahlen belegen klar, wie wenig der Vater in der kindlichen Erlebniswelt der heranwachsenden Männer vorhanden gewesen ist und wie stark es umgekehrt die Mutter war.

Insgesamt vollzieht sich in den vergangenen Jahren ein positiveres Verhältnis zwischen Vätern und Kindern. Die Männer von heute haben ein stärkeres Bewusstsein dafür entwickelt, dass auch sie sich um ihre Söhne und Töchter zu kümmern haben. Ausdruck davon ist zum Beispiel die «Norderneyer Erklärung zur Vaterrolle in der heutigen Gesellschaft» vom 12. 2. 1999, die im folgenden – beispielhaft für andere Dokumente dieser Art – auszugsweise wiedergegeben wird:

«Die traditionelle Vaterrolle, wie wir sie noch von unseren Vätern erlebt haben, löst sich zunehmend auf.

Die traditionellen Funktionen des Vaters als Patriarch haben ihre Bedeutung verloren. Im gleichen Maße nimmt der Ruf nach mehr Beteiligung des Mannes in der Erziehung, Haushalt etc. zu. Da ein neues Vaterbild noch unzureichend definiert ist, führen diese Anforderungen zu einer starken Verunsicherung der betroffenen Männer. Diese Anforderungen bewegen sich einerseits in der Übernahme klassischer mütterlicher Aufgabengebiete, andererseits beinhalten sie die historische Chance, ein völlig neues Vaterbild zu entwickeln und zu praktizieren.

Dieses neue Vaterbild sollte für uns folgende Grundsätze beinhalten:

- Wir wollen als Väter nicht auf unser Mann-Sein verzichten.

- Wir wollen unsere männliche Kraft und unsere männlichen Qualitäten einbringen.

- Wir wollen auf keinen Fall die besseren Mütter werden.

- Wir wollen in dem Erziehungsprozess unserer Kinder als Männer akzeptiert werden.»

Die Erklärung weist auch auf das Recht des Vaters hin, eigenständig am Erziehungsprozess der Kinder teilzuhaben und dabei «nicht zum verlängerten Arm der Mutter degradiert zu werden.» (…)

«Wir haben es satt, als defizitäre Wesen beschrieben zu werden. Wir haben es satt, vorhandene Defizite im Erziehungsprozess als persönliche

Verbrachte Zeit mit Vater und Mutter
(Mittelwerte im deutschsprachigen Raum)

──────────   = Mütter

─ ─ ─ ─ ─   = Väter

Zeit	Prozent	0 5 10 20 30 40 50
Mehr als 2 Std.	Mütter	────────────────────────
	Väter	─ ─ ─
2 Std.	Mütter	────────
	Väter	──
1 Std.	Mütter	───────
	Väter	─ ─ ─ ─
30 Min.	Mütter	──
	Väter	─ ─ ─ ─
15 Min.	Mütter	──
	Väter	─ ─ ─ ─ ─
5 Min.	Mütter	──
	Väter	─ ─ ─ ─
0 Min.	Mütter	─
	Väter	─ ─ ─ ─ ─ ─ ─ ─

Schuldzuweisungen hinnehmen zu sollen, da diese Defizite ihren Ursprung und ihre massiven negativen Folgen in gesellschafts-politischen Strukturen haben. In einer Gesellschaft, in der die Wertigkeit und Wichtigkeit väterlicher Präsenz massiv behindert und vernachlässigt wird, ist die öffentliche Rede von «Abwesenden Vätern» in unseren Augen blanker Hohn. Aktive und verlässliche Teilhabe an der Erfüllung unseres Erziehungsauftrags wird in vielfacher Hinsicht systematisch verhindert.

Hierzu nur ein Beispiel: Väterlicher Erziehungsurlaub auf 600,– DM-Basis ist solange eine Illusion, wie die Ungleichbezahlung von Mann und Frau die Regel ist. Gleichzeitig wird der Wert der väterlichen Qualitäten von Betrieben und Einrichtungen kaum gewürdigt, so dass Väter sich praktisch unter enormen Druck stellen, wenn sie den ihnen rechtlich zustehenden Erziehungsurlaub wahrnehmen wollen».

Die Erklärung fordert zur Verbesserung der gegebenen Misslichkeiten die Umsetzung geltenden Rechts, die Stärkung der Familie und die Gestaltung eines neuen Vaterbildes. (Kontakt: Wolfgang Rudolph Kath. Familienberatung, Fachbereich Männer- und Väterbildung, An der Mauritiuskirche 4 a, D-49477 Ibbenbüren.)

Zu den Grundforderungen neuester Väterforschung gehört ein quantitativ und emotional stärkeres Engagement der Väter bei der Jungenerziehung. Empirische Untersuchungen der vergangenen 15 Jahre weisen in diesem Bereich viele positive Veränderungen aus, die sich im Bild des «neuen Vaters» verdichtet haben. Der Wiener Psychologe Harald Werneck untersucht den Realitätswert dieses Bildes in einer präzisen, bündigen und interessanten Arbeit. Dabei muss er den Blickwinkel eines traditionellen Wissenschaftsverständnisses durchbrechen, das die Eltern-Kind-Beziehung bisher fast ausschließlich als Mutter-Kind-Interaktion verstanden und damit die Bedeutung des Vaters außen vorgelassen hat. Werneck thematisiert und erklärt zunächst einmal dieses Defizit und stellt anschließend den Erkenntnisstand der noch jungen Vaterforschung vor. In einem zweiten größeren Teil seiner Arbeit interpretiert er eine empirische Studie, die als Längsschnittuntersuchung über Väter im Zeitraum von der Schwangerschaft ihrer Partnerinnen bis drei Jahre nach der Geburt des Kindes angelegt war. Neue Väter kann Werneck nur minoritär ausmachen. Insgesamt konzediert er aber wichtige Veränderungen in der modernen Vaterschaft, zu denen vor allem die hohe Anwesenheitsrate der Väter bei der Geburt, ein stärkeres Verantwortungsgefühl gegenüber Kind und Partnerin und ein deutlich erhöhtes Engagement in der Erziehungswirklichkeit zählen. Werneck moniert auch die gesellschaftliche Indifferenz gegenüber Kinderbetreuung und Vaterschaft. Die Diskrepanz zwischen der grundsätzlich positiven Haltung der meisten Väter gegenüber dem Erziehungsurlaub und die reale Entwicklung, diesen nicht zu nehmen, führt der Autor «auf einen Mangel an wünschenswerten, adäquaten Familien- und gesellschafts-politischen Begleitmaßnahmen» zurück. Auch ein anderes Grundproblem der «neuen Väter» ist gesellschaftlich bedingt, nämlich deren Verunsicherung und Ambivalenz: «die alten Regeln, das überlieferte Anforderungsprofil an einen Vater gelten nicht mehr uneingeschränkt, andererseits existieren kaum neue, verständliche Orientierungshilfen» (Werneck 1998, 147).

Abwesende, sich entziehende und nicht fürsorgliche Väter geben an ihre Söhne eine schwere Lebenshypothek weiter. Das belegen inzwischen international viele Untersuchungen. Diese Söhne ringen zu einem großen Teil lebenslang um ihre Männlichkeit oder enden in Drogenkarrieren, Kriminalität, Krankheit und Suizid.

Hinweis 3

«Männer und Kinder auf Tour in Schweden» ist der Titel eines einmal im Jahr stattfindenden Männercamps in Schweden. Die ganze Gruppe ist dabei für elf Tag auf einer Seenplatte mit Kanadiern unterwegs. Es wird in Zelten geschlafen und mann versorgt sich selber und die Kinder unter Federführung eines «Kochs». In den elf Tagen ist eine ca. fünftägige Lagerzeit enthalten, in der die Gruppe an einem Platz bleibt und Aktionen wie Baumklettern, Schwitzhüttenbau und Nachtfahrt unternommen werden. Die Naturnähe dieser Fahrt wird durch Komponenten wie zum Beispiel die Trinkwasserentnahme aus den Seen und den einfachen Komfort verstärkt. Für die Männer gibt es täglich Gesprächsrunden zum Austausch über die aktuellen Erlebnisse und Themen, die sie darüber hinaus noch beschäftigen. Für Männer, die keine Kinder haben und sich mit diesem Thema auseinandersetzen, besteht hier die Möglichkeit, ihre Vorstellungen und Erwartungen mit denen zu besprechen, die dazu schon Erfahrungen haben. In dieser Zeit werden die Kinder betreut.

Peter Scholz, Kelsterbacher Str. 21, D-60528 Frankfurt/M.; Tel.: (0 69) 67 73 06 12.

Hinweis 4

Kraftprotz bietet unter anderem eine zweitägige Fortbildung mit dem Thema «Natur- und Umwelterleben mit Jungen» an. Ziel der Veranstaltung ist es, Natur- und Umwelterfahrungen für Jungen noch reizvoller zu machen. Weitere naturnahe Angebote von Kraftprotz sind fünftägige Abenteuercamps für Jungen zwischen 8 und 14 Jahren und die sechstägige Fortbildung «Jungenarbeit in der Wildnis», bei der jeder teilnehmende Mann 1 bis 3 Jungen mitbringt, damit es eine Fortbildung mit konkreter Jungenarbeit ist, die ganz nebenbei viel Spaß macht und spannende Abenteuer ermöglicht.

Das Grundelement dieser Seminare ist das Kennenlernen verschiedenster Arbeitsweisen und Methoden durch Eigenerfahrung. Jungengerechte naturnahe Freizeitangebote wie zum Beispiel Kochen auf offenem Feuer, Klettern und verschiedene Nachterlebnisse werden sowohl praktisch erprobt als auch theoretisch reflektiert und in den Gesamtkontext jungenspezifischer Arbeit gestellt.

KRAFTPROTZ, Bildungsinstitut für Jungen und Männer, Vorderer Mühlenweg 17, D-24242 Felde; Tel. und Fax: (0 43 40) 18 84; e-mail: j.riederle@t-online.de.

Hinweis 5

Outdoor-Erlebnis-Angebote

1. Für Väter und ihre Söhne: Titel: Wenn der Vater mit dem Sohne

2. Für Väter und ihre Söhne und Töchter: Titel: Ronja Räubertochter trifft Prinz Eisenherz

Jährlich bieten wir am Vatertag, ein Outdoor Wochenende nur für Väter und Söhne an. Den Rahmen bietet das Archäologische Freilichtmuseum in Oerlinghausen. Unser Angebot ist dann jeweils an eine bestimmte Zeitepoche gebunden, zum Beispiel Steinzeit, Mittelalter... Im Mittelpunkt stehen gemeinsame Aktionen der Väter mit ihren Söhnen, zum Beispiel Bogenschießen, Feuererzeugung, Kupferarmband schmieden, Schild und Schwert, Lagerfeuer, Ritter – Narr – Liebhaber – König: Arbeit mit den vier Archetypen…

Diese Aktionen werden begleitet durch Einheiten, die die Vater-Sohn-Beziehungen thematisieren. Das gemeinsame Erleben und der gemeinsame Spaß stehen dabei im Vordergrund.

Da dieses Angebot auf große Resonanz stieß, bieten wir mittlerweile auch Wochenenden für Väter mit Töchtern und Söhnen an. Väter von Töchtern fühlten sich mehrfach ausgeschlossen.

Inhaltlich, methodisch und von den Rahmenbedingungen, wie zum Beispiel Ort und Aktionen gleichen sich beide Angebot. Wir legen Wert darauf, dass auch die Beziehungen von Vätern zu ihren Töchtern ihren, anderen, angemessenen Platz hat.

Dirk Achterwinter, Am Rottmannshof 30, D-33619 Bielefeld;
Tel. und Fax: (05 21) 10 23 19; e-mail: Dirk-Achterwinter@t-online.de.
Uwe Bleicher, Detmolder Str. 25b, D-33813 Oerlinghausen;
Tel. (05202) 490071; Fax (5201) 490039;
e-mail: UweH.Bleicher@t-online.de.

Hinweis 6

Väter und Kinder – Wochenende

Der Natur auf der Spur

Wenn der Vater mit dem Sohne und der Tochter…
an einem Frühsommerwochenende hinaus in den Wald vor Nieder-Wiesen fährt und dort auf andere Väter mit ihren Kindern trifft, dann ist Platz zum Spielen, Zeit haben, Austauschen und Naturerleben mit allen Sinnen. Die Zelte stehen schon; im großen Blockhaus wird gemeinsam das Abendessen zubereitet. Am Lagerfeuer gibt es Geschichten, Lieder, Spiele, bis es für die Kinder Zeit ist, zu Bett zu gehen. Für die Väter bleibt noch Gelegenheit, am Feuer zu sitzen und sich auszutauschen. Am nächsten Tag gibt es eine Entdeckungsrallye durch die Natur mit Überraschung. Am Abend wollen wir das Zusammensein von Vätern und Kindern in der Natur mit einem Fest feiern.

Am folgenden Tag gibt es die Möglichkeit, an einem Gelände-
spiel durch die Natur teilzunehmen. Dann folgt das Mittagessen,
Aufräumen, und anschließend findet der gemeinsame Abschied
statt.

Ludwig Werum, Schulstr. 66, D-55124 Mainz;
Tel. und Fax: (0 61 31) 46 71 85.
e-mail: LudwigVerum@gmx.de; Internet: www.LudwigVerum.de.

Von daher ist die Vater-Sohn-Beziehung in all ihren Facetten auch nicht
bloß ein individuelles Problem, sondern ganz und gar auch ein gesellschaftliches.

Bis diese Forderung nach verbesserten sozialen, ökonomischen und
politischen Bedingungen umgesetzt ist, bleibt allerdings erst einmal nur
der individualisierende Appell, sich als Mann auf die Vaterschaft adäquat
vorzubereiten.

Die Hamburger Psychologin Britta Reiche wertet in ihrer empirischen
Untersuchung «Väter-Dasein» Interviews mit aktiven Vätern aus, die
sich von der Umwelt diskriminiert statt unterstützt fühlen. Das gilt für
die Bedingungen am Arbeitsplatz ebenso wie für das «Klima der Spiel-
plätze und Müttergruppen, indem sie sich häufig von den Müttern aus-
gegrenzt und nicht akzeptiert sahen». In ihrer sorgfältigen Arbeit hebt
Reiche hervor, dass «die positive Umsetzung der Rollenveränderung»
jenen Vätern am besten gelang, die sich in Männergruppen, Therapie
u. a. schon vor der Vaterschaft damit vertraut gemacht hatten.

Übung 1

Überlegen Sie einmal in aller Ruhe, was Ihr eigener Vater mit Ihnen
gemacht hat (zum Beispiel Hausaufgaben, Ausflüge, Sport)? War es
genug, war es zu wenig?

Überlegen Sie nun, was Sie mit Ihrem Kind/Ihren Kindern
machen? Schauen Sie auch einmal im Vergleich, was Ihre Partnerin
mit Ihren Kindern tut.

Können Sie mit der Bilanz zufrieden sein?

Übung 2

Beschreiben Sie einmal kurz, welche Erfahrungen und Werte aus der Männerwelt Ihnen Ihr Vater vermittelt hat.

Welche männlichen Erfahrungen und Werte geben Sie an Ihren Sohn weiter?

Unterscheiden sich die «Botschaften» Ihres Vaters von den «Botschaften», die Sie an Ihren Sohn weitergeben?

Übung 3

Schauen Sie sich die Angebote für Väter und Kinder in diesem Kapitel noch einmal an. Könnten Sie sich vorstellen, in dieser Richtung etwas zu unternehmen? Erzählen Sie die Angebote Ihren Kindern und fragen Sie sie, ob sie Interesse hätten, so etwas mit Ihnen zu machen.

Literatur zur Information und Weiterarbeit

a) Diagnose

- Ray Raphael, Vom Mannwerden. München (Irisiana) 1993.
- Marga Kreckel, Macht der Väter – Krankheit der Söhne. Frankfurt/M. (Fischer Taschenbuch) 1997.
- Horst Petri, Das Drama der Vaterentbehrung. Freiburg i. Br. (Herder) 1999.
- Lothar Schon, Sehnsucht nach dem Vater. Stuttgart (Klett-Cotta) 2001.
- Carol Lee, Hilflose Helden. Reinbek (Rowohlt Taschenbuch) 1998.
- Britta Reiche, Väter-Dasein. Hamburg (Verlag. Dr. Kovac) 1998.
- Wassilow E. Fthenakis u. a., Engagierte Vaterschaft. Opladen (Leske + Budrich) 1999.
- Harald Werneck, Auf der Suche nach den neuen Vätern. Wien (Springer) 1998.

b) Veränderung

- William S. Pollack, Richtige Jungen. Bern (Scherz) 1998.
- Peter Veith, Ohne Fäuste geht es auch. Kinder lernen gewaltfrei leben. Freiburg i. Br. (Herder Taschenbuch) 2001.

- Xenia Frenkel, Einfach und glücklich. Leben mit Kindern. Freiburg i. Br. (Herder Taschenbuch) 2000.
- Adrienne Burgess, Vatermythen, Vaterbilder. Genf (Diana) 1999.
- Horst Obleser, Parzival auf der Suche nach dem Gral. Leinfelden-Echterdingen (Bonz) 1997.

c) Übungsteil

- Christiane Lutz, Das Männliche im Märchen. Leinfelden-Echterdingen (Bonz) 1996.
- John Selby, Väter und ihre Rolle in unserem Leben. München (Kösel) 1999.

9. Männerkumpanei und Freundschaft

Männerwelten werden in der Literatur häufig verklärt. Das gilt insonderheit für feministische Darstellungen mit der Außensicht von Frauen. Dabei erscheinen Männerwelten als stabile und kohärente Bastionen, die ihren männlichen «Mitgliedern» Karriere und Privilegien gewährleisten und darüber hinaus für Verhaltenssicherheit und Orientierung sorgen.

Unbestritten ist, dass männliche Netzwerke noch immer zu einem nicht unbeträchtlichen Teil Berufswege und -ziele von Männern stützen, fördern und begleiten; insofern lässt sich durchaus von einer Männerkumpanei sprechen.

Die *Binnenstruktur* von Männerwelten offenbart indessen Wettbewerb, Konkurrenz, Auseinandersetzung, soziales Catch-as-catch-can. Männer fungieren hier als Einzelkämpfer, Steppenwölfe, Erfolgsmaschinen – misstrauisch, kontrolliert, verschlossen, intrigant und immer gestresst. Von ihrem machtpolitischen Gebrauchswert aus betrachtet sind Männerwelten sicher nach wie vor zum Teil beeindruckende Bastionen; ihr menschlicher Wert ist indessen gänzlich gering. Männerwelten garantieren zwar auf eine sehr veräußerlichte Art Zugehörigkeit, Interessenwahrnehmung und Kumpanei, aber sie vermitteln weder Geborgenheit noch Wärme, weder Solidarität noch eine Sicherheit, die in irgendeiner Weise lebenstragend wäre.

«Von Beginn, vom ersten Händedruck an», notiert Männerforscher Perry Garfinkel, «ist die Begegnung von zwei Männern eine Konfrontation, ein Kräftemessen» (Garfinkel 1986, 142). Die Forschungs- und Sozialisationsliteratur über Jungen und Männer reduziert männliche Erziehung auf die Vermittlung von Werten wie Leistung und Erfolg. Die effiziente Aufgabenbewältigung ist wichtiger als die menschliche Beziehung, die jeweils mit der Aufgabe verbunden ist. Männliche Bindungen entstehen, indem wir etwas zusammen leisten, nicht indem wir einfach zusammen *sind*.

Männer sind Konkurrenten. Ich erinnere mich an meine Schulzeit: Es begann mit dem Deutschunterricht; wer konnte am besten ein Gedicht aufsagen, ein möglichst langes Gedicht und ohne Stocken. Anschließend Sport: Wer lief am schnellsten, sprang am höchsten? Rechnen: Der Lehrer ließ jeweils sechs Schüler aufstehen und stellte eine Kopfrechenaufgabe. Wer am schnellsten und richtig geantwortet hatte, «durfte» nach vorn. Die Gruppensieger traten zur Zwischenausscheidung an, bis zwei zum Endkampf übrigblieben. Manche Pauker führten Notenspiegel, die sie wöchentlich vorlasen: Abstiege, Aufstiege, Rekorde, auf jeden Fall: ständige Konkurrenz. Und in unserer Freizeit konkurrenzierten wir uns «freiwillig» beim Fußballspielen, Wettrennen, Radfahren, ja sogar das Pinkeln wurde zum «Wettpissen».

Das ist kein Boden, auf dem Männerfreundschaft wachsen kann. Auf die Frage nach dem besten Freund erhielt Garfinkel Antworten wie: «meine Frau», «meine Freundin», «John Wayne und Robert De Niro». Die ganze Männerforschung weist aus, dass Männer keine oder kaum Freunde haben. Kegelabende, Männerausflüge, Skatrunden sind Rituale ohne menschliche Nähe. «Den wirklich privaten Mann – gibt es ihn überhaupt? Wohl kaum in der Gesellschaft anderer Männer. Da Männlichkeit ein Titel ist, der auf Grund von zu erbringenden Leistungen verliehen wird, jederzeit wieder aberkannt werden kann und die Existenz eines phantasierten Männerrats den Mann sogar unter Druck setzt, wenn er ganz für sich ist, muss er ständig auf der Hut sein. Besonders in der Männerrunde. Die Losung lautet also, nicht von sich zu sprechen, sondern über andere»»(Frings 1984, 94). Männlichkeit ist Konkurrenz, und diese verlangt Distanz, Pokerface und Kalkül.

Der andere Mann erscheint bereits als kleiner Junge vor allem als Gegner und Konkurrent und dieses Kampfbild verfestigt sich in der Schule, in der Lehre, in der Universität, im Militär, im Sportclub, im Beruf. Wenn aber der andere Junge primär mein Konkurrent ist, dann muss ich ihm mit Vorsicht, Misstrauen, einer Maske von Höflichkeit und Undurchschaubarkeit entgegentreten, dann muss ich eben wie Humphrey Bogart das berühmte Pokerface aufsetzen, dann muss ich verdammt cool und berechnend sein und immer überlegen und kalkulieren und stets einen Schritt schneller sein als der andere. Und das hat weitere Folgen: Ich darf dem anderen nicht meine wahren Gedanken sagen; ich muss meine Authentizität verstecken; ich muss eine Rolle spielen; ich muss meine Gefühle einschließen, und ich muss immer stark, sicher und souverän sein. Das wiederum heißt: Ich darf meine Schwächen und Fehler nicht zeigen, ja ich darf eigentlich davon gar nichts haben; sonst bin ich kein Mann.

Entsprechend der geschilderten Normen und Erwartungen umgehen Männer die «gefährliche» Nähe zu anderen Männern durch Distanz. Dementsprechend stellen sich Freizeitaktivitäten von Männern mit Männern dar: kegeln, saufen, Kneipe, Fußball, Gewerkschaftsarbeit, gemeinsame Arbeit.

Wenn wir vorliegende empirische Untersuchungen zusammenfassen, so ergibt sich schwerpunktmäßig, dass 60 Prozent der Befragten mit anderen Männern Sport treiben, in die Kneipe gehen und Ausflüge machen, 26 Prozent über Arbeit, Karriere und Politik diskutieren und 14 Prozent miteinander über sich sprechen, persönliche Lebensbereiche und auch private Probleme erörtern.

Wenn wir diesen Befund noch einmal verallgemeinern, lässt sich wohl feststellen, dass eine übergroße Mehrheit von Männern ihre freundschaftlichen Beziehungen zu anderen Männern entweder mit Entspannung oder mit Sachfragen füllt; nur eine Minderheit geht Persönliches, Emotionales, Schwieriges, Intimes an.

In der Tat fällt es den meisten Männern nicht leicht, sich auf einer persönlichen und affektiven Ebene mit anderen Männern auszutauschen. Das beweist die Auswahl von Themen, die Männer gegenüber ihren Bekannten, «Kumpels» und Freunden ansprechen oder eben sie nicht anzusprechen getrauen. Ohne große Schwierigkeiten – so geben Männer aller sozialen Schichten an – können sie mit Freunden über Arbeitsprobleme, Entlassung, Arbeitslosigkeit, Karrierefragen und politische Probleme reden. Bereits schwierigkeitsbesetzter sind Geldprobleme und Schulden als Gesprächsthemen. Dann aber wird es mühevoll. Psychische Schwierigkeiten und gar den ganzen sexuellen Problembereich (sexuelle Schwierigkeiten generell, Erektionsprobleme, sexuelle Unlust und anderes) will «Mann» im Freundesgespräch lieber umgehen und mit Bekannten u. a. sowieso nicht ansprechen.

Bei Partnerschaftskrisen und noch häufiger nach Trennungen und Scheidungen schlagen solche Sachverhalte besonders negativ zu Buch.

Immerhin hat sich die Situation – verglichen mit jener vor zwei, drei Jahrzehnten – insofern geändert, als heute zumindest ein «fremdgesponnenes» soziales Netz für solche Männer zur Verfügung steht. Gemeint sich Männerberatungsstellen, Männertreffpunkte und Männerzentren (siehe Hinweise 1 bis 8 in diesem Kapitel S. 264, und III, 2: Sich im Mann-Sein üben).

Nähe zwischen Männern ist verboten. Männerleben sind voll von Erlebnissen, wie Distanz gegenüber anderen Männern aufgebaut und bewahrt wird, obwohl durchaus Wünsche nach Verständnis und Nähe bestehen. Letztere stellen sich dann höchstens im Rausch und Besäufnis her; dann weiß man ja nicht, was man tut und was man dann wirklich tut, nimmt niemand mehr ernst. «Viele Männer erkennen, dass sie etwas von anderen Männern wollen: Wärme, Verständnis, Kameradschaft, Unterstützung usw. Aber sobald sie einige dieser Dinge bekommen, machen sie sehr oft aus Angst einen Rückzieher und kommen zur Therapie, um ihre «latenten homosexuellen Gefühle» zu diskutieren» (Zilbergeld, 1994, 93). *Homophobie* ist in unsere Kultur eingebaut, um die traditionellen Attribute von Maskulinität zu verstärken und Männer, die nicht konkurrenzbezogen sind, sondern sich Nähe und emotionale Unterstützung von anderen Männern wünschen, zu lehren, dass sie bestenfalls schwach und schlimmstenfalls krank sind. Diese Angst vor Homosexualität ist also soziale Kontrolle für Männer, sich entsprechend der herrschenden Geschlechtsstereotypen zu verhalten, d. h. wettbewerbsorientiert und leistungsstark zu sein und sich auf Frauen und nicht auf Männer zu beziehen.

Von daher wundert die Tatsache nicht, dass im deutschsprachigen Raum nur ca. 14 Prozent der Männer einen Freund haben. Natürlich nennt man «Kumpels» sein eigen, mit denen man zum Fußball-Match geht oder ein Bier trinken. Wenn es aber darum geht, einen Mann zu kennen, der einem so nah und vertraut ist, dass man ihm auch ein Problem gestehen kann, dass man mit ihm über Sorgen und Nöte zu reden wagt, dann verfügen 86 Prozent der Männer über keinen Freund.

Vor seinem Tode artikulierte John Lennon sein Unbehagen an der Männerrolle: «Ist es nicht Zeit, dass wir das Machoverhalten zerstören? Wohin hat uns das alles in den Tausenden von Jahren gebracht? Müssen wir damit fortfahren, uns zu Tode zu knüppeln? Muss ich erst mit dir einen Ringkampf machen, um mit dir als Mann eine Beziehung aufnehmen zu können? Muss ich sie verführen – nur weil sie eine Frau ist? Können wir nicht Beziehungen auf einer anderen Grundlage aufbauen? (…) Ich habe keine Lust, durchs Leben zu gehen, indem ich so tue, als sei ich James Dean oder Marlon Brando.»

Männergruppen

Interview mit Wayne A. Ewing

Dr. Wayne A. Ewing ist Theologe und Psychotherapeut in Denver. Nach seiner Promotion 1965 in Yale ließ er sich als Therapeut ausbilden. Von 1971 bis 1983 war er Professor am Loretto Heights College. In mehreren wissenschaftlichen Arbeiten setzte sich Ewing mit dem Problem von Gewalt in Familien und vor allem mit Männergewalt gegen Frauen auseinander. Als Psychotherapeut gehört er der Leitung des wegweisenden Projekts von AMEND an («Abusive Men Exploring New Directions»).

WH: Welches sind heute die wichtigsten Funktionen von Männergruppen in den USA?

Ewing: Gegenwärtig vollzieht sich in den USA eine interessante Entwicklung. Die Männergruppen, die sich bislang an Selbsterhaltung, Bewusstseinsarbeit und gegenseitiger männlicher Unterstützung ausschließlich orientierten, gehen über diese Aufgaben hinaus und wenden sich themenzentrierten Projekten zu oder bestimmten Populationen von Männern. So kann sich z. B. eine Gruppe zusammenfinden, um ein lokales Projekt («community project») zu unterstützen, das direkt mit einer spezifischen Männerproblematik verbunden ist. In Boulder, im Staat Colorado, etwa, formierte sich eine Männergruppe, um die Arbeit des «Boulder-Safehouse» zu unterstützen, in dem Frauen und Kinder untergebracht sind, die zu Hause von Ehemännern, Liebhabern und Vätern misshandelt worden sind. Männergruppen, die aus eigener Kraft an ihrer Veränderung arbeiten, beziehen heute sehr häufig Männer mit ein, die Misshandler oder Sexualtäter sind. Natürlich werden diese Gruppen von Sozialarbeitern und Therapeuten unterstützt. Was mir indessen wichtig erscheint, ist, dass hier eine zweite Generation von Männergruppen herangewachsen ist, in denen Männer ganz konkret damit beschäftigt sind, andere Männer zu heilen.

WH: Welches sind die Gründe für die starke Zunahme von Männergruppen in den USA?

Ewing: Die Gründe variieren. Manche Männer finden sich aus extrinsischer Motivation in Gruppen zusammen: Sie haben eine Beziehung mit einer feministischen Frau, die von ihnen verlangt, sensibler zu werden, ein bestimmtes Männerverhalten zu ändern usw. Andere Männer sind intrinsisch motiviert: Sie sind es leid, weiterhin jenen Rollenerwartungen zu genügen, die sie an ihrer Arbeitsstätte, in der Familie oder in ihren Intimbeziehungen erfüllen sollen. Es besteht kein Zweifel, dass sich die traditionellen Geschlechterverhältnisse stark verändern und dass die Männer davon gegenwärtig am stärksten betroffen sind. Einige Männer führen diese Veränderungsbewegung an, andere folgen ihnen. Ein Hauptgrund für diese Veränderungsbewegung liegt in der gesellschaftlichen Isolation der Männer. Männer sind in unserer Gesellschaft ziemlich einsam. In schwierigen Momenten müssen sie erkennen, dass sie wenig oder gar keine näheren Freunde haben, und wenn doch, dann sind es zumeist Frauen. Wir Männer kämpfen jetzt dafür, Freundschaft untereinander neu zu definieren, damit wir uns nicht länger um jene Möglichkeiten inneren Wachstums bringen, die im vertraulichen Umgang, in der Intimität mit anderen Männern angesiedelt sind. Unsere Kultur hat gleichgeschlechtliche Beziehungen und Freundschaften unter Männern mehr oder minder tabuisiert. Die Homophobie ist nach wie vor eine Schranke, die männliche Entwicklung hindert und erschwert.

WH: Bei dem Wettbewerbs- und Konkurrenzverhalten, das uns anerzogen wird, ist es schwierig, in Männergruppen den anderen Mann nicht als Gegner, sondern als Freund zu betrachten. Wie sehr können sich Männer in Männergruppen gegenseitig vertrauen?

Ewing: Vertrauen ist eine ganz primäre Sache in Männergruppen. Normalerweise gibt es in männerdominierten Milieus kein Vertrauen. Für viele von uns ist es ein ganz neues Abenteuer, einem anderen Mann zu vertrauen, wenn es um das geht, was unserem Herzen nahe ist und vor allem dann, wenn es mit starken Gefühlen verbunden ist. Aber die Männer-Gruppen haben mit vielen Erfahrungen, Experimenten, Spielen, auch körperlicher Art, die Basis für Vertrauen geschaffen und auch dafür, dieses Vertrauen noch zu steigern.

WH: Welches sind die neuen Verhaltensmuster, die Männer in Männergruppen lernen und sich zugestehen können?

Ewing: Nun, sich gegenseitig zu vertrauen, vor allem. Aber auch anderes: nicht-wettbewerborientiertes Verhalten wie z. B. Empathie, also die Fähigkeit, sich in andere Männer einzufühlen, Zusammenarbeit, die auf Veränderung zielt, Gewaltlosigkeit, Bedürfnisbefriedigung, die andere Menschen nicht verletzt und ihnen nicht schadet, zuhören zu können, das Leben mit dem Herzen und mit dem Kopf erfahren, loslassen können und das Leben kreativ genießen.

WH: Könnten Sie die Anstrengungen beschreiben, die Männergruppen unternehmen, um traditionelle sexistische Haltungen zu überwinden?

Ewing: Die primäre Methode, mit der sexistisches Verhalten angegangen werden kann, ist nach meinen Erfahrungen die direkte Konfrontation in der Gruppe, die aber nicht feindselig sein darf, sondern in Akzeptanz und Mitgefühl eingebettet sein muss («compassionate confrontation»). Mit anderen Worten: Konfrontation allein reicht nicht. Damit kann man einen verbalen Streit ausfechten, aber nicht Verhaltensänderung erreichen. Mitgefühl allein ist auch nicht genug. Wir sind inzwischen über den Punkt hinaus, an dem wir Männer «verstehen» wollen und müssen. Es ist an der Zeit, dass Männer zueinander finden, um sich gegenseitig von jenen Verletzungen zu heilen, die patriarchalisches Verhalten ihnen selbst zugefügt hat. Die Verbindung von Konfrontation und Mitgefühl erlaubt uns, «Brüder» zu sein und gleichberechtigt in unseren Anstrengungen uns zu verändern. Es gibt keine Hierarchie von «neuen Männern» gegen «alte Männer», obwohl einige Leute in unserem Land so reden. Die Wahrheit ist heute in einer neuen Ordnung von aufgeklärten Männern («enlightened men») zu finden, die die Strukturen und Ungerechtigkeiten des Sexismus dort aufgelöst haben, wo sie am realsten sind, nämlich in uns selbst.

WH: Gibt es schon neue, positive Verhaltensmodelle in den USA, an denen sich Männer in Bewegung in gewisser Weise orientieren können?

Ewing: Das ist eine sehr schwierige Frage. Es gibt neue Verhaltensweisen und neue Männerrollen in den Männergruppen, die sich um
Veränderung und sozialen Wandel bemühen. Aber in der Gesamtgesellschaft sieht das alles etwas anders aus. Es ist zum Beispiel in
unserer kapitalistischen Gesellschaft irritierend zu beobachten, welche Geschlechterbilder und -definitionen die Werbung anbietet.
Der berüchtigte «Marlboro-Mann», den es immer noch gibt, wird
in anderen Zigarettenreklamen von eher androgynen Männern und
Frauen konterkariert. Das Fernsehen liefert sehr unterschiedliche
Botschaften: Ich glaube, dass wir in den Männergruppen eine Art
Avantgarde («pioneering movement») bilden und uns dort diese
neuen Verhaltensmodelle selber erschaffen. Eine wichtige Veränderung, die bereits auf die Gesamtgesellschaft übergegriffen hat, ist
dabei die Beteiligung von Männern an der Kindererziehung als
aktive Väter. Es ist inzwischen gesellschaftlich akzeptiert, in der
Öffentlichkeit als Vater seine Zuneigung, seine Zärtlichkeit und
seine «weichen» Gefühle zu zeigen. Das war früher nicht der Fall.

Männergruppen sind als Lebenseinheiten definiert worden, die dem
Mann die Krise seines Selbstverständnisses zu überwinden helfen. In diesen Gruppen bearbeiten die Männer ihre Verunsicherung als Männer,
die Probleme einer neuen Selbstfindung, ihre soziale Einsamkeit und ihr
Konkurrenzverhältnis, das ihnen die Gesellschaft strukturell auferlegt.

Sämtliche Erfahrungsberichte und wissenschaftlichen Auswertungen
von Männergruppen verweisen auf das zentrale Erlebnis von gegenseitiger Hilfe, Solidarität, Wärme und Brüderlichkeit unter den Gruppenmit-
gliedern. Männer beschreiben, wie sie zum erstenmal in ihrem Erwach-
senenleben anderen Männern nahe kommen, ohne sich vor Konkurrenz,
dem Eingeständnis von Schwäche oder anderen diffusen Männerge-
fühlen fürchten zu müssen. In den Berichten wird deutlich, wie Gefühlsäußerungen, die eigentlich selbstverständlich sein sollten, vielen Männern in der Gruppe überhaupt erst zu Schlüsselerlebnissen werden. So
schildern Teilnehmer immer wieder mit bewegenden Worten, was es für
sie bedeutet, zum erstenmal einem anderen Mann sagen zu können,
müde oder ängstlich zu sein.

Solche Bekenntnisse lassen mit der Zeit in den Gruppen ein Klima von
Offenheit und Vertrauen entstehen, das dann auch die Basis für den Pro-

zess der «Selbstentblößung» bildet. Damit ist gemeint, dass die Männer ohne Scham über ihre Fehler, Schwächen, falschen Selbstbilder, Phantasien und Begrenzungen reden können. Diese schwierige Arbeit geschieht in einem Gruppenklima der Unterstützung und des Mitgefühls; der «beichtende» Mann weiß, dass er in jedem Moment die Gruppenmitglieder um Hilfe bitten kann. Nach der «Selbstentblößung» beginnt langsam der «Wiederaufbau» des einzelnen, der nun die falschen Anteile seines Selbst kennt und darangehen kann, auf Grund seiner wirklichen Bedürfnisse sich zu «restrukturieren». Damit bieten sich für die Gruppenmitglieder auch Möglichkeiten, Lebenspläne zu ändern und neue Ziele zu formulieren. Mit Hilfe der Gruppe, so geht aus vielen Berichten hervor, ist es Männern gelungen, ihre Berufsperspektiven zu ändern, in Wohngemeinschaften mit anderen Männern zu ziehen, ihr Verhältnis zu Frau und Familie neu zu gestalten, ganz auszusteigen und einen «exotischen», im tiefsten aber schon immer gewünschten Neubeginn zu wagen.

Diese Zusammenfassung verkürzt natürlich Entwicklungsprozesse, die drei und mehr Jahre dauern. Wayne A. Ewing unterscheidet in der Dynamik von Männergruppen sieben Stufen oder Problemkreise: Die erste betrifft die Selbsterkenntnis, an sich und in sich etwas verändern zu müssen. «Offen zu sein für Bedürfnisse und Nöte, sie zuzugeben und um Hilfe zu bitten, ist eine einzigartige und schockierende Erfahrung für Männer.» Die zweite Stufe ist gekennzeichnet durch das Erlebnis von Vertrauen, Intimität und Unterstützung in der Gruppe. Männer haben im sozialen Umgang mit anderen Männern nur Oberflächlichkeit, Einsamkeit, Wettbewerb, Leistung, Dominanz und Kontrolle kennen gelernt; ihre Erfahrungen mit Männern waren bisher schmerzhaft, traurig, enttäuschend und oft sogar traumatisch. Nun lernen sie, zumeist das erste Mal in ihrem Leben, sich anderen Männern zu öffnen, Verletzungen und Schwächen einzugestehen, und erleben dabei, dass die anderen ähnliche oder gleiche Erfahrungen machen mussten. Die dritte Stufe betrifft Problemlösungen. Auch hier müssen die Männer in der Gruppe umlernen. Sie haben gelernt, Schwierigkeiten logisch denkend anzugehen. Jetzt erkennen sie, dass sie zur Überwindung ihrer Probleme außer ihrem Kopf auch ihr Herz befragen müssen. In der vierten Stufe geht es um die Gefühle der Männer, die langsam lernen müssen, ihre Emotionen wieder zuzulassen, sie zu spüren, auf sie zu hören.

Die fünfte Stufe betrifft die «bösen Gefühle» von Ärger, Wut und Feindseligkeit. Männer mussten in ihrer Sozialisation lernen, ihre negativen Gefühle zu unterdrücken, smart zu sein, ein Pokerface aufzusetzen.

«Doch die Feuer der Wut schwelen direkt unter der Oberfläche der äußeren Fassade von männlicher Kontrolle und Selbstgenügsamkeit. Die Folgen der Anstrengung, Gefühle beherrschen und verstecken zu müssen,
bleiben nicht aus; die Energie, die dafür aufgebraucht wird, ist immens.
Verspannte Körper und gespannte Stimmungen resultieren daraus»
(Ewing 1978, 7 f.). In der Gruppe bedarf es keiner Kontrolle und keiner
falschen Rücksichten, so dass die Männer lernen können, ihre negativen
Gefühle auszudrücken und zu entdecken, was in diesen an Botschaften
verborgen ist. Die sechste und die siebte Stufe sind problemzentriert und
betreffen einerseits die Auseinandersetzung mit den Frauen im Leben der
Männer und andererseits die Beziehungen zu Vätern und Söhnen.

Männergruppen existieren inzwischen überall; es gibt angeleitete
Männergruppen in männer-therapeutischen Praxen wie zum Beispiel bei
Joachim Parpat in Berlin (siehe II, 1: Entfremdung und Echtheit) oder
offene Männergruppen, die sich frei konstituiert haben und sich ohne
Anleiter treffen. Auch in den Männerzentren gibt es Männergruppen
respektive werden Männer in Gruppen vermittelt. Dort kann man sich
nach existierenden oder neu zu konstituierenden Gruppen erkundigen.

Hinweis 1

Männerzentren und «Männerbüros» (Auswahl)

a) Deutschland

BERLIN
Mannege – Information und Beratung für Männer e.V., Information,
Beratung, Unterstützung für Männer, Vermittlung/Anleitung von
(Selbsthilfe-)Gruppen, Angebote für Väter, Fachberatung. Beson-
dere Angebote: «Männer in Konflikt-Krise-Gewalt», Väter im Tren-
nungskonflikt.
Tucholskystr. 11, D-10117 Berlin; Tel.: (0 30) 28 38 98 61;
e-mail: mannege@snafu.de

FRANKFURT/M.
Informationszentrum für Männerfragen e. V.
Sandweg 49, D-60316 Frankfurt/M.; Tel. und Fax: (0 69) 4 95 04 46.
e-mail: infozentrum@maennerfragen.de; Internet: www.maennerfragen.de.

GÖTTINGEN
Sprechstunde für Männer.
Männerbüro, Groner-Tor-Str. 16, D-37073 Göttingen;
Tel.: (05 51) 4 61 61;
Fax: (05 51) 54 18 53.

HANNOVER
Männerbüro Hannover e. V., Unterstützung, Begleitung und Weiterbildung für Männer zu Partnerschaft, Sexualität, Gesundheit, Beruf. Offene Sprechstunden, Beratung (u. a. für gewalttätige Männer). Paarberatung, Therapie, themenzentrierte und Selbsterfahrungsgruppen, Trainings (Stressbewältigung, Kommunikation, Konfliktlösung). Termine nach telefonischer Vereinbarung.
Oberstr. 13 a, D-30167 Hannover, Tel.: (05 11) 70 20 75,
Fax: (05 11) 70 20 73.

KARLSRUHE
Männerbüro Karlsruhe e. V., Sprechstunde, Informationen, Beratung.
Waldstr. 62, D-76189 Karlsruhe; Tel.: (07 21) 2 98 28.

KÖLN
Männerbüro Köln, Sprechstunde, Information, Beratung.
c/o Friedensbildungswerk, Am Rinkenpfuhl 31, D-50676 Köln;
Tel.: (0221) 530 35 53; Fax: (0221) 595 26 57;
e-mail: maennerbuerokoeln@gmx.de

MÜNCHEN
Münchner Informationszentrum für Männer (MIM). Beratung und angeleitete Männergruppen zu Gewalt, Trennung, sexueller Missbrauch, Vermittlung von Selbsthilfegruppen.
Landwehrstr. 85/1, D-80336 München; Tel.: (0 89) 5 43 95 56,
Fax: (0 89) 5 43 96 62;
info@maennerzentrum.de; www.maennerzentrum.de

POTSDAM
Beratung für Männer und Jungen zu Freundschaft/Partnerschaft,
Familie, Sexualität, Vaterschaft, Erziehung, Konflikt, Trennung, Krise,
Beruf, Identität, Gewalt.
MANNE e. V., Tel.: (03 31) 7 48 08 97.

ULM
Männerbüro der Caritas. Anlaufstelle für Männer in Krisen, die keinen
Ansprechpartner für ihre Probleme haben, sich mit sich und anderen Männern auseinandersetzen wollen und nach neuen Wegen
suchen. Orientierungsgespräche, Beratung/Begleitung, Gruppen
für Erfahrungsaustausch, themenzentrierte Männergruppen.
Friedenstr. 1, D-89073 Ulm; Tel.: (07 31) 9 21 31 – 17;
e-mail: mannometer@t-online.de;
Internet: www.telebus.de/caritas/mannerb.htm.

b) Österreich

GRAZ
Männerberatung Graz, Bischofsplatz I/1, A-8020 Graz,
Tel. und Fax: (03 16) 83 14 14.

INNSBRUCK
Mannsbilder, Männerzentrum Innsbruck, Leopoldstr. 35,
A-6020 Innsbruck; Tel.: (05 12) 57 66 44, Fax: (05 12) 57 66 24;
e-mail: Maennerzentrumibk.@tirol.com.

LINZ
Männerberatung Linz, Familientherapie-Zentrum des Landes
Oberösterreich, Beethovenstr. 21, A-4020 Linz; Tel.: (07 32) 60 38 00.

WIEN
Männerberatung und Informationsstelle für Männer, Erlachgasse 95,
A-1100 Wien; Tel.: (01) 6 03 28 28, Fax: (01) 6 03 28 28 11;
e-mail: info@maenner.at, Internet: www.maenner.at.

c) Schweiz

AARGAU
Mannebüro Aargau, Tannerstr. 29, CH-5000 Aarau, (0 62) 8 23 13 32.

BERN
Männerbüro Bern, Holligenstr. 70, CH-3000 Bern;
Tel.: (0 31) 3 82 76 71.

LUZERN
Mannebüro Luzern, Tribschenstr. 78, CH-6005 Luzern;
Tel.: (0 41) 3 61 20 30, Tel. Beratung: Mi. 17 – 20 Uhr: (0 41) 2 40 04 30.
Gewalt-Hotline: (078) 7448888

ZÜRICH
Männersache, Hallwylstr. 78, CH-8004 Zürich; Tel.: (01) 2 41 02 32.

Über Adressenänderungen der Männerzentren, deren Aktivitäten und Veranstaltungen informiert monatlich im deutschsprachigen Raum die Zeitschrift «Switchboard», die seit vielen Jahren kontinuierlich in Hamburg erscheint (siehe Hinweis 2).

Hinweis 2

Switchboard

Verlag männerwege GbR – A. Bentheim/M. Firle/A. Haase –, Postfach 65 81 20, 22374 Hamburg; Tel. und Fax: (0 40) 38 19 07;
e-mail: maennerweg@aol.com.
ISSN 1433-3341
Bezug: Einzelbestellungen DM 6,80 inkl. VK; Normal-Abo DM 60,–(12 Hefte/Jahr inkl. VK), Förder-Abo DM 80,– und mehr (12 Hefte/Jahr inkl. VK). Preise inkl. 7 5 MwSt.

Neben «Switchboard» gibt es in Deutschland, Österreich und der Schweiz noch einige Bulletins von Männerzentren, die man bestellen kann (zum Beispiel Männerbüro Salzburg; M.U.M.M. Bern); darüberhinaus gibt es einige Zeitschriften in der Männerszene, die eher unregelmäßig über Probleme und Entwicklungen von Männlichkeit in unserer Epoche berichten; auch das ist jeweils im «Switchboard» angezeigt und zumeist besprochen.

Versuche, eine kritische Zeitschrift für Männer im deutschsprachigen Raum auf dem Markt zu etablieren, sind immer wieder gescheitert – zumeist allerdings eher an internen Problemen als an mangelnder Nachfrage.

Erfolgreich sind inzwischen einige Periodika, die auf dem deutschsprachigen Markt nach angloamerikanischem Vorbild publizieren; ein Beispiel dafür ist «Men's Health». Diese Zeitschriften enthalten des öfteren nützliche Gesundheits–, Haushalts- und Freizeittipps. Insgesamt orientieren sie sich aber am funktionalistischen und traditionellen Männerbild der Gesamtgesellschaft.

In den Männerzentren werden neben Information und Beratung auch Kontakte zwischen Männern angeboten, Männergruppenarbeit vorgestellt und erklärt und Männergruppen vermittelt (siehe auch: II, 10: Ziellosigkeit und Richtung; III, 2: Sich im Mann-Sein üben).

Hinweis 3

Männer sind einfach anders...

Bildungsfreizeit für Männer

...für alle Männer, die mit anderen Männern einmal über ihre Sorgen, Probleme, Ängste und sicher auch Freuden reden möchten... Dieser Bildungsurlaub soll offen sein für alle Fragen, die Ihnen schon lange auf den Nägeln brennen. Er soll als eine Möglichkeit dienen, sich über Dinge auszutauschen, über die «mann» vielleicht sonst nicht spricht oder sprechen kann. Die Gesprächsthemen werden den Bedürfnissen der Teilnehmer entsprechend mit ihnen abgestimmt und festgelegt. Folgende Lebensbereiche werden dabei sicherlich Inhalt der Gruppengespräche sein: Arbeitsplatz, Partnerschaft,

Sexualität, Familie, Freizeitgestaltung, Ernährung, Gesundheit, Glauben. Themen werden auch die Männerrolle und das Männerbild sein. Vor Beginn der Maßnahme findet ein Vorbereitungstreffen statt.

Kath. Familienbildungsstätte, c/o Wolfgang Rudolph,
An der Mauritiuskirche 4a, D-49477 Ibbenbüren;
Tel.: (0 54 51) 96 44 – 0, Fax: (0 54 51) 96 44 – 96;
e-mail: fbs.ibbenbueren@t-online.de

Hinweis 4

Mann begegnet sich – mit Männern ins Gespräch kommen

Für Männer ist es heute nicht leicht, gut drauf zu sein und mit aufrechtem Gang durchs Leben zu gehen. Im Beruf mag es sich nach wie vor bewähren, cool zu bleiben und Gefühle, wenn sie da sind, nicht zu zeigen, um besser, härter, klüger und leistungsfähiger in der Konkurrenz mit anderen Männern abzuschneiden. In der Beziehung zur Frau oder Freundin sich gefühlsmäßig nichts anmerken zu lassen, ist hingegen wenig geeignet, Vertrauen, Anerkennung und Zuneigung hervorzurufen. Das Gespräch in der Männergruppe kann zu freundschaftlichem Umgang, offener Mitteilung und gegenseitigem Respekt unter Männern führen und neues, männliches Selbstbewusstsein entstehen lassen. Fortlaufende Gruppe; Teilnahme mindestens 1 Jahr.

Evangelische Familienbildung, Darmstädter Landstr. 81,
D-60598 Frankfurt/M.; Tel.: (0 69)60 50 04 – 0, Fax: (0 69) 60 50 04 – 22.

Hinweis 5

Berner Männerpalaver im Keller 1230

Eine Möglichkeit zum Gespräch und zum Austausch für Männer, die sich nicht gleichgültig sind und die sich von ihrem eigenen Mann-

Sein, ihren persönlichen und beruflichen Situationen und den gesellschaftlichen Bedingungen herausfordern lassen.

Jeder Abend steht unter einem klar definierten Männer-Thema. Dieses wird vorgängig bekannt gegeben und bestimmt den abendlichen Gesprächsverlauf. Das Palaver steht allen Männern offen, die sich zum genannten Thema mit einer kurzen möglichst persönlich gehaltenen Aussage zu Wort melden. Es wird nicht verurteilt, auch nicht beurteilt, aber alle hören einander zu.

Reformierte Kirchen Bern – Jura, Bildung und Beratung, Schwarztorstr. 20, CH-3001 Bern; Tel.: (0 31) 3 85 16 16, Fax: (0 31) 3 85 16 20; e-mail: biber@refkirchenbeju.ch, Internet: www.refkirchenbeju.ch.

Hinweis 6

Interessiert an Männergruppen?

Wir bieten einen Austausch über konkrete Bedürfnisse und Anliegen rund um Männergruppen.

Wir geben Gelegenheit, einander kennen zu lernen.

Wir informieren über verschiedene Arten von Männergruppen und über bestehende Männergruppen, die noch Männer aufnehmen.

Wir geben Anregungen zum Start von neuen Männergruppen.

Wir berichten aus unseren Erfahrungen.

Wir verweisen auf psychologische, gruppendynamische und andere bedenkenswerte Aspekte.

Fachstelle Männer, Bildung und Beratung, Schwarztorstr. 20, CH-3001 Bern; Tel.: (0 31) 3 85 16 16, Fax: (0 31) 3 85 16 20; e-mail: biber@refkirchenbeju.ch.

Hinweis 7

An Männergruppen Interessierte

Informationsabend

Der Abend soll Raum geben, Anliegen und Bedürfnisse auszutauschen, Vorstellungen zu konkretisieren und nicht zuletzt – andere interessierte Männer kennen zu lernen. Wir werden von unseren Erfahrungen berichten und Anregungen geben zu Inhalt und Formen von verschiedenen Männergruppen.

MännerSache Zürich, Hallwylstr. 78, CH-8004 Zürich;
Tel.: (01) 2 41 02 32.

Hinweis 8

Angebote von Männergruppen

Männer, die sich für eine neue Männergruppe interessieren, werden informiert und beraten und nach Wunsch in eine Männergruppe vermittelt.

Männerberatung Wien, Erlachgasse 95, A-1100 Wien; Tel.: (01) 6 03 28 28; Fax: (01) 603282811.

Das alles verläuft nicht glatt und geht nicht ohne Schwierigkeiten voran. Die Erfahrungsberichte von Männergruppen dokumentieren Probleme mit der Fluktuation von Mitgliedern, Gefühlen von Eifersucht, Verklemmtheit und Frustration, dazu viele Ängste und Tendenzen, Widersprüche glätten zu wollen und Konflikte zu vermeiden.

Trotzdem überwiegen bei allen, die jemals in einer Männergruppe waren, die positiven Erfahrungen. Männer resümieren, dass sie als Männer ein neues Selbstbewusstsein entwickeln konnten. Zwischen der Herausforderung durch den Feminismus und der Entfremdung durch das traditionelle Männlichkeitsbild der Gesellschaft eingeklemmt, haben wir uns alle in einer Zone der Verunsicherung bewegt, die uns hilflos, larmoyant, aggressiv, diffus und ratlos hat werden lassen. Viele von uns konnten sich in Männergruppen wieder auf sich selbst und auf ihre wirklichen Bedürfnisse besinnen, authentisch werden und aus der Defensive treten. Jeder von uns hat in der Gruppe sein alltägliches Verhalten, seine Eigenheiten und Eigenschaften überprüfen und dabei auch manches revidieren müssen.

Diese Veränderungen haben Männer sicherer gemacht, offener und toleranter gegenüber Frauen, anderen Männern, Kindern, der Welt und der Natur.

Übung 1

Überlegen Sie einmal, welche Veränderungen die Männer in den letzten Jahren vollzogen haben?

- sind gefühlvoller geworden
- können besser zuhören
- gehen mehr auf Frauen ein
- haben neue Eigenschaften erworben
- sind friedlicher geworden
- können auch mal passiv sein
- sind toleranter
- sind kooperativer
- sind weniger autoritär
- betrachten Frauen als Person und nicht als (bloße) Sexualobjekte
- haben weibliche Eigenschaften entwickelt
- können besser auf Macht verzichten
- sind verantwortungsvoller

Beschreiben Sie kurz, in welchen Bereichen Sie sich selbst verändert haben (falls Sie sich Ihrer Einschätzung nach verändert haben):

_____

_____

_____

_____

_____

Übung 2

Beschreiben Sie kurz Ihren ersten Freund in der Kindheit, was Sie an ihm interessierte und was Sie hauptsächlich zusammen machten?

Übung 3

Legen Sie sich flach auf den Rücken. Gehen Sie mit Ihrer ganzen Wahrnehmung nach innen. Folgen Sie genau Ihrem Einatmen und Ausatmen. Konzentrieren Sie sich auf Ihre Atembewegungen und spüren Sie, wie der Atem in welche Körperteile fließt, wo er stockt, wohin er sich nicht mehr bewegen kann. Versuchen Sie Ihren Atem zu vertiefen (zum Beispiel indem Sie mit offenem Mund atmen) und jetzt Zonen Ihres Körpers zu erreichen, die Sie vorher nicht erreicht haben.

Übung 4

Machen Sie mit einem Freund oder guten Bekannten einfache Übungen, bei denen Sie miteinander sanfte Körperberührungen versuchen.

Setzen Sie sich zum Beispiel einmal Rücken an Rücken und spüren Sie, was geschieht. Wie fühlt sich Ihr Rücken an? Wärmt er sich? Wird er steif? Warum?

Oder fassen Sie sich einfach bei den Händen und gehen in einem Raum oder auf einer Wiese entlang. Sie können diese Übung auch dadurch raffinieren, dass ein Partner den Blinden spielt und Sie ihn führen und anschließend diese Rollen wechseln.

Literatur zur Information und Weiterarbeit

a) Diagnose

- Walter Hollstein, Männerdämmerung. Göttingen (Vandenhoeck & Ruprecht Taschenbuch) 1999.
- Carol Lee, Hilflose Helden. Reinbek (Rowohlt Taschenbuch) 1998.
- Herb Goldberg, Der verunsicherte Mann. Reinbek (Rowohlt Taschenbuch) 1979.

b) Veränderung

- Sam Keen, Feuer im Bauch. Über das Mann-Sein. Hamburg (Kabel) 1992.
- Steve Biddulph, Männer auf der Suche. München (Beust) 1996.
- Hans Stapelfeld/Erich Krichbaum (Hg.), Männer verändern sich. Münster (Kleine) 1995.
- Ulrich Sollmann, Worte sind Maske – Szenen männlicher Intimität. Reinbek (Rowohlt Taschenbuch) 1993.
- Terrence Real, Mir geht's doch gut. Männliche Depressionen – warum sie so oft verborgen bleiben, woran man sie erkennt und wie man sie heilen kann. Bern (Scherz) 1999.
- Dawna Markova, Die Versöhnung mit dem inneren Feind. Heilung durch Annahmen und Integration. Paderborn (Junferman) 1997.

c) Übung

- Tarthang Tulku, Selbstheilung durch Entspannung. München (Heyne Taschenbuch) 1985.
- Michael Mary/Henny Nordholt, Selbsttherapie. Stuttgart (Kreuz) 1995.
- Moses G. Steinvorth, Im Körper zu Hause. Göttingen (Vandenhoeck & Ruprecht Taschenbuch) 1999.
- Sayadaw U. Pandita, Im Augenblick liegt alles Leben. Bern (Scherz) 1999.
- Christ Zoist/Patricia Fogarty. Glück ist machbar! Selbsthilfe mit den Methoden der Kurzzeittherapie. München (Heyne Taschenbuch) 1998.
- Harry Waesse, Yoga für Anfänger. München (Gräfe und Unzer) 1995.

10. Ziellosigkeit und Richtung

Ein *erster* Grund, dass Männer im tiefsten gegen ihre eigenen Interessen von sinnvollem Leben, Freude, Gesundheit und Wohlbefinden handeln, liegt darin, dass die Männerrolle noch immer gesellschaftlich vergoldet wird. Wir Männer besetzen die meisten Machtpositionen in Politik, Verwaltung, Wirtschaft und Kultur. Diese Machtpositionen haben nicht nur ihre materiellen Vorteile, sondern sie bedeuten auch Ansehen, Renommé, Bewunderung, Ehrfurcht, devotes Verhalten der anderen (siehe I, 1: Traditionelle und neue Männlichkeit). Wer sich innerlich wenig aneignen konnte, um sich selber zu mögen, um Selbstbewusstsein und Ich-Stärke aus sich heraus zu besitzen, braucht solche Surrogate dringend. Ohne all das bräche die männliche Fassade rasch zusammen.

Die Vergoldung der Männerrolle ist also mitnichten Zufall oder Nebensächlichkeit; sie ist gesellschaftliche Notwendigkeit. Ohne diese materielle Besserstellung ließe sich der männliche Gehorsam, gefügig und brav innerhalb dieser furchtbaren Rolle zu funktionieren, nicht aufrechterhalten. Es ist die alte wohlbekannte Weise von Zuckerbrot und Peitsche. Sie erklärt auch den offenbaren Widersinn, dass viele Männer selbst dort noch bis zu einem Drittel mehr verdienen als ihre Kolleginnen, wo sie quantitativ und qualitativ die exakt gleiche Arbeit erledigen wie diese.

Ein *zweiter* Grund, der, in der Optik von Männern, entschieden gegen einen Machtverzicht spricht, ist, dass diese Macht hart und voller Anstrengung erworben werden musste. Keiner wird Generaldirektor, Regierungsrat oder Korpskommandant, weil er so schöne blaue Augen hat, eine schlanke Taille oder andere Vorzüge dieser Art. An die Spitze von was auch immer zu gelangen, bedeutet Stress, mehr Arbeit und Einsatz als vorgeschrieben sind, keine freien Wochenenden, Akten auch noch zu Hause, und in Kopf und Seele nichts anderes als das Ziel des Aufstiegs zur Macht.

Es bedeutet umgekehrt, aber gleichermaßen, den Verzicht auf Spaß, Lust, Entspannung, Freude und Selbstverwirklichung. Ist einmal die angestrebte Machtposition erreicht, bedeutet das keineswegs das Ende von Stress und Sorgen. Denn jetzt muss die Macht sorgfältig verteidigt werden; überall lauern die Neider und die Konkurrenten.

Von daher ist verständlich, dass diese Männer nicht freiwillig auf etwas verzichten wollen, was sie so viele Jahre ihres Lebens gekostet hat. Von daher ist ebenso verständlich, dass gerade diese mächtigen Männer die schärfsten Gegner aller Quotenregelungen sind. Das belegen diverse empirische Untersuchungen.

Die Frage von Macht und Machtverzicht ist aber, wie ja wohl auch schon deutlich geworden sein dürfte, nicht bloß das individuelle Problem der jeweiligen Machtträger. Damit sind wir beim *dritten* Grund, der Männer daran hindert, Macht abzugeben. Das sind die gesellschaftlichen Sanktionen. Auch hier verfügen wir zureichend über empirische Arbeiten, die diese Aussage beweisen.

Wer als Mann auf Macht verzichten will, ist Sanktionen auf zwei Ebenen ausgesetzt. Die erste Ebene ist die institutionalisierte der Arbeitgeber. Männer, die ihre Karriere beschränken möchten, die Teilzeit arbeiten wollen, die nach Arrangements suchen, in denen sie zusammen mit ihren Frauen eine neue Arbeitsteilung finden, werden gesellschaftlich behindert, mit Entlassung bedroht und auf jeden Fall aus dem Gratifikationssystem des jeweiligen Betriebs ausgeschlossen.

Die zweite Ebene betrifft den Spießrutenlauf in der Männergesellschaft von Arbeit, Kneipe, Sportverein und Militär. Machtverzicht ist hier gleichbedeutend mit Entmännlichung. Wer nicht um seine Karriere kämpft, ist ein Schwächling, ein Versager, ein Feigling. Es kann nicht verschwiegen werden, dass auch noch viele Frauen in solchen Kategorien denken und sich verändernde Männer dementsprechend diskriminieren.

Das heißt noch einmal deutlich zusammengefasst: Gesellschaftlich wird kein Mann für Machtverzicht gelobt oder belohnt: im Gegenteil: wir werden negativ sanktioniert.

Der *vierte* Grund, der Männer vor einem anderen Leben, Alternativen und Veränderung zurückschrecken lässt, ist eine allgemeine Angst vor dem Neuen. Unsere alte Männerrolle taugt nicht mehr so richtig; sie ist auch ins Gerede gekommen und insonderheit in die feministische Kritik. Aber eine neue Rolle, die gesellschaftlich verbindlich wäre, gibt es nicht, ja, sie ist nicht einmal am Horizont in Sicht.

All dies wirf uns Männer nicht nur aus vertrauten Traditionen, sondern entlässt uns auch aus alten Sicherheiten der Orientierung, des Verhaltens und der Gewohnheiten. Das schafft Angst.

Neue Pflichten und Ansprüche ängstigen ebenfalls, zumal sie mit einem veränderten Verhaltensprofil der Frauen verfugt sind. Das heißt: Die fordernde Partnerin löst die dienende Hausfrau und Mutter ab (siehe II, 3: Der Gewinn und die Schwierigkeiten der Veränderung; II, 7: Bindung und Partnerschaft).

Diese letzte Aussage möchte ich eigens als *fünften* Grund noch präzisieren. Jan Halper und insbesondere Anthony Astrachan dokumentieren in ihren empirischen Untersuchungen ganz plastisch, wie furchtbar Männer der Gedanke schreckt, dass jene Aufmerksamkeit, Fürsorge und Liebe, die die Frauen seit jeher den Männern entgegenbringen, aufgrund der weiblichen Erwerbstätigkeit wegfallen könnte.

Auch hier ist natürlich ein gesellschaftliches Problem angesprochen. Wenn die Männerrolle anders strukturiert wäre, wenn wir aufgrund unserer Sozialisation nicht gezwungen wären, auf unsere innere Entwicklung weniger zu achten als auf unsere äußeren Erfolgsziele, müssten wir Aufmerksamkeit, Emotionalität, Liebe und Empathie nicht an die Frauen delegieren. Dann könnten wir das selber. Aber wir sollen das gar nicht können, weil dies die Grundfesten der Arbeitsteilung zwischen den Geschlechtern angreifen würde und damit die Herrschafts-Fundamente.

Sechstens und letztens gibt es die Männerangst vor den Folgen des Machtverzichts. Die Umverteilung der Macht zwischen den Geschlechtern bedeutet selbstverständlich und ganz zwangsläufig, dass uns Männern neue Aufgaben und Pflichten zufallen.

Natürlich ist das auch eine Chance: Wir Männer könnten dergestalt auf eine neue Art erwachsen werden, indem wir unsere Gefühlswelt nicht von unseren Müttern an unsere Frauen delegieren, sondern sie «selbsttätig» tragen.

Diese Veränderungen und Ambivalenzen in den Geschlechterbeziehungen und -verhältnissen sind eine wichtige Ursache für die vorhandene Unklarheit im männlichen Leben, das nicht mehr klar und zielgerichtet ist, seit die traditionelle Arbeitsteilung zwischen den Geschlechtern und die damit verbundenen Bilder von Weiblichkeit und Männlichkeit ihre Gültigkeit verloren haben (siehe ausführlich I, 2: Die epochale Notwendigkeit der Männerveränderung).

Eine weitere Ursache geht gesellschaftlich noch tiefer: die Erosion einst allgemein verbindlicher Normen, Werte und Lebensregelungen.

In seinem berühmten «Lied von der Glocke» beschwört Friedrich Schiller den sozialen Zusammenhalt der Menschen. Im gesamten Gedicht erscheinen Liebe und Familie als Grundpfeiler gesellschaftlicher Stabilität. Darüber hinaus wird der Bürgersinn gelobt, der im Gemeinwesen einen Zustand sichert, den Schiller wie folgt benennt: «Holder Friede, süße Eintracht». Fleiß und Anstrengung der Menschen garantieren die Kontinuität dieser Ordnung: «Arbeit ist des Bürgers Zierde». Die Aufgaben sind wohl verteilt, das gilt auch für die beiden Geschlechter: «Der Mann muss hinaus ins feindliche Leben, muss wirken und streben». Die innere Ordnung garantiert hingegen die Frau: «Und drinnen waltet die züchtige Hausfrau, die Mutter der Kinder...». König, Staat und Vaterland sind den Menschen übergeordnete Institutionen, die die äußere Sicherheit gewährleisten. Über allem aber steht Gott: «Doch der Segen kommt von oben». Und die soziale Ordnung im ganzen ist eine «heilige Ordnung».

Das ist nun mehr als zweihundert Jahre her.

Heute halten uns die gesellschaftlichen Institutionen wie Nachbarschaft, Gemeinschaft, Dorf, Ehe und Familie, Kirche, Nation, Heimat und Staat nicht mehr wie noch zu Schillers Zeiten. Im Gegenteil. Die nachindustrielle Gesellschaft ist geprägt von Entwicklungen, die soziologische Begriffe umreißen, welche seit längerem zu allgemein gebräuchlichen Schlagwörtern geworden sind: Mobilität, Flexibilisierung und Globalisierung. Sie alle verheißen Unruhe, Veränderung, lebenslange Entwicklung und Unsicherheit. Das bedeutet gleichzeitig: die Auflösung von Tradition, die Erosion von Klarheiten und Wahrheiten, die Aufhebung von nationalen und normativen Grenzen, der Verlust an Fixpunkten. Das Soziale im Schiller'schen Sinne hält nicht mehr. Die meisten Ehen werden geschieden, bevor Gott sie scheidet; ewige Liebespartner von einst sind heute zu Lebensabschnitts-Partnern geworden. Eine Vielzahl von Kindern muss sich an Zweitmütter und Drittväter gewöhnen. Und im «Großen» sieht es nicht viel besser aus: Eine explosive Mixtur aus Saturiertheit, Wahlabstinenz, Politikerkorruption und Staatsverdrossenheit schwächt zunehmend das Bekenntnis der Bürgerinnen und Bürger zu Nation, Land, Heimat und Staat.

Unauflösbar in der Auflösung zeigt sich angeblich nur das Individuum. Es ist die gefeierte Größe unserer Epoche, nachdem nahezu nichts mehr übriggeblieben ist, was noch als allgemeinverbindlich akzeptiert werden könnte. Unser Leben wird nicht mehr von vorgegebenen Geboten, Werten, Direktiven, Normen und Überzeugungen geprägt, sondern Bürgerinnen und Bürger, Frauen und Männer können, dürfen und müssen ihr Leben selber gestalten. Auch dafür gibt es einen soziologischen Begriff, der mittlerweile zum alltäglichen Sprachschatz gehört: Individualisierung. Das meint so, wie es der Münchner Soziologe Ulrich Beck erklärt, dass unsere Biographie aus vorgegebenen Traditionen herausgelöst und nun offen als Aufgabe in das Handeln jedes einzelnen gelegt wird.

Diese Entwicklung hat zwei Seiten: Gegenüber früheren Zeiten – zum Beispiel den fünfziger Jahren oder gar der Vorkriegsepoche – sind wir viel freier und selbstbestimmter geworden. Der prägende und oft auch hinderliche Einfluss von Staat und Kirche hat ebenso nachgelassen wie jener von einschränkenden Normen und Werten. Pflicht, Gehorsam, Leistung oder Autoritätsrespekt bilden in unseren Breitengraden kein einschnürendes Korsett mehr.

Die andere Seite der Freiheit ist die Erosion der Geborgenheit. Die Regeln und Traditionen von früher haben Halt gegeben; sie haben das tägliche Leben geleitet und auch ausgefüllt. Freiheit hingegen ist Unabhängigkeit und muss selber und allein gestaltet werden. Das kann Freude machen, aber eben auch Beschwernis sein.

Auf jeden Fall zerstört die beschriebene Individualisierung der Lebensverhältnisse die festen Ordnungen von einst. Das gilt zunächst einmal für das alltägliche Miteinander der Menschen. Habitualisierte, dass heißt gewohnheitsmäßige und auch gewohnheitsrechtliche Umgangsformen von Respekt, Würde des einzelnen, Ehrfurcht vor dem Mitmenschen und dessen körperlicher und moralischer Unversehrtheit, Achtung vor dem Alter, Nächstenliebe und Toleranz haben sich aufgelöst. Gutes Benehmen und Höflichkeit zeigen sich nur noch selten im Alltag. Im Gegenteil: Gewalt, Brutalität unwahrscheinlichen Ausmaßes, Verrohung und Kriminalität nehmen nachgerade epidemisch zu.

Damit ist die Welt eindeutig kälter geworden. Kompensiert werden diese Mangelerscheinungen der Außenwelt mit einem verstärkten Rückzug in die Intimität der Zweisamkeit. Doch damit sind Beziehungen, Ehe und Familie überlastet. Gerade weil die Menschen angesichts einer frustrierenden Außenwelt so hohe Erwartungen an die Binnenwelten haben, brechen diese an der emotionalen Überforderung zusammen.

Die nun auch private Unsicherheit und Einsamkeit kann sozial kaum mehr aufgefangen werden; denn Freundschaften, Nachbarschaften, Vereine und soziale Netze erodieren. Als Antwort entsteht ein immer größerer Markt von professionalisierten Helfern: Lebensberater, Coaches, Therapeuten, Sozialarbeiter, Astrologen, Wahrsager, Heiler, spirituelle Zirkel, Esoteriker, Sekten u. v. m. Dies alles kann aber soziale Bindung nicht ersetzen.

Die Unbehaustheit des modernen Menschen hat der amerikanische Soziologe David Riesman schon in den fünfziger Jahren benannt. In seinem damals viel beachteten Buch «Die einsame Masse» hat er für den Ausgang unseres zweiten Jahrtausend den Prototyp des «außengeleiteten Menschen» beschrieben, der überall und nirgends zu Hause ist. Dies ist vor allem der Erfindung und Verbreitung der Massenkommunikationsmittel geschuldet; wir alle lesen, hören und sehen in der «medialen Gesellschaft» annähernd das Gleiche und kommunizieren darüber. Der Kommunikationsinhalt sind dann allerdings nicht mehr «wir», sondern es sind Informationen aus zweiter Hand über Menschen, die uns persönlich nicht bekannt sind, und über Ereignisse, die wir persönlich nicht erfahren haben. Wir leben also zu einem nicht unerheblichen Anteil «second hand». Von daher ist der außengeleitete Mensch ein unechter Mensch, nicht authentisch, nicht in seiner ureigenen Wirklichkeit betroffen, häufig Kolporteur statt Akteur.

Das leitet zur dritten Ebene über. Die Sozialisation zur Männlichkeit (siehe II, 1: Entfremdung und Echtheit; II, 4: Konformität und Kreativität) verstärkt die gesellschaftlichen Tendenzen zur Außenlenkung und Ziellosigkeit. Das bestätigen alle empirischen Untersuchungen, die gegenwärtig vorliegen: Männer fühlen sich verunsichert, geben an, wichtige Werte und Ziele nicht erreicht zu haben und haben Angst, ihr Leben zu verfehlen.

Analytisch lassen sich diese subjektiven Problemkreise auf die Frage zurückführen, wie ein Mann in der Epoche der Auflösung traditioneller Männlichkeitsstrukturen überhaupt noch zu definieren ist und das heißt als eigentliche Aufgabe, wie er sich selbst finden kann (siehe vor allem III, 2: Sich im Mann-Sein üben). Wir haben gut gelernt, die gesellschaftlichen Konformitätsmuster zu lernen und damit anderen zu gefallen; aber wir wissen nicht, wer wir als Männer sind. Es gibt Hilfen, dies für sich zu erfahren, und es sind Hilfen ganz unterschiedlicher Ausrichtung und weltanschaulicher Grundform.

Hinweis 1

Wir beraten und unterstützen Männer

- die Schwierigkeiten in der Partnerschaft haben
- die Probleme mit Scheidung und Besuchsrecht haben
- die Wege aus ihrer Gewalttätigkeit finden wollen
- die ein Kind sexuell missbraucht haben oder selbst als Buben missbraucht wurden
- die Fragen zu ihrer Sexualität haben
- die mit ihrer beruflichen Situation unzufrieden sind
- die Fragen zu ihrem «Vatersein» haben
- die mit ihrem Körper und ihrer Gesundheit nicht gut umgehen
- die Probleme mit sich selbst und ihren Gefühlen haben

Männerberatung Linz, Familientherapie-Zentrum des Landes Oberösterreich, Beethovenstr. 21, A-4020 Linz; Tel.: (07 32) 60 38 00.

Hinweis 2

Männer ohne Lebensorientierung laufen Gefahr zu ertrinken, sei es in Arbeit und Verpflichtungen, in wohlgemeinter Verantwortung oder öfter noch eigenem Ehrgeiz. Die Lebenswerte geraten durcheinander, wenn der oberste Wert nicht mehr klar ist, wenn das Vorletzte mit dem Letzten verwechselt wird. Ruhe kommt erst wieder in die Rangordnung der Werte, wenn der oberste Wert klar ist und das ist Gott selber – und nicht Arbeit und Leistung, nicht Auto, Einkommen oder Erfolg. Die Worte des Propheten Jesaja sind gerade für Männer heute aktueller denn je: «Nur in Umkehr und Ruhe liegt eure Rettung, nur Stille und Vertrauen verleihen euch Kraft.» (Jes. 30, 15)

Männerbüro, Katholische Kirche Vorarlberg, Bahnhofstr. 13, A-6800 Feldkirch; Tel.: (0 55 22) 34 85 – 200; e-mail: maennerbuero@kath-kirche-vorarlberg.at

Hinweis 3

Der Verein «**Mannege – Information und Beratung für Männer e. V.**» wurde 1987 gegründet. Der Verein ist als gemeinnützig anerkannt und Mitglied des Deutschen Paritätischen Wohlfahrtsverbandes. Hier arbeiten Männer für die Entwicklung einer lebensbejahenden und verantwortlichen Männlichkeit:

- für einen liebevollen und fürsorglichen Umgang von Männern mit sich selbst,
- für einen aufmerksamen und zugewandten Umgang von Vätern mit ihren Kindern,
- für einen gleichberechtigten und partnerschaftlichen Umgang mit Frauen und anderen Männern.

Wir informieren über Männerthemen in Veranstaltungen

Wir fördern den Austausch von Männern in Selbsthilfegruppen

Wir beraten Männer in allen Lebenslagen

Wir unterstützen Männer, die Wege aus ihrem gewalttätigen Verhalten suchen

Wir begleiten Männer, die als Jungen sexuell missbraucht wurden sowie deren Angehörige

Wir bieten Beratung und Fortbildungen für Fachkräfte

Tucholskystr. 11, D-10117 Berlin; Tel.: (0 30) 28 38 98 61, Fax: (0 30) 28 38 98 62, e-mail: mannege@snafu.de; Internet: www.mannege.de.

Hinweis 4

Rollenerwartungen an Männer sind sehr statisch. Sie verhindern die freie Entfaltung des vorhandenen Potentials. Diese Einengung belastet Souveränität, Arbeit, Gesundheit, Partnerschaft und Familie. Es ist ein Abenteuer für Männer, ihr individuelles Rollenprofil zu finden und sich von der Einengung zu befreien. Dabei tut Unterstützung und Begleitung gut.

Kraftprotz *sensibilisiert* für die Prinzipien männlicher Lebensbewältigung.

KRAFTPROTZ *schafft* einen wohlwollenden, parteilichen Rahmen für Männer, die sich aus dem Geschlechtsrollenkäfig befreien wollen.

KRAFTPROTZ *begleitet* Jungen und Männer bei der Suche nach ihrer eigenen Identität.

KRAFTPROTZ, Bildungsinstitut für Jungen und Männer,
Vorderer Mühlenweg 17, D-24242 Felde; Tel. und Fax: (0 43 40) 18 84;
e-mail: J.Riederle@t-online.de.

Hinweis 5

Seit 1993 haben sich im Rahmen der Männerbildungsarbeit der Familienbildungsstätte fünf kontinuierlich arbeitende Männergruppen entwickelt, die jeweils an acht Gruppenabenden angeleitet werden. Die Gruppen bestehen aus sechs bis acht Männern. Zentrales Thema in der Anfangsphase ist zunächst die Auseinandersetzung mit dem eigenen Vater. Daneben sind die Reflexionen des männlichen Alltagslebens (Familie, Arbeit, Partnerschaft) wichtig. Männer lernen in einer Männerrunde ihre Nöte, Sorgen und Ängste in Worte zu fassen und mit einer persönlichen Stimme auszudrücken. Es geht nicht darum, wie «Mann» zu sein hat, sondern um die eigenen Erfahrungen, biographischen Prägungen und persönlichen Sichtweisen. Zu Ende der Anleitungsphase werden konkrete Absprachen zur selbstorganisierten Weiterarbeit getroffen und wesentliche Prinzipien zur Förderung des Gruppenprozesses verdeutlicht. Die wechselseitige Achtung und Anteilnahme einerseits und die Bereitschaft, bestimmte Einstellungen und Verhaltensweisen zu hinterfragen, sowie die Verbundenheit in einer solidarisierten Gruppe, tragen dazu bei, das Selbstwertgefühl zu stärken und zu veränderten Einstellungen und alternativen Handlungsmöglichkeiten zu finden. Männer lernen, sich ihrer Wurzeln bewusster zu werden, ihren guten Stand in Familie und Gesellschaft zu finden und Alternativen, Träume und Visionen zu entwickeln.

Kath. Familienbildungsstätte, An der Mauritiuskirche 4 a,
D-49477 Ibbenbüren; Tel.: (0 54 51) 96 44 – 0, Fax: (0 54 51) 96 44 – 96,
e-mail: fbs.ibbenbueren@t-online.de.

Hinweis 6

MännerSache Zürich

Kurse und Veranstaltungen:

- offene Gespräche
- Kurse
- geleitete Männergruppen
- Forum mit Männerthemen
- Vorträge
- Abendveranstaltungen
- Erlebnistage

Männerberatung DOMINO:

- Beziehungen
- Trennung
- Gefühle
- Sexualität
- Gewalt
- Identität/Rollenverhalten
- Arbeit und Arbeitslosigkeit
- Sucht
- Einsamkeit

MännerSache Zürich, Hallwylstr. 78, CH-8004 Zürich;
Tel.: (01) 2 41 02 32; Internet: www. maennersache.ch.

Hinweis 7

Workshop für Männer mit Peter A. Schröter

Themen sind:

- Deine Beziehung zu Männern – und damit auch zu Frauen – verändern.
- Diverse Ängste in Freude, Mut und Liebe wandeln.
- Deinen «Wilden Mann» entdecken und annehmen.
- Dein Energiepotential erhöhen.
- Deinen Körper, Deine Gefühle und Dein Denken so zu akzeptieren wie sie sind.
- Dein Liebes- und Sexualpotenzial erschließen.
- Arbeit an den Polen Aggressivität, Hingabe, Verletzlichkeit.
- Initiationsritual.

SkyDancing Institute, Mühlegasse 33, CH-8001 Zürich;
Tel. und Fax: (01) 2 61 01 60. www.SkyDancing.ch ???

Wir alle brauchen ein Lebensgerüst, um uns orientieren zu können, um Ziele zu setzen und zu erreichen und um in der Lage zu sein, zu wachsen. Angesichts der verwirrenden gesellschaftlichen Bedingungen schlägt die zeitgenössische Literatur ein Modell des Selbstmanagements vor. Wenn übergeordnete Wegweiser fehlen, muss sich sozusagen jeder selbst der Wegweiser sein. Zum Selbstmanagement gehören drei Formen spezifischer Intelligenz: die «interpersonale Intelligenz», die die Kenntnis liefert, wie man selbst auf andere wirkt und diese für sich kooperativ beeinflussen kann; die «praktische Intelligenz», die sich im Wissen über die äußeren Bedingungen für die Realisation der eigenen Pläne resümieren lässt und schließlich die «intrapsychische Intelligenz», die Selbstkenntnis und -erkenntnisfähigkeit bedeutet.

Diese Basis erlaubt, das eigene Potential auszuschöpfen, sich klare Ziele zu setzen und diese zu verwirklichen.

Dazu gehört auch ein *adäquates Zeitmanagement.*
Menschliche Zeit ist in jeder Hinsicht begrenzt. Von daher bedarf es
einer Zielordnung; Ziele müssen nach den eigenen persönlichen Bedürfnissen, den Sachnotwendigkeiten und der substantiellen Wichtigkeit
gesetzt und gruppiert werden. Dazu muss man:

• Prioritäten setzen,

• die Arbeitsumgebung organisieren,

• einen Zeitplan machen,

• Hindernisse kalkulieren,

• Zwischenresultate überprüfen,

• Ziele kontrollieren,

• die eigenen Kräfte einschätzen,

• Stress vermeiden.

Solches Management ist wichtig, reicht aber nicht aus, um wirklich zu
befriedigen. Ohne dass wir ihm einen tieferen Sinn unterlegen, ist es nur
ein «technisches» Rezept, nützlich, aber nicht lebenstragend.

Insofern stellen auch die meisten Selbstmanagement-Konzepte die
Sinnfrage und präsentieren dabei im wesentlichen vier Sinnkategorien:

1. Leben ist sinnvoll, wenn es durch Ziele strukturiert wird.
   Das meint relativ simpel, dass zielorientierte Aktivitäten dem eigenen
   Leben eine alltägliche Ordnung und zum zweiten sinnstiftende Per-
   spektiven verleihen.

2. Leben ist sinnvoll, wenn es von Wertvorstellungen gehalten wird.
   Das bedeutet, dass feststehende Wertmuster religiöser oder philosophischer Herkunft unseren Handlungen einen Sinn geben, indem sie
   sie interpretierbar machen und ihnen dadurch die «sinnlose» Zufällig-
   keit nehmen.

3. Leben ist sinnvoll, wenn die emotionale Gewissheit vorhanden ist, es
   kontrollieren zu können.
   Das impliziert ein ausgeprägtes Selbstwertgefühl, das die Sicherheit
   verleiht, nicht Spielball des Schicksals zu sein, sondern Gestalter des
   eigenen Alltags.

4. Leben ist sinnvoll, wenn ein Grundgefühl besteht, nützlich zu sein und menschlich gebraucht zu werden.
Das heißt, dass eine soziale Einbindung besteht und ein Aktivitätsradius in bezug auf andere Menschen, die den eigenen «Gebrauchswert» bestätigen.

Diese Sinnkomponente von Leben kann ergänzt werden durch die Ergebnisse der amerikanischen Belastbarkeitsforschung. Danach füllen folgende Eigenschaften ein Dasein positiv:

- die Fähigkeit und der Wunsch, die Bedürfnisse anderer zu verstehen (Empathie),

- die Fähigkeit, Kompromisse zu schließen,

- das Potential für eine kreative Entwicklung,

- Humor,

- Klugheit – die Fähigkeit, sich mit dem eigenen Leben und dessen Grenzen auseinander zu setzen,

- die Bereitschaft, anderen Menschen zu helfen und

- die Fähigkeit zu lieben (vgl. Young-Eisendraht 1998).

Ergänzt werden muss dieser Katalog um die Fähigkeit zur Einsicht, dass wir alle nur beschränkte Teile eines großen Universums sind (siehe folgende Seite) und dass unsere Zeit, die wir in ihm zubringen dürfen, grundsätzlich beschränkt ist. Das bedeutet allemal die individuelle Anerkennung eines Höheren, ob dieses nun göttlich oder profan ist. Sich selbst als Maßstab aller Dinge zu begreifen, führt hingegen konsequent in die Sinnlosigkeit.

Eine solche Auseinandersetzung mit sich selbst, den tieferen Grundlagen unseres Lebens und den eigenen Zielen kann aufgrund einer inzwischen reichhaltigen und guten Literatur im «Selbstmanagement» geführt werden (siehe Bibliographie). Es gibt aber auch sehr sinnvolle «Hilfestellungen» von Fachleuten, zum Beispiel in den vor einigen Jahren entstandenen «Philosophischen Praxen» oder in Form themenzentrierter Kurzzeittherapien. Beispiele dafür werden im folgenden benannt.

Alles steht miteinander in Verbindung, wie das Blut, das eine Familie eint. Was immer mit der Erde geschieht, geschieht auch mit den Kindern der Erde. Die Menschen haben das Gewebe des Lebens nicht gewebt; wir sind nur ein Faden in ihm. Was immer wir dem Gewebe antun, tun wir uns selbst an.

Seattle (Indianerhäuptling)

Hinweis 8

Die Philosophische Praxis

Die Philosophische Praxis wird von Menschen besucht, die in ihrem Leben etwas verändern wollen. Beispielsweise bei Sinnkrisen.

In Gesprächen werden gemeinsam die bestehenden Probleme eruiert, mögliche Lösungswege ausgearbeitet sowie neue, individuelle und konkrete Ziele entworfen. Diese Ziele sind nicht bereits von vornherein definiert, sondern werden selbst erst thematisiert. Jeder Mensch hat unterschiedliche Lebensvorstellungen.

In einem zweiten Schritt werden Pläne, Programme und Strategien entwickelt, welche der individuellen Lebenssituation Rechnung tragen und zur Verwirklichung der neu gesetzten Ziele führen können.

Die Philosophische Praxis setzt sich mit den Orientierungsfragen und Schwierigkeiten sowohl von Einzelpersonen und Paaren als auch von Institutionen und Firmen auseinander.

Philosophische Praxis, Dr. phil. Urs Thurnherr, Heuberg 16, CH-4051 Basel; Tel. und Fax: (0 61) 2 61 08 86.

Der Bedarf an Philosophischer Praxis eröffnete sich aus einem Bedürfnis des gemeinsamen Philosophierens über etwas. Nach meinem Dafürhalten entspringt der Entschluss, in die Philosophische Praxis zu kommen, zwei komplementären Erkenntnisinteressen: Jenem nach intersubjektiver Verständigung und dem emanzipatorischen Erkenntnisinteresse. Alle, die Philosophische Praxis in Anspruch nehmen, kommen, um gemeinsam mit jemandem und eben nicht allein zu philosophieren und allen geht es um eine verantwortliche, kritische (selbstkritische) Teilnahme an der Gestaltung des personalen, gesellschaftlichen und damit auch politischen Lebens. Menschen, die Philosophische Praxis (in meinem Erfahrungsbereich) in Anspruch genommen haben, verfügen über ein waches und kritisches Alltagsbewusstsein, wollen sich weiterbilden, ihren geistigen Horizont erweitern, ihre eigene Lebensform selbstbestimmt gestalten und dabei nicht selten auch ihre argumentative Kompetenz schulen und schärfen.

Mag. Dr. Günther Witzany, Vogelsangstr. 18 c, A-5111 Bürmoos;
Tel. und Fax: (0 62 74) 68 05.

Philosophische Praxen gibt es inzwischen an vielen Orten; sie sind
zumeist unter diesem Begriff im Telefonbuch zu finden.

Hinweis 9

Logotherapie

Der Mensch ist ein Wesen auf der Suche nach Sinn. Wird sein ihm
eingeborener «Wille zum Sinn» frustriert, manifestiert sich ein daraus resultierendes Sinnlosigkeitsgefühl in seelischen Störungen
wie Depressionen, Aggressionen oder Süchten.
   In der Logotherapie nach Viktor E. Frankl erfolgt eine Auseinandersetzung mit der individuellen Sinnkrise. Selbstverständlich
kann und will die Logotherapie Sinn nicht «verordnen», sondern
geht der Frage nach, wie es gelingen kann, Sinn auch noch in
schwierigen Lebenslagen zu finden.

Deutschland

Information und Beratung:
Süddeutsches Institut für Logotherapie, Geschwister-Scholl-Platz 8,
D-92256 Fürstenfeldbruck; Tel.: (0 81 41) 1 90 41;
e-mail: SIL@logotherapie.com.

Österreich

Viktor-Frankl-Institut, Langwiesgasse 6, A-1140 Wien; Tel. und
Fax: (01) 9 14 26 83; e-mail: Franz.Wesely@univie.ac.at;
http:// viktor-frankl.org.

Schweiz

Prof. Dr. G. Albrecht, Schweizerische Gesellschaft für Logotherapie und
Existenzanalyse, Plessurquai 53, CH-7002 Chur; Tel.: (0 81) 2 52 56 58,
Fax: (0 81) 2 52 56 50.

Hinweis 10

Imaginationstherapie

In der Imaginationstherapie wird der Patient mit Vorstellungsmotiven wie zum Beispiel einer Wiese, eines Baches usw. konfrontiert. Dabei tauchen häufig jene Gestalten oder Ereignisse auf, die den Konflikt des Patienten betreffen. Durch die imaginative Auseinandersetzung mit diesen Symbolen werden nicht nur die Selbsterkenntnis, sondern auch leichte kathartische Reaktionen gefördert, tiefe Emotionen geweckt und neurotische Fixierungen aufgelöst.

Siegfried Lorenz, Mülhauser Str. 41, D-69229 Mannheim-Friedrichsfeld; Tel.: (06 21) 4 81 50 15.

Hinweis 11

Transaktionsanalyse

Die **Werkstatt Psychologie** ist ein Institut, in dem Entwicklung, Wachstum und Heilung von und für Menschen in den unterschiedlichsten Lebensbereichen angeregt, gelehrt, erarbeitet, begleitet und gelebt werden.

Entsprechend dem Kierkegaard Wort «Das Leben kann nur rückwärts verstanden, muss aber vorwärts gelebt werden», konzentriert sich der beziehungsorientierte Prozess dabei ebenso auf Veränderungs- und Wachstumsprozesse im Hier und Jetzt wie auf strukturelle Veränderungen von Menschen und die Aufarbeitung ihrer biographischen Geschichte.

Der gedankliche Hintergrund dieser Arbeit auf allen Ebenen wird zu einem großen Teil von der Transaktionsanalyse bestimmt.

Werkstatt Psychologie, Wiemkenstr. 25, D-26180 Rastede-Ipwege; Tel.: (0 44 02) 92 83 – 0; e-mail: info@werkstatt-psychologie.de.

Hinweis 12

Therapien

Bei Problemen, die objektiv als schwerwiegend klassifizier oder subjektiv als sehr belastend empfunden werden, ist es sinnvoll, sich um eine Psychotherapie zu bemühen. Auskünfte darüber erteilen neben Hausärzten, psychologischen Beratungsstellen u. a. die nationalen Berufsverbände der Psychologen:

Deutschland:

Berufsverband Deutscher Psychologen (BDP); Heilsbachstr. 22; D-53123 Bonn; Tel.: (0228) 641054-55

Österreich:

Österreichischer Berufsverband für Psychotherapie (ÖBPV); Rosenbursenstr. 8/3/7; A-Wien; Tel. (01) 5127090

Schweiz:

Schweizer Psychotherapeutenverband; Weinbergstr. 31; CH-8006 Zürich; Tel. (01) 266 6400
Föderation der Schweizer Psychologinnen und Psychologen; Postfach; 3000 Bern 14; Tel. (031) 382 0377

Gerichtetes Leben ist nicht einfach da; Lebensrichtung und -ausrichtung stellen sich auch nicht von selber ein; sie müssen gesucht, erarbeitet und gefunden werden.

Offenbar ist dieses Unterfangen insbesondere für Männer schwierig. Wie wir dargelegt haben (siehe vor allem I, 1: Traditionelle und neue Männlichkeit; II, 4: Konformität und Kreativität), ist männliches Leben oft zwanghaftes Leben. Frühzeitig werden wir von unserer Innerlichkeit getrennt und auf äußerliche Ziele wie Erfolg und Karriere dressiert. Innerhalb solcher Sozialisation spalten wir Gefühle, Intuition, Empathie und die «Stimme unseres Bauches» ab und orientieren uns stattdessen an vorgegebenen Mustern und Zielen.

Wer so aber lebt, lebt nicht von innen und nicht aus sich. Die Folgen sind ein unechtes Selbstwertgefühl, Entfremdung und sehr häufig Leere und Selbstablehnung (siehe II, 1: Entfremdung und Echtheit). Wer nicht Authentizität als Junge üben konnte, wird sie als Mann auch nicht leben können. Nur gänzlich konsequent, stellen sich dann irgendwann Unzufriedenheit, Süchte oder Suizidgedanken ein. Nicht immer braucht es dazu einen direkten Auslöser, aber häufig meldet sich die nicht gelebte Innerlichkeit, wenn die Außenwelt nicht mehr normal *funktioniert*, das heißt – am Beispiel – bei Entlassung, Pensionierung, Trennung, Krankheit oder anderen Verlusterlebnissen, die den zwanghaften Alltag mit Macht durchbrechen.

Dagegen hilft nur die Rückbesinnung auf sich selbst. Das bedeutet in einem ersten wichtigen Schritt, die Verantwortung für sich selber zu übernehmen. Schuldzuweisungen an andere sind wenig hilfreich, und wenn sie im erwachsenen Leben immer wieder erfolgen, auch ein Zeichen von Infantilität. Die Akzeptanz des eigenen Lebensschicksals verhindert, weiterhin auszuweichen und richtungslos zu leben.

Das ist die Voraussetzung dafür, dass wir zu unseren Quellen zurückkehren können. Was wollen wir je schon immer? Was haben wir an Wünschen und Talenten nicht gelebt? Was ist unsere Berufung im Leben? Wohin treibt es uns im eigentlichen? Der Zürcher Psychologe Leopold Szondi hat dieses Unterfangen in seiner systematischen Therapieform *Schicksalsanalyse* genannt: «Das Individuum wird in der Schicksalsanalyse mit seinen unbewussten Schicksalsmöglichkeiten konfrontiert und vor die Wahl einer besseren persönlichen Existenzform gestellt» (Szondi 1968, 21). Szondi hat auch darauf hingewiesen, dass solche Selbstprüfung versäumt werden kann. Dann erstarrt das Schicksal im individuellen Lebensablauf und wird zum «Zwangsschicksal».

Zwangsschicksal ist im tiefsten immer ungelebtes Leben, und die Kosten ungelebten Lebens sind in Form von Frustration, Sucht, Gewalt, Depression, Krankheit, Eigen- und Fremdzerstörung groß. Von daher gilt es, «den versteinernden Wirkungen der zwangsschicksalsbestimmenden Funktionen kräftig entgegenzutreten und die Drehbühne (des eigenen Lebens, W. H) weiter in Bewegung zu setzen» (Szondi 1968, 23). Dann kann Schicksal zum *Wahlschicksal* werden.

Sich der eigenen *Berufung* gewahr zu werden, ist jedoch nur die eine Seite der Prüfung. Die andere betrifft die Erkenntnis und die Akzeptanz

Und das ist die einzige Wahrheit – zu leben heißt, sich verloren zu fühlen. Wer dies akzeptiert, hat bereits begonnen, festen Boden zu gewinnen.

Sören Kierkegaard

der Grundstruktur von Leben überhaupt. Besonders männliche Daseins-entwürfe sind häufig egozentrisch. Eigene Erfolgsziele werden absolut gesetzt, ohne die ontologischen Gesetzlichkeiten des Lebens zu berücksichtigen. Dazu gehörten als wichtigste:

- die eigene Beschränktheit. Wir sind nichts ohne die anderen, und wir brauchen die Welt.

- die eigene Endlichkeit. Wir sind sterblich, und der Tod wartet auf uns alle an jedem Tag, zu jeder Stunde.

- das eigene Schicksal. Wir sind für uns selbst verantwortlich, indem wir unseren Lebensweg definieren, gestalten und zu Ende führen. Diese Aufgabe lässt sich nicht delegieren.

Das heißt in der zusammenfassenden Konsequenz, dass zu jedem Leben das Ende, die Unabdingbarkeit und das Scheitern gehören. Dieser existentiellen Unabänderlichkeit hat sich ein jeder zu stellen (siehe gegenüberliegende Seite).

Karl Jaspers spricht in diesem Zusammenhang von der Unbedingtheit und unterscheidet dabei zwischen bedingten und unbedingten Forderungen, die das Leben an uns stellt: «Unbedingte Forderungen (…) haben ihren Ursprung in mir selbst. Bedingte Forderungen treten mir gegenüber als eine jeweilige Bestimmtheit, an die ich mich äußerlich halten kann. Unbedingte Forderungen kommen aus mir, indem sie mich innerlich tragen durch das, was in mir selbst nicht nur ich selbst ist.

Die unbedingte Forderung tritt an mich heran als die Forderung meines eigentlichen Seins an mein bloßes Dasein. Ich werde meiner inne als dessen, was ich selbst bin, weil ich es sein soll!» (Jaspers 1953, 54)

Findet die Auseinandersetzung mit dem Unbedingten statt, dann findet unser Leben Grund und Sinn. Im Unbedingten vollzieht der Mensch eine Wahl. Sein Dasein gewinnt dadurch Klarheit und Struktur. Bleibt diese Auseinandersetzung aus, treiben wir in der Ziellosigkeit.

Übung 1

Überlegen Sie einmal, welche der folgenden Lebensziele für Sie eigentlich wichtig sind? Welche davon haben Sie erreicht, welche nicht? Warum nicht?

- Sicherheit
- Heim
- Gerechtigkeit
- Ruhe
- Liebe
- Familie
- Freundschaft
- Karriere
- Wohlstand
- Macht
- Idealismus
- Besitz
- Freiheit
- Abenteuer
- soziales Engagement

Übung 2

Suchen Sie sich einen ruhigen Platz, am besten in der Natur. Stellen Sie sich vor, wie Sie Ihrer eigenen Grabrede zuhören. Was wird man über Ihr Leben sagen? Wird man es als gelungen darstellen und aus welchen Gründen?

Übung 3

Stellen Sie sich ein Lebensziel vor, das Sie schon seit langem erreichen wollen. Was hat Sie daran gehindert, dieses Ziel zu verwirklichen? Wie könnten Sie diese Hindernisse beseitigen? Welchen Gewinn im einzelnen hätten Sie davon?

Übung 4

Machen Sie immer mal wieder eine Phantasiereise in die «Wirklichkeit» Ihrer Träume und Sehnsüchte. Was wiederholt sich? Was kristallisiert sich als Richtung heraus? Achten Sie auch darauf, was als Thema in Ihren nächtlichen Träumen wiederkehrt.
  Was sagt Ihnen das?
Welche Möglichkeiten gibt es, den Traumzielen näher zu kommen, sie auch umzusetzen?

Übung 5

Wir haben alle widerstreitende Ziele und Wünsche. Eine Methode, den inneren Streit zu klären und festzustellen, was wirklich wichtig für uns ist, ist, diese widerstreitenden Elemente in einen Dialog zu bringen. Lassen Sie sie innerlich streiten und sich bekämpfen. Wer hat recht? Wer gewinnt? Warum? Vielleicht gibt es auch richtige Elemente in den unterschiedlichen Wünschen, die Sie nun zu einem klaren Ziel zusammenfügen können.

Literatur zur Information und Weiterarbeit

a) Diagnose

- Walter Hollstein, Männerdämmerung. Göttingen (Vandenhoeck & Ruprecht) 1999.
- Terrence Real, Mir geht es doch gut. Männliche Depressionen. Bern (Scherz) 1999.
- Ulrich Beck, Risikogesellschaft. Frankfurt/M. (Suhrkamp Taschenbuch) 1986.
- David Riesman, Die einsame Masse. Reinbek (Rowohlt Taschenbuch) 1958.

b) Veränderung

- Leopold Szondi, Freiheit und Zwang im Schicksal des Einzelnen. Bern und Toronto (Huber) 1968.
- Polly Young-Eisendrath, Die starke Persönlichkeit. Quellen der Lebenskraft. München (Deutscher Taschenbuch-Verlag) 1998.
- Karl Jaspers, Einführung in die Philosophie. München (Piper Taschenbuch) 1953.
- Christiane Lutz, Jeder ist Herakles. Süchtig handeln oder zum Ich entscheiden. Leinfelden-Echterdingen (Bonz) 1997.
- Krisen erfolgreich bewältigen. Amsterdam (Time Life-Bücher) 1996.
- Christ Zois/Patricia Fogarty, Glück ist machbar. München (Heyne Taschenbuch) 1998.
- Judith Viorst, Mut zur Trennung. München (Heyne Taschenbuch) 1990.
- Viktor E. Frankl, Psychotherapie für den Alltag. Freiburg i. Br. (Herder Taschenbuch) 2000.
- Viktor E. Frankl, Der leidende Mensch. Bern (Huber) 1996.
- Elisabeth Lukas, Heilungsgeschichten. Wie Logotherapie Menschen hilft. Freiburg i. Br. (Herder Taschenbuch) 1998.
- Stephen R. Covey, Die sieben Wege zur Effektivität. Ein Konzept zur Meisterung Ihres beruflichen und privaten Lebens. München (Heyne Taschenbuch) 1999.
- Ingeborg Claus, Odysseus. Wege und Umwege der Seele. Leinfelden-Echterdingen (Bonz) 1997.
- Peter Schellenbaum, Im Einverständnis mit dem Wunderbaren. Was unser Leben trägt. München (Kösel) 2001.

c) Übungsteil

- Arnold A. und Clifford N. Lazarus, Der kleine Taschentherapeut. Stuttgart (Klett-Cotta) 1999.
- Lama Surya Das, Der achtfache Pfad. Lehrbuch zur Erleuchtung. Frankfurt/M. (Krüger) 1999.
- Michael Mary/Henny Nordholt, Selbsttherapie. Stuttgart (Kreuz) 1995.
- Wayne Dyer, Der wunde Punkt. Reinbek (Rowohlt Taschenbuch) 1980.
- Tarthang Tulku, Selbstheilung durch Entspannung. München (Heyne Taschenbuch) 1995.
- Moses G. Steinvorth, Im Körper zu Hause. Eine bioenergetische Entdeckungsreise. Göttingen (Vandenhoeck & Ruprecht Taschenbuch) 1999.
- Siegfried Lorenz, Phantasiewelt Imagination. Berlin (VWB) 2000.
- Martin Seligman, Pessimisten küsst man nicht. Optimismus kann man lernen. München (Knaur Taschenbuch) 1993.
- Claude Steiner, Wie man Lebenspläne verändert. Paderborn (Junferman) 1982.
- Bert Hellinger, Die Mitte fühlt sich leicht an. München (Kösel) 1996.
- Dyrian Benz, Alles zur rechten Zeit. München (Kösel) 1996.
- Christoph Fehige u. a., Der Sinn des Lebens. München (Deutscher Taschenbuch-Verlag) 2000.
- Moshe Talmon, Schluss mit den endlosen Sitzungen. Wege zu einer lösungsorientierten Kurztherapie. München (Knaur Taschenbuch) 1996.

d) Kassetten

- Rüdiger Dahlke, Tiefenentspannung. Edition Neptun.
- Rick Wakeman, Aspirant Sunshadows. Sattva Art Music.
- Awaken 1, Tiefenentspannung und Phantasiereisen. Meistersinger.
- Arnd Stein, In 15 Minuten ruhig und ausgeglichen. Verlag für therapeutische Medizin.
- Ilse Middendorf, Atemlehre. Junfermann.

c) CD's

- Tim Wheater, Mistral. The wind of change. New World Company, Paradise Farm, Westhall.
- Hutchinson, Flow and awakening. Junfermann.
- Gerk/Deuter, Männerrituale. Bauer-Musikverlag.
- Martin Buntrock, Traumreise. GBMusic.
- Professor Trance, Breath of Fire. TNI Music.

Teil III

1. Das männliche Gesetz

Der Mann war während Jahrtausenden der Herrscher der Welt. Der Mann hat die Wildnis gerodet, Frauen und Kinder beschützt, die Felder urbar gemacht. Der Mann gilt deshalb als Schöpfer der Kultur. Heute hat sich das alles geändert. Der Mann wird als Unterdrücker gebrandmarkt. Ihm wird vorgeworfen, Frauen und Kinder zu missbrauchen. Der Mann hat die Natur ökologisch zerstört und die Welt an den Abgrund der atomaren Katastrophe gebracht. Was ist geschehen?

Der Mann hat seine Macht auf eine doppelte Art und Weise verloren: Die Welt ist seit langem zivilisiert. Es braucht keine Eroberer und Abenteurer im traditionellen Sinne mehr, da alles erobert und entdeckt ist. Offenbar ist die männliche Herrschaft über die Natur sogar schon zu weit gegangen; sie schlägt mittlerweile in ihr Gegenteil um. So wird der Held von einst mehr und mehr zum Anti-Helden.

Männer müssen sich ändern, weil am Ende des 20. Jahrhunderts neue ökologische und gesellschaftliche Verhältnisse sie schlicht und einfach dazu zwingen. Frauen übernehmen in der Geschäftswelt, in den Banken, in der Verwaltung, im Showbusiness, in Kunst und Literatur, im Sport und auch in der Politik nach und nach Positionen, die die Männer über Jahrhunderte unangefochten besetzt gehalten hatten. Die Emanzipation der Frauen zwingt die Männer zum Handeln und Reagieren. Dabei lassen sich unterschiedliche Reaktionstypen von Männern feststellen; die Chauvis, die Softies, die Opportunisten und jene, die die Herausforderung zur Veränderung angenommen haben. Doch Neuorientierung fällt nicht leicht. Die Massenmedien, besonders die Werbung, vertreten noch immer das alte, ein veraltetes Männerbild, das hinter den gesellschaftlichen Entwicklungen zurückgeblieben ist.

Was bedeutet es heute, ein Mann zu sein? Was ist männlich? Was heißt Männlichkeit? In wissenschaftlichen Untersuchungen gibt es darauf vorsichtige Antworten. Die Fragen können indessen nicht aus der Gegenwart allein beantwortet werden. Die Geschichte des Mannes und der

Männlichkeit muss befragt werden, wenn die Antworten stimmig sein wollen. Welches sind unsere Fehler? Welches unsere historischen und gegenwärtigen Versäumnisse? Männer waren während Jahrhunderten und vielleicht noch länger nur Kopf statt auch Herz, nur Leistung statt auch Muße, nur konkurrenzorientiert statt auch solidarisch, nur hart statt auch weich. Männer ließen sich primär von äußeren Normen und gesellschaftlichen Erwartungen steuern statt (auch) von inneren Eingebungen und eigenen Bedürfnissen. Männer spalteten in der Geschichte männlicher Vorherrschaft jene Qualitäten ab, die ihrem immer härteren Kampf um die Beherrschung von Natur und Welt nicht förderlich schienen: Verletzlichkeit, Gefühl, Abhängigkeit, Hingabe, Fürsorge und Affektivität. Da sie ohne dies alles indessen auch nicht zu leben vermochten, delegierten sie die «weichen» Eigenschaften an die Frauen und belegten sie hinfort mit dem Attribut des Weiblichen. So gewann an geschlechtsspezifischer Einseitigkeit, was im tiefsten nicht weiblich, sondern einfach menschlich ist. Die Vereinseitigung des Mannes hatte Folgen. Natur und Welt veröderten unter der eindimensionalen Herrschaft des Mannes, und der Mann verödete, vor allem selbst. Dadurch dass er seine emotionalen Kräfte an die Frau abtrat und diese sie häufig monopolisierte, weil sie gar nicht anders konnte, enteignete sich der Mann innerlich selbst. Er wurde zur Charaktermaske.

Diese kollektiven Entwicklungen haben aber auch individuelle Folgen. Physisch und psychisch repräsentiert der Mann heute das schwache Geschlecht. Medizinsoziologische Untersuchungen belegen die bessere Gesundheit der Frau, deren höhere Lebenserwartung und größere Widerstandskraft. Die Unfähigkeit des Mannes, sich emotional auszudrücken, bedingt hingegen eine ganze Reihe von Gesundheitsproblemen. Männlichkeit, so wie sie gesellschaftlich noch immer begriffen wird, entmutigt die Männer überdies, sich angemessen um ihre Gesundheit zu kümmern und Hilfe in Anspruch zu nehmen. Vorsichtig sein, sich helfen lassen, Ausruhen und Entspannen gelten als weibliche Eigenschaften und sind deshalb als unmännlich abzulehnen. Es ergibt sich daraus der fundamentale Widerspruch, dass der männliche Prototyp von Karriere, Erfolg und Wohlstand gleichzeitig der kranke Mann ist, das Symbol maskulinen Niedergangs in der modernen Welt.

Gibt es Lösungen? Der Ausweg führt durch das Gestrüpp männlicher Diffusität von heute. Männer müssen sich auf ihre eigenen Kräfte besinnen und darauf, was sie in der geschichtlichen Entwicklung falsch gemacht haben. Innerhalb dessen, was man heute als Alternativ-Bewegung bezeichnet, ist in den USA bereits in den fünfziger Jahren ein neuer Typus Mann entstanden: gesellschaftskritisch, unmaterialistisch, idealistisch, solidarisch, ökologiebewusst. Neueste Untersuchungsergebnisse zeigen, dass männliche Veränderung inzwischen nicht mehr auf Außenseiter wie Hippies, Spirituelle und Grüne beschränkt ist. Auch der «Normalbürger» beginnt Neues anzunehmen, sexistische Haltungen abzulegen, im Haushalt mitzuhelfen, ein richtiger Vater zu sein.

Seit den siebziger Jahren wird Männern vermehrt die Bedeutung eines eigenen männlichen Raumes bewußt: In Gruppen und Zentren lernen sie, sich wieder als Männer zu begreifen und auf die eigene männliche Kraft zu vertrauen anstatt auf eine falsche Anerkennung von Frauen über soziale Statussymbole. Männer schaffen überall auf der Welt neue Verbindlichkeiten von Solidarität und gegenseitiger Hilfe. Je freier Männer ihre Männlichkeit spüren, desto konstruktiver können sie sich als Menschen äußern und als Partner von neuen Frauen.

Dazu bedarf es aber auch der gesellschaftlichen Veränderungen. Zum Beispiel müssen Erwerbs- und Hausarbeit zwischen Frauen und Männern neu aufgeteilt werden, um den Frauen Möglichkeiten neuer Verwirklichung zu geben und die Männer vom Berufsstress zu entlasten. Die Beteiligung des Mannes an Hausarbeit und Erziehung schafft auch wieder seine Realität als Vater. Von der Verbindlichkeit solcher Wirklichkeiten sind wir gegenwärtig noch weit entfernt. *Der veränderte oder der neue Mann ist, gesamtgesellschaftlich betrachtet, noch marginal.*

Herrschend – auch im ganz wörtlichen Sinne – ist ein Typus Mann, der sich zur Empfangsstation äußerer Signale degradiert. Dafür gewinnt er neue Macht und Erfolg; aber auch diese bleiben äußerlich. Was hier entsteht und um sich greift, ist ein technokratischer Narzissmus, der über die Aufrechterhaltung äußerer Machtstrukturen den Bestand der eigenen Charaktermaske stabilisiert. Das Funktionieren dieses öffentlich-privaten Austausches von Macht ist oberstes und einziges Gesetz, dem alle anderen Gesetze der Legalität, der Moral, des Respekts und der Schuld untergeordnet werden. Macht schafft auch Schamlosigkeit.

Solche Männer haben gegenwärtig Hochkonjunktur, vor allem in der Politik, im Sport und in den Massenmedien. Männlichkeit definiert sich so veräußerlicht; sie kommt nicht mehr von innen, als Resultat einer Entwicklung, sondern macht sich an Statussymbolen wie Erfolg, Besitz, Rekord, Medienauftritten oder Macht fest. Dies sind aber nur Surrogate. Wirken sie nicht mehr – nach Entlassung, Pensionierung, Zusammenbruch oder Machtwechsel – bricht auch die Männlichkeit zusammen.

Männer haben also Schwierigkeiten mit ihrer Identität. In unserer Kultur existieren keine Initiationsriten mehr, die einem Jungen verdeutlichen, wie er zum Mann werden kann, und es gibt auch keine Rituale, die dem Mann helfen, seine Männlichkeit authentisch zu leben. So haben wir gehäuft im öffentlichen Leben, in den Medien und im Sport den ewigen Bubi, der nicht altern will und nicht reifen kann. Ein Musterbeispiel ist der deutsche Entertainer Thomas Gottschalk oder – ein paar Prominentenstufen darunter – der Schweizer Wetterfrosch Jörg Kachelmann.

Neben der «Bubi»-Flucht vor wirklicher Männlichkeit zeigt sich als andere Ausweichstrategie die «Kerl»-Pose. Ein Beispiel dafür wäre der deutsche Schauspieler Heiner Lauterbach oder der österreichische Rennfahrer Nikki Lauda. Hier geht es um Überkompensation. Da in Wirklichkeit kein männlicher Kern da ist, wird dieses Defizit in die Pose gerückt und in der Pose «ausgeglichen». Da man nicht männlich ist, gibt man sich nach außen so, säuft, raucht, schwingt mächtig große Sprüche, prahlt mit Frauengeschichten, schlägt sich die Nächte um die Ohren bis zum Herz-Kreislauf-Zusammenbruch und setzt sein Leben aufs Spiel. Im Hintergrund lauert die bedrohliche Angst vor der Unmännlichkeit.

«Bubi» und «Kerl» wirken unnahbar. Sie sind beide geprägt von der Distanz zu ihrem männlichen Selbst, und diese Distanz geben sie weiter im Umgang mit anderen Menschen. Solange «Bubi» und «Kerl» nicht den eigenen Schmerz zulassen ob der versäumten Authenzität, verharren sie in der Pose und bleiben Gefahren für ihre Mitmenschen, weil sie zur Unaufrichtigkeit und auch zur Gewalt neigen.

Diametrale Gegenbilder mögen aufs erste angenehmer wirken, sind aber nicht die Lösung des Problems und überdies ebenfalls nicht ungefährlich.

In den vergangenen dreißig Jahren hat sich ein Wandel im Bild von Männlichkeit ergeben, der epochal ist. Die fünfziger Jahre kannten noch den traditionellen Mann, der früh zur Arbeit ging, brav schuftete, der Ernährer seiner Frau und Kinder war, Disziplin bewunderte, aggressive Ballspiele liebte, seine Heimat kritiklos verehrte und niemals weinte.

In den sechziger Jahren veränderte sich Männlichkeit. Jugendbewegungen wie die Hippies, der Feminismus und die Katastrophe des Männlichkeitswahns im Vietnamkrieg richteten den Blick auf Neues. Robert Bly notiert: «Als die Männer anfingen, auf die Frauen zu schauen und die Sensibilität der Frauen wahrzunehmen, begannen einige Männer, auf ihre eigene weibliche Seite aufmerksam zu werden und sie hinfort auch zu beachten. Dieser Prozess hält bis heute an, und ich würde sagen, dass die meisten jungen Männer der Gegenwart in verschiedener Art und Weise darin involviert sind.» Es entstand der weiche Mann («soft male»). «Es ist wunderbar zu sehen, wie diese Männer ihr eigenes feminines Bewusstsein willkommen heißen und es pflegen. Das ist ganz wichtig, und doch spüre ich, dass darin auch etwas Falsches enthalten ist. Der Mann ist in den vergangenen zwanzig Jahren nachdenklicher, besorgter und rücksichtsvoller geworden. Aber diese Entwicklung hat ihn nicht frei gemacht. Er ist nun ein netter Junge, der nicht nur seiner Mutter gefällt, sondern zunächst auch der jungen Frau, mit der er zusammenlebt. Doch es fehlt ihm an Kraft und Ausstrahlung» (Bly 1987, 2).

Der weiche Mann hat undifferenziert von seinen maskulinen Seiten Abschied genommen und *sich zu ausschließlich feminisiert*. Häufig hat er sich dann auch noch eine starke Frau gewählt, an die er seine männliche Energie abtreten kann. Das Ergebnis war Impotenz im weitesten Sinne. Der amerikanische Psychotherapeut James Hillmann war einer der ersten, der den allgemeinen Energieverlust dieser «neuen» Männer konstatierte. Die «Softies», die in seine Praxis kamen, klagten über die Kraftlosigkeit ihrer Beine, ihrer Kehle (Stimme, Ausdruck, Rhetorik), ihrer Nase (Luftholen, Ausatmen) und ihres Penis. Ein Team von Psychiatern und Psychoanalytikern um Gerald I. Fogel bestätigte wenig später solche Impotenz und die totale Verunsicherung dieser Männer «in ihrer eigenen Maskulinität» (Fogel 1986, 12).

Der amerikanische Schriftsteller und Therapeut Robert Bly geht in seiner Diagnose der Softies noch erheblich weiter: «Viele Männer sind unglücklich. Es ist wenig Kraft in ihnen.» Sie strahlen keine Energie mehr aus, und es scheint zumindest so, als hätten sie auch keine mehr. Diese Männer «sind lebenserhaltend, aber irgendwie nicht mehr lebensspendend. Jetzt haben wir den fein gestimmten Mann, der seinem Vater ökologisch bei weitem überlegen ist, der sich um die Harmonie des Universums sorgt, aber er verfügt über keine Energie mehr, die er anzubieten hätte» (Bly 1987, 2).

Was ist männlich?

Interview mit Helmut Barz

Dr. Barz ist Facharzt für Psychiatrie und Neurologie; er arbeitet als Analytiker in seiner eigenen Praxis und war Präsident des C.-G.- Jung-Instituts in Küsnacht am Zürcher See. Barz beschäftigt sich praktisch und theoretisch mit Männerfragen.

WH: Wie ist die Eigenschaft des Männlichen in der Tradition Jungscher Psychologie zu bestimmen?

Barz: Ich finde erst mal wichtig zu sagen, dass der Begriff des Männlichen heute von Jungschen Analytikern anders gesehen wird als von Jung selbst. Es ist mir gut verständlich, dass etwa feministische Autorinnen, aber auch Jungsche Analytikerinnen, die sich dem Feminismus verbunden fühlen, gegen das Bild von Mann und Frau bei C. G. Jung polemisieren. Wir würden wohl alle sagen, dass wir sowohl aus dem Umgang mit uns selbst als auch aus dem Umgang mit unseren Patienten männlichen und weiblichen Geschlechts nicht mehr richtig wissen, was ein Mann ist und was eine Frau. Wir können uns nicht mehr zu einer klar fixierenden Definition aufraffen. Umgekehrt denke ich aber auch, dass von diesem traditionellen Männerbild, das die Generation der Väter damals hatte, nicht etwa alles über Bord geworfen werden sollte, nur weil uns an einigen wichtigen Punkten Zweifel kommen. Zum Beispiel meine ich, dass eine stärkere Neigung zum zielgerechten Denken und Handeln im Vergleich mit der Frau den Mann tatsächlich nicht etwa «auszeichnet», wohl aber prägt. Die Zielgerichtetheit im Denken und das aus dem Denken Planen und diesen Plan durchsetzen mit aller Energie, gehört für mein Verständnis auch zum Wesen des Männlichen. Dass sich Männer mehr dem zielgerechteten Denken zugeneigt fühlen, das würde ich der Erziehung zuschreiben. Buben werden mehr darauf hin erzogen, die Intelligenz anzuwenden; dies ist ein gesellschaftliches Faktum mit starken Auswirkungen auf das Selbstverständnis von Männern.

WH: Lässt sich in diesem Kontext von einem männlichen Prinzip sprechen?

Barz: Ja. Das männliche Prinzip läßt sich pauschal charakterisieren als unterscheidend, planend und aggressiv. Es setzt Ordnungen und ist nicht durch natürlichen Rhythmus und Wandlung bestimmt, sondern erstrebt aktiv herbeigeführte und notfalls erzwungene Veränderung.

WH: Lassen sich Geschlechtsunterschiede biologisch verstehen?

Barz: Ja. Ein sehr ins Biologische weisender Unterschied ist folgender: In deutlicher Weise dürfte das heranwachsende Mädchen den Beziehungscharakter seiner Sexualität durch seine Brüste erfahren. Wenn der Junge im erigierten Penis ein Symbol autonomer männlicher Macht erfährt, dann das Mädchen in der sich entwickelnden Brust ein solches der Beziehungsfähigkeit. Wir sind natürlich hier auf einem ganz problematischen Feld. Die Frage, was gehört zum Manne auf Grund seines Wesens, auf Grund seiner biologischen Grundstruktur, und was ist männlich geworden auf Grund gesellschaftlich-erzieherischer Einflüsse, ist schwierig zu beantworten. Ich meine allerdings, dass die biologische Verankerung solcher Qualitäten, die man als exquisit männlich bezeichnen könnte, in der Anatomie wie in jeder einzelnen Zelle eine viel größere Rolle spielt, als man es noch vor wenigen Jahren beachtet hat.

Ich würde dann weiter versuchen, mir Gedanken darüber zu machen, dass der Umstand, dass man Knaben so anders erzieht als Mädchen mit dem großen Erfolg der enormen Differenzierung der beiden Geschlechter, natürlich etwas mit dem biologisch Vorgegebenen zu tun hat. Ich glaube nicht, dass es Zufall ist oder nur soziologisch erklärbar sein soll, sondern dass das mit körperlichen Grundbefindlichkeiten zu tun hat, die dann sekundär verstärkt werden durch den sozialen Kontext.

WH: Lässt sich heute noch ein Wesensbild vom Mann formulieren? Ich denke dabei auch an eine ganz besondere Qualität von Mann, wie sie auf eine bestimmte Art bei Hemingway erscheint oder auf eine andere etwa in der Gestalt des Dr. Rieux bei Albert Camus, also des Helden, der die Welt gegen das Böse verteidigt, der energisch und tatkräftig ist, von ethischen Grundsätzen bestimmt wird, klar, entschlossen, prinzipiell und unbeirrt.

Barz: Nein, ich glaube gar nicht, dass diese männlichen Figuren ihre Bedeutung verloren haben. In Ihrer Fragestellung ist ja auch schon mit drin, dass diese Männerwelt Hemingways, Camus' und anderer noch genauso wichtig und gültig ist wie vor Jahrzehnten, dass sie nur einer sehr wesentlichen Ergänzung bedarf. Es wäre ganz falsch zu sagen, dass dieser Aspekt von Mann eine Karikatur sei, keine Gültigkeit mehr habe. Man kann nicht behaupten, dass wir ihn nicht mehr brauchen. Ich glaube schon, wir brauchen das sehr wohl; nur brauchen wir nicht den Macho.

Wir brauchen aber etwas von dieser männlichen Grundsubstanz, erweitert und bereichert um andere, weibliche Züge, die zum heutigen Männerbild wohl viel mehr als früher dazugehören.

Das ganze hat natürlich auch einen entwicklungsdynamischen Aspekt, nämlich den Wechsel des Kindes von der mütterlichen in die väterliche Welt. Es ist klar, dass solcher Übergang von der mütterlichen in die väterliche Welt nicht ohne Angst vollzogen werden kann. Deswegen war für uns alle der Vater-Archetypus zunächst das furchterregende, bedrohliche, einengende, ganz andere. Aber die zum Vater-Archetypus gehörenden Symbolgestalten sind nicht nur der Gesetzgeber, Richter, König, sondern ebenso auch der Hirte, der Arzt und der Weise. Nicht nur Beschränkung und Ordnung führt er herbei, sondern auch Klarheit, Überblick und Gewissheit. Er ist Wanderer, Seefahrer, Entdecker, Eroberer. Sein Ziel ist nicht die ewige Erneuerung des Gleichen, sondern der Gewinn von Neuem, nicht Kreislauf, sondern Entwicklung.

Das alles, was mit dem Männlichen verbunden ist, bleibt richtig und könnte nur unter unsäglichen Verlusten des Individuums wie der Gesellschaft als Ganzes aufgegeben werden.

WH: Wie ist denn heute die Bedeutung des biologischen Unterschiedes zwischen Mann und Frau einzuschätzen? Ist es wirklich nur der berühmt-berüchtigte «kleine Unterschied», und alles andere, was Frauen und Männer trennt, sind soziale Zuschreibungen, oder sind die Differenzen doch größer, wie dies in letzter Zeit auch Ergebnisse der Biochemie annehmen lassen?

Barz: Wichtig ist, dass man die biologischen Faktoren weder über- noch unterschätzen darf. Ich glaube, dass den biologischen Faktoren eine beträchtliche Bedeutung zukommt. Aber wenn man den Mann oder die Frau nur definiert nach ihrer Anatomie oder Physiologie, kommt man sicherlich zu ebenso falschen Ergebnissen, wie wenn man sie nur definiert entsprechend wesentlichen soziologischen Kriterien.

Die Bedeutung der primären und sekundären Geschlechtsmerkmale ist außerordentlich groß für das «Wesen»; nur ist das nicht omnipotent, sondern es muss die gesellschaftliche Beeinflussung, das soziale Verformen und Umformen sehr stark mit berücksichtigt werden. Für die Vertiefung unseres Verständnisses scheint es mir wichtig, dass wir das, wofür die Begriffe «weiblich» und «männlich» auf der Symbolebene stehen, von dem trennen, was wir bei vordergründiger Betrachtung als die Summe der Eigenschaften von Frauen und Männern ansehen. Wenn wir die Begriffe weiblich und männlich für eine Weile weder biologisch noch soziologisch oder psychologisch verstehen wollen, dann müssen wir symbolisch gelten lassen, dass dieses Begriffspaar für die Polarität schlechthin steht, in der sich der bewusste Mensch, welcher der Einheitswirklichkeit frühester Kindheit entwachsen ist, vorfindet. Es wäre naiv, einen Zufall darin zu sehen, dass diese Begriffe zugleich die beiden Geschlechter bezeichnen; aber ebenso naiv scheint es mir, aus dieser Tatsache eine «sexistische» Tendenz aller Kultur abzuleiten.

Während dem weiblichen Prinzip Erde und Nacht entsprechen, ist das männliche mit Himmel und Tag verbunden. Statt des weiblichen Wassers gehört in den männlichen Bereich der Berg, statt des nächtlichen Mondes die Sonne. Den weichen und dunklen Moll-Qualitäten steht das Harte und Helle des Dur gegenüber. Nicht Naturrhythmus, Wandlung und ewiger Kreislauf, sondern lineare, gewollte und durchgesetzte Veränderung bestimmen die Dynamik des männlichen Prinzips. Es sehnt sich mehr nach dem Übersichtlichen, als sich vom Natürlichen tragen zu lassen.

Aber nicht nur in sich selbst scheint mir der Mann im allgemeinen zwiespältiger als die Frau, sondern auch in seinem Umgang mit der Welt. Sein Bedürfnis, das Erlebte durch Aufgliederung und Einteilung zu ordnen und es damit von sich selbst abzurücken, ist größer als seine Fähigkeit, unmittelbar darin aufzugehen.

Zergliederung schafft Ordnung, und erst genügend Abstand ermöglicht klare Übersicht; aber selbst die pädagogische Maxime bezeichnet Ordnung nur als das halbe Leben, und auch die klare Übersicht erfaßt wohl immer nur die eine Hälfte.

WH: Ich würde mich an dieser Stelle gern auf die Jungsche Animus-Anima-Theorie beziehen, die ja, grob beschrieben, beinhaltet, dass jeder von uns wichtige Anteile des anderen Geschlechts in sich hat. Was kann und muss heute geschehen, damit der Mann seine weiblichen Eigenschaften besser leben kann, statt sie auf Frauen zu projizieren?

Barz: Also jetzt mal wieder in technische Terminologie gefasst, ist die Frage ganz leicht zu beantworten. Es muss zu einer größeren Bewusstheit kommen, es ist also ein Bewusstwerdungsprozess; denn der gegengeschlechtliche Anteil ist ja im Individuum im Unbewussten enthalten. Wenn der Mann diesen Anteil besser leben soll, muss er ihn erst einmal ins Bewusstsein heben. Der Mann, der in die Lage versetzt werden soll, etwas mehr von seiner Anima zu leben, als er es bisher konnte und durfte, muss erst einmal sich dessen bewusst werden, dass in ihm solche weiblichen Qualitäten vorhanden sind. Bisher kannte er sie ja nur in der Projektion auf Frauen, weil er sich auf Grund seiner Erziehung verpflichtet fühlte, klar und eindeutig ein Mann oder Knabe oder ein Jüngling zu sein. Das aber hieß, männliche Eigenschaften haben und andere deshalb nicht zu haben, weil sie weiblich sind. Als unmittelbare Konsequenz davon konnte er das sogenannte Weibliche, Gefühlshafte, Intuitive, Phantasievolle, Weiche, Kommunikationsbereite, Nachgiebige und Strömende nur wahrnehmen als etwas, das ausschließlich Frauen haben.

Wenn dem also so ist, dann wäre der erste Schritt zu einer besseren Integration dieser weiblichen Qualitäten im Mann darin zu sehen, dass er sich dessen erst einmal bewusst sein muss, dass das in ihm vorhanden ist. Technisch gesagt: Dass er die Projektionen, die er auf Frauen gemacht hat, zurücknimmt und sich folgendes sagt: Natürlich müssen die Frauen so sein, sonst hätte ich das nicht projizieren können. Aber die Qualitäten, die mich an der Frau so faszinieren, gefallen mir auch gerade deshalb, weil sie in mir ebenfalls vorhanden sind. Das nennen wir dann das Zurücknehmen der Projektion.

Dieser Bewusstwerdungsprozess von Männern findet ja auch statt: Den Männern selbst, so ist mein Eindruck als Therapeut, tut das immer gut, wenn sie merken, dass sie ja auch sehr viel weicher sind, als sie sich nach außen zu sein erlauben. Wie sie dann damit fertig werden und sich damit Frauen gegenüber behaupten, ist eine schwierige andere Frage.

WH: Was mir hier als Zwischenfrage einfällt, ist folgender Gedanke: Wenn es dem Mann gelingt, auch weibliche Elemente in sich zu integrieren und auch zu leben, also sie nicht mehr zu projizieren oder gar zu delegieren wie früher, und wenn umgekehrt die Frau gleiches schafft, kann das dann nicht auch zu Einbußen führen?

Barz: Sicher kommt es zu Einbußen. Bei dem erwähnten Hemingwayschen Helden ist es natürlich so, dass er, wenn er das, was er vorher schon in sich hatte, nun ins Bewusstsein hebt, dann kann er so eindeutig der große Jäger und Held und Kämpfer nicht mehr sein. Allgemeiner formuliert: Wenn sich das Selbstverständnis der Männer mehr feminisiert, dann ist das eine Einbuße für den Mann, aber auch für die Frau, die ja sehr häufig gerne diesen einseitigen Mann als erotischen und sexuellen Partner hat. Damit etwas von dieser kreativen Spannung zwischen den Gegensätzen erhalten bleiben soll, müssen die Frauen etwas dazugewinnen, wenn die Männer etwas davon verlieren.

Es würden also bis ins erotisch-sexuelle körperliche Verhalten hinein neue Spielformen und Spielregeln sich entwickeln müssen, was ja auch allenthalben geschieht.

Dr. Helmut Barz, Wengi 11, CH-8126 Zumikon

Albert Camus beschreibt in seinem Roman «Die Pest», wie in den vierziger Jahren unseres Jahrhunderts in Oran eine furchtbare Seuche ausbricht, die die algerische Stadt vollständig ergreift und bald sogar von der Außenwelt völlig abschneidet. Angesichts der Epidemie sehen sich mehrere der ausschließlich männlichen Hauptfiguren des Romans vor die existentielle Alternative von Flucht oder Kampf gestellt. Diejenigen, die sich wie Dr. Rieux, Tarrou oder Rambert dafür entscheiden, der Pest Widerstand zu leisten, riskieren ihr Leben, ihre Liebesbeziehung und ihre Zukunft zugunsten des kollektiven, vielleicht auch höheren Wertes der Rettung menschlicher Ordnung. Implizit und explizit werden dem männlichen Leitbild in Camus' Roman folgende Tugenden zugeschrieben: Mut, Ausdauer, Willenskraft, Risikobereitschaft, Grenzüberschreitung, Innovation, Verantwortung, Ehrlichkeit und Verständnis.

Welche Attribute weist die neuere Männerliteratur dem Leitbild von Männlichkeit zu? Wir erfahren: Das männliche Leitbild wird von gewollter Kulturarbeit bestimmt; der Mann will die Welt verändern. Er entwirft Pläne und setzt sie ebenso intentional wie konsequent um. Dem Männlichen reicht es nicht aus, sich von der Natur tragen zu lassen. Der Archetypus des Männlichen enthält Stärke, Standhaftigkeit, Mut, Beharrlichkeit, Heldentum und Fortschritt. Der Mann geht ins Unbekannte hinaus und schafft Kulturland. In der Auseinandersetzung mit Neuem gewinnt er Freiheit und Unabhängigkeit. In seinem Buch «Der wilde Mann» ordnet der deutsch-amerikanische Franziskaner Richard Rohr dem Mann generell eine innere Autorität zu, das Gefühl, etwas zu initiieren, Energiespender zu sein und Samenträger. «Männlichkeit heißt, unterwegs sein zu Neuem. Der Mann muss Berge besteigen, Unbekanntes erforschen. Die Sicht des Mannes reicht immer weiter als bis zum eigenen Ich, zum eigenen Heim. Deshalb gehört in der Mythologie zum ‹Helden› immer die Opferbereitschaft» (Rohr 1986, 128).

Helmut Barz bezeichnet das Männliche als unterscheidend, planend und aggressiv. Es sei nicht durch natürlichen Rhythmus und Wandlung bestimmt, sondern erstrebe aktiv herbeigeführte und notfalls erzwungene Veränderung.

Michael Kaufman und seine männerforschenden Kollegen bestehen auf den vielen Qualitäten, die mit Männlichkeit verbunden sind: «unser sexuelles Verlangen, unsere physische und emotionale Kraft, unsere Fähigkeit, unter Anstrengung tätig zu sein, unser Mut, (…) unsere Hingabe an eine Aufgabe» (Kaufman 1987, 114).

Joachim Bodamer beschreibt Männlichkeit als eine Haltung, um die gerungen werden müsse; sie beinhaltet Verantwortung, Ethos, Härte gegen sich selbst, Aktivität, Willenskraft und seelisches Wagnis.

Robert Bly korreliert mit der männlichen Kraft Ausstrahlung, Tatendrang, Entschlossenheit, Sicherheit, Autorität und eine positiv besetzte Macht, welche sich in den Dienst der Gemeinschaft stellt.

Steve Biddulph schreibt dem Mann einen «wilden Geist» zu. Dazu gehören u.a. «unsere Stahlkraft (…), unsere Vitalität, unsere Wildheit, unsere Größe und Spontaneität» (Biddulph 1996, 241). Die Wildheit bezeichnet er als «Heimstatt des Mannes».

Robert Moore und Douglas Gillette ordnen der Männlichkeit Angriffslust zu, Aggressivität, klares Denken, Zielbewußtsein, Intensität, Kriegerenergie u.a.

Selbst Sam Keen formuliert eine «Tugend der Wildheit» und bemerkt; «Wildheit hat ihren Ursprung (…) in allererster Linie in der Identifikation mit der echten Wildnis» (Keen 1992, 252). Dabei zählt er schroffe Berge, Urwälder, Grizzlybären und nicht domestizierte Wölfe auf.

Solche Theoreme basieren auf der beschriebenen gesellschaftlichen Entwicklung der Bürokratisierung und Entindividualisierung des Mannes im Arbeitsleben.

In den USA geschahen solche Entwicklungen früher als in unseren Breitengraden; dementsprechend fanden sie dort auch rascher ihre sozialwissenschaftliche Theorie: so beschreibt zum Beispiel William H. Whyte in «The Organization Man», wie die Individualität der Arbeitenden an die Organisationen delegiert wird und damit aus dem einst unverwechselbaren Persönlichkeitsmann nun sozusagen der nivellierte Organisationsmann wird. *Damit verändert sich das männliche Tugendprofil ganz entscheidend: Vorrangig sind nun Anpassungsfähigkeit, Konformismus, Gehorsam und Disziplin im Räderwerk oft unüberschaubarer Großeinheiten.*

Das ist der gesellschaftliche Hintergrund für die «Wildman»-Bewegung, die Abenteuer-Workshops, die Seminare im Wald usw. und für die entsprechende boomende Literatur, in der männliche Archetypen von König, Krieger Magier, Pionier, Held und Cowboy als unverzichtbar für die männliche Identität beschworen werden. Es stellt sich zumindest die – im Augenblick allerdings dem Zeitgeist zuwiderlaufende – Frage, ob das wirklich die männlichen Qualitäten für das 21. Jahrhundert sein sollen oder ob sie nicht wenigstens in einem neuen gesellschaftlichen Kontext verortet werden müßten, d.h. dass der Krieger als Pazifist gegen den Krieg kämpft, der Held sich gegen neofaschistische Banden stellt, der Cowboy sich für malträtierte Tiere einsetzt und der König die Gleichstellung der Geschlechter vorantreibt.

Immerhin hat die «Wildman»-Bewegung als Korrektur des «Softietums» die Emanzipation der Männer für Themen geöffnet, die die bloßen Nachbeter des Feminismus ängstlich unter Verschluss gehalten haben: das Unbehagen an der Zivilisation, archaische Wünsche, Wut und Zorn, ambivalente Gefühle gegenüber Frauen, Gewaltphantasien und Aggression.

Das ändert allerdings nichts an der Fragestellung, wieweit die Vorstellungen der Moore, Gillette, Rohr u. a. noch wirklich zeitgemäß sind.

Wir leben heute nun einmal in einer zivilisierten und hochtechnisierten Welt. Die Cowboys und Pioniere sind darin wesensgemäß selten geworden; von daher können sie auch kein Vorbild für moderne Männlichkeit mehr sein.

Sicher ist es richtig, das männliche Bedürfnis zu betonen, in einer nivellierten Gesellschaft sich durch Individualität und Besonderheit auszuzeichnen. Nur können diese Qualitäten nicht rückwärtsgewandt in einer längst vergangenen Epoche gesucht werden. Individualität und Besonderheit lassen sich heute männlich verwirklichen, indem wir für unsere Lebensziele mutig eintreten, uns sozial und politisch für eine bessere Welt wehren, in der Kindererziehung und bei der Hausarbeit mitverantwortlich engagiert sind, uns für neue Arbeitsarrangements einsetzen, gegen sexistische und rassistische Ausschreitungen vorgehen u. a.

Hinweis 1

Wir bieten Männerseminare zu Fragen der Identitätsfindung und zu geschlechterpolitischen Entwicklungen an: zum Beispiel «Wenn der Vater mit dem Sohne», «Standortfindung für Männer in der Gleichstellungsfrage», «Männer-Utopie-Werkstatt».

HVHS «Alte Molkerei Frille», Freithof 16, D-32469 Petershagen;
Tel.: (0 57 02) 97 71,
Fax: (0 57 02) 22 95; e-mail: info@hvhs-frille.de;
Internet: www.hvhs-frille-de.

Hinweis 2

Männliche Verantwortung

Die Männergruppe 1993, die nun seit fast acht Jahren miteinander verbunden ist, engagiert sich seit geraumer Zeit in dem Prozess der Lokalen Agenda 21. Ihren Ursprung und ihre Entstehung verdankt diese Gruppe, und nach ihr vier weitere Gruppen, der Männerbildungsarbeit der Familienbildungsstätte, die sich ebenfalls den Prinzipien, Zielen und Aufgaben der Lokalen Agenda verpflichtet weiß. Diese Prinzipien beinhalten die Werte der Nachhaltigkeit, der Zukunftsfähigkeit und der Sozialverträglichkeit im politischen Handeln unter dem Motto: «Global denken – lokal handeln». Dabei wird in dem Aushandeln der verschiedenen Interessen ein besonderes Augenmerk gerichtet auf die Berücksichtigung der ökologischen und sozialen Belange und Interessen der beteiligten Gruppen, Verbände und Einrichtungen. Das Einbringen und Aushandeln dieser Interessen geschieht im Sinne des Konsensprinzips und berücksichtigt in besonderer Weise die Situation von Minderheiten. Insofern geht es in diesem Agenda-Prozess um ein völlig neues Politikverständnis im Sinne einer «Politik von unten» unter Einbeziehung aller interessierten Bürger und Bürgerinnen.

Männer werden oftmals pauschal als Zerstörer der Umwelt, als Verantwortliche von Unterdrückung und Ausbeutung verurteilt. Diese Schuldzuschreibungen treffen in erster Linie das vorherrschende Männlichkeitsmodell, das auf Dominanz, Härte, Rücksichtslosigkeit und Gewalt basiert. Immer mehr Männer lehnen es ab, sich freiwillig auf diese vorgezimmerte Anklagebank zu setzen, sondern erleben, dass sie sich selber – von innen – definieren können, anstatt sich von außen definieren zu lassen. Diese erlebten Definitionen, die sich aus der erfahrenen Verbundenheit der Männer untereinander ergeben, beinhalten eine verantwortliche Präsenz in der Partnerschaft, in der Familie und in der Gesellschaft. Immer mehr Männer sind bereit, sich auf diesen Weg zu begeben.

Kath. Familienbildungsstätte, An der Mauritiuskirche 4 a,
D-49477 Ibbenbüren;
Tel.: (0 54 51) 96 44 – 0, Fax: (0 54 51) 96 44 – 96,
e-mail: fbs.ibbenbueren@t-online.de.

Das männliche Gesetz

Die Heilung des Mannes geschieht nicht über die Identifizierung mit dem Weiblichen, sondern in der eigenen (aktiven) Suche nach dem Männlichen!

Die Erfahrungen von Männergruppen, Männerarbeit und Männer-
therapie haben ergeben, dass es ein männliches Gesetz gibt (siehe gegenüberliegende Seite). Es besteht darin, dass wir zunächst einmal nach dem
Männlichen in uns forschen.

Die Suche nach dem Männlichen ist ein längerer Weg; sie verlangt
unabdingbar, dass Männer sich mit ihrer Biographie und mit ihrer
Geschichte als Geschlecht auseinandersetzen.

Es gibt unterschiedliche Suchmodelle; die einen «operationalisieren»
Männlichkeit in Schritten oder Stufenmodellen; die anderen beschreiben
Prozesse. Die erstgenannten Modelle sind «technisch» zielgerichtet, das
heißt: sie erschöpfen sich zumeist in direkten Ratschlägen oder Geboten,
die erfüllt werden sollen. Die zweitgenannten konzipieren auf einem
theoretischen Hintergrund, der sich zumeist tiefenpsychologisch orientiert, eine längere «Seelenreise» des Mannes, um zu seinen männlichen
Quellen zu gelangen. Gemeinsam ist den Modellen die Rückgewinnung
der männlichen Energie.

Ein Beispiel für den ersten Weg sind die «Sieben Schritte zu Männlichkeit», wie sie der Australier Steve Biddulph in seinem Buch «Man-
hood» (deutsche Übersetzung: «Männer auf der Suche») auflistet:

1. Kommen Sie mit Ihrem Vater ins reine
   Ihr Vater bildet das emotionale Verbindungsglied zu Ihrer Männlichkeit. Deshalb müssen Sie auf eine klare und bereinigte Beziehung zu
   ihm hinarbeiten. Sie können in Ihrem Leben nichts Wesentliches vollbringen, solange Sie Ihren Vater nicht verstanden, ihm nicht vergeben
   und nicht auf die eine oder andere Weise gelernt haben, ihm Achtung
   entgegenzubringen.

2. Entdecken Sie die «heilige Dimension» Ihrer Sexualität
   Die Sexualität ist entweder ein eher schäbiger, zwanghafter Bestandteil
   Ihres Lebens oder aber ein heiliger und mächtiger Quell des Wohlbe-
   findens. Dazwischen gibt es nichts. Zunächst müssen Sie der sexuellen
   Energie in sich selbst einen neuen Platz geben, anstatt sie lediglich an
   Frauen «wegzugeben».

3. Nehmen Sie Ihre Partnerin als ebenbürtig an
   Jeder kann eine Partnerin finden – das Problem ist nur, sie auch zu
   behalten. Um dies zu erreichen, müssen Sie Ihre Partnerin – ja die
   Frauen überhaupt – wie zwar andersartige aber ebenbürtige Wesen
   behandeln. Das bedeutet, dass Sie Ihre Frau respektieren sollen, es
   aber auch nicht an Selbstachtung fehlen lassen dürfen.

Das Wort Held oder Heldin muss dem Mann oder der Frau vorbehalten sein, der oder die willens ist, die einsame Reise in die Tiefen des Selbst auf sich zu nehmen, sich zum eigenen Schatten zu bekennen, die uralte Kriegerseele aus dem Bann böser Geister zu befreien, die Kraft und Autorität zu entdecken, die im Ganzsein liegen.

Sam Keen

4. Beteiligen Sie sich aktiv an der Erziehung Ihrer Kinder
   Das ist besonders wichtig für Ihre Söhne, die viele Stunden täglich Ihre Zuwendung brauchen, falls aus ihnen einmal wirklich erwachsene Männer werden sollen. Auch Töchter brauchen für die Entwicklung eines abgerundeten Selbstwertgefühls viel väterliche Zuwendung.

5. Lernen Sie, echte Männerfreundschaften zu begründen
   Alle Männer brauchen in bestimmten Übergangsphasen die Hilfe anderer Männer. Sie brauchen sie auch, um einfach ein von Zuwendung und Wärme erfülltes, entspanntes Leben führen zu können.

6. Suchen Sie eine Arbeit, an der Ihr Herz wirklich hängt
   Sie müssen eine Arbeit finden, an die Sie glauben, damit die Zeit und die Energie, die Sie in Ihr Arbeitsleben investieren, auf Dinge verwendet werden, die Ihnen wichtig sind. Es reicht nicht aus, nur den Lebensunterhalt zu verdienen.

7. Befreien Sie Ihren ungezähmten Geist
   Ihr Innenleben braucht eine spezifisch maskuline, in der Natur gründende Spiritualität, die Sie in Kontakt zu jener Erde bringt, auf der Sie leben.

Der zweite Weg betrifft die *Heldenfahrt* des Mannes (siehe gegenüberliegende Seite). Damit gemeint ist eine Reise in das eigene Innere, um sich wirklich und tief kennenzulernen, um seine positiven und negativen Seiten zu begreifen und zu integrieren, um zu verändern, was hindert und stört und darüber schließlich zu einem ganzheitlichen und sinnstiftenden Lebensgefühl zu gelangen.

Heldenreise ist auch immer Entwicklungsreise. Wer sie niemals antritt, stagniert, wird unlebendig und impotent.

Der amerikanische Mythologe Joseph Campbell hat die Heldenreise in drei große Stationen untergliedert: Trennung, Initiation und Rückkehr. In der Trennungsphase verläßt der Held seine angewöhnte Welt; er betritt Neuland. In der Initiationsphase probiert er sich alternativ aus und übt sich in der gewünschten Veränderung. Verwandelt kehrt er schließlich in der Rückkehrphase wieder.

Der Held vernimmt in einer bestimmten Lebenskonstellation einen inneren Ruf und folgt ihm. Diese Lebensphasen können biologisch vorbestimmt sein wie zum Beispiel Pubertät und Adoleszenz, Geburt, Krankheit und Sterben; sie können aber auch sozial bedingt sein: Berufsfindung, Partnerschaft, Berufs- und Ortswechsel, Trennungen, Pensionierung u. a.

Hinweis 3

Die Weiße-Schleifen-Kampagne in Europa

Männer gegen Männergewalt an Frauen

- Keine Gewalt gegen Frauen auszuüben
- Ihr «Stoppt die Männergewalt an Frauen» öffentlich zu machen
- Männer- und Frauenbilder, insbesondere männliche Macht und Gewalt infrage zu stellen
- Männerbündisches Bagatellisieren von Gewalt aufzudecken
- Frauen ernst zu nehmen, sich mit feministischen Gedanken auseinander zu setzen und für die Gleichstellung der Geschlechter zu arbeiten

Die Weiße Schleife soll die Solidarität von Männern mit Frauen demonstrieren.

Machen Sie bei der Weißen-Schleifen-Kampagne mit, tragen Sie eine Schleife, initiieren Sie eine Gruppe.

Deutschland:

Mannsarde – gegen Männergewalt e. V., Kreuzbergstr. 71, D-10965 Berlin; Tel. und Fax: (0 30) 7 85 98 25, e-mail: Mannsarde@t-online.d.

Österreich:

Österreichische White Ribbon Kampagne, c/o Männerberatung Wien, Erlachgasse 95, A-1100 Wien; Tel. und Fax: (01) 6 03 28 28, e-mail: white-ribbon@mail.austria.com, Internet: www.maenner.at/white.htm.

Europa:

The White Ribbon Campaign in Europe; Internet: www.eurowrc.org; www.egroups.com/invite/eurowrc.

Der innere Ruf mahnt stets zu Entwicklung und Weiterentwicklung; er ist Ausdruck des menschlichen Evolutionsgesetzes «Es ist (…) von entscheidender Bedeutung, dass wir diese Stimme vernehmen und auf sie hören (…). Wird der Rufmechanismus so stark von falschen Rufen gestört, dass wir die authentische Stimme nicht hören können, befinden wir uns in einer äußerst gefährlichen Situation. Wenn viele Menschen davon überzeugt sind, dass weiches Toilettenpapier oder hautpflegendes Geschirrspülmittel ihnen Befriedigung bringt, ist das ein bedauernswerter Zustand. Die ständige Konfrontation mit diesen falschen Rufen kann tatsächlich einen Schutzschild schaffen, der den authentischen Ruf ausblendet» (Rebillot 1997, 25 f.).

Der Schutzschild heißt dann: Nicht-Entwicklung. Das bedeutet Stillstand, Lebensflaute, Frustration und sehr häufig Sucht, Impotenz, Krankheit und früher Tod.

Der Held ist Archetyp und Symbol zugleich für den potenten Mann; er verkörpert das Gesamt des Potentials, das wir in uns tragen. Jede Heldenreise ist ein Schritt dahin, dieses vorhandene Potential nicht verkümmern zu lassen, sondern vielmehr aktiv in unsere Lebenswirklichkeit umzusetzen.

Früher hat es dafür institutionalisierte Riten in Form von Initiationen, Festen, Prüfungen u. a. gegeben. Heute ist uns die Heldenreise als individuelle Aufgabe übergeben. Das heißt geschlechtsspezifisch besehen: *Männer müssen in der Tat und insofern Helden sein, als sie ihre Entwicklung zur Männlichkeit in die eigene Verantwortung nehmen müssen.*

Besondere gesellschaftliche Bedingungen verstärken diese Notwendigkeit.

Psychoanalytiker, Soziologen und Psychologen sind sich seit langem einig, dass wir in einer «vaterlosen Gesellschaft» leben, die sich negativ dadurch auszeichnet, dass der Sohn immer mehr an die Mutter fixiert ist. Diese Fixierung bewirkt letztendlich eine Angst vor dem Leben im umfassenden Sinn. Sie fördert Sucht und Abhängigkeitstendenzen in vielerlei Formen, sie verhindert Spontaneität, Entschlußkraft und Verantwortung. Sie kreiert Softies statt Männer. Nur wenn den Ansprüchen, Wünschen und Phantasien des Jungen als angehendem Mann auch Grenzen gesetzt werden, ist er in der Lage, Unabhängigkeit, Motivation und Identität für sein eigenes Leben zu erwerben. Das wäre primäre Aufgabe des Vaters, doch dieser fehlt. So fehlt auch das männliche Identifikationsobjekt, an dem sich der Sohn abarbeiten könnte, mit dessen Hilfe er männlich zu wachsen und sich zu entwickeln in der Lage wäre.

Die Suche nach dem Männlichen bedingt:

- **die Auseinandersetzung mit unseren Wünschen und Träumen**

- **die Orientierung und Abarbeitung am Vater**

- **die Beziehung zum großen Vater als geistigem Lehrmeister (z. B. Vorbilder, Ideale)**

- **die Beziehung zu unserem eigenen Tier in unserem Körper und unserer Sexualität (das Animalische)**

- **die Auseinandersetzung mit unserem Schatten (unsere Aggressivität, unsere Abgründe)**

Angesichts der Feststellung, dass den meisten Männern heute ihre Heldenfahrt misslingt, stellt sich die Frage, ob sie nachgeholt werden kann. Ich würde das bejahen und dabei auf das verweisen, was es heute inzwischen an Männerbewegungen, -initiativen und -gruppen gibt. Männer können dort ein Stück männlicher Sozialisation aufarbeiten und positiv kompensieren. Das heißt: Sie können ihre Fassadenhaftigkeit abbauen, indem sie lernen, sich anderen Männern zu öffnen, Verletzungen und Schwächen einzugestehen und dabei zu erleben, dass die anderen ähnliche Erfahrungen machen mussten.

Die Heldenreise zur Männlichkeit bedingt unterschiedliche Stationen und Problemkreise; mit Sicherheit gehört zu ihr: die Konfrontation mit unseren wirklichen Bedürfnissen, die Auseinandersetzung mit unserem Vater, die Klärung unserer Lebensziele und die Offenlegung unserer verdrängten und abgespaltenen Persönlichkeitsanteile (siehe gegenüberliegende Seite).

Eine beispielhafte mythisch-literarische Darstellung der männlichen Heldenreise ist das Parzival-Epos von Wolfram von Eschenbach.

Der junge Parzival wächst in einem abgelegenen Wald allein mit seiner Mutter auf. Sein Vater war Ritter und ist in einem Duell mit einem anderen Ritter gefallen. Von daher versucht ihn die Mutter vor allem Weltlichen fernzuhalten. Doch eine zufällige Begegnung mit drei Rittern im Wald veranlasst Parzival, sich von seiner Mutter zu verabschieden und sich den männlichen Prüfungen der Welt zu stellen. Schritt für Schritt befreit er sich aus den Fesseln seiner Herkunft und seines Unbewussten. Nach vielen Prüfungen und herben Rückschlägen wird er Ritter der Tafelrunde von König Artus und schließlich sogar Gralskönig.

Horst Obleser hat in einer sehr gelungenen Weise den Weg von Parzival in seinem Buch «Parzival auf der Suche nach dem Gral» tiefenpsychologisch beschrieben.

Zu den wichtigsten Etappen bei jeder Heldenreise gehört das, was der Zürcher Tiefenpsychologe Carl Gustav Jung einst den «Schatten» genannt hat; damit gemeint sind jene Seiten und Eigenschaften von uns, die wir als wenig angenehme empfinden und von daher ablehnen, außen vorhalten und nicht integrieren wollen. In anderen Darstellungen des männlichen Wesens wird der Schatten auch als Dämon bezeichnet.

Der Schatten stellt eine Art «alter ego» von uns dar, ist also allemal ein Teil von uns selbst. Dieser Teil betrifft aber Eigenschaften und Züge, die wir noch gar nicht oder zumindest viel zu wenig gelebt haben. Wenn wir sie aus dem Schatten herausheben, konfrontieren wir uns mit Unbekanntem von uns selber und komplettieren uns gleichzeitig.

Je weniger wir von dem Tier wissen wollen, das wir sind, desto wahrscheinlicher ist es, dass die Bestie, die selbst voller Angst ist, sich losreißt.

Sheldon Kopp

Wir müssen mithin unseren Schatten assimilieren und integrieren, ihn also nicht außen vor lassen, sondern in uns hineinnehmen und bewußt mit ihm leben.

Studien belegen deutlich, dass Männer, die ihre dunkle Seite bearbeitet haben, ich-stärker sind als andere, auch freier, frauenfreundlicher und solidarischer. Den Negativ-Beweis dafür liefern die rechtsextremen Täter, die ihre innere Wut und ihren unbearbeiteten Haß auf andere projizieren und an diesen furchtbar ausleben.

Je mehr wir auch von unseren dunklen Seiten wissen, sie kennen und akzeptieren, desto menschlicher sind und handeln wir. Je mehr wir unseren Schatten verdrängen, desto mehr verselbständigt er sich nach außen, und wir und andere werden seine Opfer (siehe gegenüberliegende Seite).

Die entwicklungspsychologische Funktion des Heldenmythos besteht darin, unsere Persönlichkeit zu stärken. In der Heldenreise lernen wir unsere Struktur kennen, unser Potential auszuschöpfen, unsere Stärken und Schwächen zu akzeptieren. Das alles dient der Stabilisierung unseres Ichs.

Es wird immer wieder Konstellationen in unserem Leben geben, die uns zu einer Heldenfahrt zwingen. Auf Heldenreise kann man aber auch freiwillig und prophylaktisch gehen; dazu gibt es mittlerweile innerhalb und außerhalb der Männerszene seriöse Angebote (siehe Hinweis 4 bis 6).

Hinweis 4

Heldenreise

In jedem Menschen steckt ein Teil, der etwas aus seinem Leben machen will, der Veränderung und Weiterentwicklung sucht; und ein anderer Teil, der die Bequemlichkeit des Vertrauten schätzt, der lieber leidet, als anzupacken.

Wird dieser Konflikt zwischen Sehnsucht und Sicherheit nicht gelöst, ist Lähmung, Energielosigkeit und Unzufriedenheit die Folge. Authentische und in ihrem Sinne erfolgreiche Menschen haben gelernt, ihren abenteuerlustigen und ihren schützenden Teil zu integrieren.

Im Heldenreisen-Ritual haben die Teilnehmer Gelegenheit, diese beiden widerstreitenden Persönlichkeitsanteile herauszuarbeiten.

Die Vereinigung von «Held» und «Dämon» führt zu einer integrierten Person, die Fähigkeiten und Gefahren kennt, zielstrebig handelt und eine tiefe Vision für den weiteren Lebensweg hat.

Institut für Gestalt und Erfahrung, Franz Mittermair, Franz-Fihl-Str. 3 a, D-80992 München; Tel.: (0 89) 1 41 73 25 und (0179) 2 01 87 48; e-mail: Mittermair@at-online.de, Internet: www.heldenreise.de.

Hinweis 5

Im Kreis der Männer

Eine würdevolle, sexuelle und spirituelle Identität als Mann finden

Mutter, Großmutter, Erzieherin, Lehrerin, Freundin, Geliebte, Lebensgefährtin, Ehefrau… – Frauen begleiten uns unser ganzes Männerleben. Im Zeitalter der abwesenden, schwachen oder zerstörerischen Väter mangelt es vielen Männern an kraftvollen, lebensbejahenden und verantwortlichen männlichen Vorbildern. Innerlich stellen sich viele Männer die Fragen: Wie bin ich als Mann? Was ist das überhaupt, ein Mann? Und wie will ich als Mann sein?

Das Männer-Training richtet sich an die Männer, die bereit sind, sich unabhängig von Frauen ihren Wurzeln als Mann und Mensch zuzuwenden. Die Kernthemen des Männer-Trainings sind: Selbst-Liebe und Selbst-Wert, Kommunikation – die Erfahrung, Schöpfer unserer persönlichen Welt zu sein, die Begegnung mit Vater, Mutter und unseren Ahnen – der sinnliche Mann, die Entwicklung und Vertiefung einer im Alltag lebbaren Spiritualität als Mann, die Begegnung mit den vier männlichen Archetypen: Liebender, Krieger, Magier und König.

Das MännerTraining richtet sich an jene Männer, die bereit sind, das Männer-Land zu ihrem Zuhause zu machen. Es ist eine Einladung an jeden Mann, der tief in seiner Seele ahnt und weiß: Ja, ich bin der Mann meines Lebens.

Institut für Lebenskunst & Tantra, Frank H. Fieß u. Vimalmani Baulig, Mehringdamm 32/42, D-10961 Berlin; Tel.: (0 30) 25 29 87 00, Fax: (0 30) 25 29 87 01.

Hinweis 6

Auf der Suche nach der männlichen Identität

Männer befinden sich bewußt oder unbewußt in einer ständigen Reaktion auf die Welt der Frauen und entwickeln oft ein völlig entfremdetes Selbstkonzept. Um die ureigenen, individuellen und kollektiven Potentiale zu ergründen, brauchen Männer einen freien Raum und eine deutliche männlich-energetische Ausrichtung.

Auf körperlicher, geistiger und emotionaler Ebene durchdringen und erleben wir innerhalb eines Jahres vier archetypische, d. h. ursprüngliche Energien oder Kräfte gereifter, erwachsener Männlichkeit:

Die *Qualität des Königs*: Verantwortung und Motivation!
Die Fähigkeit zu gerechtem Ordnen, zur Schaffenskraft und zur Weisheit.

Die *Qualität des Kriegers*: Durchsetzungskraft und Klarheit!
Die Fähigkeit zur Wachheit und zu vorwärtsstrebendem, aggressivem, aber nicht gewalttätigem Handeln.

Die *Qualität des Magiers*: Kreativität und Kommunikation!
Der Zugang zu verborgenem Wissen, zur Einweihung, zur Transformation und zur Spiritualität.

Die *Qualität des Liebhabers*: Verbindung und Ausgleich!
Die Fähigkeit zur Sinnlichkeit, zur Lebensfreude, zur Lebendigkeit und zur Leidenschaft – eine Energie, die uns mit den anderen Menschen und der Welt verbindet.

Diese vier Archetypen oder männlichen Grundmuster sind als Kraftquelle seit Urzeiten in jedem Mann angelegt und machen seine wahren Gefühle aus. Sie bilden den Kern seiner männlichen Identität und haben gerade in unserer heutigen Zeit, in der es an männlichen Vorbildern mangelt, erneut eine große Bedeutung.
Durch die intensive Erfahrung dieser vier männlichen, archetypischen Potentiale erhält jeder Mann die Chance, eine neue Beziehung zu sich selbst und seiner Umwelt zu entwickeln. Alte Glau-

benssätze werden überprüft und verändert, energetisch unterversorgte Bereiche unseres Körpers neu belebt, verborgene Gefühle finden ihren notwendigen Ausdruck. In der Neu-Erweckung der archetypischen Energien von König, Krieger, Magier und Liebhaber entsteht die Freiheit zu einer neuen Vision und letztlich die Möglichkeit einer sinnvollen privaten und beruflichen Lebensgestaltung mit einem tiefen Vertrauen zu sich und zu anderen Menschen.

Pumah – Sebastian Jung/Roger le Béhérec. Schröderstiftstr. 29, D-20146 Hamburg; Tel.: (0 40) 45 54 21.

Die Heldenreise ist allemal eine gute Möglichkeit, potenter zu werden. Sie hilft, den eigenen Schatten zu bearbeiten, sich mit der eigenen Biographie zu versöhnen und Widerstände und Blockaden abzubauen. Das ist die Voraussetzung dafür, positive Energien freizusetzen und die eigene Kreativität zu entwickeln, durchsetzungsfähiger und kontaktfreudiger zu werden, mehr Lebensfreude zu finden und der eigenen Vision ein beträchtliches Stück näher zu kommen.

Übung 1

Überlegen Sie einmal, welcher der folgenden Filmschauspieler Ihnen am besten gefällt:

Cary Grant	Götz George	Tom Cruise
Dustin Hoffmann	Warren Beatty	Heinz Rühmann
Lino Ventura	Robert Redford	Donald Sutherland
Gary Cooper	Jack Nicholson	Alain Delon
Yves Montand	Paul Hogan	Robert De Niro
Heiner Lauterbach	Sylvester Stallone	Bruno Ganz
Gerard Depardieu	Eddie Murphy	Humphrey Bogart
Woody Allen	Brad Pitt	Jean-Paul Belmondo

Was finden Sie an Ihrem Lieblingsschauspieler gut?

Was hätten Sie davon auch gern?

Übung 2

Überlegen Sie sich einmal, was Sie sich schon immer gewünscht, aber bisher nicht erreicht haben:

Was ist es im einzelnen?

Warum haben Sie diesen Wunsch/diese Vision nicht verwirklicht?

Was könnten Sie zu deren Verwirklichung tun?

Übung 3

Versetzen Sie sich in eine Heldengestalt und erleben Sie sich selbst als Held.

Was würden Sie tun, was ändern, wem helfen?

Wie fühlen Sie sich als Held?

Welche Eigenschaften, Möglichkeiten und Handlungsweisen, die Sie in Ihrer Phantasie als Held entwickelten, ließen sich in den Alltag «mit hinüber nehmen»?

Literatur zur Information und Weiterarbeit

a) Diagnose

- Ray Raphael, Vom Mannwerden. Übergangsrituale im westlichen Kulturkreis. München (Irisiana) 1993.
- Sam Keen, Feuer im Bauch. Über das Mann-Sein. Hamburg (Kabel) 1992.
- Richard Rohr, Der wilde Mann. München (Claudius) 1986.
- Steve Biddulph, Männer auf der Suche. München (Aust) 1996.
- Michael Görden (Hg.), Das Buch vom wilden Mann. München (Heyne Taschenbuch) 1992.

b) Veränderung

- Sam Keen, Es lohnt sich nur der Weg nach innen. Hamburg (Kabel) 1993.
- Stanley Kelemann, Dein Körper formt dein Selbst. München (Kösel) 1980.
- John Rowan, Der verwundete Mann. München (Goldmann Taschenbuch) 1987.
- Elisabeth Veit, Mit Ayurveda durch das Jahr. Der sanfte Weg zu Gesundheit und Wohlbefinden. (München (Deutscher Taschenbuch-Verlag) 1999.

c) Übungsteil

- Paul Rebillot, Die Heldenreise. München (Kösel) 1997.
- Horst Obleser, Parzival auf der Suche nach dem Gral. Leinfelden-Echterdingen (Bonz) 1997.
- Bettina Hausmann/Renate Neddermeyer, Bewegt sein. Integrative Bewegungs- und Leibtherapie in der Praxis. Paderborn (Junfermann) 1996.
- Lama Surya Das, Der achtfache Pfad. Lehrbuch zur Erleuchtung. Frankfurt/M. (Krüger) 1999.

d) CD's

- Geck/Deuter, Männerrituale. Bauer Musikverlag.
- Rick Wakeman, Visions of Paradise. Sattva Music.
- Sandelan, Spiritual Healing. Aquamarin-Verlag
- Paul Horn, Inside the Great Pyramid. Kuckuck.
- Professor Trance, Brath of Fire. TNI Music.
- Martin Buntreck, Meer. GBMusic.
- Musik zur Ruhe/Music for Meditation. Polygram.
- Deuter, Sands of Time. Kuckuck.
- Kitaro, Silk Road. Gaia Records.
- Traum. Sony Music.

2. Sich im Mann-Sein üben

Das traditionelle Mann-Sein ist brüchig geworden; eine neue Männlichkeit, die auch gesellschaftlich verbindlich wäre, gibt es noch nicht. So muss ein jeder seinen eigenen Weg finden. Dabei gibt es keine Patentrezepte und nicht einmal ein klar formuliertes Ziel. Deshalb müssen wir alle üben, herauszufinden, was für uns richtig, was für uns falsch ist, womit wir uns als Männer wohl und stimmig fühlen. Das ist für uns nicht ganz einfach, weil wir frühzeitig auf äußere Erfolgsmuster verpflichtet wurden (siehe II, 1: Entfremdung und Echtheit), und es nicht gelernt haben, in uns hineinzuhören.

Das Üben erfordert einige Basisqualitäten. Dazu gehört die Bereitschaft, sich der eigenen Angst vor der Entwicklung, vor dem Neuen und Unbekannten zu stellen. Die Angst muss durchquert werden. Geschieht das nicht, chronifiziert sie sich und macht starr und unbeweglich.

In diesem Gedankenzusammenhang verlangt das Üben natürlich auch nach der grundsätzlichen Entscheidung, den Alltag entweder im angestammten Trott fortzusetzen oder eben neue Schritte zu wagen und sich damit auch neue Erfahrungsbereiche und Entwicklungsschritte im eigenen Leben zu erschließen.

Die französische Schriftstellerin und Pionierin der zweiten Frauenbewegung Simone de Beauvoir hat in ihrem Buch «Das andere Geschlecht» schon in den endvierziger Jahren des 20. Jahrhunderts darauf hingewiesen, dass es zweifellos bequemer ist, in blinder Unterwerfung unter den Gegebenheiten des Alltags zu leben als umgekehrt, an der eigenen Befreiung zu arbeiten. Simone de Beauvoir hat diese Aussage mit dem Bild abgerundet, dass auch die Toten der Erde besser angepasst sind als die Lebenden.

Was damals für die Frauen galt, gilt heute mit Sicherheit für die Männer, abgesehen davon, dass es eine allgemein menschliche Wahrheit formuliert. Freilich ist es bequemer und scheinbar weniger anstrengend, in den Routinen des Alltags zu leben, in der Konformität der Gesellschaft zu

Was einst Licht bringen soll, muss zuerst brennen.

Viktor Frankl

verharren und auf den eingefahrenen Geleisen weiterzufahren. In Wirklichkeit verbrennt ein solch geläufiges Leben ungeheuer viele Energien, indem es Wünsche, Hoffnung und Phantasien zerstört, Mitmenschen frustriert und keine Herausforderungen anzunehmen in der Lage ist.

Wer so lebt, lebt am Entwicklungsgesetz des Lebens vorbei. Der katholische Existenzphilosoph Gabriel Marcel hat in seinem gleichnamigen Buch den Menschen einen «Homo Viator» genannt, einen Menschen auf Entwicklungsfahrt. Unsere Seele, so bemerkt Marcel, ist immer auf der Reise. Von ihr müssen wir mit voller Berechtigung sagen, dass Leben und Sein nichts anderes bedeuten als sich auf Fahrt begeben, «être en route».

Von daher gehört zum Üben auch die Basisqualität der Neugier. Wir müssen offen sein für die Möglichkeiten der Welt und für unser eigenes Potential. Nur dann können wir es so entwickeln, dass unser Leben uns auch freut, befriedigt und immer wieder anzieht. Wer seine Lebensflamme nicht beständig nährt, verlöscht (siehe gegenüberliegende Seite). In diesem Sinne, und wie es Simone de Beauvoir auch fast drohend gemeint hat, sind viele Lebende innerlich schon tot.

Sein eigener Kapitän zu sein auf der Fahrt zum neuen Mann-Sein, ist manchmal schwer und überfordert den einzelnen. Angebote in der Männerszene helfen, die Richtung zu finden und sich zu üben.

Hinweis 1

Viele Männer wollen etwas ändern. Sie sind unzufrieden geworden mit dem, wie ihr Leben abläuft. Sie sind beruflich überlastet und zu Hause stimmt es auch nicht mehr.

Sie befürchten, dass sie Frau und Kinder verlieren oder sie erleben, dass sie immer wieder gewalttätig werden. Dafür zahlen sie einen sehr hohen Preis und setzen ihre Familie aufs Spiel.

Persönliche und beziehungsmäßige Krisen sind eine einmalige Chance, mit einem (Fach)Mann ein offenes Gespräch zu führen und neue (Männer)Wege zu suchen.

Wenn Männer lernen, in Kontakt mit den eigenen Gefühlen und Bedürfnissen zu kommen, sind sie eher in der Lage, sich mit sich selbst auseinanderzusetzen, autonomer zu werden und Verantwortung für sich und ihre Familie zu übernehmen. Sie lernen, mit sich

selbst besser umzugehen, sich mehr um ihre Gesundheit zu kümmern, liebevolle und aufmerksame Väter zu sein und gleichberech-
tigte Partnerschaft zu leben.
    Dafür lohnt es sich, etwas zu tun!

Männerberatung Linz, Familientherapie-Zentrum des Landes
Oberösterreich, Beethovenstr. 21, A-4020 Linz; Tel.: (07 32) 60 38 00.

Hinweis 2

M. U. M. M.

Wir ermutigen Männer zur Veränderung, wenn sie zweifeln an gängigen Männlichkeitsidealen.

Wir fördern Männer im Entwickeln eines neuen, positiv erlebten
Selbstverständnisses.

Wir begleiten Männer im Erproben ungewohnter Denk- und
Verhaltensweisen.

Männer sind gefragt, miteinander ins Gespräch zu kommen, su-
chend – lebendig – lustvoll.

M. U. M. M. (Männer unterwegs mit Männern), Hubelmattstr. 46,
CH-3000 Bern 21; Tel.: (0 31) 3 72 76 72.

Hinweis 3

Mann-Sein – eine einjährige Forschungsreise

Männliche Identität erscheint uns wie ein «wildes Terrain», das es sozusagen mit einer «Expedition» zu erforschen gilt. «Wildheit» ist dabei ein Ausdruck für die Energiegeladenheit und Eigengesetzlichkeit dieses Terrains, dafür, dass es sich um einen Bereich körperlich-seelischer Lebendigkeit handelt. Die eigene verkörperte, d. h. im Körper manifestierte Seele als eine Art Wildnis zu sehen und sich ihr zu stellen, fordert unseren Mut und unsere Entschlossenheit heraus.

Wir brauchen diesen Mut, um uns auch dem zu stellen, wie viele von uns «mannhaft» schwere Lasten tragen, z. B. Leistungszwänge, Liebesunfähigkeit, Konfliktangst, Mangel an Freundschaft oder allgemeinen Hass auf die Welt statt gezielter Opposition.

Wir erforschen, was «männliche Energie» in uns bedeuten könnte – ob und wie sie körperlich-seelisch erfahrbar sein kann – und welche Rolle sie für unser Selbstverständnis spielt. Das gibt uns die Chance, mehr Verantwortung für unser Leben als Männer zu übernehmen und unsere Freiheit zu erkennen, auch jenseits unserer Prägungen zu fühlen, zu denken und zu handeln.

Wir nähern uns dabei einer Vision vom Mann, der «ganz da» ist, einem Mann, der seine Identität in einem weiten Spektrum zwischen seiner Hingabe und seiner aggressiven Kraft riskiert. Dann hat seine männliche Kraft genauso Platz wie sein Schmerz.

Göttinger Institut für Männerbildung und Persönlichkeitsentwicklung, Groner-Tor-Str. 16, D-37073 Göttingen; Tel: (05 51) 5 59 00, Fax: (05 51) 54 18 53, e-mail: gim.goe@t-online.de; Internet: www.gim-goettingen.de.

Hinweis 4

Ich bin ich – Ich bin ein Mann

Jahrestraining für Männer, die es nicht beim Träumen belassen wollen

Versöhnung mit Dir selbst, genussvolles Leben, Deiner männlichen Stärke und kraftvolles Bewirken in Deinem Alltag

1. Wochenende: Wo komme ich her?

2. Wochenende: Selbstliebe

3. Wochenende: Kraft, Mut und Entschlossenheit

4. Wochenende: Liebesbeziehungen und Sex

5. Wochenende: Wo gehe ich hin? – meine Entwicklung im Rahmen der Entwicklung meiner Welt.

Karl Geck, Poststr. 11, D-79730 Murg-Hänner; Tel.: (0 77 63) 88 99, Fax: (077 63) 87 35.

Auch Sam Keen konzediert, dass das, was er die männliche «Pilgerfahrt ins Ich» nennt, kein leichtes Unterfangen ist. Von daher apostrophiert er sie als «eine Abenteuerfahrt» und legt dafür auch eine «Reiseroute» vor. Keen sagt voraus, dass eine solche Abenteuerfahrt, ob kurz oder lang, allen Männern unseres westlichen Kulturkreises bevorsteht, da unsere traditionellen Vorstellungen von Männlichkeit ebenso überholt sind «wie die Newtonschen Modelle des Universums». «In den kommenden Jahrzehnten werden wir erleben, wie die Kluft zwischen zwei verschiedenen Sorten von Männern und zwei verschiedenen Vorstellungen von Männlichkeit immer mehr zunimmt, die traditionelle westliche, patriarchalische, technologische, konfliktbetonte, militaristische Weltsicht auf der einen und die neue ökologische, kooperative Weltsicht auf der anderen Seite» (Keen 1992, 174).

Sam Keen charakterisiert diese beiden Modelle von Männlichkeit, die traditionelle und die veränderte, noch näher:

Sesshafte	Suchende
Brave Bürger	Gralssucher
Gläubige	Fragende
An ihre Kultur gebundene	Transzendieren ihre Zeit und ihr Volk
Naiv/unkritisch	Selbsterfahren
Häufig unreflektiert	Oft von Selbstzweifeln gequält
In die Mythen ihrer Gesellschaft initiiert und ihnen treu bleibend	Unternehmen eine Abenteuerfahrt in ein auf keiner Karte verzeichnetes Gebiet
Können entweder stark oder schwach sein	Sind meistens verletzlich und stark zugleich
Das Gute, das sie bewirken, hat seinen Ursprung in staatsbürgerlichen Tugenden, Gesetzestreue, Ordnung, Pflichtbewußtsein, dem Pflegen von Traditionen	Das Gute, das sie bewirken, entspringt aus von ihnen neu erfundenen Tugenden, prophetischen Visionen, Empfänglichkeit für neue Berufungen, der Schaffung von Neuem
Das Schlechte, das sie verursachen, leitet sich aus Gehorsam und Banalität her	Das Schlechte, das sie verursachen, hat mit übersteigerten Ambitionen oder Hybris zu tun
Vielleicht Kandidaten für den Ruhmestempel als Archetypen bekannter Heldengestalten	Vielleicht Kandidaten für den Ruhmestempel, weil sie Leitfiguren für neue Ideale und Lebensphilosophien sind

Der Weg des Suchenden ist nicht einfach. Doch schon das Verlassen ausgetrampelter Pfade belebt und bereits das Fragen nach anderem führt sukzessive zu neuen Antworten (siehe folgende Seite). Die Entscheidung, die Welt der «Seßhaften» und damit die traditionelle Männlichkeit zu verlassen, und sich auf den niemals kurzen Weg des Suchens und Übens zu begeben, bedeutet, «in der Höhle des Plato zu forschen, uns durch Illusionen hindurchzutasten, die wir für die Wirklichkeit gehalten haben, durch

Leben Sie jetzt die Fragen. Vielleicht leben Sie dann allmählich, ohne es zu merken, eines fernen Tages in die Antwort hinein.

Rilke
(«Briefe an einen jungen Dichter»)

Abwasserkanäle zu kriechen, wo die verbotenen «unmännlichen» Gefühle wohnen, und all die Dämonen und dunklen Schattengestalten in ihren untergründigen Verstecken zu konfrontieren, die uns so lange gefangengehalten haben» (Keen 1992, 176).

Keen unterscheidet verschiedene Übergänge, die gemeistert werden müssen:

- Vom sonnigen Pragmatismus zur dunklen Weisheit der Traumzeit
- Vom Alles-Schon-Wissen zum Leben der Fragen
- Von überheblicher Selbstsicherheit zu produktivem Zweifel
- Von der emotionalen Erstarrtheit zur mannhaften Trauer
- Von künstlicher Härte zu mannhafter Furcht
- Von Schuld und Scham zu einer Moral der Verantwortung
- Von der Isolation zur bewussten Einsamkeit
- Vom falschen Optimismus zu ehrlicher Verzweiflung
- Vom zwanghaften Handeln zu Brachliegen und Abwarten
- Erneuerung und Wiedergeburt der Freude

Im einzelnen bedeuten diese Übergänge, dass wir als Männer mehr auf die Dramen achten sollten, «die sich in der Schattenwelt unserer Traumzeit abspielen». Wir dürfen nicht mehr so pragmatisch und extrovertiert sein wie bisher und müssen uns der «Logik der Phantasie unterwerfen».

Wir müssen Abschied nehmen von den «stereotypen Rollenklischees», die wir im Laufe unseres Lebens zusammengetragen haben, und uns den entscheidenden Fragen des Lebens stellen: Was will ich wirklich? Was bereitet mir tatsächlich Freude? Welche Talente habe ich? «Auf der Suche zu sein, bedeutet nicht mehr und nicht weniger als ein Fragender zu werden».

«Das geistige Abenteuer beginnt damit, dass wir aufhören, eine Show abzuziehen und uns etwas vorzumachen, und statt dessen unsere Verwirrung und Unsicherheit akzeptieren.» Die Dinge in Zweifel zu ziehen, gehört grundsätzlich zu unserem männlichen Leben.

Männer, die aufgrund ihrer Sozialisation (siehe II, 4: Konformität und Kreativität), ihre Lebenszeit «mit lauter nach außen gerichteten Aktivitäten» zugebracht haben, sind irgendwann mit ihrer inneren Leere konfrontiert. Diese Leere gilt es aushalten, damit Neues entstehen kann. Der Weg dazu führt über die Trauer.

Hinter unserer Fassade müssen wir unsere Schatten, Ängste und Dämonen entdecken und uns ihnen stellen. Nichts ist schlimmer als der Selbstbetrug.

«Wenn wir frei werden wollen, müssen wir uns mit unseren unbewussten Scham- und Schuldgefühlen auseinandersetzen und zu erkennen versuchen, in welchem Maße unsere Handlungen durch die Angst vor Strafe, Zurückweisung und Misserfolg vorprogrammiert sind.»

Wir müssen durchschauen lernen, wie sehr unsere Kultur isolierte Wesen aus uns gemacht hat. Von dieser bewussten Einsamkeit führt der Weg zurück zum Du und zur Gemeinschaft.

Männer leben nach «Muntermacher-Mottos». Das aber ist alles Schein. Wir müssen unsere männliche Verzweiflung durchschreiten, um wirklich zu uns zu kommen.

«Dadurch, dass wir es in der Verzweiflung aushalten, und unsere Depression, unsere wahren Gefühle ernst nehmen, finden wir die Tür zur neuen Welt.» Wir müssen warten lernen.

Sind diese Übergänge geschafft, stellt sich Lebensfreude wieder ein (Keen 1992, 177 ff.).

Einen anderen Weg schlägt die amerikanische Künstlerin und Lebensberaterin Julia Cameron vor; sie nennt ihn den «Weg des Künstlers» und meint damit einen «spirituellen Pfad zur Aktivierung unserer Kreativität». Kreativität stellt laut Cameron die natürliche Lebensordnung dar. Leben nämlich ist kreative Energie. Sie macht unser Potential aus und gestaltet es. Wir sind nun gehalten, dieses Potential zu erkennen und auszuschöpfen. Cameron konzipierte dazu das folgende Zwölf-Wochen-Programm:

Erste Woche: Das Gefühl von Sicherheit wiedergewinnen
Schattenkünstler – Ihr innerer Feind: Zentrale negative Glaubenssätze – Ihr innerer Verbündeter: Affirmative Waffen – Aufgaben – Check-in

Zweite Woche: Das Gefühl der Identität wiedergewinnen
Normal werden – Giftige Spielkameraden – Verrücktmacher – Skepsis – Aufmerksamkeit – Aufgaben – Check-in

Dritte Woche: Das Gefühl von Macht wiedergewinnen
Wut – Synchronizität – Scham – Mit Kritik umgehen – Übung: Detektivarbeit – Wachstum – Aufgaben – Check-in

Vierte Woche: Das Gefühl für Integrität wiedergewinnen
Aufrichtige Veränderungen – Übung: Begrabene Träume – Leseentzug –
Aufgaben – Check-in

Fünfte Woche: Das Gefühl für die eigenen Möglichkeiten wiedergewinnen
Grenzen – Den Fluß finden – Die Tugendfalle – Übung: Verbotene Freuden – Übung: Wunschliste – Aufgaben – Check-in

Sechste Woche: Das Gefühl von Reichtum wiedergewinnen
Der große Schöpfer – Luxus – Übung: Zählen – Übung: Verrückt nach
Geld sein – Aufgaben – Check-in

Siebte Woche: Das Gefühl von Verbundenheit wiedergewinnen
Zuhören – Perfektionismus – Risiko – Eifersucht und Neid – Übung: Die
Neidkarte – Übung: Archäologie – Aufgaben – Check-in

Achte Woche: Das Gefühl von Stärke wiedergewinnen
Überleben – Die Macht im Elfenbeinturm – Gewinn als Verlust getarnt –
Alter und Zeit: Produkt und Prozess – Die Form ausfüllen – Übung:
Frühe Muster – Affirmationen – Aufgaben – Check-in

Neunte Woche: Das Mitgefühl wiedergewinnen
Angst – Begeisterung – Rückschritte – Blockierungen durchbrechen – Aufgaben – Check-in

Zehnte Woche: Das Gefühl für Selbstschutz wiedergewinnen
Gefahren auf dem Pfad – Arbeitssucht – Dürre – Ruhm – Konkurrenz – Aufgaben – Check-in

Elfte Woche: Das Gefühl von Autonomie wiedergewinnen
Akzeptanz – Erfolg – Das Zen des Sports – Stellen Sie Ihren Künstleraltar auf – Aufgaben – Check-in

Zwölfte und letzte Woche: Das Gefühl von Vertrauen wiedergewinnen
Vertrauen – Geheimnis – Die Phantasie im Spiel – Der Geschwindigkeit entkommen – Aufgaben – Check-in

«Der Weg des Künstlers» ist eine spirituelle Reise, eine Pilgerreise zum Selbst, nach Hause» (Cameron 1996, 342). Sind wir angekommen, kennen wir unser Potential und haben es zumindest teilweise umgesetzt.

Hinweis 5

Der eigene Weg – Fallen, Hindernisse und Wegweiser

Veränderungen begleiten unser ganzes Leben. Wir spüren sie, möchten dies und das realisieren und bleiben doch oft im Alltag in dem, was von uns erwartet wird, stecken.

Doch es gibt mächtige Stimmen in uns, die lassen uns nicht in Ruhe; sie fordern uns heraus, aus- und aufzubrechen, neues Land zu entdecken, Grenzen zu überschreiten, den eigenen Weg zu gehen. Innere Kritiker und äußere Umstände tauchen als Gegner und Prüfsteine auf. Am Beispiel meines eigenen Weges – vom ETH Studium zur Kunst und andere Gebiete – möchte ich Anregungen für die anschließende Diskussion in die Runde geben ...

MännerSache Zürich, Hallwylstr. 78, CH-8004 Zürich;
Tel.: (01) 2 41 02 32.

Hinweis 6

«Die vier Kräfte»

Die meisten Männer wollen wie die Frauen ihr innerstes Potential zum Ausdruck bringen. Sie wollen sich zeigen und erkannt werden. Männer sind oft stärker und sensibler als sie es selbst vermuten. Heutige Männer leiden weniger an ihren Defiziten als an der mangelhaften Koordination ihrer Kräfte und Begabungen. Ich biete deshalb Männern einen Freiraum, diese auch in einer hochtechnisierten Gesellschaft zu erproben.

Um als reifer Mann in die Gemeinschaft hinein wirken zu können, mussten sich Männer in vielen älteren Kulturen zu bestimmten Zeiten ihre Lebens bestimmten Aufgaben, Übungen und Ritualen unterziehen. Allgemein wurde dieser Prozess Initiation (Hineingehen) genannt. Dabei sollte Balance und Dynamik der vier wesentlichen Kräfte und Begabungen, die alle Männer in sich tragen, bewußt gemacht und gefördert werden.

Die Kraft des Königs, die Verantwortung und Würde beinhaltet, *Nordkraft* genannt.

Die Haltung des inneren Kriegers, der Entscheidungskraft und Disziplin besitzt, *Ostkraft* genannt.

Die Sinnlichkeit des Liebhabers, der die Welt offen umarmt und beziehungsfähig ist, *Südkraft* genannt.

Die Intuition des Magiers, der nach innen schaut und den tieferen Sinn des Seins erkennt, *Westkraft* genannt.

Reinhold Schäfer, Schierker Str. 2, D-28205 Bremen;
Tel.: (04 21) 44 02 87, Fax: (04 21) 498 98 72,
e-mail: rschaefer@vossnet.de; Internet: www.maenner-initiation.de.

Hinweis 7

Woran Du Dein Herz hängst ... Männer auf der Suche nach dem, was sie bestimmt

Eine angeleitete Männergruppe
Lange Zeit gültige Normen und Werte, an denen sich vornehmlich Männer orientieren, sind ins Gerede gekommen. Viele Männer sind dementsprechend verunsichert.
Je weniger sie selbst dieser Veränderung auszuweichen versuchen, desto drängender stellt sich ihnen wieder die Sinnfrage.
Worauf bauen Männer, wenn der Boden unter ihnen unsicher geworden ist?
Wir wollen dieser Frage nachgehen. Dabei wollen wir nicht große Leitbilder voranstellen, sondern kreativ und im gemeinsamen Gespräch von unseren eigenen Erfahrungen ausgehen.

Familienbildungsstätte, An der Mauritiuskirche 4 a, D-49477 Ibbenbüren;
Tel.: (0 54 51) 96 44 – 0, Fax: (0 54 51) 96 44 – 96,
e-mail: fbs.ibbenbueren@t-online.de.

Hinweis 8

Männer in Bewegung

Männlichkeit ist in die Kritik geraten. Damit sind wir als Männer verunsichert, müssen uns mit unserer Rolle auseinandersetzen und in vielen Bereichen neu definieren.
Unser Wochenende wird sich aus drei Teilen zusammensetzen:

1. Die Männerrolle in der Krise
Dieser Teil des Workshops wird als Selbsterfahrung verstanden. Wir thematisieren dabei unsere gegenwärtige Befindlichkeit als Männer, unsere alltäglichen Männerfreuden und -sorgen, unsere Begegnungen und Erlebnisse mit Frauen u. a.

2. Erfahrbare Männlichkeit
Im zweiten Teil versuchen wir, unseren Männerkörper in seiner

Bewegung, Atmung, Gestik und Haltung zu erfahren. Wie nehmen wir uns als Männer wahr? Welche Gefühle sind uns vertraut, welche fremd, was macht Angst, was zieht uns an? Wie sind unsere Masken als Männer und wie sind wir mit uns identisch und authentisch?

3. Modelle neuer Männlichkeit
   Im dritten Teil versuchen wir, neue Züge von Männlichkeit zu «erfinden», mit unserer Veränderung zu spielen und uns neu auszuprobieren.

Walter Hollstein, Alsterweg 57a, D-14167 Berlin;
Tel.: (0 30) 8 17 19 14, Fax: (0 30) 8 17 19 07.

Sich im Mann-Sein üben bedeutet allemal, sich bewusst wahrzunehmen, Bilanz über sich selbst zu ziehen und sich der Kritik auszusetzen. Dabei bleiben Antworten auf die folgenden Fragenbereiche nicht aus:

- Wie verstehe ich mit heute als Mann?
- Was ist für mich Männlichkeit und was bedeutet Sie mir?
- Welches sind meine Stärken und Schwächen?
- Welches sind meine Licht- und Schattenseiten?
- Wie nehme ich mich als Mann wahr?
- Welches Verhältnis habe ich zu mir, zu meinen Gefühlen, zu meiner Körperlichkeit?
- Wie sorgsam gehe ich mit mir und meiner Gesundheit um?
- Was kann ich genießen?
- Kann ich meinen Sinnen vertrauen?
- Kann ich mir Zeit nehmen?
- Kann ich mir als Mann das Gefühl von Unsicherheit und Angst zugestehen?
- Kann ich als Mann Hilfe annehmen?

- Welches Verhältnis habe ich zu anderen Männern?
- Wie gehe ich mit Frauen um?
- Welche Werte sind mir wichtig?
- Verfüge ich über Lebensziele und Visionen?

Sich in seinem Mann-Sein üben ist immer auch eine Auseinandersetzung mit der eigenen Kraft und Energie, mit den eigenen Aggressionen und mit der eigenen Macht. Dies ist mit Sicherheit in der aktuellen Diskussion um Männlichkeit und Männer eines der heikelsten Themen, weil es aufgrund herrschender Männergewalt negativ besetzt, ja vielfach nachgerade tabuisiert ist. Von daher umgehen viele Männer diese Auseinandersetzung, weil sie nicht in den Verdacht kommen wollen, aggressiv zu sein oder gar mit Männergewalt etwas zu tun zu haben. Das führt dann zumeist zu einem gehemmten Verhalten und zu einem eingeschränkten Lebensgefühl.

Aggression ist normal und gesund; sie schließt wichtige und lebenserhaltende Impulse von Selbstbehauptung, Durchsetzungsvermögen, Neinsagen-Können und aktiver Daseins- und Karrieregestaltung ein. Wer in diesem Sinne aggressiv auf die Welt zugeht und sein Leben führt, hat Zugang zu seinen Stärken und lebt sein Potential. Wer Aggressionen unterdrückt, reagiert häufig unzufrieden, beleidigt und frustriert. Neurotisches Verhalten ist dann nicht fern.

Das eigene Aggressionspotential kennenzulernen und sukzessive umzusetzen ist eine wichtige Etappe, um die eigene Männlichkeit zu erfahren und sich als Mann (wieder) aufzurichten. Das gilt durchaus auch im sexuellen Sinne.

Hinweis 9

Aufrechter Gang

In der praktischen Arbeit mit Menschen, die wegen Schmerzen oder Fehlfunktionen zu ihr kamen, entwickelte Ida Rolf nach und nach ein Verfahren, um die Körperstruktur mit den Erfordernissen der Schwerkraft in Einklang, den Körper ins Lot zu bringen. Sie selbst nannte dieses Verfahren deshalb «Strukturelle Integration». Bekannt wurde ihre Methode unter der Abwandlung ihres eigenen Namens: «Rolfing».

Auf den ersten Blick erinnert Rolfing an eine langsam ausgeführte, tiefe Massage. Genauer betrachtet ist Rolfing ein zugleich verbales und nonverbales Lehrverfahren, das eine tiefe manuelle Bindegewebsbehandlung mit der Schulung von Bewegung und Selbstwahrnehmung verbindet.

Eine integrierte Struktur, die im Rolfing angestrebt wird, vermeidet die Fehlbelastung von Gelenken und eine Überlastung von Gewebe. Häufig führt das dazu, dass chronischen Beschwerden der Boden entzogen wird, was – erfreuliche – Nebenwirkung, aber nicht eigentliches Ziel der Behandlungen ist. Denn die strukturelle Integration durch Rolfing ist immer ein ganzheitlicher und individueller Prozess der Gesamtperson.

Psychische Veränderungen von denen Klienten berichten, sind ebenfalls Ergebnis des körperlichen Strukturwandels.

Zudem wirkt das Körpergefühl direkt auf die Psyche: ein aufrechter Gang kann das Selbstbewusstsein stützen. Und dann: die Veränderung des scheinbar Unveränderlichen, des eigenen Körpers macht Mut zu weiteren Veränderungen im Leben.

European Rolfing Association e. V., Kapuzinerstr. 25, D-80337 München; Tel.: (0 89) 54 37 09 40, Fax: (0 89) 54 37 09 42, e-mail: rolfingeurope@compuserve.com, Internet: www.rolfing.org.

Hinweis 10

Männer in Ihrer Mitte

Der Mann – das Schwert – sein Feuer

Männer stehen heute Herausforderungen gegenüber, die ein Höchstmaß an Flexibilität, Einfühlungsvermögen und Konfliktbereitschaft erfordern.

Der Mann – speziell in seiner Lebensmitte – reagiert darauf mit den bekannten Symptomen: Flucht – Sucht – Gewalt – Depression u. a., ohne einen Weg aus dem Dilemma zu finden.

Ein konsequenter Weg, zu seiner eigenen stabilen Mitte zu gelangen, ist der Schwert-Weg. Im Rückgriff auf alte, japanische Traditionen lernen wir, den Ort der inneren Kraft zu aktivieren. Sie mit spielerischer Leichtigkeit zu kanalisieren, uns mit der Energie des Herzens zu verbinden und uns mental auf ein Ziel auszurichten, um ausgeglichen in Harmonie von Körper und Geist unseren persönlichen Lebensweg zu gehen.

Das Schwert besitzt einen hohen Symbolgehalt und steht für Klarheit, Entschiedenheit, Wille, Durchsetzungsfähigkeit und Zielgerichtetheit.

In den Partner- und Gruppenübungen lernen wir, das Schwert aus der eigenen Mitte heraus zu führen. Unser Gegenüber wird als unterstützender Partner angenommen, der uns durch seine Präsenz und Achtsamkeit herausfordert. Er und sein Schwert dienen uns als Spiegel und reflektieren unsere eigenen Grenzen, die wir achtsam respektieren.

Wenn Männer in der Schwertrunde zusammenkommen, tauchen sie ein in ein altes Kraftfeld, in dem sie auftanken und sich wohlfühlen können.

Hans-J. Hinken, Dreikönigstr. 6, D-79102 Freiburg; Tel.: (07 61) 2 36 55, Fax: (07 61) 2 36 59, e-mail: Hans-Josef.Hinken@t-online.de.

Hinweis 11

Wilder Frieden – ein tantrischer Zyklus

… ist die Dimension einer neuen Partnerschaftsebene und einer gemeinsamen inneren Entwicklung. Es ist die Magie des Weiblichen und des Männlichen, es ist die Kraft des Herzens und die Kraft der Sexualität, die ein Paar verbindet, beflügelt und befähigt, Höhen und Tiefen miteinander zu erleben. Wenn es Mann und Frau in ihrer Partnerschaft gelingt, das eigene Selbst zu verwirklichen und das Wesen des anderen ehrlich anzunehmen, kommt es zu einem heilsamen Miteinander in der Partnerschaft und zum höchsten Erleben der Liebesvereinigung. Wilder Frieden ist Spielraum für Paare, die sich nach neuen Impulsen sehnen und für Paare, die neu miteinander anfangen. Mit den beziehungserprobten Werkzeugen des Sky-

Dancing Tantra lernen Paare ihre Partnerschaft kreativ und verantwortlich zu gestalten. Lust und Liebe kommen nicht länger zu kurz.

Sky Dancing Institute, Feichstr 15, D-81735 München;
Tel.: (0 89) 43 65 16 01, Fax: (0 89) 43 65 16 02.

Sich im Mann-Sein üben, ist heutzutage auch aus gesellschaftlichen
Gründen oft schwierig. Männlichkeit hat seit längerem keine gute Presse.
Wer seine Männlichkeit leben will, seine Potenz ausschöpfen möchte
und dabei auch noch die gesunden Seiten seiner Aggression betont, wird
nicht selten in die Nähe eines Ungeheuers gerückt. Es ist manchmal
schwierig, sich damit auseinanderzusetzen, überhaupt auf solche Diskussionen sich einzulassen.

Männer gelten im gesellschaftlichen Diskurs auch generell als Täter.
Das ist nicht falsch, aber einseitig, weil es vor allem übersieht, dass zwei
Drittel der Opfer von Männergewalt Männer selber sind. In den USA
haben sich inzwischen Gruppen von Männern gebildet, die sich dagegen
wehren, Gewalt und Mißhandlungen nur als Frauenproblem zu werten.
Auch Frauen und Mütter üben Gewalt gegen Männer und Söhne aus.
Dieses Problem ist gesamtgesellschaftlich aber noch nicht als solches
akzeptiert.

Weitere wichtige Bereiche, in denen sich Männer benachteiligt fühlen,
sind das Scheidungsrecht und das Sorgerecht für Kinder. Viele geschiedene Männer empfinden es als ungerecht, lebenslang für ihre Ex-Frau
bezahlen zu müssen, obwohl sie weder die Scheidung wollten noch sie
verschuldet haben. In nicht wenigen Fällen bedeuten Unterhaltszahlungen für den Mann gravierende soziale Schwierigkeiten und häufig, aus
wirtschaftlichen Gründen, die Unmöglichkeit, eine neue Ehe einzugehen.
Beim Sorgerecht für die Kinder sind Männer noch eindeutiger benachteiligt. «Mutter sorgt, Vater zahlt», resümiert eine deutsche Untersuchung,
und die Amerikaner Silver & Silver weisen darauf hin, dass geschiedene
Väter die am meisten unterdrückte Minderheit in den USA darstellen,
«ökonomisch, sozial und emotional.» Familiengerichte sprechen fast ausschließlich den Mütter das Sorgerecht zu. Väter von nichtehelichen Kindern haben überhaupt keine Chance, alleinerziehender Elternteil zu werden. In den USA gibt es inzwischen auch vermehrt Äußerungen von
Männern, die das bestehende Abtreibungsrecht als diskriminierend erleben, weil sie gerne Väter werden würden.

Der mangelnde Arbeitsschutz für Männer, der Zwang zum Kriegsdienst u. a. wären weitere Missstände, die es im Sinne einer offensiven Männlichkeit durchaus zu kritisieren gilt.

Männliche Verantwortung

Interview mit Thomas Scheskat

Thomas Scheskat ist Psychotherapeut, verheiratet und Vater von zwei Kindern. Er ist Mitbegründer des «Männerbüros» in Göttingen und des «Instituts für Männerbildung und Persönlichkeitsentwicklung» daselbst.

WH: Welches sind die wichtigsten Problembereiche der Männer, die in Ihre Beratung kommen?

Thomas Scheskat: Der häufigste Anlass ist Krise durch Trennung von der Partnerin. Es ist die klassische Situation, in der einem Mann die einschneidendsten Fragen zu seinem Mannsein begegnen. Wenn eine Frau einen verlässt, dann muss wirklich etwas schiefliegen. Gleich dahinter kommen Mangel an Selbstbewusstsein, Einsamkeit und sexuelle Probleme. Auf einer tiefer liegenden Ebene wirkt aber das Bedürfnis nach mitmännlicher Zuwendung und Unterstützung. Wer weiß, wie viele Krisen sich letztlich ereignen, damit endlich ein genügend schwerwiegender Anlass entsteht, um einen Mann um Hilfe und Rat zu bitten. Da es in unserer Kultur keine männliche Initiation mehr gibt, ist es wichtig, eine Kultur gegenseitiger mitmännlicher Verantwortlichkeit zu entwickeln. Männer müssen sich umeinander kümmern, ganz besonders Väter um ihre Söhne. Das fällt ihnen oft schwerer als die Sorge um ihre Töchter, in denen sie sich nicht so stark gespiegelt sehen. Diese spezielle Qualität der «Bevaterung» spielt aber in sehr vielen Formen von Männerbeziehungen hinein. Um schließlich auch Frauen in einer befriedigenden Weise gegenüber und zur Seite treten zu können, braucht ein Mann in der Gemeinschaft der Männer und in sich selbst genügend Rückhalt.

WH: Zunehmend werden die gesundheitlichen Defizite von uns Männern ein Thema.

Thomas Scheskat: Bekannt ist längst, dass Männer zum Beispiel doppelt so häufig wie Frauen an Herz-Kreislauferkrankungen sterben, und generell sieben Jahre früher als die Frauen. Welchen gesellschaftlichen Aufstand von Frauen würde es geben, wäre es andersherum? Daran, dass wir Männer so artig und klaglos früh versterben, können wir das Ausmaß der leiblichen Selbstentfremdung ablesen.

Könnten wir uns selbst und gegenseitig erlauben, die Geschehnisse und Empfindungen in unserem Körperinnern früher und durchgängiger wahrzunehmen, könnten wir viele Krisen, Brüche und Abstürze vermeiden, die doch nur den einen Sinn haben: uns wieder mit unseren leiblichen Wurzeln rückzukoppeln, zu verbinden. «Ein Indianer kennt keinen Schmerz!», «Was Dich nicht umwirft macht Dich härter!», «Augen zu (oder auch Arschbacken zusammen) und durch!», «Reiß Dich zusammen!», «Sei kein Jammerlappen!», «Beiß die Zähne zusammen!» – diese unvollständige Kollektion von Appellen an den Körper ist uns Männern gut vertraut. Machen wir uns ruhig bewußt, dass sie nicht nur Anstrengung und Freudlosigkeit verheißen, sondern in einer tieferen Schicht unseres Selbst vom eigenen Körper entfremden. Es sind die Trainingskommandos einer Ausbildung zum Funktionieren und Herrschen in der Welt von Naturbeherrschung und Technik, der komplexen Hierarchien, der Fitness- und Imagenormen und auch der technisierten Kriegsführung.

WH: Wie erleben Sie in Ihrem professionellen Umgang mit Männern das «Verhältnis» Männer-Körper-Gesundheit?

Thomas Scheskat: Die meisten Männer können ihre körperlichen Bedürfnisse ganz gut im Dienste von «höheren oder wichtigeren» Verpflichtungen zurücknehmen und ihre Erfüllung stunden- oder tagelang aufschieben. Sie können sich dauerhaft unempfindlich machen gegen die Wahrnehmung von Stress oder Unbequemlichkeiten und bereits ausgebrochene Krankheiten lange aushalten, indem sie die Zähne zusammenbeißen und davon absehen, Ärzten die Zeit zu stehlen. Sie können die gesundheitsschädigenden Folgen unserer Zivilisation aushalten und so ihre Opferbereitschaft für den

Fortschritt unter Beweis stellen. Männer können sich gut dagegen schützen, Ansatzpunkte zur Ausnutzung ihrer Bedürfnisse und Schwächen zu bieten. Dies erreichen sie durch einen kompromisslosen Körpereinsatz: Sie bauen im gesamten Körper einen Schutzpanzer aus chronischen Muskelspannungen auf, der sie davor bewahrt, dass unkontrollierte Impulsregungen aus dem Inneren des Körpers nach außen dringen können. In einer Art mehrschichtigem Sperrsystem werden Muskelpartien in den Eingeweiden, in den Atmungsorganen, im Beckenboden rund um die Schließmuskeln, in der Mimik, im Kiefer, im Nacken und im gesamten Bewegungsapparat quasi in einen ständigen «Frostzustand» versetzt.

WH: Welche Veränderungsmöglichkeiten gibt es für Männer in diesem Bereich?

Thomas Scheskat: Unser vegetatives Nervensystem steuert die eigengesetzlichen Vorgänge im Körper (Atmung, Verdauung, Drüsen, Wärmeregulation, Herzschlag) unterhalb der Bewusstseinsebene. Dieser «pflanzliche Seinsmodus» bürstet das männliche Macht- und Kontrollstreben gegen den Strich. Der traditionellen Männlichkeit ist sie der grässlichste Feind – und das ausgerechnet im eigenen Inneren.

Aber dieser Seinsmodus ist auch aller verrannter Männlichkeit größte Chance auf Erlösung. Über die Wahrnehmung des eigenen Naturseins kann sozusagen von innen heraus die Verbundenheit mit allem Sein zurückgewonnen werden. Es erfordert nicht mehr und nicht weniger als den Mut, die eigenen Körper- und Seelenregungen wahrzunehmen und zu respektieren. ·

Deshalb plädiere ich für eine neue Kultur der Selbstwahrnehmung speziell von uns Männern. Sie beginnt beim Körper: Wie fühle ich mich? Wo drückt's, wo klemmt's, wo spannt's? Atme ich so, dass ich genug Sauerstoff bekomme? So, dass ich wahrnehme, was im direkten und übertragenen Sinne mein «inneren Raum» ist? Wann brauche ich eine Pause? Was sagen die Schmerzen im Rücken, im Magen, in den Knien, im Kopf, die ich schon eine ganze Weile «mannhaft» verdränge, um nicht bei der Arbeit auszufallen. Wie meldet mein Körper-Seele-System, dass es an der Zeit ist, «nein!» zu sagen oder einfach nur: «Nicht jetzt!» oder «Nicht so!» Was will ich eigentlich wirklich mit meinem Leben machen?

WH: Mir fällt in letzter Zeit verstärkt auf, dass viele bewegte Männer sich von politischen Fragen wie zum Beispiel einer gerechteren Arbeitsteilung zwischen den Geschlechtern abgewandt haben und ihr Augenmerk ziemlich ausschließlich auf ihre eigene innere Veränderung richten. Führt das nicht dazu, dass sie sich in der Männerrolle einfach nur komfortabler einrichten und dass gesellschaftlich damit alles beim alten bleibt?

Thomas Scheskat: Diese Gefahr besteht. Innere Veränderung ist wichtig im Sinne von Boden zu bereiten für neue Standpunkte. Dies führt aber sicher nicht automatisch zu gesamtgesellschaftlich erwünschten Veränderungen. Diese Verknüpfung müssen wir schon ausdrücklich erarbeiten: Innere Orientierungs-Arbeit in alltäglicher Verbindung mit öffentlicher Stellungnahme und Einmischung.

Thomas Scheskat, Groner-Tor-Str. 16, D-37073 Göttingen

Übung 1

Stellen Sie einmal zusammen, was Ihnen an Ihrem Mann-Sein gefällt und was nicht. Überlegen Sie auch anhand der gegebenen Hinweise in diesem Kapitel, was sich wie ändern lassen könnte.

Übung 2

Versuchen Sie einmal in einer einfachen Übung Ihre Kraft zu spüren. Sie suchen sich einen Freund oder Bekannten, stellen sich ihm gegenüber mit ca. 50 cm Abstand und drücken seine Hände und werden gedrückt (siehe Abbildung auf S. 361). Wenn Sie niemanden haben, nehmen Sie einen Baum oder eine Wand.

Übung 3

Versuchen Sie sich eine männliche Eigenschaft vorzustellen, die Sie gerne in Ihr Leben integrieren würden, zum Beispiel Mut, Tapferkeit, Durchsetzungswillen. Stellen Sie sich eine Situation konkret vor, in der Sie diese Eigenschaft einsetzen möchten. Welche Gefühle und Körperempfindungen tauchen auf, wenn Sie sich so vorstellen? Was ist schwierig? Was stellen Sie sich als Hindernisse vor? Warum? Wie könnten Sie Hemmungen und Hindernisse beseitigen?

Übung 4

Die folgende Übung hat Dawna Markova konzipiert (1997, 266 f.):

Bring Dein Gewahrsein in dein Zentrum, auf welche Weise auch immer dir dies am besten gelingt. Laß deinen Geist sich weiten, indem du deine visuelle und auditive Peripherie ausdehnst. Spüre deinen Körper als Ganzes in der Gegenwart. Du kannst im Folgenden deine Augen offen oder geschlossen halten, in Stille oder mit Musik arbeiten.

Geh mit deinem Gewahrsein in deine Brustkorbmitte. Stell dir vor, von dort aus einzuatmen und das Gefühl der Neugier auszuatmen. Während du dies tust, erlaube dir, jegliche Enge, jedes Verspanntsein, Festhalten, jede Barriere zu spüren, die da sind, weil du dir selbst und anderen nicht vergeben hast. Du kannst die Bitte an dich selbst richten, wahrzunehmen, ob du dein Herz verschlossen hast. Atme weiter und dehne dein Gewahrsein um diese Stelle herum aus.

Wenn du soweit bist, stelle dir deinen Feind vor. Bringe ihn in eine Entfernung von dir, die sich gut anfühlt. Vielleicht gibt es da einige Worte, die du sagen musst, um dem Schmerz Ausdruck zu geben, den du seinetwegen erfahren musstest, den Lektionen, die du gelernt hast und den Grenzen, die du ziehst, um weiterem Leiden vorzubeugen. Wenn du soweit bist, finde die Worte, die deinem Herzen loslassen und Vergebung schenken.

Du kannst dies dadurch ergänzen, dass du dir über die Art und Weise klar wirst, wie du deinen Feind verletzt, verwundet oder geschädigt hast. Falls es angebracht erscheint, finde Worte, die dem Ausdruck geben, was du gelernt hast und die die Grenzen benennen, die du als Ergebnis davon aufrechterhalten willst. Dies kann dadurch ergänzt werden, dass du an deinen Feind die Bitte um Vergebung richtest.

Zum Schluss kannst du, wenn es dir angemessen erscheint, dich vor dich selbst hinstellen. Das Selbst, dem du Schaden zugefügt hast. Du kannst zulassen dass dir das Leid bewusst wird, das du als Folge davon ertragen musstest. Indem du dir selbst für all dies verzeihst, kannst du auch dein Herz von dem Gefühl der Schuld und der Scham befreien, in dem du gefangen warst.

Literatur zur Information und Weiterarbeit

a) Diagnose

- Ray Raphael, Vom Mannwerden. Übergangsrituale im westlichen Kulturkreis. München (Irisiana) 1993.
- Warren Farrell, Mythos Männermacht. Frankfurt/M. (Zweitausendeins) 1995.
- Anthony Astrachan, Wie Männer fühlen. Ihre Reaktionen auf emanzipierte Frauen. München (Kösel) 1992.
- Liam Hudson/Bernadine Jacot, Wie Männer denken. Frankfurt/M. (Campus) 1995.
- Carol Lee, Hilflose Helden. Wenn Jungen keine Vorbilder mehr finden. Reinbek (Rowohlt Taschenbuch) 1999.

b) Veränderung

- Hans Stapelfeld/Erich Krichbaum (Hg.), Männer verändern sich! Wie Männergruppen Lebendigkeit entfalten. Münster (Kleine Verlag) 1995.
- Joseph Campbell, Die Mitte ist überall. München (Kösel) 1992.
- Ingeborg Claus, Odysseus. Wege und Umwege der Seele. Leinfelden-Echterdingen (Bonz) 1997.
- Steve Biddulph, Männer auf der Suche. Sieben Schritte zur Befreiung. München (Beust) 1996.
- Robert Moore/Douglas Gillette, König, Krieger, Magier, Liebhaber. Die Stärken des Mannes. München (Kösel) 1992.

c) Übungsteil

- Krisen erfolgreich bewältigen. Amsterdam (Time Life-Bücher) 1996.
- Lama Surya Das, Der achtfache Pfad. Lehrbuch zur Erleuchtung. Frankfurt/M. (Krüger) 1999.
- Hans Georg Ruhe, Methoden der Biographiearbeit. Weinheim und Basel (Beltz) 1998.
- Christiane Lutz, Das Männliche im Märchen. Leinfelden-Echterdingen (Bonz) 1996.
- Paul Rebillot, Die Heldenreise. Ein Abenteuer der kreativen Selbsterfahrung. München (Kösel) 1997.
- Claude Steiner, Wie man Lebenspläne verändert. Paderborn (Junfermann) 1982.
- Moses G. Steinvorth, Im Körper zu Hause. Eine bioenergetische Entdeckungsreise. Göttingen (Vandenhoeck & Ruprecht Taschenbuch) 1999.

- Alexander und Leslie Lowen, Bioenergetik für jeden. Das vollständige Übungsbuch. München (Goldmann-Taschenbuch) 1991.
- Tarthang Tulku, Selbstheilung durch Entspannung. Körper- und Atemübungen, Selbstmassage und Meditationstechniken. München (Heyne) 1985.
- Michael Mary/Henny Nordholt, Selbsttherapie. Stuttgart (Kreuz) 1995.
- Harry Waesse, Yoga für Anfänger. München (Gräfe und Unzer) 1995.

d) CD's

- Deuter, Sands of Time. Kuckuck.
- Mustapha Tettey Addy, Come and drum. Welt Record.
- Zen, Ask the wind. Polydor.
- Vollenweider, White Winds. Colomba Records, Zürich.
- Deuter, Henon. Kuckuck Records, München.
- Sharamon/Baginski, Chakra Meditation. Windpferd Music.
- Spiritual Environment, Shamanic Dream. Nightingale Records.

e) Romane für Männer

- Albert Camus, Die Pest (Rowohlt Taschenbuch).
- Jean Giono, Der Husar auf dem Dach (Rowohlt Taschenbuch).
- Régis Debray, Der Einzelgänger (Luchterhand).
- Harry Mulisch, Die Entdeckung des Himmels (Rowohlt Taschenbuch).
- Jurek Becker, Der Boxer (Hinstorf).
- Heinrich Böll, Ansichten eines Clowns (Kiepenheuer & Witsch)
- Urs Widmer, Im Kongo (Diogenes).
- John Irving, Gottes Werk und Teufels Beitrag (Diogenes).
- Richard Ford, Der Frauenheld (Fischer Taschenbuch).
- ders., Der Sportreporter (Rowohlt).
- Bruce Chatwin, Auf dem schwarzen Berg (Fischer Taschenbuch).
- ders., Traumpfade (Fischer Taschenbuch).
- Paul Auster, Mond über Manhattan (Rowohlt).
- ders., Timbuktu (Rowohlt).
- Ernest Hemingway, Inseln in Strom (Rowohlt Taschenbuch).
- Robert M. Pirsig, Zen und die Kunst ein Motorrad zu warten (Fischer Taschenbuch).
- Jack Kerouac, Unterwegs (Rowohlt Taschenbuch).
- ders., Gammler, Zen und Hohe Berge (Rowohlt Taschenbuch).

3. Spaß haben am neuen Mann-Sein

Darf Mann am Mann-Sein Spaß haben? Das sollte eigentlich gar nicht Gegenstand einer Frage, sondern selbstverständlich sein. Natürlich dürfen Männer an ihrem Mann-Sein Spaß haben; sie sollen es auch; alles andere wäre schlimm, ja pervers.

Und doch ist obige Frage über längere Zeit geradezu illegitim gewesen, geschweige denn mit «ja! beantwortet worden. Männlichkeit wurde mit und durch den Feminismus der end-sechziger Jahre dermaßen stigmatisiert, dass sie von vornherein und überhaupt eine negative Realität war.

Sicher war die Kritik an der traditionellen Männlichkeit weithin berechtigt (siehe I, 2: Die epochale Notwendigkeit der Männerveränderung); doch häufig wurde das Kind mit dem Bade ausgeschüttet und damit alles abgelehnt und verteufelt, was männlich war und männlich getan wurde.

Männliche Geschichte erschien in dieser Darstellungsweise als eine konsequente Abfolge von Tyrannen, Nero, Napoleon, Hitler und Karadzic. Aber in der männlichen Geschichte gibt es eben auch einen Sokrates mit der entschlossenen Treue zu sich selbst; da gibt es die Friedfertigkeit eines Gandhi; da gibt es Spartakus oder Danton mit ihrem Rebellentum gegen Ungerechtigkeit; da gibt es einen Franz von Assisi mit seinem Mitgefühl und seiner sozialen Verantwortung, und da gibt es die Demut von Christus oder von Buddha, also das Wissen in größere Zusammenhänge eingebunden zu sein, Höheres und Größeres akzeptieren zu müssen als nur sich selbst.

Das führt weg von diesem schrecklichen männlichen Mythos des homo faber, der glaubt, dass alles machbar ist und auch alles gemacht werden muss – vom Donauschifffahrtskanal über den Atomversuch im Pazifik bis zum gentechnischen Experiment.

1. Wir Männer müssen uns für eine neue gesellschaftliche Arbeitsteilung einsetzen, in der wir Pflichten in der Hausarbeit, in der Kindererziehung und in der Fürsorge gegenüber unseren Frauen mitverantwortlich übernehmen.

2. Wir Männer müssen lernen, männerbündisches Verhalten aufzugeben, gegen schlagende, hetzende und frauenfeindliche Geschlechtsgenossen Stellung zu beziehen.

3. Wir Männer haben die historische Pflicht, uns für ein demokratisches Arrangement der Geschlechter in Politik, Wirtschaft und Kultur einzusetzen. Dabei müssen wir bereit sein, angestammte Positionen zu teilen.

Wir haben darauf hingewiesen, dass auch grundsätzlich positive Qualitäten von Mann-Sein wie Mut, Leistungswille, Aggression, Autonomie oder Durchsetzungsvermögen fälschlicherweise negativ umgedeutet wurden (siehe I, 2: Die epochale Notwendigkeit von Männerveränderung). Von daher ist es dann auch nicht verwunderlich, dass dagegen wiederum machoartige Gegenbewegungen entstanden, die rückwärtsgewandte und sexistische Geschlechterbilder vertreten.

Inzwischen sind die Zeiten anders und die Auseinandersetzungen zwischen Frauen und Männern moderater geworden.

Männern wird eine eigene und eigen-definierte Männlichkeit wieder zugestanden, und Männer sind vor allem auch wieder auf eine vernünftige Art selbstbewusst geworden. Sie formulieren ihre eigenen Entwürfe von Mann-Sein und leben sie auch.

Eindeutig ist, dass es dabei nicht rückwärts gehen kann (siehe I, 2: Die epochale Notwendigkeit der Männerveränderung; III, 1: Das männliche Gesetz).

Das heißt zunächst einmal klar, dass wir Männer uns nicht mehr *absolut* verstehen dürfen, wie wir das früher getan haben, sondern nur noch *relational* in bezug auf das andere Geschlecht. Das heißt des weiteren und konkreter, dass wir im dritten Jahrtausend mit unseren Partnerinnen und mit Frauen überhaupt geschlechterdemokratisch zu leben haben (siehe II, 7: Bindung und Partnerschaft). Mann-Sein soll Spaß machen, aber dieser Spaß muss heute dort seine Grenzen haben, wo er den Bewegungsspielraum anderer behindert. *Spaß kann von daher nicht grenzenlos sein, nicht sexistisch, nicht übergriffig und nicht verantwortungslos.* Spaß darf sich leben auf einem gesellschaftlichen Hintergrund, der Mitverantwortung gegen Frauen berücksichtigt, Männerkumpanei ablehnt, Respekt und Solidarität beinhaltet (siehe gegenüberliegende Seite).

Spaß kann «fun» sein; aber er ist natürlich auch immer schon mehr gewesen. So sollten wir uns anstrengen, das wirklich Prometheische in uns Männern wieder zu fördern: das geistige Abenteuer, Perspektiven und Utopien zu entwerfen; den Mut, neue Wege zu gehen und damit auch das Gemeinwesen weiterzuentwickeln; die Verantwortung, Probleme anzugehen, statt sie auszusitzen und damit handlungsunfähig zu werden. Dazu bedarf es aber des ganzheitlichen Mannes, der mutig voranschreitet, aber dabei von seinen Bedürfnissen geleitet wird; der initiativ ist, aber dabei auf seine Gefühle hört; der entschlossen ist, aber dabei auf seine Mitmenschen Rücksicht nimmt. Das macht ebenfalls Spaß, und vielleicht besteht der Unterschied darin, dass dabei die eigene Befriedigung etwas tiefer wirkt.

Zum Spaß gehört die männliche Selbstannahme. Selbstannahme hinwiederum verlangt die Auseinandersetzung mit der eigenen Männlichkeit, worin sie heute besteht, was sie bedeutet, wie sie sich verändert hat und was sie als Chance und Potential in sich schließt. Letztendlich ist nur bewußter Spaß wirklicher Spaß.

Zu solcher Art von Selbstannahme gehört:

- sich zu mögen,

- sich zu verstehen,

- eine Beziehung zu sich und anderen zu haben,

- sich für die Welt zu interessieren und

- Verantwortung für sich und andere zu übernehmen.

Wer sich nicht mag und nicht versteht, wer zu sich und anderen keine Beziehung hat und keine Verantwortung fühlt und wer teilnahmslos ist gegenüber dem, was geschieht, wird Spaß nicht erleben können. Denn auch Spaß kommt von innen.

Aufgesetzter Spaß ist kein wirklicher Spaß, sondern eine Form von Ablenkung und Zerstreuung. Das ist allerdings das breite Verständnis von Spaß in der gegenwärtigen Spaßgesellschaft. Spaß wird dabei als Konsum verstanden; denn Konsum bringt Profit. Wirklicher Spaß ist aber selbstgemachter Spaß und nicht konsumierter. Letzterer braucht Stimulantien, ersterer nicht.

Spaß an der Männlichkeit ist von daher nicht die anstrengende Männlichkeitspose im Bodybuilding-Studio, beim Saufen, Autorennen, Ficken, Anmachen oder verbalem Protzen. Spaß an der Männlichkeit ist das Spüren von Potenz, Kraft, Einigkeit mit sich selber, Sinnlichkeit und Neugier. Das kann dann durchaus auch einmal vehement werden und laut und überschwänglich und impulsiv. Das alles ist aber nur Ausdruck des Spaßes von innen und nicht umgekehrt.

Übler Männer-Spaß ist aber noch lange nicht «out», im Gegenteil. Sexismus, Machotum, Kraftmeierei und Geschmacklosigkeit nehmen wieder zu. Ein namhafter deutscher Verlag bringt im Jahr 2000 einen «Macho-Guide» heraus. Deutschsprachige Talkshows präsentieren Saufköpfe vom «Ballermann», Bubis, die sich brüsten, keine Geschwindigkeitsbegrenzungen zu beachten, billige Don Juans, Zuhälter u. a.

Nachdem es in den Hochzeiten des Feminismus nicht opportun schien, die Männerherrschaft zu verteidigen, melden sich nun wieder die Ideologen des Chauvinismus zu Wort. In den Privatsendern haben sie ein Dauerforum zur Verfügung.

Insbesondere in den *Unterschichten* staut sich Frust und Hass gegen Frauen. Mit den Veränderungen in den Geschlechterverhältnissen und deren Festschreibung im Ehe- und Scheidungsrecht, in der Sozialgesetzgebung und – zunehmend – in Tarifverträgen und beruflicher Einstellungspraxis haben sozial schlechtgestellte Männer nun auch die allerletzten Besitz- und Befehlsprivilegien über ihre Frauen verloren. Diesen Machtverlust kompensieren Männer aus den Unterschichten zunehmend mit Gewaltphantasien und -drohungen, mit militanten Szenarien im Geschlechterkampf und neuer Gewalt.

Voraussetzung der Fähigkeit, Spaß am und im Leben zu haben, ist es, die eigenen Sinne zu schärfen. Auch dies hat erneut viel mit Bewusstheit zu tun. Wer säuft statt zu trinken, spürt ebensowenig den Genuss wie der, der frisst statt zu essen und der andere, der mechanisch «bumst» statt zu lieben. Was wir erleben, sollten wir genießen: die Natur, das Wetter, die Jahreszeiten, unsere Mahlzeiten, das Baden und Duschen, unser Bett allein und zu zweit, Musik, Film, Theater, Literatur, das Kaffeehaus, den Spaziergang, den Waldlauf, das Schwimmen im See, die Massage.

Männliche Genußfähigkeit ist im allgemeinen nicht besonders hoch entwickelt (siehe II, 1: Entfremdung und Echtheit, II, 6: Krankheit und Gesundheit). Das hindert uns vielfach daran, Spaß zu haben. Deshalb sollten wir unsere Genußfähigkeit kultivieren. Auch dafür gibt es handhabbare Regeln:

- sich bei allen Tätigkeiten Zeit lassen,

- auf die eigenen Bedürfnisse hören,

- darauf achten, was man tut,

- beobachten, was passiert und welche Wirkungen erzielt werden,

- präsent sein gegenüber Körperempfindungen und Gefühlsregungen,

- sich anregen lassen,

- sich kundig machen (z. B. welche Badezusätze gibt es; welche Firma bietet Lotions, Rasierwasser u. a. für Männer an; welche Gewürze gibt es für mein Essen),

Phantasie ist nicht Ausflucht. Sich etwas vorstellen heißt, eine Welt bauen.

Eugène Ionesco

- Phantasie entwickeln,

- Prioritäten setzen.

Zu letzterem gehört auch in diesem Kontext noch einmal die Überprüfung der eigenen Lebensrealität. Stimmt diese mit meinem ursprünglichen Entwurf überein? Wo habe ich Abstriche machen müssen? Wo habe ich falsche Kompromisse geschlossen? Wo habe ich meine Wünsche, Hoffnungen und Träume beerdigt? Warum habe ich das getan? Welches war/ist das Ergebnis?

Wir Männer sind viel zu häufig viel zu pragmatisch, indem wir unsere Sehnsüchte und Erwartungen hinter angeblichen Notwendigkeiten verstecken. Diese Notwendigkeiten werden dann von uns mit gesellschaftlichen Pflichten oder individuellen Nöten legitimiert. Niemand will solche Notwendigkeiten leugnen. Aber häufig ist davon auch viel von uns selber konstruiert; wir bauen Notwendigkeiten auf, und eines Tages sind diese dann stärker als wir und wir selber deren Opfer. Solche Mechanismen müssen wir kritisch überprüfen, durchleuchten und ändern.

Prioritäten setzen, heißt schauen, was uns gut und was uns schlecht tut. Weniger arbeiten, weniger Geld verdienen, kann eine Chance sein, ungelebtes Potential zu befreien und zu verwirklichen. Gerade wir Männer sollten endlich aufhören, neue und andere Lebensarrangements in einer Optik des Verzichts zu diskutieren. Denn dort, wo wir etwas aufgeben, gewinnen wir auch viel hinzu an Freiheit, Lust, Flexibilität, an Möglichkeiten der Selbstverwirklichung und der wachsenden Zufriedenheit, an neuen Erlebnissen mit unserer Familie, unseren Frauen, unseren Kindern und Freunden und Freundinnen.

Wirklicher Spaß am und im Leben ist nur möglich, wenn wir nicht so verdammt nüchtern, sachlich, rational und berechnend sind. Das alles schränkt reale Lebensfreude mächtig ein. Vielmehr braucht es Kreativität, Mut und Phantasie, um vital zu bleiben und das Leben in all seinen Facetten und Entwicklungen auch miterleben zu können (siehe gegenüberliegende Seite).

Der männliche Pragmatismus mit seinen beschriebenen Eigenschaften von Nüchternheit und Kalkül ist ein Lebensgerüst, dass einen zwar nach außen einigermaßen erfolgreich durch den Alltag bringt, nach innen aber wenig tragfähig ist und vor allem nicht gerade zur Lebensfreude animiert. Das liegt daran, dass es in den «Sachzwängen» des Alltags gefangen hält; es verhindert, dass Alltägliche transzendieren zu können und über diese

Fähigkeit sich aus den lähmenden Klauen von Routine und Eindimensionalität zu befreien.

Die Identifikation mit dem Gegebenen temporär zu verlassen, ist aber lebenswichtig. Kritische Distanz, Phantasie und Eigensinn sind nachgewiesenermaßen Faktoren, die Gesundheit, Lebensqualität und Lebenserwartung positiv beeinflussen.

Genutzte Phantasie zeigt uns auf, wo wir falsch begrenzt handeln, was uns lähmt und hindert, wo wir Verrat an unserem Selbst begangen haben, wie wir unser Potential besser ausschöpfen könnten und wie wir Neues entdecken, das uns lebendiger macht oder lebendig erhält.

Auf Phantasiereise sollte ein jeder von uns von Zeit zu Zeit gehen; sie ist manchmal gewinnbringender als der Trip nach Mallorca oder Bali.

Es gibt auch die Möglichkeit, sich hin und wieder in eine Phantasiegestalt zu versetzten. Dazu merkt das Therapeutenpaar Mary und Nordholt an: «Wenn uns die Realität keinen Ausweg zeigt, begeben wir uns oftmals in die Welt der Phantasie. Wir träumen davon, jemand anderes zu sein. Wenn ich… Herkules, Sokrates, Einstein wäre oder ein Tiger, ein Nashorn, ein Adler… dann wüßte ich, was ich tun würde. Aber ich bin ja bloß…

In diesen Bildern zeigt sich zweierlei. Zum einen die Festlegung auf die momentane Identifikation, beispielsweise «Ich bin kein Adler», «Ich kann nicht fliegen», «Ich muss laufen». Zum anderen rufen wir ein Hilfswesen aus der Phantasiewelt herbei, das bestimmte Eigenschaften hat, die uns gerade fehlen.

Wenn wir der Phantasiegestalt zuhören und sie erfahren, wird deutlich, wonach wir uns sehnen. Wir erfahren mehr über unsere tatsächlichen Ziele und darüber, was an diesem Punkt des Lebens wichtig ist.

Was würde ich tun, wenn ich ein Adler wäre und fliegen könnte? Ich würde hoch in die Luft fliegen und mir alles ganz genau anschauen. Dann würde ich mich auf mein Ziel stürzen und es packen. – Oder würde ich weit weg in meinen Horst fliegen und ganz alleine sein? Oder…» (Mary/Nordholt 1995, 100).

Ein neueres Stichwort in dieser Optik betrifft die Visualisierung. Dabei «choreographieren» wir Möglichkeiten und potentielle Szenarien unseres Lebens, die wir gerne in die Wirklichkeit umsetzen würden. Die Vorstellung positiver Bilder hilft bei der Realisierung von Absichten, weil sie Handlungspotentiale, Hindernisse und Chancen schon einmal virtuell aufwirft und so dann auch die reale Auseinandersetzung mit ihnen erleichtert.

In diesem Sinne läßt sich eine andere, neue, gelungenere und befriedigendere Männlichkeit visualisieren. Der nächste Schritt besteht dann darin, solche Phantasien auch zu erproben (siehe III,2: Sich im Mann-Sein üben). Dazu gibt es innerhalb und außerhalb der Männerszene viele sinnvolle Angebote.

Hinweis 1

Männerstimmen

Unsere Stimme ist eine Brücke zwischen innen und außen, sie trägt unsere Gefühle und inneren Stimmungen nach außen, sie bringt unseren Körper ins Schwingen und sie berührt auf ganz persönliche und intime Weise.

Oft benützen wir diese Brücke nicht, bleiben einsam auf unserer Seite, drücken nicht aus, was uns bewegt. Lieber verstummen wir, als dass wir unsere Gefühle zeigen. Oder wir machen Umwege, indem wir unsere Unsicherheiten übertönen.

Das Wochenende bietet die Gelegenheit, unsere Stimme zu beleben und ihre Vielfalt neu zu entdecken, indem wir auch das Hören auf die innere Stimme pflegen. Meditation und Energieübungen helfen einen inneren Hörraum zu öffnen, und darin können wir mit Stimmerfahrung und Stimmimprovisation all die sanften, kratzenden, wimmernden, schreienden, zaghaften, süßen, kräftigen und lustvollen Facetten unserer Stimme auskundschaften. Und erleben, dass wir in unserer Stimme einen Freund und Verbündeten haben, der uns ermutigt, immer wieder neue Brücken zu schlagen.

Michael Bieler, Hirschengraben 18, CH-8001 Zürich;
Tel.: (01) 2 62 45 42.

Hinweis 2

Bewegungserfahrung

Bewegen bedeutet wahrnehmen und handeln. Wie wir uns bewegen, gibt uns selber Aufschluss darüber, wie wir unsere eigene Person, unsere Mitmenschen und unsere gesamte Umwelt erleben. Aus dieser tiefen Erfahrung heraus gehen wir den aktuellen Bewegungen nach und lernen unsere persönlichen Bewegungsthemen kennen. Aus diesen Bewegungs-Impulsen koordinieren und regulieren wir die aktuell verfügbaren Kräfte und setzen unser erweitertes Bewegungsprofil je neu in Beziehung, zu zweit, zu dritt, in Gruppen – mit und ohne Musik.

Wir gehen aus von unseren momentanen Bewegungsmustern. Diese werden als aktueller Stand ernst genommen. Darauf bezogen entwickelt der Leiter ein prozessorientiertes Konzept zur Erweiterung der persönlichen Bewegungsprofile und bietet so entsprechende Angebote für Bewegungsbeziehungen. Die brachliegenden Bewegungsbereiche werden neu erfahrbar gemacht und werden für die Teilnehmenden besser verfügbar. Der gesamt Prozess erfolgt strukturiert, jedoch spielerisch und eigenkreativ.

Hansjörg Birchler, Ziegeleiweg 2, CH-8840 Einsiedeln; Tel.: (0 55) 4 12 77 80.

Hinweis 3

Den Naturkräften begegnen – Kraft schöpfen in Ritualen

Männer-Natur-Kreativität-Wochenende. – Gespräche mit anderen Männern, Begegnungen mit den Kräften und Geheimnissen in der Natur, Erlebnisse mit Bewegung, Farben, Musik, einfachen Liedern geben Orientierung, Kraft und Mut, das eigenen Leben zu leben, den persönlichen Weg zu erkennen und zu gehen. Standortbestimmung und Krafttanken für nächste Schritte – mit vielen Anregungen und genug Freiraum.

MännerSache Zürich, Hallwylstr. 78, CH-8004 Zürich;
Tel.: (01) 2 41 02 32.

Hinweis 4

Feuer und Wasser

Ein Wochenende für Väter und Kinder ab 2 Jahren

Wieder einmal Zeit haben, Alltag und Beruf hinter sich lassen und zuständig sein als Vater, Spielkamerad, Freund ...
   Den beiden Urkräften Feuer und Wasser wollen wir uns an diesem Wochenende in einer alten Mühle im schönen Ederbergland spielerisch, experimentell und mit viel Spaß widmen.

Abenteuer auf einer alten Burg

Abenteuerwochenende für Väter und Kinder ab 8 Jahren

Die Reise geht nach Kirn in den Hunsrück. Dort schlagen wir unsere Zelte auf dem Campingplatz auf. Am nächsten Morgen besteigen wir die «Kirner Dolomiten», einen Felsrücken, an dem mit entsprechender Absicherung geklettert werden kann. Die alte Burgruine Schmittburg im Hahnenbachtal ist das nächste Ziel. Dort wird abends am Lagerfeuer gegrillt. Am Sonntag besuchen wir ein altes Schieferbergwerk und können mit Hammer und Meißel im Schiefer nach Versteinerungen suchen.
   Im Preis enthalten sind Frühstück und Tagesverpflegung. Abendessen am Freitag und Grillen werden von den Teilnehmern organisiert und bezahlt. Ebenso die Anreise. Zelte können eventuell ausgeliehen werden.

Ev. Familienbildung, Darmstädter Landstr. 81, D-60598 Frankfurt/M.;
Tel.: (0 69) 6 05 00 40.

Hinweis 5

Männerkarawane

Eine sechstägige Wanderung zu Fuß und auf Kamelen durch die tunesische Wüste. Die Ruhe in der Langsamkeit, der äußeren Bewegung, setzt sich in den dialogischen Austauschformen über die innere Bewegtheit fort.

Peter Scholz, Kelsterbachstr. 21, D-60528 Frankfurt/M.;
Tel. u. Fax: (0-69) 67 73 06 12.

Hinweis 6

Hilfe zur Selbsthilfe

Wir treffen uns mit anderen Männern in einem geschützten Rahmen, der Solidarität ermöglicht …

… dadurch wollen wir Halt finden, Umgang mit anderen lernen und somit Freundschaften ermöglichen.

Wir tauschen Gefühle aus und sprechen über Persönliches …

… dadurch wollen wir unsere Zweifel klären, unsere Berührungsängste abbauen und Einfühlsamkeit neu erleben.

Wir nutzen die Chance für Experimente und entwickeln eine neue Streitkultur …

… dadurch entdecken wir neue Wege für das eigene Leben, das Leben in der Partnerschaft und mit Kindern. Dabei lernen wir Konkurrenz zuzulassen und Konflikte gewaltfrei auszutragen.

Münchner Informationszentrum für Männer e. V., Landwehrstr. 85/1, D-80336 München; Tel.: (0 89) 5 43 95 56, Fax: (0 89) 5 43 96 62, e-mail: info@maennerzentrum.de, Internet- Homepage: http://www.maennerzentrum.de.

Spaß haben an der eigenen Männlichkeit ist kein punktuelles Erlebnis; es hat nichts zu tun mit zwanghaftem Spaß; es ist vielmehr eine Befindlichkeit.

Spaß haben an der eigenen Männlichkeit beruht auf einem stabilen Selbstwertgefühl als Mann in der heutigen Zeit; dazu gehört vor allem, sich zu akzeptieren und zu sich zu stehen. Wer das kann, der muss sich sicher sein. Sicherheit ist nicht Pose, nicht Pseudostärke, sondern jene Souveränität, die auch Fehler und Schwächen eingestehen kann.

Das stabile Selbstgefühl wird auch getragen von einem ruhevollen Gewissen. Wer sich nichts vorwerfen muss, kann sicher und getragen durchs Leben gehen.

Schließlich ist das stabile Selbstwertgefühl Ergebnis eigener Erfahrungen, nicht Resultat von vorgegebenen Männlichkeitsmustern und Patentrezepten. Wir haben zur Genüge betont, dass kein Mann, der mit sich im reinen sein will, sich heute auf Definitionen und Gewohnheiten verlassen kann. Traditionelle Männlichkeit ist in unserer Epoche dermaßen brüchig, dass jeder Mann gezwungenermaßen seinen eigenen Weg zur Männlichkeit finden muss (siehe folgende Seite). Freilich gibt es dafür Anhaltspunkte, die helfen (siehe II, 10: Ziellosigkeit und Richtung; III, 2: Sich im Mann-Sein üben).

Spaß haben an der eigenen Männlichkeit setzt den Willen voraus, auch den schwierigen Erfahrungen mit dem Mann-Sein in unserer Epoche positiv gegenüberzutreten, etwas zu riskieren, aktiv zu werden und es zu bleiben, «Trial and error» zu wagen, aus Fehlern zu lernen, vor allem prinzipiell lernwillig zu sein.

Wenn es keine vorgegebene Männlichkeit mehr gibt, die allgemein verbindlich und auch befriedigend ist, so müssen wir unsere Männlichkeit jeden Tag ein Stück neu erfinden. Das ist manchmal zwar mühsam, aber gleichzeitig viel spannender und lustvoller als nach etablierten Mustern und normierten Gesetzen zu leben. Männlichkeit wird dergestalt zu einem Abenteuer.

Spaß haben an der eigenen Männlichkeit bedeutet, das eigene Potential kennenzulernen, zu verwirklichen und damit zufrieden zu sein. In uns allen steckt viel an Möglichkeiten und Talenten, aber niemals alles. Wenn wir unser je immer beschränktes Potential ausschöpfen, haben wir lebenslang genug zu tun. Aber zu diesem Unterfangen gehört auch die Bescheidung unabtrennbar dazu. Die Selbstverwirklichungsideologien der späten sechziger Jahre waren genauso unsinnig wie jene heutigen aus dem esoterischen «Lager».

Wo ein Weg oder Pfad existiert, sind es die Fußstapfen eines anderen. Jeder von uns muss seinen eigenen Weg finden.

Joseph Campbell

Es ist einfach nicht jeder ein Einstein, Matisse, Aristoteles, Verdi, Picasso, Sartre, Gandhi, Spartakus, Schiller, Hemingway, Danton, Marx, Caruso, Moore, Freud oder Curie. Die eigenen Grenzen nicht zu kennen, macht nicht zufrieden, sondern das genaue Gegenteil; es zwingt zu einer unablässigen und nervösen Suche nach immer neuen Beschäftigungen, «kicks» und Grenzüberschreitungen, die nicht gelingen, und stattdessen zu immer neuen Frustrationen führen.

Wir sind nicht alles, und wir können nicht alles. Von daher ist es wichtig herauszufinden, was wir wirklich sind und was wir tatsächlich können. Das aber ist allemal ein Weg nach innen.

Dieser Weg nach innen mit seinem notwendigen Klärungsprozess befreit; er ist auch die Voraussetzung dafür, die eigene Männlichkeit genießen zu können, in der Kraft, der Kontemplation, der Körperlichkeit, der Sexualität, der Leistung, der Schaffenskraft, der Entspannung und der Anstrengung.

Hinweis 7

Einführung in die Imagination

«Jeden Tag am Fluß – und doch bin ich fremd dem Wasser, das da fließt»

Bilder und Symbole – den meisten aus Träumen, Märchen oder Mythen vertraut – können an Vergangenes erinnern. Sie berühren uns emotional, sie können uns führen, ermutigen, warnen, nachdenklich stimmen oder erschüttern. Imaginationen führen uns in unsere Seelenlandschaften hinein, denen wir uns an diesem Wochenende in aller Stille widmen wollen, um Neues und Altes über uns selbst zu erfahren. Unsere Lebenshinderer, aber auch unsere Potentiale und tiefsten Sehnsüchte werden sichtbar. Voraussetzung ist die Bereitschaft, sich von der eigenen Seele führen zu lassen und sich auf die Bilder, die uns vom unbewussten Geist geschenkt werden, einzulassen. Meditative Tänze bilden den bewegten Rahmen.

Spirituelle Gongs – Klangwochenende

Eine Gelegenheit, den faszinierenden Klängen vieler unterschiedlicher Gongs zu begegnen, die den vier Elementen folgen.

Durch eigenes Spiel kann erfahren werden, wie die Schwingungen der Gongs tief berühren und einen Zugang zum eigenen Innenraum öffnen.

Wir lernen die Klangmassage mit Tibetischen Klangschalen und ihre entspannende und harmonisierende Wirkung lernen.

Der Sonnengesang des Franz von Assisi

Mit Tänzen und Gebärden, Nachsinnen und Gestalten werden wir den Sonnengesang für uns lebendig und erlebbar machen.

Vorkenntnisse sind nicht erforderlich, nur Lust und Freude, sich auf das Erleben einzulassen.

Haus der Stille, Am Kleinen Wannsee 9, D-14109 Berlin; Tel. und Fax: (0 30) 8 05 30 64.

Hinweis 8

Den Geist ausweiten

Der Buddha lehrte das Lernen, Nachdenken und Meditieren als die Mittel, den Geist schrittweise zum Positiven zu entwickeln und dadurch echtes Glück zu erlangen. Ein fundiertes Wissen im Dharma ist die Voraussetzung für die Verwirklichung durch die Praxis. Das Tibetische Zentrum bemüht sich, beide Aspekte der Geistesschulung zu fördern. In Hamburg-Rahlstedt wird in Studienlehrgängen und Kursen buddhistisches Grundlagenwissen vermittelt. Im Meditationshaus Semkye Ling in der Lüneburger Heide können die Schüler das Gelernte in der Meditation vertiefen. Neuinteressenten haben die Möglichkeit, unter Anleitung erste Erfahrungen in der Kunst der Geistesschulung zu sammeln.

«Semkye Ling» – Buddhistisches Meditationshaus des Tibetischen Zentrums e. V., Lünzener Str. 4, D-29640 Schneverdingen; Tel.: (0 51 93) 5 25 11, Fax: (0 51 93) 5 27 10.

Hinweis 9

Selbst-Liebe, Selbst-Wert und Sexualität

Selbst-Liebe und Selbst-Wert sind die Basis unserer Beziehungen und unseres ganzen Lebens. An diesem Wochenende bist Du eingeladen, Dich im geschützten Kreis der Männer Deiner Selbst-Liebe zu öffnen. Du lernst das Geheimnis eines natürlichen und hohen Selbstwerts kennen. Intensive Übungen, Meditationen, Rituale und Teachings laden Dich ein, Deinem Mann-Sein neue Inspiration und Kraft zu schenken.

Gemeinsam lernen wir über Sinnlichkeit und Sexualität und Deine Fähigkeit Dein Leben mit Deiner Lust zu bereichern. Dieses Wochenende ist eine Einladung das «Männerland» kennenzulernen und die Verbundenheit unter Männern als Kraftquelle für Dein Leben zu nutzen.

Institut für Lebenskunst & Tantra, Frank H. Fieß und Vimalmani M. Kuhn, Mehringdamm 32/34, D-10961 Berlin; Tel.: (0 30) 25 29 87 00, Fax: (0 30) 25 29 87 01, e-mail: info@tantra-in-berlin.de, Internet: www.tantra-in-berlin.de.

Hinweis 10

Die Praxis eines erfüllten Lebens

Das Seminar bietet Ihnen praktische Methoden, mit denen Sie sich selbst entdecken, schätzen und lieben lernen und bewusster und klarer werden, damit das Leben wieder Sinn und Freude macht; Sie würden sich sicherlich wohler fühlen, wenn sie wüßten…

- wie Sie sich abgrenzen und wenn nötig nein sagen können
- wie sie mitfühlend hilfreich werden ohne mit-zu-leiden
- wie Sie sich in Ihrem Gegenüber spiegeln
- wie sie Ihre Intuition entdecken, erweitern und anwenden
- wie Sie Freude schöpfen und so vital und leistungsfähig bleiben.

> Sie erlernen diese und andere Fähigkeiten mit allen Sinnen, auf spielerische Weise und im Schutz einer Gruppe, beflügelt durch das gemeinsame Energiefeld! Sie finden heraus, wo ihre ganz persönlichen, typbezogenen Stärken, Schwächen und Aufgaben liegen.
>
> Otfried D. Weise, Tabula Smaragdina Institut, Perlschneiderstr. 39, D-81241 München; Tel.: (0 89) 8 34 49 78, Fax: (0 89) 8 20 44 84.

Spaß haben am eigenen Mann-Sein ist schließlich nur möglich, wenn er sich nicht in der eigenen Nabelschau erschöpft. Natürlich ist es ganz wichtig, dass Männer die anstrengende und selbstvergewaltigende Männerrolle verlassen und versuchen, sich gut zu fühlen, anders miteinander umgehen, das Leben genießen und Phantasien endlich ausleben.

Nur endet dies in männlichem Narzissmus, wenn jenseits dieser neuen Männererfahrung alles beim alten bleibt: die Welt, die Gesellschaft, die Geschlechterbeziehungen, die Arbeitsbedingungen.

Was dann geschieht, bewegt sich in die Richtung einer Modernisierung von Männlichkeit, das heißt Männer richten sich innerhalb ihrer Rolle bequemer ein, sie werden emphatischer, poröser, gefühlvoller. Die andere Seite ist, dass sie sich mit diesen Veränderungen auch besser «verkaufen» können; insbesondere im expandierenden Dienstleistungsgewerbe sind diese Eigenschaften gefragt.

Eine solche Modernisierung ist allerdings nur Kosmetik dort, wo sie die Machtfrage zwischen den Geschlechtern ungestellt lässt, wo die Männer als Väter weiterhin absent bleiben, wo sie sich nicht an der Hausarbeit beteiligen, wo sie kein anderes Verhältnis zu ihren Mitmännern entwickeln und wo die Härte- und Gewaltseite von Männlichkeit unberührt bleibt.

Die beschriebene Männlichkeit (siehe vor allem I, 1: Traditionelle und neuen Männlichkeit) mit ihrer sozialen, ökonomischen und sozialmedizinischen Folgelast lässt sich nur verändern, wenn die gesellschaftlichen Bedingungen revidiert werden, die sie bedingen und stützen. Natürlich kann sich der einzelne Mann verändern und sein Leben neu gestalten. Traditionelle Männlichkeit als gesellschaftliches Schicksal lässt sich aber nur umgestalten, wenn wir diese Aufgabe auch angehen. Beispiele für solche Männer-Aktivitäten mehren sich.

Trotz aller Bemühungen wird Männlichkeit ein schwieriges Unterfangen bleiben. Eine Rückkehr zur traditionellen Männlichkeit ist kollektiv nur unter den Bedingungen einer neuen Diktatur möglich und auch individuell immer schwieriger.

Umgekehrt ist neue Männlichkeit eine noch fragile Schöpfung. Ihre Konturen sind noch ungenau und unsicher. Das ist eine Last, aber zugleich auch eine Chance. Was nicht fixiert ist, kann erprobt, verändert und immer wieder umgestaltet werden. Männlichkeit nicht sicher im Besitz zu haben, sondern sich immer wieder mit ihr und für sie auseinanderzusetzen zu müssen, macht das Leben spannender, vitaler und farbiger (siehe folgende Seite).

Trotzdem gibt es gewisse Richtlinien für eine veränderte Männlichkeit, die sich auch durchaus als verbindlich bezeichnen lassen. William Pollack schreibt in seinem Buch über «Richtige Jungen», dass Buben heute «trotz der widersprüchlichen Erwartungshaltungen, denen sie von seiten der Gesellschaft ausgesetzt sind, einen selbstbestimmten Weg finden und gehen könnten». Dazu sei es nötig, dass sie sich «von den antiquierten Vorstellungen befreien, die einen Mann zwingen, sich abzuhärten und seine sensiblen Seiten zu verbergen» (Pollack 1998, 473). Jungen dürften sich von der Gesellschaft nicht unter Druck setzen lassen. Das ist allerdings leichter gesagt als getan und braucht, wenn es gelingen soll, mit Sicherheit die Unterstützung verständnisvoller Eltern, Verwandter und Lehrer. Insofern fordert Pollack einen neuen Verhaltenskodex für richtige Jungen und Männer; er füllt diesen Appell allerdings nicht inhaltlich.

Sam Keens Typologie männlicher Tugenden mag ein Versuch sein, Verhaltenserwartungen an den neuen Mann zu formulieren.

Keen beginnt mit der Tugend des Staunens und meint damit die Fähigkeit, sich zu wundern und immer wieder zu freuen. «Ohne Staunen besteht die Welt des Mannes nur aus zwanghaftem Aktivsein und nach außen abgeschotteten Gedankengebäuden und Organisationsformen, und aus den Männern werden bestenfalls besonders tüchtige Experten und schlimmstenfalls Marionetten und Funktionäre irgendwelcher Institutionen» (Keen 1992, 213).

Die zweite Tugend betrifft die Einfühlsamkeit, die dritte die eines herzerwärmten Verstandes; beides meint, sich eine Verbindung zwischen Verstand und Herz zu erlauben und aufgrund dessen emphatisch mit sich selbst und anderen umzugehen.

Die vierte Tugend nennt Keen die moralische Empörung; sie richtet sich gegen Anpasserei, Duckmäusertum und vor allem gegen den Opportunismus. «Wenn unser Verstand vom Herzen erwärmt ist, dann müssen wir uns einfach über die Grausamkeit dieser Welt erregen und uns klar

Solange du nicht willens bist, angesichts dessen, was du schon weißt, Verwirrung zu empfinden, wird das, was du weißt, nie größer, besser oder nützlicher werden können.

Milton E. Erickson

machen, dass wir den Auftrag haben, die Wehrlosen zu beschützen und das Zerstörte wieder ganz zu machen» (Keen 1992, 228).

Das fünfte betrifft die Tugend, seinen Lebensunterhalt anständig zu verdienen. Keen verbindet Arbeit mit männlicher Würde und Ehre und erst dann mit Geld. Erwerbstätigkeit, der jeder höhere Sinn fehlt, sorgt «zwar für eine gefüllte Brieftasche», geht aber «zu Lasten unserer Seele, die immer leerer wird» (Keen 1992, 231).

Es folgt sechstens die Tugend der Freude; sie knüpft ans Staunen an und schließt die Fähigkeit ein, dass wir uns wieder über die Kleinigkeiten des Alltags freuen können.

Die Tugend der Freundschaft gibt uns die Zuneigung und Bestätigung, die uns nur Männer geben können, und die Tugend der Gemeinschaft, die zum Beispiel eine Männergruppe sein kann, stattet uns mit dem lebenstragenden Gefühl der Zugehörigkeit aus.

Die neunte Tugend betrifft das Haushalten und meint unsere männliche Verantwortung für die Welt, die Natur, die Ökologie, den Städtebau, die Nachbarschaft.

Die letzte Tugend ist die Wildheit. «Letzthin ist vielen Männern bewußt geworden, dass sie allzu zahm geworden sind und eine bestimmte Art von Wildheit verloren haben, die eigentlich zum Mann-Sein gehört» (Keen 1992, 152). Keen beschreibt dabei ein «seelisches Bedürfnis der Männer nach der Wildnis». Dies scheint mir nun allerdings eine Konstruktion zu sein, die doch recht fragwürdig ist. Sicher ist unsere anpasserische «Zahmheit» in Institutionen und Organisationen eine Quelle unserer perennierenden Unzufriedenheit. Mit der Sehnsucht nach Wildnis, nur gewünscht oder auch erlebt, ist aber Besserung nicht möglich. Unsere Veränderung kann sich nur in den Bedingungen unserer Epoche vollziehen; «Wildheit» lässt sich dabei als Symbol verstehen, dass wir unsere innere Kraft zum Ausdruck bringen, unsere innere Stimme laut sprechen lassen, uns gegen Missstand und Ungerechtigkeit erheben und innerlich wie äußerlich entwicklungsfähig bleiben. Trotz dieser Kritik bleibt Keens Tugend-Typologie ein wichtiges Lebensgerüst für veränderte, neue Männer.

Blicken wir zum Schluss auf jene Kategorien, die anfangs genannt worden sind (siehe Einleitung S. 4):

- *Männer sollen für sich Männer sein.* Ein neuer Mann weiß, wer er ist; er kennt sich und seine Bedürfnisse. Er versteht aus der unternommenen «Heldenreise» heraus, was Männlichkeit für ihn bedeutet. Er lebt seine Wünsche und Sehnsüchte, schließt keine faulen Kompromisse und

Ein Mann zu sein, heißt, genaugenommen, verantwortlich zu sein.

Antoine de Saint-Exupéry

unterwirft sich nicht falschen Autoritäten. Er setzt sich für seine Ziele ein, engagiert und überzeugt, schätzt seine Leistung und sein Werk. So kann er sich mit seinem Leben identifizieren und sein authentisches Mann-Sein macht ihm Spaß.

- *Männer sollen für Frauen Partner und Liebhaber sein.* Ein veränderter Mann respektiert Frauen und stellt sie auf die gleiche Stufe von Achtung, Recht und persönlicher Integrität. Er teilt Haushaltspflichten und Obliegenheiten der Partnerschaft mit seiner Frau in mitverantwortlicher Weise. Er versteckt sich nicht vor seiner Partnerin, sondern öffnet sich ihr, auch mit Kritik und Unzufriedenheit. Er bemüht sich um Bestand und Entwicklung seiner Beziehung ebenso wie seine Frau und genießt den Austausch auf allen Ebenen.

- *Männer sollen für ihre Kinder Väter und Vorbilder sein.* Der veränderte Mann nimmt an allen Erziehungsaufgaben mitverantwortlich teil. Er ist Sohn und Tochter ein präsenter Vater, an dem sich die Kinder orientieren und abarbeiten können.

- *Männer sollen für andere Männer Freunde und konstruktive Gegner sein.* Der neue Mann behandelt seine Geschlechtsgenossen nicht als Feinde und Konkurrenten. Er geht offen auf andere Männer zu. Er braucht Freunde, weil der männliche Austausch ihm Erfahrungen ermöglicht, die ihm Frauen nicht geben können. Er verfügt über ein männliches Netz, das ihm – auch unabhängig von Frauen – Unterstützung und Hilfe ist.

- *Männer sollen für andere Frauen Freunde und Kollegen sein.* Ein veränderter Mann geht mit anderen Frauen kollegial und demokratisch um. Er behandelt Frauen ebenso als gleichgestellte Menschen wie andere Männer. Er tut niemandem an, was er selber nicht angetan bekommen möchte. Er hält sich nicht nur von Sexismus, Rassismus und anderen Formen von Belästigung und Gewalt fern, sondern tritt auch offensiv gegen sie an.

Ein veränderter, neuer Mann ist damit ein Mann, der sich seine Wünsche und Bedürfnisse selber setzt und nicht nach der traditionellen Erwartung der Gesellschaft lebt. Er schafft sich, und er gestaltet seine Umgebung, damit sie ihn fördert und nicht behindert. Dabei weiß er um seine Begrenzungen. Der neue Mann ist immer auch ein sozialer Mensch. In diesem Sinne lebt er verantwortungsvoll (siehe gegenüberliegende Seite).

Nun scheinen wir damit in einem abschließenden Kapitel, das den Spaß am neuen Mann-Sein beschreiben sollte, wieder beim tiefen Ernst des Lebens angelangt zu sein. Doch der ausgemachte Widerspruch existiert in Wirklichkeit nicht. Die empirischen Befunde über die Veränderung von Männern, die bis anhin vorliegen, belegen klar, dass verantwortungsvolle Männer auch ein Mehr an Daseinsfreude und Frohmut aufzuweisen haben als solche, die eigenleer und fremdbestimmt in den Tag hinein leben.

In Platons Dialogen zwischen Phaidros und Sokrates spricht letzterer zu den Göttern ein Gebet, in welchem es heißt: «Verleihet mir, in meinem Inneren schön zu werden, und dass alles, was ich von außen her habe, dem Inneren befreundet sei» (Platon 1991, 605). In solchem Gleichgewicht kann sich auch der Spaß am Mann-Sein am besten entfalten.

Übung

Zum Schluss – wie zu Beginn – Verse von Rainer Maria Rilke. Vielleicht geben Sie Ihnen noch einen Impuls, Ihre Gefühle und Gedanken zu diesem Buch und seinen Aussagen anzuschauen:

«Das sind die Stunden, da ich mich finde.
Dunkel wellen die Wiesen im Winde,
allen Birken schimmert die Rinde,
und der Abend kommt über sie.

Und ich wache in seinem Schweigen,
möchte blühen mit vielen Zweigen,
nur um mit allen mich einzureigen
in die einige Harmonie ...»

Literatur zur Information und Weiterarbeit

a) Diagnose

- David Gilmore, Mythos Mann. Rollen, Rituale, Leitbilder. München und Zürich (Artemis & Winkler) 1991.
- Warren Farrell, Mythos Männermacht. Frankfurt/M. (Zweitausendeins) 1995.
- Till Bastian, Lebenskünstler leben länger. Gesundheit durch Eigensinn. Reinbek (Kindler) 2000.
- Lothar Schon, Sehnsucht nach dem Vater. Stuttgart (Klett-Cotta) 2001.

b) Veränderung

- Horst Obleser, Parzival auf der Suche nach dem Gral. Leinfelden-Echterdingen (Bonz) 1997.
- Sam Keen, Feuer im Bauch. Über das Mann-Sein. Hamburg (Kabel) 1992.
- Martin Seligman, Pessimisten küsst man nicht. Optimismus kann man lernen. München (Knaur Taschenbuch) 1993.
- Polly Young-Eisendrath, Die starke Persönlichkeit. Quellen der Lebenskraft. München (Deutscher Taschenbuch-Verlag) 1990.
- Joachim-Ernst Berendt, Klang der Seele. Freiburg i. Br. (Herder Taschenbuch) 2000.

c) Übungsteil

- Paul Rebillot, Die Heldenreise. Ein Abenteuer der kreativen Selbsterfahrung. München (Kösel) 1997.
- Christiane Lutz, Das Männliche im Märchen. Leinfelden-Echterdingen (Bonz) 1996.
- Christ Zois/Patricia Fogarty, Glück ist machbar. München (Heyne Taschenbuch) 1998.
- Siegfried Lorenz, Phantasiewelt Imagination. Eine abenteuerliche Erlebnisreise zu unbekannten Seelenlandschaften. Berlin (VWB) 2000.
- Christoph Fehige u. a., Der Sinn des Lebens. München (Deutscher Taschenbuch-Verlag) 2000.
- Pierre Stutz, Meditationen zum Gelassenwerden. Freiburg i. Br. (Herder Taschenbuch) 2001.
- Harry Waesse, Yoga für Anfänger. München (Gräfe und Unzer) 1995.
- Dyrian Benz. Alles zur rechten Zeit. Glücklicher leben im Rhythmus der inneren Jahreszeiten. München (Kösel) 1996.

- Sayadaw U. Pandita, Im Augenblick liegt alles Leben. Buddhas Weg der Befreiung. Bern (O. W. Barth) 1999.
- Arnold A. und Clifford N. Lazarus, Der kleine Taschentherapeut. Stuttgart (Klett-Cotta) 1999.

d) Gedichtsammlungen

- Pablo Neruda, Viele sind wir. (Sammlung Luchterhand).
- Giuseppe Ungaretti, Die späten Gedichte. (Piper).
- Erich Fried, Die bunten Getüme. (Wagenbach).
- T. S. Eliot, Old Possums. Katzenbuch. (Bibliothek Suhrkamp).
- Gottfried Benn, Gedichte. (Fischer-Taschenbuch).
- Allen Ginsberg, Gärten der Erinnerung. (Heyne-Taschenbuch).
- Paul Celan, Die Niemandsrose. (Fischer-Taschenbuch).
- Rainer Maria Rilke, Gedichte. (Insel).

e) CD's

- Astor Piazzola, «Sur» (Tangomusik) BMG/Milan Music.
- Rick Wakeman, Aspirant Sunrise. Sattva Music.
- Joost Vanhove, Journeys. Fonix Musik.
- Martin Buntrock, Traumreise. GBMusic.
- Zen, Ask the Wind. Polydor.
- Alanis Morisette, mtv unplugged. Maverick.
- Mustapha Tettey Addy, Come and drum. Velt Record.
- Professor Trance. Breath of Fire. TNI Music.
- Kitaro, Silk Road. Gaia Records.

Bibliographie

A

Abbott, Franklin (Hg.). New Men Minds. Breaking Male Traditions. Freedom/ Cal. 1987
Alberoni, Francesco. Erotik. München 1987
Anand, Margot. Tantra oder die Kunst der sexuellen Ekstase. München 1995
Angst, Peter. Glück zu zweit auf Zeit? Verhandelnde Paare lieben länger. Bern 1999
Asendorf, Peter/Banse, Rainer. Psychologie der Beziehung. Bern und Toronto 2000
Astrachan, Anthony. Wie Männer fühlen. München 1992.

B

Badinter, Elisabeth. Ich bin Du – Die neue Beziehung zwischen Mann und Frau. München 1986.
Badinter, Elisabeth. XY. Die Identität des Mannes. München 1992.
Barnow, Sven u. a. Von Angst bis Zwang. Ein ABC der psychischen Störungen: Formen, Ursachen und Behandlung. Bern und Toronto 2000.
Barz, Helmut. Männersache. Kritischer Beifall für den Feminismus. Stuttgart u. Zürich 1994
Bastian, Till. Lebenskünstler leben länger. Gesundheit durch Eigensinn. Reinbek 2000
Beauvoir, Simone de. Das andere Geschlecht. Reinbek 1960
Beck, Julian. Other Scenes (San Francisco) Mai 1968
Beck, Ulrich/Beck-Gernsheim, Elisabeth. Das normale Chaos der Liebe. Frankfurt/M. 1990
Beck-Gernsheim, Elisabeth. Das halbierte Leben. Frankfurt/Main 1980
Beck, Ulrich. Risikogesellschaft. Frankfurt/M. 1986
Beck, Ulrich (Hg.). Die Zukunft von Arbeit und Demokratie. Frankfurt/M. 2000
Bengis, Ingrid. Combat in the erogenous zone. London 1972
Benz, Dyrian. Alles zur rechten Zeit. München 1996.
Berendt, Joachim-Ernst. Klang der Seele. Freiburg i. Br. 2000

Berger, Peter L. Auf den Spuren der Engel. Die moderne Gesellschaft und die Wiederentdeckung der Transzendenz. Frankfurt/M. 1981

Berman, Morris. Wiederverzauberung der Welt. Reinbek 1985

Biddulph, Steve. Männer auf der Suche. Sieben Schritte zur Befreiung. München 1996

Bly, Robert. The pillow and the key. St. Paul/Minnesota 1987

Bodamer, Joachim. Der Mann von heute. Seine Gestalt und Psychologie. Stuttgart 1956

Böschemeyer, Uwe. Herausforderung zum Leben. Hamburg 1991

Brannon, Robert. The Male Sex Role in: Deborah S. David/Robert Brannon (Hg.): The Fourty-Nine Percent Majority. Reading/Mass. 1976

Brod, Harry (Hg). The Making of Masculinities. The New Men's Studies. Boston 1987

Bullinger, Hermann (Hg.). Männer erwachen. Gefühle neu entdecken – Beziehungen neu erleben. Freiburg i. Br. 1994

Burgess, Adrienne. Vatermythen, Vaterbilder. Genf 1999

C

Cameron, Julia. Der Weg des Künstlers. Ein spiritueller Pfad zur Aktivierung unserer Kreativität. München 1996

Campbell, Joseph. Die Mitte ist überall. München 1992

Campbell, Joseph. Der Heros in tausend Gestalten. Frankfurt 1999

Carden, Maren L. The New Feminist Movement. New York 1974

Carter, Steven/Sokol, Julia. Lauf nicht vor der Liebe weg. 8 Schritte zu einem dauerhaften Glück. München 2000

Chiliand, Colette. La condition féminine, in: Le Monde (Paris) 13. 1. 1983

Chodorow, Nancy. Das Erbe der Mütter. München 1985

Claus, Ingeborg. Wege und Umwege der Seele. Leinfelden-Echterdingen 1987

Connell, Robert W. Der gemachte Mann. Konstruktion und Krise von Männlichkeiten. Opladen 1999

Coolsaet, Bo. Der Pinsel der Liebe. Leben und Werk des Penis. Köln 1999

Covey, Stephen R. Die sieben Wege zur Effektivität. München 1992

Csikszentmihalyi, Mihaly. Dem Sinn des Lebens eine Zukunft geben. Stuttgart 1995

D

Das, Lama Surya. Der achtfache Pfad. Lehrbuch zur Erleuchtung. Frankfurt/M. 1999

Dinnerstein, Dorothy. Das Arrangement der Geschlechter. Stuttgart 1979

Doyle, James A. The Male Experience. Dubuque/Iowa 1989

Drewermann, Eugen. Das Eigentliche ist unsichtbar. Freiburg i. Br. 1984
dtv-Atlas. Erste Hilfe. München 1999
Dyer, Wayne W. Der wunde Punkt. Die Kunst, nicht unglücklich zu sein. Reinbek 1980

E

Easlea, Brian. Väter der Vernichtung. Männlichkeit, Naturwissenschaftler und der nukleare Rüstungswettlauf. Reinbek 1986
Eichenbaum, Luise/Orbach, Susie. What do Women Want. Exploding the Myth of Dependency. New York 1984
Eisendraht, Polly Young. Die starke Persönlichkeit. Quellen der Lebenskraft. München 1998
Etzioni, Amitai. Die Verantwortungsgesellschaft. Berlin 1999

F

Falconnet, Georges/Lefaucheur, Nadine. La fabrication des Mâles. Paris 1978
Faltermeier, Toni. Gesundheitsbewußtsein und Gesundheitshandeln. Weinheim 1994
Farrell, Warren. The Liberated Man. New York 1975
Farrell, Warren. Mythos Männermacht. Frankfurt 1995
Fehige, Christoph u.a. Der Sinn des Lebens. München 2000
Fett, Anna (Hg). Männer – Frauen – Süchte. Freiburg i. Br. 1996
Fogel, Gerald I. et al. (Hg). The Psychology of Men. New Psychoanalytic Perspectives. New York 1986.
Frankl, Viktor E. Der leidende Mensch. Bern 1996
Frankl, Viktor E. Psychotherapie für den Alltag. Freiburg i. Br. 2000
Freitag Erhard F./Zacharias, Cama. Die Macht Ihrer Gedanken. München 1992.
Frenkel, Xenia. Einfach und glücklich. Leben mit Kindern. Freiburg i. Br. 2000
Freud, Sigmund. Das Tabu der Virginität, in: Werke Bd. XII. London 1947
Freyer, Hans. Theorie des gegenwärtigen Zeitalters. Stuttgart 1955
Frings, Matthias. Liebesdinge. Reinbek 1984
Fritz, Robert. Den Weg des geringsten Widerstandes managen. Energie, Spannung und Kreativität im Unternehmen. Stuttgart 2000
Früchtel, Frank. Modernisierung männlicher Sexualität, in: Haydar Karatepe u. Christian Stahl (Hg.), a. a. O.
Fthenakis, Wassilow E. u. a. Engagierte Vaterschaft. Opladen 1999

G

Gambaroff, Marina. Utopie der Treue. Reinbek 1984

Garfinkel, Perry. In a Man's World. Father, Son, Brother, Friend, and other Roles Men Play. New York 1986

Gilmore, David. Mythos Mann. Rollen, Rituale, Leitbilder. München und Zürich 1991

Göckenjan, Gerd. Das Alter würdigen. Frankfurt/M. 2000

Gödtel, Reiner. Sexualität und Gewalt. Reinbek 1994

Görden, Michael (Hg). Das Buch vom wilden Mann. München 1992

Goldberg, Herb. Der verunsicherte Mann. Reinbek 1986

Goldberg, Herb. Veränderungen. Reinbek 1987

Goleman, Daniel. EQ? Der Erfolgsquotient. München 2000

Gorz, André. Arbeit zwischen Misere und Utopie. Frankfurt/M. 2000

Gould, Roger L. Ein psychologischer Ratgeber für Erwachsene. Frankfurt/M. 1986

Gray, John. Männer sind anders. Frauen auch. München 1998

Greenglass, Esther R. Geschlechterrolle als Schicksal. Stuttgart 1986

Gruen, Arno. Der Verrat am Selbst. München 1986

Guillebaud, Jean-Claude. Die Tyrannei der Lust. Sexualität und Gesellschaft. München 1999

H

Hamburger, Regina. Wenn die Liebe geht. Düsseldorf 1997

Haase, Andreas u. a. (Hg). Auf und nieder. Aspekte männlicher Sexualität und Gesundheit. Tübingen 1996

Harrison, James B. Warnung: Die männliche Geschlechtsrolle birgt Gefahren, in: Janice M. Swanson u. Katherine Forrest (Hg) a. a. O.

Hellinger, Bert. Die Mitte fühlt sich leicht an. München 1996

Hellmann, Brigitte (Hg.). Mit Sokrates im Liegestuhl. Ein Lesebuch für Nachdenkliche. München 2000

Hillmann, James. The Wildmann in the Cage, in: Franklin Abbott a. a. O

Hollstein, Walter. Der Kampf der Geschlechter. Frauen und Männer im Streit um Liebe und Macht, und wie sie sich verständigen könnten. München 1995

Hollstein, Walter. Männerdämmerung. Von Tätern, Opfern, Schurken und Helden. Göttingen 1999

Huber, Joseph (Hg.). Anders arbeiten – anders wirtschaften. Dualwirtschaft: Nicht jede Arbeit muß ein Job sein. Frankfurt/M. 1979

Hudson Liam/Jacot, Bernadine. Wie Männer denken. Frankfurt/M. 1993

Huth, Almuth und Werner. Praxis der Meditation. München 2000

J

Jaspers, Karl. Einführung in die Philosophie. München 1953
Johnson, G. Timothy u. a. (Hg.). Das Harvard Gesundheitsbuch. München 1984

K

Karatepe, Haydar/Stahl, Christian (Hg.). Männersexualität. Reinbek 1993
Kaufman, Michael (Hg.). Beyond Patriarchy. Essays by Men on Pleasure, Power, and Change. Toronto u. New York 1987
Keen, Sam. Feuer im Bauch. Über das Mann-Sein. Hamburg 1992
Keen, Sam. Es lohnt sich nur der Weg nach innen. Über das kreative Potential der Langeweile. Hamburg 1993
Kelemann, Stanley. Dein Körper formt dein Selbst. München 1980
Kirshenbaum, Mira. Soll ich bleiben, soll ich gehen? Ein Beziehungscheck. Bern 1998
Klotz, Theodor. Der frühe Tod des starken Geschlechts. Göttingen 1998
Kreckel, Marga. Macht der Väter – Krankheit der Söhne. Frankfurt/M. 1997
Krisen erfolgreich bewältigen. Neue Wege, aus Krisen Kraft zu schöpfen. Amsterdam 1996
Krockow Graf von, Christian. Vom lohnenden Leben. Stuttgart 1996

L

Lad, Vasant. Selbstheilung mit Ayurveda. Bern 1999
Lauxmann, Frieder. Der philosophische Himmel. München 2001
Lazarus, Arnold A. und Clifford. Der kleine Taschentherapeut. In 60 Sekunden wieder o.k. Stuttgart 1999
Lederer, Wolfgang / Botwin, Alexandra. Where have all the Heroes Gone?, in: Kenneth Solomon u. Norman B. Levy (Hg.): Men in Transition. Theory and Therapy. New York u. London 1982
Lee, Carol. Hilflose Helden. Wenn Jungen keine Vorbilder mehr finden. Reinbek 1998
Leistungssteigerung. Neue Wege zur Optimierung der eigenen Kräfte. Amsterdam 1995
Lenz, Hans-Joachim (Hg.). Männliche Opfererfahrungen. Weinheim und München 2000
Linden, Anné/Perutz, Kathrin. Kraftquellen erschließen – erfolgreich leben. Freiburg i. Br. 1999
Lorenz, Siegfried. Phantasiewelt Imagination. Berlin 2000
Lowen, Alexander. Depression. München 1978

Lowen, Alexander. Liebe und Orgasmus. Persönlichkeitserfahrung durch sexuelle Erfüllung. München 1980

Lowen, Alexander/Lowen, Leslie. Bioenergetik für jeden. München 1991

Lukas, Elisabeth. Heilungsgeschichten. Wie Logotherapie Menschen hilft. Freiburg i. Br. 1998

Lutz, Christiane. Das Männliche im Märchen. Leinfelden-Echterdingen 1996

Lutz, Christiane. Jeder ist Herakles. Süchtig handeln oder zum Ich entscheiden. Leinfelden-Echterdingen 1997

M

Maaß, Evelyne/Ritschl, Karsten. Die Freiheit zu lieben. Übungen, Spiele und Phantasiereisen für eine gelingende Partnerschaft. Paderborn 2000

Macoby, Gewinner um jeden Preis. Reinbek 1977

Marcel, Gabriel. Homo Viator. Düsseldorf 1949

Marcuse, Herbert. Triebstruktur und Gesellschaft. Frankfurt/M. 1967

Markova, Dawna. Die Versöhnung mit dem inneren Feind. Paderborn 1997

Mary, Michael/Nordholt, Henny. Selbsttherapie. Sein eigener Therapeut sein und so gesünder, freier und mutiger werden. Stuttgart 1995

Meadows, Dennis. Die Grenzen des Wachstums. Bericht des Club of Rome. Stuttgart 1972

Merchant, Carolyn. Der Tod der Natur. Ökologie, Frauen und neuzeitliche Naturwissenschaft. München 1987

Mertens, Wolfgang. Traum und Traumdeutung. München 1989

Meryn, Siegfried u. a. Der Mann 2000. Die Hormon-Revolution. Wien 1999

Miller, Jean Baker. Psychoanalysis and Women. Harmondsworth 1973

Mitscherlich, Alexander. Auf dem Weg zur vaterlosen Gesellschaft. München 1963

Moore, Thomas. The lost father, in: Abbott a. a. O.

Moore, Robert und Douglas Gillette. König, Krieger, Magier, Liebhaber. Die Stärken des Mannes. München 1992

Moser, Tilmann. Kompass der Seele. Ein Leitfaden für Psychotherapie-Patienten. Frankfurt/M. 1984

N

Nichols, Michael P. Die wiederentdeckte Kunst des Zuhörens. Stuttgart 2000

Nitzschke, Bernd. Sexualität und Männlichkeit. Zwischen Symbiosewunsch und Gewalt. Reinbek 1988

O

Obleser, Horst. Parzival auf der Suche nach dem Gral. Leinfelden-Echterdingen 1997
O'Neil, James M. Gender-Role Conflict and strain in Men's Lives, in: Solomon u. Levy a. a. O.
Orban, Peter. Die Kraft, die aus der Herkunft stammt. Eine Reise zu den Wurzeln der eigenen Familie. München 1997

P

Page, Susan. Jetzt mache ich uns glücklich. Liebevolle Lenkung in Partnerschaften. Frankfurt/M. 1998
Pandita, Sayadaw U. Im Augenblick liegt alles Leben. Buddhas Weg der Befreiung. Bern 1999
Pedersen Loren S. Das Weibliche im Mann. Eine Psychologie des Mannes. München 1994
Petri, Horst. Das Drama der Vaterentbehrung. Freiburg i. Br. 1999
Pilgrim, Volker Elis. Manifest für den freien Mann. München 1978
Platon. Die großen Dialoge. München 1991
Pleck, Joseph H. The Myth of Masculinity. Cambridge/Mass. u. London 1984
Pollack, William F. Richtige Jungen. Bern 1998
Pross, Helge. Die Männer. Eine repräsentative Untersuchung über die Selbstbilder von Männern und ihre Bilder von der Frau. Reibek 1984

R

Raphael, Ray. Vom Mannwerden. Übergangsrituale im westlichen Kulturkreis. München 1993
Real, Terrence. Mir geht's doch gut. Männliche Depression. Bern 1999
Rebillot, Paul. Die Heldenreise. Ein Abenteuer der kreativen Selbstentfaltung. München 1997
Reiche, Britta. Väterdasein. Hamburg 1998
Richter, Horst-Erhard. Lernziel Solidarität. Reinbek 1974
Rieder, Max u. a. (Hg.) Erlebniswelten. München u. Wien 1998
Riemann, Fritz. Grundformen der Angst. München 1996
Riesman, David. Die einsame Masse. Reinbek 1958
Rilke, Rainer Maria. Die Gedichte. Frankfurt/M. 1996
Röhr, Heinz-Peter. Narzissmus. Das innere Gefängnis. Zürich und Düsseldorf 1999
Rohr, Richard. Der wilde Mann. München 1986
Roszak, Theodore. Der Verlust des Denkens. München 1986

Rowan, John. Der verwundete Mann. München 1987
Ruhe, Hans Georg. Methoden der Biographiearbeit. Weinheim und Basel 1998
Rutherford, Jonathan. Männer lieben anders. Hamburg u. Wien 2000

S

Sanders, Rudolf. Zwei sind ihres Glückes Schmied. Ein Selbsthilfe-Programm für Paare. Paderborn 1998
Sawyer, Jack. On Male Liberation, in: Joseph H. Pleck u. Jack Sawyer (Hg.) Man and Masculinity. Eaglewood Cliffs 1974
Schellenbaum, Peter. Im Einverständnis mit dem Wunderbaren. Was unser Leben trägt. München 2001
Schneider, Regine. Entdecken, was wirklich zählt. Das Konzept der neuen Bescheidenheit Frankfurt/M. 1998
Schon, Lothar. Sehnsucht nach dem Vater. Stuttgart 2001
Schultz-Hencke, Harald. Der gehemmte Mensch. Stuttgart 1989
Schulze, Gerhard. Die Erlebnisgesellschaft. Frankfurt/M. u. New York 1994
Schwertfeger Bärbel/Koch, Klaus. Der Therapieführer: Die wichtigsten Formen und Methoden. München 1995
Selbstdiagnose. Krankheiten vorbeugen, erkennen, behandeln, heilen. München 2000
Seligman, Martin. Pessimisten küßt man nicht. München 1993
Sennet, Richard. Verfall und Ende des öffentlichen Lebens. Frankfurt/M. 1983
Shealy, Norman C. Die große Enzyklopädie der Heilkunde. Über 1000 Naturheilmittel zur Vorbeugung, Behandlung und Heilung von Beschwerden. Köln 1999
Sherfey, Mary Jane. Die Potenz der Frau. Wesen und Evolution der weiblichen Sexualität. Köln 1974
Simon, Sidney und Suzanne. Verstehen – Verzeihen – Verwöhnen. Bern 1991
Silver, Myra u. Silver, Jerry. Weekend Fathers. New York 1981
Sollmann, Ulrich. Worte sind Maske – Szenen männlicher Intimität. Reinbek 1993
Solomon, Kenneth/ Leug N. B. (Hg.). Men in Transition. New York 1982
Spang, Peter, Zennis. Verbessern Sie Ihr Tennisspiel mit Zen. München 1999
Spranger, Eduard/Guardini, Romano. Vom stilleren Leben. Würzburg 1956
Staguhn, Gerhard. Das Herz. Ein geheimnisvolles Organ. München 1999
Stapelfeld, Hans und Krichbaum, Erich (Hg.). Männer verändern sich. Wie Männergruppen Lebendigkeit entfalten. Münster 1995
Steiner, Claude. Wie man Lebenspläne verändert. Die Arbeit mit den Skripts in der Transaktionsanalyse. Paderborn 1998
Steinvorth, Moses G. Im Körper zu Hause. Göttingen 1999
Stutz, Pierre. Meditationen zum Gelassenwerden. Freiburg i. Br. 2001
Swanson, Danice M./ Forrest Katherine (Hg.). Die sexualität des Mannes. Köln 1987

Symington, Neville. Narzissmus. Gießen 1999
Szondi, Leopold. Freiheit und Zwang im Schicksal des Einzelnen. Bern und Toronto 1968

T

Talmon, Moshe. Schluß mit den endlosen Sitzungen. Wege zu einer lösungsorientierten Kurztherapie. München 1996
Thoreau, Henry David, Walden. Ein Leben mit der Natur. München 1999
Tulku, Tarthang. Selbstheilung durch Entspannung. München 1985

V

Valcarenghi, Marina. Beziehungen. Vom Wir zum Ich. Leinfelden-Echterdingen 1998
Veit, Elisabeth. Mit Ayurveda durch das Jahr. Der sanfte Weg zu Gesundheit und Wohlbefinden. München 1999
Veith, Peter. Ohne Fäuste geht es auch. Kinder lernen gewaltfrei leben. Freiburg i. Br. 2001
Viorst, Judith. Mut zur Trennung. München 1990

W

Waesse, Harry. Yoga für Anfänger. München 1995
Watts, Alan W. Zeit zu leben. Erinnerungen eines «heiligen Barbaren». München 1984
Werneck, Harald. Auf der Suche nach den neuen Vätern. Wien 1998
Werner, Jürgen. Die sieben Todsünden. Stuttgart 1999
Willi, Jürg. Therapie der Zweierbeziehung. Reinbek 1978

Z

Zankl, Heinrich. Phänomen Sexualität. Vom «kleinen» Unterschied der Geschlechter. Darmstadt 1999
Zeier, Hans. Männer über fünfzig. Bern und Toronto 1999
Zilbergeld, Bernie. Die neue Sexualität der Männer. Tübingen 1994
Zois, Christ / Fogarty, Patricia. Glück ist machbar. München 1998
Zoladz, Marcia. Das Männerkochbuch. München 1998.

Leseempfehlungen zum erweiterten Thema

a) Grundsätzliches

Esther R. Greenglass. Geschlechterrolle als Schicksal. Stuttgart (Klett Cotta) 1986

Andrea Maihofer. Geschlecht als Existenzweise. Frankfurt/M. (Helmer) 1995

Sam Keen. Die Lust an der Liebe. Weinheim u. Basel (Beltz) 1984

Hartmut Kasten. Weiblich-männlich. Berlin (Springer) 1996

Wolfgang Wickler/Uta Seibt. Männlich-weiblich. Heidelberg (Spektrum/Akademischer Verlag) 1999

Barbara Sichtermann. Wer ist wie? Über den Unterschied der Geschlechter. Berlin (Wagenbach) 1987

b) Wiss. Ansätze zur Erklärung von Weiblichkeit/Männlichkeit

b¹) biologischer Ansatz

Tekla Reimers. Die Natur des Geschlechterverhältnisses. Biologische Grundlagen und soziale Folgen sexueller Unterschiede. Frankfurt/M. (Campus) 1985

Robert Plomin u.a. Lehrbuch Gene, Umwelt und Verhalten. Bern (Huber) 1999

Jeanne Rubner. Was Frauen und Männer so im Kopf haben. München (dtv) 1996

Anne Fausto-Sterling. Gefangene des Geschlechts? Was biologische Theorien über Mann und Frau sagen. München (Piper) 1988

Karl Grammer. Signale der Liebe. Die biologischen Gesetze der Partnerschaft. Hamburg (Hoffmann u. Campe) 1994

b²) psychoanalytischer Ansatz

Jessica Benjamin. Fesseln der Liebe. Frankfurt/M. u. Basel (Stroemfeld) 1990

Christiane Olivier. Jokastes Kinder. Düsseldorf (Claassen) 1986 (und dtv)

Dorothy Dinnerstein. Das Arrangement der Geschlechter. Stuttgart (DVA) 1979

b³) soziologisch-historische Ansätze
Erving Goffman. Interaktion und Geschlecht. Frankfurt/M. (Campus) 1994
Elisabeth Badinter. Ich bin Du – Die neue Beziehung zwischen Mann und Frau. München (Piper) 1986 (auch Tabu)
Ernest Bornemann. Das Patriarchat. Frankfurt/M. (S. Fischer; Tabu) 1986
Simone de Beauvoir. Das andere Geschlecht – Sitte und Sexus der Frau. Reinbek (Rowohlt Tabu) 1968
Gerda Lerner. Die Entstehung des Patriarchats. Frankfurt/M. (Campus) 1991

c) Weiblichkeit/Frauen
Susan Brownmiller. Weiblichkeit. Frankfurt/M. (S. Fischer Tabu) 1987
Ulrike Prokop. Weiblicher Lebenszusammenhang. Frankfurt/M. (Suhrkamp Tabu) 1976
Carol Gilligan. Die andere Stimme – Lebenskonflikte und Moral der Frau. München (Piper) 1984
Luise Eichenbaum/Susie Orbach. Was wollen die Frauen? Reinbek (Rowohlt Tabu) 1987
Scilla Elworthy. Das weibliche Prinzip. München (Knaur Tabu) 1997

d) Männlichkeit/Männer
Ray Raphael. Vom Mannwerden. München (Irisiana) 1993
Sam Keen. Feuer im Bauch. Hamburg (Kabel) 1992
Herb Goldberg. Der verunsicherte Mann. Reinbek (Rowohlt und Tabu) 1987
ders., Man(n) bleibt Mann. Reinbek (Rowohlt Tabu) 1987
Volker Elis Pilgrim. Der Untergang des Mannes. Reinbek (Rowohlt Tabu) 1986
Walter Hollstein. Männerdämmerung. Von Tätern, Opfern, Schurken und Helden. Göttingen (Vandenhoeck & Ruprecht) 1999
Helmut Barz. Männersache. Stuttgart (Kreuz) 1984
Hans-Joachim Lenz (Hg.). Männliche Opfererfahrungen. Problemlagen und Hilfeeinsätze in der Männerberatung. Weinheim (Juventa) 2000
Bo Coolsaet. Der Pinsel der Liebe – Leben und Werk des Penis. Köln (Kiepenheuer &Witsch) 1999

e) Familie und Geschlechterrollen
Rüdiger Peuckert. Familienformen im sozialen Wandel. Opladen (UTB/Leske und Budrich) 1999
Francois de Singly. Die Familie der Moderne. Eine soziologische Einführung. Konstanz (Universitätsverlag) 1995
Hans Goldbrunner. Altwerden als Herausforderung für die Familie. Mainz (Matthias-Grünewald-Verlag) 1999
John Bradshaw. Familiengeheimnisse. Warum es sich lohnt, ihnen auf die Spur zu kommen. München (Kösel) 1997

Elisabeth Beck-Gernsheim. Was kommt nach der Familie? Einblicke in neue Lebensformen. München (Beck'sche Reihe) 1998

Wassilos E. Fthenakis u.a. Engagierte Vaterschaft. Opladen (Leske & Budrich) 1999

Bruno Winkler. Der Untergang des Väterlichen. Leinfelden (Bonz) 1996

Samuel Ossherson. Die erste Begegnung – Männer entdecken ihre Väter. Köln (EHP) 1990

Bernie Zilbergeld. Die Sexualität der Männer. Tübingen (dgvt) 1994

f) Liebe und Geschlechterbeziehungen

Georges Bataille. Der heilige Eros. Berlin (Ullstein Tabu) 1982

Igor A. Caruso. Die Trennung der Liebenden. Frankfurt/M. (Fischer Tabu) 1983

Theodor Reik. Von Liebe und Lust. Frankfurt/M. (Fischer Tabu) 1985

Susan Brownmiller. Gegen unseren Willen – Vergewaltigung und Männerherrschaft. Frankfurt/M. (S. Fischer Tabu) 1987

Walter Hollstein. Der Kampf der Geschlechter. München (Kösel) 1993 (Knaur Tabu)

John Gottman. Glücklich verheiratet? Warum Ehen gelingen oder scheitern. München (Heyne) 1995

Jens Asendorpf/Rainer Basse. Psychologie der Beziehung. Bern (Huber) 2000

Suzanne Franks. Das Märchen von der Gleichheit. Frauen, Männer und die Zukunft der Arbeit. Stuttgart (DVA) 1999

Ausgewählte Publikationen des Autors

Der Untergrund. Zur Soziologie jugendlichen Protestbewegungen. Luchterhand 1969

Kein Frieden um Israel. Zur Sozialgeschichte des Palästina-Konflikts. S. Fischer 1972.

Der deutsche Illustriertenroman der Gegenwart. UTB Francke 1973.

Nahostkrise. Strukturen, Probleme, Lösungen (mit Eli Lobel und Maxime Rodinson u. a.) edition etcetera 1976.

Die Gegengesellschaft. Alternative Lebensformen. Verlag Neue Gesellschaft 1979.

Alternativprojekte (mit Boris Penth) Rowohlt 1980.

Vettern und Feinde. Der Palästina/Israel-Konflikt. Lenos 1985.

Wenn Ehen älter werden. Liebe, Krise, Neubeginn (mit Eva Jaeggi) Piper 1985.

Nicht Herrscher, aber kräftig. Die Zukunft der Männer. Hoffmann und Campe 1988.

Die Männer. Vorwärts oder zurück? Deutsche Verlagsanstalt 1990.

Machen Sie Platz, mein Herr! Teilen statt herrschen. Rowohlt 1992.

Der Kampf der Geschlechter. Kösel 1993.

Männerdämmerung. Von Tätern, Opfern, Schurken und Helden. Vandenhoeck und Ruprecht 1999.

Sachregister

Anzeigen

Guy Bodenmann

Stress und Partnerschaft

Gemeinsam den Alltag bewältigen

2., überarbeitete und ergänzte Auflage
2001. 225 Seiten, Kt
DM 39.80 / Fr. 35.90 / öS 291.– / € 20.35
(ISBN 3-456-83530-2)

Warum streiten Menschen, die einander
doch lieben? Vielleicht nur, weil sie
gestresst sind! Anschaulich werden die
Gründe für Stress und dessen verschiedene
Erscheinungsformen geschildert. Der Autor
breitet dann die Möglichkeiten der individuellen und gemeinsamen Bewältigung
aus. Anhand von Übungen, Fallbeispielen
und Anleitungen zu verschiedenen Techni-
ken lernen Paare, sich gezielt mit ihren Belastungen auseinander
zu setzen und diese wirksam zu bewältigen.

Das Buch versteht sich somit als praktische Lebenshilfe auf dem
Hintergrund der modernen Stresspsychologie und der Ergebnisse intensiver Partnerschaftsforschung. Es eignet sich nicht nur
für die gestressten Paare selbst, sondern zugleich für Paar- und
Familientherapeuten. Für die zweite Auflage wurde das Buch
vollständig durchgesehen, korrigiert und auf den neuesten
Stand gebracht.

Die Preisangaben in öS gelten für Österreich
als «unverbindliche Preisempfehlung».

Verlag Hans Huber
Bern Göttingen Toronto Seattle

http://Verlag.HansHuber.com

Oskar Mittag

Mach' ich mich krank?

Lebensstil und Gesundheit

1996. 150 Seiten, Kt DM 24.80 / Fr. 22.30 / öS 181.– / € 12.68 (ISBN 3-456-82799-7)

Was hält mich gesund? Wir wissen es eigentlich ganz gut: Zu den wichtigsten Faktoren gehören der liebevolle Kontakt mit anderen Menschen, soziale Geborgenheit, Freude, Optimismus, Selbstvertrauen sowie Entspannung und Muße. Auch eine gesunde Ernährung und ausreichende Bewegung sind wichtig. Der Autor zeigt, wie man seine Gesundheit schützen kann und welche Wege es gibt zu mehr Wohlbefinden und Lebensfreude. Wie sollten Wohn-, Arbeits- und Lebensbedingungen beschaffen sein, damit Menschen gesund leben können? In dem Buch werden die Geschichte und Ergebnisse der Gesundheitswissenschaften in verständlicher Form dargestellt. Dabei wird eine Fülle von ganz konkreten Anregungen gegeben, wie Menschen ihren persönlichen Lebensstil in einer gesundheitlich günstigen Weise verändern können.

Die Preisangaben in öS gelten für Österreich als «unverbindliche Preisempfehlung».

Verlag Hans Huber
Bern Göttingen Toronto Seattle

http://Verlag.HansHuber.com

Hans Zeier

Männer über 50

Körperliche Veränderungen – Chancen für die zweite Lebenshälfte

1999. 167 Seiten, 6 Abb., 3 Tab., Kt
DM 34.80 / Fr. 31.30 / öS 254.– / € 19.79
(ISBN 3-456-83184-6)

Ausgerechnet in seinen besten Jahren, also um die 50, merkt mancher Mann, daß er sich auf seinen Körper nicht mehr so verlassen kann wie früher. Gibt es auch für Männer so etwas wie Wechseljahre? Während Frauen solche Probleme und Unsicherheiten mit ihrer Ärztin oder ihrem Arzt besprechen, werden Männer oft alleingelassen. Doch wer um die physiologischen Veränderungen weiß, mit denen diese doch etwas beängstigenden Erfahrungen zusammenhängen, erkennt auch die Chancen, die sich daraus ergeben.

Der Autor dieses Buches informiert genau, umfassend und allgemeinverständlich über all das, was Männer um die 50 (und ihre Lebenspartnerinnen) über ihren Körper wissen müssen. Er zeigt, was Männer zur Erhaltung ihrer Gesundheit, Vitalität und Sexualkraft tun können.

Die Preisangaben in öS gelten für Österreich als «unverbindliche Preisempfehlung».

Verlag Hans Huber
Bern Göttingen Toronto Seattle

http://Verlag.HansHuber.com